W0040012

Das neue Handbuch Rhetorik

Roman Hofmeister

Das neue Handbuch Rhetorik

Besser reden – sicher überzeugen

Seehamer Verlag

Das Werk einschließlich aller seiner Teile ist urheberrechtlich geschützt.
Jede Verwertung außerhalb der engen Grenzen des Urheberrechtsgesetzes
ist ohne Zustimmung des Verlages unzulässig und strafbar. Das gilt
insbesondere für Vervielfältigungen, Übersetzungen, Mikroverfilmungen
und die Einspeisung und Verarbeitung in elektronischen Systemen.

Genehmigte Lizenzausgabe 1999
für Seehamer Verlag GmbH, Weyarn
© Andreas & Andreas, Verlagsbuchhandel, Salzburg
Alle Rechte vorbehalten
Umschlaggestaltung: Bine Cordes, Weyarn
Umschlagfoto: IFA Bilderteam, München
Printed in Austria
ISBN- 3-929626-65-9

Inhaltsübersicht

Vorwort

Wir haben es also geschafft, zusammenzukommen, um miteinander über das Reden zu reden. Sie halten das Buch in der Hand und lesen diese Zeilen. Außerdem hören Sie vermutlich eine Stimme in Ihrem Inneren, die Ihnen diese Zeilen vorliest. Sie gibt sich als meine Stimme aus, ist aber nicht meine Stimme – es sei denn, Sie kennen mich und meine Stimme.

Jetzt habe ich eine Chance, Sie anzusprechen, damit Sie das Buch kaufen oder, wenn Sie es schon gekauft haben, um Sie zum Lesen zu bewegen. Habe ich wirklich eine Chance?

Das liegt zum Teil an mir: an dem Titel, den ich für das Buch gewählt habe; an den Kapitelüberschriften, die Sie beim schnellen Durchblättern lesen; an sprachlichen Formulierungen, die Sie zu fesseln vermögen ... In einem erheblichen Ausmaß aber liegt es an Faktoren, die ich nicht oder nur unwesentlich beeinflussen kann: zum Beispiel an Ihrem grundsätzlichen Interesse am Thema; Ihrer Bereitschaft, sich noch weiter oder auch erstmalig mit dem Thema zu befassen; an der Stimme, die Sie hören, wenn Sie dieses Buch lesen; an der Umgebung, in der Sie es gefunden haben; an Ihrer augenblicklichen Stimmung, am Buchumschlag, am Druckbild, am Papier, am Buchumfang; an der Freundlichkeit, mit der der Verkäufer Sie beraten, wie er Sie für oder gegen das Buch beeinflußt hat; an Ihren Erfahrungen mit derartigen Büchern; an Besprechungen des Buches in Zeitungen; am Geruch, der Ihnen gerade in die Nase steigt, und so weiter, und so weiter.

Haben Sie es bemerkt? Wir haben schon begonnen, wir sind mitten im Thema. Wie diesem Buch, so wird es auch Ihnen mit Ihren Reden ergehen. Vieles beeinflußt deren Wirkung, und vieles davon müssen Sie hinnehmen, wie es ist. Nicht alles ist gleicherweise von Bedeutung, aber es wirkt zumindest im Hintergrund oder gar im Unterbewußtsein.

Wie Sie mit solchen Dingen umgehen und diese Einflußfaktoren möglichst positiv nutzen – auch davon wollen wir sprechen; selbstverständlich aber nicht nur davon, Sie sollen doch nicht schicksalsergeben alles so belassen, wie es ist! Wir wollen über möglichst viele Aspekte sprechen, die zur Rede und zum Reden gehören, damit Sie in Zukunft Erfolg mit Ihren Reden haben oder noch erfolgreicher werden, wenn Ihre Reden bereits jetzt gut ankommen.

Dafür haben wir einige hundert Seiten Zeit. Sie werden sehen, daß dieser Umfang für unser Thema eher knapp ist. Wichtige Sachgebiete werden wir nur streifen können. Sie werden aber Hinweise bekommen, wie

Sie Ihr Wissen zu den einzelnen Themen vertiefen können. Wir wollen miteinander plaudern, gewissermaßen über Gott und die Welt, aber immer mit der Blickrichtung „erfolgreiche Rede". Es würde Sie vielleicht beeindrucken, wenn ich vorgäbe, alles Gesagte selbst erdacht zu haben. Das wäre aber nicht ehrlich. Deshalb werde ich Ihnen sagen, wenn ich wissentlich von anderen Informationen beziehe, ohne jetzt eine Zitatensammlung veranstalten zu wollen.

Vermutlich habe nicht nur ich schon viel über die Kunst, gut zu reden (Rhetorik), über Argumentationslehre (Dialektik), über Körpersprache, Psychologie und anderes mehr gelesen und davon gehört, vielleicht auch mit anderen darüber diskutiert. Und: Alle erleben wir Tag für Tag die Wirkung dieser Methoden, überall dort, wo gesprochen wird, sei es als Vortrag, sei es als Seminar, politische Rede, Predigt oder wie auch immer.

Es überrascht Sie hoffentlich nicht, wenn ich zugebe, daß es nicht nur *ein* Rezept zum Erfolg gibt, sondern deren viele. Wenn ich daher Beispiele zu erfolgreichen Reden bringe, sind das nur Beispiele, nicht aber der Weisheit letzter Schluß – kein Dogma, sondern Anregungen, wie man es machen könnte.

Auch meine Analysen zu den Reden, unter anderem mit Beispielen aus berühmten Reden der Weltgeschichte und aus der Weltliteratur, sind als Überlegungen und Vorschläge gedacht – als Möglichkeiten, nicht als geistiges Gängelband.

Ich möchte nicht auf Sie einreden, das heißt keinen Monolog halten, sonst wissen Sie am Ende unseres Gesprächs noch immer nicht, was Sie eigentlich tun sollten bzw. wie gut Sie gelernt haben, Reden zu halten. Wir werden also gemeinsam üben. Sie sollten daher während unseres Gesprächs ein Tonbandgerät bei sich haben oder zumindest Schreibblock und Bleistift. Teilweise werden Sie auch einen Spiegel brauchen, wenn es um Körpersprache und Haltung geht.

Wenn Sie bereits Fachmann auf diesem Gebiet sind, werden Sie nach unserem Gespräch über das Reden zumindest Denkanstöße für Verbesserungen erhalten haben und in anderer Form und aus anderen Blickwinkeln eine Auffrischung Ihres Wissens. Als Laie werden Sie sich wesentlich besser fühlen, wenn es gilt, Reden zu halten. Und Sie werden außerdem in den Aufzeichnungen nachblättern können, die ich in Form dieses Buches über unser Gespräch und die Sie über Ihre Übungen gemacht haben. Darüber hinaus erhalten Sie „Merkkästen", in denen die wesentlichen Punkte eines Kapitels zusammengefaßt werden. Sind Sie noch im Gespräch mit mir? Dann beginnen wir mit dem ersten Teil unserer Unterhaltung. *Roman Hofmeister*

Einleitung

Im Vorwort haben Sie einen ersten Eindruck von der Vielschichtigkeit einer Redesituation erhalten, gewissermaßen als erstes Beispiel einer Rede. Was Redesituationen von anderen Formen der menschlichen Kommunikation unterscheidet und diese ergänzt, sind die Elemente Sprache, Stimme und Stimmführung (Lautstärke, Betonung, Sprachmelodie). Als Autor spiele ich notgedrungen die Rolle eines Lehrers, eines Unterrichtenden und damit eines Dominierenden. Ich befinde mich in einer sozialen Rolle, die jener entsprechen kann, die Sie als Leser ausüben müssen oder wollen und für die Sie das Buch als Aus- und Fortbildungsgrundlage verwenden möchten.

Es kann aber auch sein, daß dies gerade jene soziale Rolle ist, die Ihrer nicht entspricht, die Sie möglicherweise ablehnen oder die Ihnen vielleicht sogar unsympathisch ist. Häufig müssen wir mit gleich- oder höherrangigen Personen sprechen, d. h. nicht als Autor zum Leser, nicht als Lehrer zum Schüler. Um für Sie hilfreich zu sein, wird das Buch daher auch dieses Rollenverständnis widerspiegeln.

Sie können an unser Buch hohe Erwartungen stellen:
- Es wird Ihnen helfen, Redesituationen richtig einzuschätzen.
- Sie werden lernen, die richtige Form der Kommunikation und der Präsentation zu finden.
- Der Umgang mit äußeren Umständen wird Ihnen vertraut.
- Sie lernen zu argumentieren und zu verhandeln.
- Zur Arbeit mit Gruppen erhalten Sie Anleitungen.
- Sie können sich geschickt aus kritischen Situationen bei Rede, Diskussionen, Verhandlungen und Gruppenarbeiten zurückziehen.

In vier Hauptkapiteln lernen Sie den Umgang mit dem Kommunikations- und Beeinflussungsinstrument Sprache:
- zur Rede, d. h. ein Redner und einer oder mehrere Zuhörer
- zur Arbeit in Gruppen, d. h. zur Führung von Gruppen
- zur Verhandlung und nicht zuletzt
- zur Diskussion.

Der erste Grundsatz jeder erfolgreichen Rede lautet:
Bleiben Sie authentisch!
Bleiben Sie sich selbst treu! Reden Sie, wie Sie selbst sind, und nicht so, wie irgendein anonymer Ghostwriter für Reden Ihnen vorformuliert

hat. Die Gefahr, daß Sie sich mit einer solchen Standardrede bloßstellen oder sogar lächerlich machen, ist wesentlich größer als die Gefahr, mit einer Rede nicht anzukommen, die Ihrer Persönlichkeit entspricht. Wenn man Sie mit einem gemütlichen bayrischen Dialekt kennt, wirkt der krampfhafte Versuch, Hochdeutsch zu sprechen (was bei Sprachprofis aus unterschiedlichen Gebieten unseres Sprachraums auch noch unterschiedlich klingt) eher peinlich.

Vielleicht erscheint es manchem Leser reizvoll, den theoretischen Teil zu überspringen und lediglich den Teil mit den Tips, Tricks, Rezepten und Warnungen zu nutzen. Davon rate ich ab, nicht nur, weil der theoretische Teil für mich so arbeitsaufwendig war. Einerseits werden Sie lesen, daß auch die sogenannte Theorie kurzweilig gestaltet ist, mit einem Erste-Hilfe-Kasten für Redeunfälle, andererseits brauchen Sie die Grundlagen, um einen umfassenden Einblick in die Einflußfaktoren auf Reden und den Erfolg von Reden zu erhalten. Sie erhalten eine größere „Plattform", um Reden halten zu können, wie Vera F. Birkenbihl es ausdrückt. Trotz der saloppen Form wird auf wissenschaftliche Fundierung der Aussagen Wert gelegt, die verwendete Literatur aber zur besseren Lesbarkeit nur in Form kurzer Anmerkungen gekennzeichnet und im Anhang genannt.

Im Mittelpunkt stehen der Redner und sein Publikum, mit allem, was beide Teile empfinden, als Botschaft senden und empfangen, wie sie sich selbst fühlen, welche Gefühle sie zueinander haben und wie sie nach außen auf den anderen wirken. Wir werden noch darauf zu sprechen kommen, daß viele Kommunikationsprobleme dadurch entstehen, daß wir anders fühlen, als wir auf andere wirken. Daß und wenn Redner und Publikum zusammengekommen sind, beruht auf irgendeinem Anlaß, der die Wirkung der Rede in irgendeiner Form bereits vorbestimmt. Redner und Publikum haben Ziele: Der Redner weiß, was er mit seiner Rede erreichen will, der Zuhörer weiß, was er erfahren will. Dieses Wissen muß nicht immer ausformuliert sein, es könnte auch in Form einer Empfindung vorhanden sein, gewissermaßen unbewußt.

Von entscheidender Bedeutung ist überdies, ob Redner und Publikum freiwillig zueinander kommen oder infolge irgendeiner Art von Zwang reden bzw. zuhören. Dabei sind folgende Beziehungen zu beachten:

Redner	Zuhörer
freiwillig	*freiwillig*
freiwillig	veranlaßt
veranlaßt	*freiwillig*
veranlaßt	veranlaßt

Unter „freiwillig" verstehen wir: aus völlig freiem Entschluß, unter „veranlaßt": durch äußere Zwangseinflüsse welcher Art immer – auf Seite des Redners beispielsweise bei Reden „von Amts wegen", auf Seite des Zuhörers durch welche Art von Pflichterfüllung immer. Daß die Grenzen nicht scharf gezogen werden können, kann als selbstverständlich gelten.

Versuchen Sie selbst, Ihre Redeposition zu definieren. Dies ist notwendig, um einerseits die Zuhörer richtig anzusprechen und andererseits die eigene Motivation und davon ausgehende persönliche Wirkungen (teils unbewußt über die Körpersprache) realistisch einzuschätzen.

Wie bereits im Vorwort angesprochen, spielen Umfeldbedingungen eine nicht zu unterschätzende Rolle:
– Wird die Rede im Freien oder in einem Gebäude abgehalten?
– Wie groß ist der Raum?
– Welche Raumhöhe?
– Welche Form des Raumes?
– Welche Beleuchtung?
– Welcher Geruch?
– Welche Ausstattung?
– Wie bequem sind die Sitzgelegenheiten?
– Wie ist die Akustik?
– Wie ist das Rednerpult gestaltet?
– Gibt es Beeinträchtigungen von außen (Lärm, Geruch, Zigarettenrauch etc.)?
– Welche Möglichkeiten gibt es zur Unterstützung der Rede (Mikrophon, Flip-Chart, LCD-Beamer, Overhead-Projektor, Moderationswände etc.)?

Alle diese Fragestellungen werden besprochen, und Sie erhalten Empfehlungen, wie Sie mit derartigen Einflußfaktoren oder mit Störungen umgehen können.

Vor diesem Hintergrund, gewissermaßen der „Rede-Landschaft", findet die Rede statt. In der Rede muß es dem Redner gelingen, dem Zuhörer seine Botschaft möglichst störungsfrei zu übermitteln, störungfrei in Hinblick auf alle beabsichtigten Wirkungen: Inhalt, Appell, gewollte Einstellung des Zuhörers zum Redner (Selbstbild des Redners) sowie Motivation und Gefühlsentwicklung des Zuhörers. Es gibt keine Garantie dafür, daß dies gelingt, es gibt aber Methoden, welche die Wahrscheinlichkeit hierfür wesentlich erhöhen. Derartige Methoden werden Sie gleich in den ersten Abschnitten kennenlernen.

Das Buch hat seine Absicht erfüllt, wenn Sie die Lektüre genießen können und sich danach in der Lage fühlen, unbefangener und sicherer zu reden, im Idealfall unbefangen und sicher. Bei Ihren persönlichen Redevorbereitungen kann es Ihnen als Nachschlagewerk dienen, weshalb die wesentlichen Anregungen am Ende jedes Kapitels nochmals zusammengefaßt werden.

Versuchen Sie, auch aus dem Aufbau dieses Buches zu lernen. Ich bin in der gleichen Lage wie Sie, wenn Sie beginnen, eine Rede vorzubereiten. Es muß mir gelingen, einen „roten Faden" durch das Thema zu finden. Ich muß Ihre Aufmerksamkeit gewinnen. Störungen sollten schlimmstenfalls zu einer Unterbrechung unserer Redner-Zuhörer-Beziehungen führen, keinesfalls zu einem Abbruch. Ich darf keine Sprache verwenden, die Ihnen nicht „ins Ohr geht". Wenn ich Sie provoziere, muß es mir gelingen, Sie rechtzeitig wieder auf meine Seite zu holen, ehe Sie mich verjagen – und das mit dem Nachteil gegenüber einer wirklichen Rede-, Verhandlungs- oder Diskussionssituation, daß ich Sie nicht sehen kann und Ihre Reaktion vorausahnen muß. Sie sollten die vorgetragenen Ansichten annehmen können und die angebotenen Lösungen als zufriedenstellend akzeptieren, zumindest als Denkanstöße. Die wesentlichen Aussagen sollten in Ihrer Erinnerung bleiben, was für mich bedeutet, ich muß Ihnen „Merker" setzen, denn es ist vorrangig meine Aufgabe und Schuldigkeit, Ihnen Erinnerungshilfen zu bieten, nicht Ihre, sich solche Hilfen zu schaffen.

Nicht zuletzt muß ich mich darum bemühen, ausschließlich über das Medium des geschriebenen Wortes ein Bild von mir als „Redner" zu vermitteln, welches auf Sie möglichst sympathisch und keinesfalls abstoßend wirkt. Gleich zu Beginn muß es mir gelingen, Sie in Stimmung zu bringen, damit Sie mir zuhören – und das länger, als üblicherweise Rednern Zeit zugestanden wird.

Beginnen wir unser Gespräch über das Reden. Ehrlich gestanden, habe ich nun schon ein Problem: Soll ich die Abschnitte als Lektionen, Stunden oder Kapitel bezeichnen? Soll ich die Kapitel graphisch gliedern oder mit numerierten Inhaltsüberschriften versehen? Was würden Sie machen? Was würde Sie selbst am meisten ansprechen – oder angesprochen haben? Aber noch wichtiger: Was hätte Ihr (zukünftiges) Publikum am besten erreicht? Wie auch immer: Ich wünsche Ihnen einige angenehme Stunden beim Lesen, viel Erfolg bei Ihren Übungen und glänzende Erfolge bei Ihren Reden.

Grundlagen erfolgreicher Reden

UnterGrundlagen erfolgreicher Reden sind alle Einflußfaktoren gemeint, die den Redeerfolg ausmachen. Wann ist eine Rede erfolgreich? Versuchen wir zunächst allgemeine Aspekte:

— wenn Redner und Zuhörer zufrieden sind,
— wenn die „Botschaft", das heißt der Inhalt der Rede, beim Zuhörer angekommen ist,
— wenn, ja ... was noch?

Friedrich Nietzsche schrieb (in: „Jenseits von Gut und Böse"): „Der Enttäuschte spricht: — ‚Ich horchte auf Widerhall, und ich hörte nur Lob...'" Ob eine Rede erfolgreich ist bzw. war, hängt letztlich davon ab, was Redner wie auch Zuhörer erwartet haben, welche Ziele sie hatten. Ansonsten war Erfolg eben nur: überstanden haben, erledigt haben.
Selbst im allgemeinen erfolgreichen, berufsmäßigen Rednern passiert es immer wieder, daß sie nicht den richtigen Ton für ihr Publikum finden. Die Ursachen dafür können vielfältig sein; häufig stehen sie in keinem Zusammenhang mit dem Redner und seiner Rede. Solche Reden enden dann zwar mit Applaus, aber es bleibt ein unangenehmes Gefühl bestehen: beim Redner das Gefühl, nicht richtig angekommen und damit auch nicht angenommen zu sein; beim Zuhörer das Gefühl, vom Redner nicht verstanden worden zu sein, Zeit vergeudet zu haben.
Ich sage ganz bewußt: Der Zuhörer hat das Gefühl, vom Redner nicht verstanden worden zu sein, nicht umgekehrt. Jeder Zuhörer kommt mit Erwartungen, und ein Redner gilt für ihn dann als gut, wenn er diese Erwartungen erfüllt.
Wir wollen deshalb die psychologischen Grundlagen der menschlichen Kommunikation intensiv besprechen. Dieser Aspekt soll im Kapitel „Redevorbereitung" einen Schwerpunkt bilden.
Die erfolgreiche Rede braucht eine entsprechende Struktur und logisch richtige Argumentationen, um vom Zuhörer richtig aufgefaßt zu werden und ihm einsichtig zu erscheinen. Struktur und Argumente müssen in möglichst leicht faßlicher Form präsentiert werden. Dazu gibt es eine gan-

ze Reihe von Präsentationshilfen und -techniken, deren Anwendung speziell im Kapitel „Während der Rede" beschrieben wird.

Im darauffolgenden Kapitel, „Nach der Rede", geht es um die Aufarbeitung der Rede. Hier soll von Diskussionen gesprochen werden, wie sie nach Vorträgen immer mehr üblich geworden sind, aber auch von sonstigen Arten der Aufarbeitung. Dazu zählen etwa die sogenannten „Rückkoppelungsrunden", das heißt Äußerungen des Publikums zum Thema bzw. zur Veranstaltung, Beurteilungen in schriftlicher Form und anderes mehr.

Vor der Rede

Der Redner

Beginnen wir mit Ihnen selbst. Sie stehen ja im Mittelpunkt dieses Gesprächs, es geht um Ihren Erfolg. Daß wir miteinander sprechen, beweist schon, daß Sie um die Bedeutung des Redens in unserer Gesellschaft wissen. Beginnen wir gleich mit dem Wesentlichen, mit Ihren Gefühlen:

Wie fühlen Sie sich?

Wenn Sie gefragt werden, ob Sie eine Rede halten wollen — wie fühlen Sie sich dann? Reden Sie gerne oder nur dann, wenn es unbedingt sein muß? Wie sind Ihre ersten Gefühle dazu?

Üblicherweise ist diese Frage nicht einfach zu beantworten. Es gibt Redesituationen, in denen Sie sich sehr wohl fühlen werden, die Ihnen vertraut sind, z. B. wenn Sie im Freundeskreis über ein Urlaubserlebnis berichten oder einen Witz erzählen. In beiden Fällen passiert Ihnen das gleiche, was Ihnen auch bei einer Rede vor größerem Publikum passiert: Sie stehen im Mittelpunkt, die Aufmerksamkeit ist auf Sie gerichtet, alle beachten und beobachten Sie.

Warum fühlen Sie sich in dieser Redesituation wohl, während Sie vor größerem Publikum Lampenfieber bekommen, mit allen Zeichen von Nervosität und Streß: feuchte Hände, trockener Gaumen, Schweiß im Gesicht, flaues Gefühl im Magen, Denkblockaden? Sie haben Angst. Das ist die Antwort. Schlicht und einfach Angst.

Wenn Sie versuchen, einen vernünftigen Grund für diese Angst zu finden, werden Sie sicherlich auf einige Gründe stoßen:

— Angst, sich bloßzustellen durch einen Redeinhalt, der den Zuhörern lächerlich vorkommt,
— Angst, kein Wort hervorzubringen,
— Angst, als Redner abgelehnt zu werden,
— Angst davor, vor fremden Augen im Mittelpunkt zu stehen, jedem möglichen Angriff schutzlos ausgeliefert zu sein, und andere Ängste mehr.

Einige dieser Ängste sind tief verwurzelt und stammen noch aus der Zeit, als der Mensch, wie andere Tiere auch, eine mögliche Beute für Raubtiere war und Angst haben mußte vor Augen, die auf ihn gerichtet waren. Andere Ängste sind sozial bedingt, stammen aus der eigenen Vergangenheit, der sozialen Umgebung, in der man aufgewachsen ist, der Art, wie man sich durchsetzen mußte; sie sind geprägt durch die Menschen, die einem dabei geholfen haben oder gegen die man sich wehren mußte. Auf einen Nenner gebracht:

Es geht um Ihre Selbstsicherheit!

Sie werden sich dann beim Reden wohl fühlen, wenn Sie selbstsicher sind. Selbstsicherheit ist einerseits ein Aspekt der Persönlichkeitsentwicklung, andererseits ein Aspekt der sozialen Umgebung. Selbstsichere Menschen können auch in einer nichtvertrauten Umgebung seelische Stabilität bewahren, unsichere Menschen haben diese Stabilität bestenfalls in ihrem vertrauten sozialen Bereich.

Wenn Sie erfolgreich reden wollen, müssen Sie sich wohl fühlen. Nur dann werden Sie eine positive Ausstrahlung haben; nur dann wird es Ihnen gelingen, die Redeatmosphäre positiv zu emotionalisieren, eine positive Gefühlsbeziehung zwischen Redner und Zuhörer herbeizuführen und damit jenes Redeklima zu schaffen, das eine unverzichtbare Bedingung jeder erfolgreichen Rede ist.

Glauben Sie nicht zu sehr an den Sachinhalt einer Rede. Wenn es um reine Übermittlung von Informationen geht, kann eine Rede möglicherweise auf den emotionalen Gehalt verzichten. Aber selbst hier ist die Wirkung ungleich intensiver, wenn Gefühle gezeigt werden — in Körpersprache, Tonfall, Tonhöhe etc.

Denken Sie an einen Nachrichtensprecher im Fernsehen. Stellen Sie sich die Wirkung einer Katastrophennachricht vor, die mit einer nüchtern-sachlichen Stimme und unbewegter Miene gesprochen wird, gegenüber der gleichen Nachricht, die ein Sprecher übermittelt, der mit den Tränen kämpft und dessen Stimme zu versagen droht. — Verzeihen Sie das negative Beispiel, es sollte lediglich der Versuch sein, Ihnen das Extrem einer inhalt-lich identischen, gefühlsmäßig aber ganz unterschiedlich wirkenden Nachricht vor Augen zu führen. Im ersten Teil des Beispiels fühlte sich der Sprecher offenkundig nicht betroffen, im zweiten Teil traf ihn die Nach-richt persönlich.

Um dieses Beispiel abzuschließen: Als Zuhörer werden Sie die gefühlsbe-tont vorgebrachte Nachricht dann akzeptieren, wenn Sie die gezeigten Ge-fühle verstehen oder zumindest für verständlich halten, wenn etwa in un-serem Beispiel über einen Sachverhalt gesprochen wird, der für alle Ein-wohner des Landes, aus dem der Sprecher stammt, bedrückend ist. Daraus folgt: Gefühle müssen den Zuhörern verständlich sein, um positive Wir-kungen zu erzielen oder zumindest akzeptiert zu werden.

Wir sind von unserem Ausgangsthema etwas abgewichen. Der Ausgangs-punkt unseres Gesprächs war: Fühlen Sie sich wohl, wenn Sie eine be-stimmte Rede halten sollen bzw. wenn Sie in einer bestimmten Redesitua-tion sind? Um Ihnen eine Antwort zu ermöglichen, müssen wir zunächst erläutern, was wir unter Reden bzw. Redesituationen einordnen.

Grundsätzlich verstehen wir darunter jede Form der menschlichen Kom-munikation mit Hilfe der Sprache. Daß dies nicht die einzige Form der Kommunikation zwischen Menschen ist, können Sie Tag für Tag beobach-ten, sobald Sie anderen in die Nähe kommen. Sie nehmen vieles wahr von anderen Menschen, manches bewußt, vieles unbewußt, und interpretieren diese Wahrnehmung für sich, das heißt, Sie folgern, was diese Wahrneh-mung für Sie bedeutet: Gesicht, Gestalt, Körperhaltung, Bewegung, Klei-dung, in näherem Kontakt (z. B. in öffentlichen Verkehrsmitteln, an der Kaufhauskasse) auch Geruch, vielleicht noch die nicht an Sie gerichteten Worte, den Klang der Stimme, die Aussprache und den Tonfall anderer Menschen. In dieser Rolle, als Beobachter, sind Sie das, was die Philosophen das Subjekt nennen, die anderen Menschen sind das Objekt. Gleichzeitig sind Sie aber Objekt für andere, die Sie wahrnehmen.

Dieser permanenten Kommunikation kann sich keiner entziehen, und die Art, wie diese wahrgenommen und empfunden wird, prägt Ihre Lebens-einstellung, Ihr Verhalten und damit auch Ihr Auftreten als Redner.

Reden heißt also Kommunikation mittels Sprache. Wir wollen dieses große Gebiet nun etwas strukturieren und unterscheiden:

Private Reden
— im privaten Bereich,
— im beruflichen Umfeld,
— in der Öffentlichkeit.

Berufliche Reden
— im beruflichen Bereich,
— im privaten Umfeld,
— in der Öffentlichkeit.

Reden mit Sachinhalt

Reden von allgemeiner Bedeutung (z. B. Glückwunschreden)
— mit ein bis drei Zuhörern (Kleingruppe),
— einer Zuhörergruppe bis etwa 15 Personen,
— einer größeren Zuhörergruppe;
— ohne Erwartung einer (gesprochenen) Antwort,
— mit Erwartung einer (gesprochenen) Antwort
  nach Abschluß der gesamten Rede,
  permanent (Diskussion).

Die letztgenannte Unterscheidung beruht auf der Ansicht, daß es für jede Rede irgendeine Form der Antwort gibt. Manche Redesituationen sind lediglich nicht so strukturiert, daß der Zuhörer die Möglichkeit hat, direkt auf das Gesagte zu antworten, wie etwa beim Vortrag, bei der Predigt oder bei der Ansprache.

Kehren wir zurück zu unserer Fragestellung, die gleichzeitig unsere erste Übung sein soll:
In welcher Redesituation glauben Sie sich wohl zu fühlen, und welche Situationen bereiten Ihnen Unbehagen?
Schreiben Sie auf, wie Sie sich in erlebten Redesituationen gefühlt haben. Benützen Sie dabei möglichst konkrete Zustandsbegriffe, die Ihren körperlichen und seelischen Zustand sowie Ihr Verhalten vor der Rede schildern, wobei Sie möglichst entgegengesetzte Wortpaare verwenden sollten, mit einer Skala, die unterschiedliche Grade dieses Zustandes angibt (z. B. entspannt — verkrampft, vergnügt — deprimiert, scherzend — wortkarg).
Wenn Sie diese Skala fertiggestellt haben, versuchen Sie zu ergründen, weshalb Sie sich so gefühlt haben bzw. weshalb Sie meinen, sich so zu fühlen. Hierzu folgende Anregungen:

— Welche charakterlichen Grundeigenschaften haben Sie?
— Welche Ihrer Erlebnisse wirken auf Ihr Empfinden ein?
— Welche Erfahrungen haben Sie mit dem jeweiligen Publikum bzw. mit dem jeweiligen Umfeld? (Haben Sie z. B. ein unangenehmes Gefühl, wenn Sie in ein bestimmtes Haus gehen, oder schon, wenn Sie einen bestimmten Ort betreten?)

Nachdem es sich bei dieser Analyse um Ihre eigenen seelischen Zustände handelt, kann Ihnen ein Gespräch vielleicht dabei helfen, Probleme zu erkennen. Die Lösung müssen Sie aber letztlich selbst finden. Sie sollten sich jedenfalls dadurch überprüfen, daß Sie diesen Eigentest nach einer gehaltenen Rede oder in einer anderen Stimmung nochmals wiederholen.

Wir wollen dieses Kapitel mit einigen Anregungen abschließen, wie Sie vor einer Rede am besten in ein seelisches Gleichgewicht kommen, das heißt, wie Sie Angst und Lampenfieber beherrschen können:

● Sprechen Sie nur, wenn es für Sie einen klaren, dem Publikum einsichtigen Anlaß zur Rede gibt, das heißt wenn Sie aufgefordert werden, eine Rede zu halten, oder wenn sich aufgrund Ihrer sozialen Stellung und Ihrer Rolle in einer Gruppe eine offensichtliche Notwendigkeit hierzu ergibt und Sie sich innerlich zur Rede bereit fühlen.

● Sprechen Sie nur zu Themen, die Ihnen vertraut sind.

● Bereiten Sie sich gut auf die Rede vor. Wenn Sie gezwungen sind, eine spontane Rede zu halten, müssen Sie sich zumindest Zeit nehmen, Einleitung, Hauptpunkte der Rede und Schluß zu überlegen und vorzuformulieren.

● Bleiben Sie authentisch, das heißt, versuchen Sie nicht, anders zu wirken als Sie sind. Wenn Sie glauben, vom Publikum nicht als der angenommen zu werden, der Sie sind, kann nichts Sie vor innerer Unsicherheit schützen — einer inneren Unsicherheit, die auf der Angst vor Entdeckung beruht.

Wenn Sie gegen diesen Grundsatz verstoßen, können Sie bestenfalls durch äußerliche Zeichen Sicherheit vortäuschen. Wir werden auf derartige Methoden im folgenden Kapitel zu sprechen kommen. Einen erfahrenen Menschenkenner werden Sie damit aber nicht täuschen — und vermutlich auch nicht das Gefühl der Zuhörer.

Authentisch sein heißt unter anderem:
— die Sprache sprechen, die Sie gewohnt sind. Sprechen Sie üblicherweise Mundart, wird die Schriftsprache bei Ihnen aufgesetzt und unecht wirken;
— die eigene Stimme verwenden, das heißt nicht zu versuchen, die Stimme in einer Art zu verstellen, die Ihnen angenehmer scheint. Nicht jeder Redner hat eine angenehme Stimme; erfolgreichen Rednern gelingt es aber nach kurzer Zeit, ihr Publikum eine nicht ganz so angenehme Stimme vergessen zu lassen — durch andere rhetorische Mittel, durch Körpersprache, durch Übermittlung positiver Gefühle, durch fesselnde Inhalte und anderes mehr;
— die Bewegungen machen, die Ihnen vertraut sind, soweit die Redesituation dies zuläßt. Sind Sie gewohnt, beim Sprechen herumzugehen, werden Sie sich nicht wohl fühlen, wenn Sie auf einem Stuhl sitzend sprechen müssen.

● Sprechen Sie grundsätzlich aus einer dem Publikum gegenüber höheren räumlichen Stellung, das heißt von einem Podium aus oder, falls es kein Podium gibt, stehend.

● Beschäftigen Sie sich frühzeitig mit Ihrem Publikum.

Vera F. Birkenbihl („Rhetorik-Training") erzählt die Geschichte des einst sehr berühmten Clowns Grock. Grock stand vor jeder Vorstellung vor dem Guckloch, durch das die Schauspieler das Publikum beobachten können, und dachte mit großer Intensität: „Mein liebes, liebes Publikum. Ich danke dir, daß du heute erschienen bist, und ich werde mir größte Mühe geben, dich heute abend zu erfreuen!"
Die Beschäftigung mit dem Publikum lenkt Sie einerseits von den Problemen mit Ihrer eigenen inneren Unruhe ab und bringt Sie andererseits einen wesentlichen Schritt weiter auf dem Weg zu einem richtigen, zuhörerorientierten Ansatz der Rede. Übersehen Sie niemals, daß Sie nicht für sich selbst sprechen, sondern für ein Publikum; bedenken Sie, daß Ihre Rede auf das Publikum wirken muß, nicht auf Sie selbst. In der Werbung wird das recht spitz formuliert: „Ein Wurm muß dem Fisch schmecken, nicht dem Angler."
Das bedeutet: Wenn Sie vor einfachen Leuten sprechen, wählen Sie eine Sprache, die diese verstehen — kürzere Sätze, keine oder nur erläuterte Fremdwörter —, und wiederholen Sie wichtige Passagen. Vernachlässigen Sie diesen Grundsatz, werden Sie Ihr Publikum entweder abschrecken oder

brüskieren, das heißt, die Zuhörer werden Reaktionen zeigen, die nicht im Sinne der Rede liegen.

Es kann sein, daß die Zuhörer von Ihren geistigen Fähigkeiten beeindruckt sind, auch wenn sie nichts von dem verstanden haben, was Sie gesagt haben. Das wird am ehesten der Fall sein, wenn die Rede einen Sachinhalt hat, bei dem die Zuhörer ein gewisses Maß an Nichtverstehen akzeptieren. Hat jedoch Ihre Rede allgemeinen Inhalt, z. B. bei einer Betriebsversammlung, werden Ihre Zuhörer eine ihnen unverständliche Ausdrucksweise als Brüskierung empfinden und negativ darauf reagieren. Ein intellektuelles Publikum wiederum wird im allgemeinen nichts dagegen einzuwenden haben, wenn Sie Fremdwörter und ineinander verschachtelte Sätze vermeiden.

Daher: Reden Sie klar, einfach und verständlich, damit werden Sie von Ihrem Publikum eher akzeptiert. Dieses Annehmen Ihrer Rede wird Ihnen positive Gefühle entgegenschlagen lassen, die wiederum Ihre Selbstsicherheit fördern.

● **Atmen Sie tief und ruhig.**

Ihr Körpergefühl wird ganz wesentlich durch Ihren Atem beeinflußt. Auf diesem Wissen bauen Meditationstechniken auf, deren Ziel es ist, dem Menschen innere Ruhe zu geben. Wir werden auf dieses Thema im Kapitel „Nervosität abbauen" noch zurückkommen.

● **Suchen Sie Verbündete.**

Wenn es Ihnen gelingt, vor einer Rede mit Leuten aus dem Publikum zu sprechen, möglichst unbefangen und über ein Thema, über das Sie gerne reden, haben Sie schon einen wesentlichen Schritt getan, um die Angst vor der Rede abzubauen.

● **Sprechen Sie die Situation an.**

Wenn Sie glauben, daß Sie Ihr seelisches Gleichgewicht nicht erreichen können und daß Ihr Publikum das auch bemerken wird, sprechen Sie die Situation an. Aber: Seien Sie vorsichtig! Wenn Sie dieses Ansprechen ungeschickt betreiben oder vor dem falschen Publikum (z. B. vor einem Publikum, das Sie ohnehin am liebsten vertreiben möchte), kann Sie das in eine äußerst peinliche Lage bringen.

Ihre nicht stabile innere Situation sollten Sie dem Publikum nur dann mitteilen, wenn Sie von ihm Hilfe erwarten können. Hilfe können Sie dann erwarten, wenn das Publikum grundsätzlich positiv zur Rede steht, wenn es Ihnen positive oder zumindest neutrale Gefühle entgegenbringt und wenn die Ursache Ihrer Probleme Sie beim Publikum als Mensch sympathisch macht.

Wir wollen nun zum Thema „innerer Zustand" ein Beispiel bringen. Nehmen wir an, Sie sollen als Familienoberhaupt bei einer Familienfeier sprechen. Es besteht aus Ihrer Sicht die Notwendigkeit zu einer Rede, z. B. weil Sie den Ablauf der Feier regeln müssen (Essen, Saubermachen, Nachmittagskaffee mit Kuchen, Spaziergang / Ausflug, Abendessen, Tanzabend, Damen-, Herren- und Kinderprogramm etc.). Sie haben also einen klaren Anlaß zur Rede.

Grundsätzlich können Sie jetzt entweder der Entwicklung ihren Lauf lassen oder lediglich um Aufmerksamkeit bitten für die Bekanntgabe des Ablaufs, oder aber Sie können eine Rede halten.

Reichern wir nun die Szene noch etwas an. Sie wissen, daß ein Teil der Familie mit Ihrem Programm nicht einverstanden ist; ein Teil des Programms wurde von Ihrem Ehepartner erstellt, und Sie stehen selbst nicht ganz dazu, wollen aber unbedingt Streit vermeiden. Aus diesem Grund fühlen Sie sich nicht ganz wohl bei Ihrer Rede.

Versuchen wir nun das vorgeschlagene Rezept gemeinsam an dieser Situation:

— Anlaß zu Rede: ist eindeutig vorhanden.
— Das Thema ist Ihnen vertraut.
— Vorbereitung: Sie müssen das Programm und den zeitlichen Ablauf genau kennen.
— Authentisch bleiben: Geben Sie sich so, wie Ihre Familie Sie kennt. Versuchen Sie nicht, humorvoller zu scheinen, als Sie sind; sprechen Sie Ihre Umgangssprache / Ihren Dialekt; verwenden Sie schon bei der Ansprache keine Redewendung, die nicht zu Ihnen paßt, und: Überlegen Sie, welchen Charakter Sie der Rede geben wollen. Soll Ihre Rede ironisch klingen oder sachlich oder pathetisch (Vorsicht!) oder...?
— Wenn Sie reden sollen, müssen Sie Ihren Platz am Kopfende des Tisches haben, möglichst nicht Richtung Fenster, da die Zuhörer sonst vom Tageslicht geblendet und außerdem abgelenkt werden könnten. — Versuchen Sie in einer belanglosen Situation ein Tischgespräch zu beherrschen, wenn Sie am Kopfende sitzen, und dann, wenn Sie an der Seite sitzen. Sie werden einen bedeutenden Unterschied bemerken. Im ersten

25

Fall ist Ihre Führungsposition schon vorgezeichnet, im zweiten Fall müssen Sie sie von der Position her erst erobern. Für Profis auf dem Gebiet der Gesprächsführung kann es in bestimmten Situationen recht reizvoll sein, ein Gespräch „von der Seite her" zu leiten, und zwar dann, wenn ein anderer (sich) zunächst präsentieren soll und der Redner erst dann sprechen möchte. — Überlegen Sie, ob es zur Situation paßt, wenn Sie stehen. Gelingt es Ihnen problemlos, im konkreten Fall auch sitzend die Aufmerksamkeit der Familie auf sich zu ziehen, wird es sinnvoller sein, sitzen zu bleiben.

— Ihr Publikum kennt Sie. Haben Sie bei der Erstellung des Tagesprogramms aber ausreichend an die Wünsche der einzelnen Familienmitglieder gedacht? Welche Wünsche wollen Sie bewußt nicht erfüllen? Welchem Ihrer Wünsche wird nicht entsprochen? Wer wird wie stark widersprechen? Welche Argumente haben Sie für die Widersprüche? (Hier verweise ich auf jene Kapitel, die sich mit Argumentation beschäftigen.)

— Atmen Sie tief und ruhig — aber nicht so, daß man glaubt, Sie hätten Beschwerden.

— Suchen Sie Verbündete. Wer wird mit dem Programm in der vorgestellten Form einverstanden sein? Niemand? Dann machen Sie ein neues Programm bzw. stellen Sie das Programm lediglich als ersten Vorschlag dar, als Einleitung zu einer Diskussion. (Wie man Diskussionen zielgerecht leitet, damit sie zu brauchbaren Ergebnissen führen, werden wir später im Buch behandeln.)

— Sprechen Sie die Situation an. Wenn Sie sich in Ihrer Situation nicht wohl fühlen, können Sie hier unmittelbar darauf eingehen, etwa in folgender Form: „Meine lieben… Wir (das sind…) haben uns bemüht, unsere Feier so zu planen, daß ihr euch wohl fühlt und möglichst lang bei uns bleibt. Ich fühle mich noch nicht so wohl, wenn ich euch jetzt unser erstes Ergebnis bekanntgebe; aber wenn wir zusammenhelfen, werden wir sicher auf ein gutes Programm kommen…"

Schließen wir dieses Kapitel mit einem kleinen Ausflug in die Psychologie ab. (Hier verweise ich auf das „Arbeitshandbuch Psycho-Rhetorik" von Gerhard von der Lehr sowie auf „Grundformen der Angst" von Fritz Riemann, siehe Literaturverzeichnis.)

Fritz Riemann spricht von vier Grundformen der Angst:
1. Angst vor der Selbsthingabe, als Ich-Verlust und Abhängigkeit erlebt;
2. Angst vor der Selbstwerdung, als Ungeborgenheit und Isolierung erlebt;

3. Angst vor der Wandlung, als Vergänglichkeit und Unsicherheit erlebt;
4. Angst vor der Notwendigkeit, als Endgültigkeit und Unfreiheit erlebt.

Diese vier Persönlichkeitsstrukturen sind zunächst völlig normal, haben jedoch gewisse Schwerpunkte. Verschieben sich die Schwerpunkte einseitig in eine Richtung, kommt es zu krankhaften Erscheinungen: schizoides Verhalten, Depression, Zwangsneurose und Hysterie. Derart grundsätzlich verschiedene Gemütszustände kommen in reiner Form praktisch kaum vor. Kann man jedoch bei sich eine Neigung zu einem dieser Zustände feststellen, werden viele Reaktionen und Ängste leichter erklärbar. Die mit den Gemütszuständen verbundenen Grundängste wirken sich folgendermaßen aus:

Schizoid: Angst, abhängig zu sein / zu werden, das heißt „eingesperrt" zu werden (Wunsch nach persönlichem Freiraum).
Depressiv: Angst, selbständig sein zu müssen, das heißt auch: allein gelassen zu werden (Wunsch nach Geborgenheit).
Zwanghaft: Angst, Veränderungen ausgesetzt zu sein, das heißt sich auf nichts endgültig stützen zu können (Wunsch nach Regeln und Normen).
Hysterisch: Angst vor Gleichmaß und Routine ohne Wechsel, das heißt vor Langeweile durch das immer gleiche bzw. durch zu starke Regulierungen (Wunsch nach Wechsel).
Und wozu neigen Sie? Überlegen Sie, wie Ihre Gemütslage Ihren Zustand vor einer Rede beeinflußt.

Außenwirkung des Redners

Nachdem wir uns intensiv mit Ihrem Gemütszustand vor und bei der Rede beschäftigt haben, wollen wir nun zu Äußerlichkeiten kommen. Sprechen wir über Ihre Wirkung nach außen.
Die Gestaltpsychologie sagt: „Das Ganze ist mehr als die Summe seiner Teile", das heißt in unserem Fall: Sie wirken nicht in *der* Form, daß die Wirkung Ihrer Figur, Ihrer Körpergröße, Ihres Gesichts, Ihrer Kleidung, Ihres Auftretens, Ihrer Stimme, Ihrer Gesten, der Beleuchtung, die auf Sie fällt, etc. addiert werden kann — z. B.: Figur sehr gut, Körpergröße durchschnittlich, Gesicht ansprechend und sympathisch, daher gut; das ergibt ein Mittel von... Sie wirken als Gesamtperson, und dies nicht nur durch objektiv feststellbare, das heißt wahrnehmbare, tatsächlich vorhandene Faktoren, sondern auch durch das, was der Betrachter von Ihnen weiß. So haben etwa

Untersuchungen festgestellt, daß prominente Personen körperlich größer eingeschätzt werden als unbekannte.

Paul Watzlawick („Die erfundene Wirklichkeit") formuliert das so: „Die Umwelt, so wie wir sie wahrnehmen, ist unsere Erfindung." Wahrnehmen heißt: mit den Sinnen erfassen, sehen, hören, riechen, schmecken, tasten. Wenn wir uns also zunächst mit einzelnen Elementen beschäftigen, haben wir doch das Ganze, das heißt Ihre Gesamtwirkung bei der Rede, zum Ziel.

Nehmen wir an, Sie wollen einen Vortrag über wirkungsvolle Werbung für Jugendlokale besuchen. Welche Vorstellung haben Sie vom Vortragenden? Mit anderen Worten: Welchen Typ Mensch erwarten Sie? Eher einen jungen oder zumindest jugendlich wirkenden, sportlichen Typ mit optimistischer Ausstrahlung und pfiffiger, aber gepflegter Kleidung, oder aber einen verhärmten, blassen, älteren Mann mit grauem, verbeultem Anzug und konventioneller Krawatte?

Sie haben recht: Die Frage war „rhetorisch", das heißt, eigentlich habe ich in meiner Frage schon die Antwort gegeben. Aber habe ich das wirklich? Überlegen Sie bitte, was ich mit diesem Beispiel bewirken wollte. Vordergründig wollte ich Ihnen zeigen, und zwar an einer Extrempositionierung (jung, optimistisch etc. gegen alt und verhärmt), daß nicht zu jedem Typus Mensch jede Rede paßt. Hintergründig läuft noch einiges mit. Ich habe Sie manipuliert, indem ich Typen einander gegenübergestellt habe, bei denen mir nahezu alle recht geben werden, daß der eine Typ für den Vortrag besser geeignet ist als der andere.

Letztlich ist dies aber nur der theatralische Teil der Rede, das Sichtbare, unmittelbar Wahrnehmbare. Theatralisch auch deshalb, weil ein guter Schauspieler den Text wahrscheinlich besser sprechen und dazu noch darstellen könnte, als der Verfasser des Redemanuskriptes es üblicherweise kann. Der Schauspieler ist eben darin geschult, Menschentypen darzustellen und Texte zu sprechen.

Wir sollten also in diesem Bereich, in der Darstellung, von guten Schauspielern lernen. Hinsichtlich Körpersprache: von guten Pantomimen; soweit es Texte betrifft: von guten Sprechern, sei es im Rundfunk, sei es im Fernsehen, auf dem Theater oder im Kabarett. Aber erinnern Sie sich dabei immer an den Grundsatz: Bleiben Sie authentisch, bleiben Sie Sie selbst.

Sprechen wir nun über die einzelnen Elemente Ihrer Außenwirkung bei einer Rede. Wir haben bereits festgestellt, daß eine erste Wirkung von Ihrem Ruf ausgeht. Sie werden also nur als völlig Unbekannter vor Ihnen völlig Unbekannten so wirken, wie Sie eben an diesem Tag oder in dieser Situation wirken — nicht so, wie Sie sind! Und außerdem: Sie werden in Ihrer Wirkung auf Ihre Zuhörer Elemente haben, die Sie überhaupt nicht beeinflussen können: Erinnern Sie den Zuhörer an jemanden, den er gern hat? Oder an jemanden, den er nicht mag? usw.

Beschäftigen Sie sich frühzeitig damit, wie Sie wirken möchten und welche Folgen diese beabsichtigte Wirkung bei Ihrem Publikum haben soll. Wollen Sie konservativ oder progressiv wirken? Konventionell oder kreativ? Ernst oder humorvoll? Optimistisch oder deprimiert? usw. Aber wiederum muß ich zur Vorsicht mahnen. Versuchen Sie möglichst nie, anders zu wirken, als Sie tatsächlich empfinden. Wilhelm Busch sagt dazu: „Man merkt die Absicht, und man ist verstimmt." Und ein amerikanischer Werbeprofi: „Keine Methode ist die beste Methode."

Um unser Gespräch wiederum in eine Struktur zu bringen, gliedern wir zunächst in die einzelnen Elemente Ihrer Außenwirkung:
— Ihren Körper(bau) und seine Wirkung,
— Ihre Körpersprache (Mimik, Gestik),
— Ihre Kleidung,
— sonstige Gestaltungselemente (Brille, Schminke, Haartracht etc.),
— Ihre Stimme und deren Einsatz (Betonungen, stimmlich geäußerte Gefühle),
— Ihre Sprache.

Die inhaltlichen Elemente (Wortschatz, Satzaufbau, Argumentation etc.) kommen erst später zur Sprache.

Schon aus der Antike kennen wir die Meinung, daß körperliche Merkmale, psychische Zustände und Verhalten miteinander in Verbindung stehen. Hinzu kommen noch die Ausdrucksformen des Körpers, denn jede innere Bewegung drückt sich durch den Körper aus, und wir erfassen instinktiv diese Signale des Körpers besser als wir glauben. Dieses Erfassen der Signale drückt sich zunächst in Gefühlen aus, die wir gegenüber einem Gesprächspartner bzw. einem Vortragenden haben: Wir fühlen uns bei ihm wohl oder unangenehm, geborgen oder bedroht, angenommen oder abgelehnt und anderes mehr.

Der Pantomime Samy Molcho spricht vom „Handschuh der Seele", der mit Augen, Nase, Mund, Stirn, Kinn, Händen, Armen und Füßen auf alle Äußerungen des Gesprächs- oder Verhandlungspartners reagiert und sich eigener Empfindungslagen bewußt wird: Nervosität, Erstaunen, Ablehnung, Sicherheit, Nachdenklichkeit, Selbstgefälligkeit und Betroffenheit. Das

Thema Körpersprache (Kinesik – Lehre von der Körpersprache) werden wir etwas später noch genauer besprechen. Zunächst wollen wir uns mit dem Körper selbst befassen.

Sprache der körperlichen Erscheinung

Als bekannteste Ansicht über den Zusammenhang zwischen Körperbau und Charakter kann die Gliederung in vier Grundtemperamente gelten, wie sie von den griechischen Ärzten Hippokrates (5./4. Jahrhundert v. Chr.) und Galen (2. Jahrhundert n. Chr.) getroffen wurde. Demnach gibt es Sanguiniker (Temperamentstyp des lebhaften Menschen), Melancholiker (Schwermütige), Choleriker (leidenschaftliche, reizbare, jähzornige Menschen) und Phlegmatiker (ruhige, langsame, schwerfällige Menschen).

Der Psychologe Hubert Rohracher schreibt dazu: „Daß die Konstitution des Menschen ... für die Art seines Gefühlslebens von entscheidender Bedeutung ist, haben mehrere deutsche Psychiater, vor allem Ernst Kretschmer, nachgewiesen... Kretschmers statistische Untersuchungen haben einwandfrei erwiesen, daß Manie [– Besessenheit, krankhafte Leidenschaft; Anm. d. Verf.] und Melancholie bei einem bestimmten Körperbautypus in viel größerer Häufung auftreten als bei anderen Konstitutionen."

Beim pyknischen Körperbau (Neigung zu Fettansatz, rundliche, proportionierte Formen, kurze Arme und Beine, kleine Hände und Füße) ist die Bereitschaft zur heiteren und traurigen Verstimmung, auch im Bereich des Normalen, in besonders hohem Maß vorhanden. Der Leptosome (groß, hager, eckig, scharfe Formen, lange dünne Arme und Beine) ist eher empfindlich und reizbar bzw. verärgert und griesgrämig.

Durch die Erfahrung, die jeder einzelne mit Menschen dieses Typs gemacht hat, wird instinktiv jeder ähnlich aussehende Mensch eingeschätzt. Hinzu kommen noch persönliche Erfahrungen des Betrachters mit Menschen von ähnlichem Körperbau und Aussehen.

Für Sie bedeutet das bei der Vorbereitung Ihrer Rede: Fragen Sie sich oder – besser noch – andere, wie Ihre Gestalt und Ihr Aussehen auf den ersten Blick wirken. Auf den ersten Blick deshalb, weil diese Wirkung unkontrolliert den Betrachter beeinflußt. Unkontrolliert heißt: ohne jede verstandesmäßige Kontrolle oder Korrektur.

Es gibt Menschen, die haben bei Reden von vornherein Vorteile durch ihr sympathisches Aussehen, andere müssen sich die Sympathie des Publikums erst erkämpfen. Aber auch durchweg als sympathisch angenommene Menschen müssen immer wieder erfahren, daß diese Sympathie nicht bei allen und überdies nicht immer vorhanden ist. Vermutlich muß jeder professionelle Redner, der sich seiner üblicherweise sympathischen Wirkung bewußt ist, gelegentlich feststellen, daß er auf ein bestimmtes Publikum in einer bestimmten Situation überhaupt nicht sympathisch wirkt. Wird sich der Redner dieser Situation rechtzeitig bewußt, kann er durch verschiedene rhetorische und dialektische Mittel und eine vorsichtige, möglichst objektive Darstellung des Inhalts negative Auswirkungen verhindern. Merkt er aber nichts oder zu spät, können die Folgen einer derartigen Fehleinschätzung der eigenen Wirkung beim Publikum fatal sein — fatal im Sinne einer Erfüllung aller Ängste, die ein Redner hat. (Beispielsweise bekundet dann das Publikum seinen Unmut in wachsender Aggressivität, widerspricht permanent den vorgetragenen Ansichten, zeigt offensichtlich kein Interesse mehr, verläßt den Vortragsraum und anderes mehr.)

Von vornherein gewonnene Sympathie erspart manchen Umweg, erlaubt einen lockeren Redestil und (in Hinblick auf das jeweilige Publikum) gewagtere Vergleiche und Scherze. Hierbei denke ich etwa an politische Anspielungen, Sarkasmen, schärfere kritische Anmerkungen usw. oder auch an eine ironische Beleuchtung der gegenwärtigen Situation einer Gruppe. Das kann bei einem Klima der Sympathie eine Rede auflockern und die Wirkung verstärken, bei einem ablehnenden Klima aber genau entgegengesetzte Ergebnisse erzielen.

Die folgenden Beispiele aus der Physiognomik (= Teilgebiet der Ausdruckspsychologie: Lehre von der Beziehung zwischen der Gestaltung des menschlichen Körpers und des Charakters sowie von der Fähigkeit, aus der Physiognomie auf innere Eigenschaften zu schließen) sollen Ihnen helfen, Ihre Erstwirkung auf andere besser einschätzen zu können (Quelle: Horst Rückle, „Körpersprache für Manager"):

Stirn

Geschlossen wird auf die Grundveranlagung eines Menschen aus dem Knochenbau, der Höhe und der Wölbung sowie den Unregelmäßigkeiten. Dabei gilt z. B.:
— quadratische Stirn — Mut und Weisheit,
— runde, kugelige Stirn — schwerfälliger, stumpfer Geist,
— flache, schmale Stirn — einfallsloser, entscheidungsschwacher Mensch.
Im Verhalten dient die Stirnmuskulatur meist als Hilfsfunktion für den Augenausdruck. Aus den mit der Aktivität der Augen zusammenhängenden Muskelbewegungen bilden sich Falten.

- Längsfalten über der Nasenwurzel — geistig fixiertes Wollen (Willensfalten, Konzentrationsfalten),
- Querfalten gekoppelt mit hängenden Augenlidern — Eindruck des Müden und Desinteressierten,
- Querfalten mit offenen Augen und starken waagrechten Stirnfalten — aufmerksamer Beobachter,
- krause Stirnfalten (durch Ineinanderfließen senkrechter und waagrechter Falten) — Eindruck der Bedrängnis, gequälte Hilflosigkeit.

Ohren

Geschlossen wird aufgrund der Gesamtform und Größe, der Lage der Ohren (z. B. fest am Kopf oder abstehend) und der inneren und äußeren Konturen:
- große, aber nicht zu große Ohren — Intelligenz,
- kleine Ohren — innere Schwäche,
- quadratisch geformte, kräftige Ohren — Hinwendung zum Praktischen,
- feine, mittelgroße Ohren mit zarten Konturen — Menschen mit feinem Geist, Verstand und Schlauheit,
- spitze Ohren — Neigung zur Lüsternheit und Heimtücke.

Augen

Die Augen werden besonders häufig mit seelischen Zuständen in Verbindung gebracht und sind auch als Ausdrucksorgan von großer Bedeutung. Wir erkennen instinktsicher sofort, wie Augen auf uns gerichtet sind: weich, sanft, durchdringend, hart, stechend, leer, ausdruckslos, abwesend, glasig, stumpf, funkelnd, blitzend, freudig, glühend, kühl, abwesend oder verliebt. Es gilt:
- große, breite Augen — willensstark, zuverlässig, sprachbegabt, energisch,
- kleine Augen — Beeinflußbarkeit, häufig Unzuverlässigkeit, Oberflächlichkeit.

Darüber hinaus finden sich in der Literatur über Physiognomie noch Aufstellungen über Rückschlüsse auf körperliche Funktionen aus dem Aussehen der Augen, z. B.:
- matt — Schwäche, Herzerkrankungen,
- glänzend — Impulsivität, Freude, Fieber,
- glasig — höchste Schwäche,
- hohl — Lebensgefahr, Darmkrankheit,

— rot — Gemütsbewegung, Fieber,
— gelb — Gallenstörungen, Gelbsucht.

Lippen

Geschlossen wird aufgrund der Form und Weichheit:
— schmal — besonders bei Frauen: mutig, rebellisch, aber auch phantasie-
voll, beim Mann: Kritik, Enthaltsamkeit mit Neigung zu Zynismus und
Herrschsucht,
— scharf geschnitten — einseitige Prägung der Persönlichkeit durch die
Vorherrschaft des Intellekts,
— weich — gesteigerte Gefühlshaftigkeit,
— voll — Lebendigkeit der Sinne,
— stark betonte Unterlippe — Phantasie, Anpassungsfähigkeit, Selbstsicherheit, Fairneß, aber auch Launenhaftigkeit.

Zunge

Die Wissenschaft von der Zunge (Glossomatie) sagt darüber:
— lang und rund — gefühlvoll und offenherzig,
— lang und breit — egoistisch und leichtfertig,
— kurz und rund — wenig Feingefühl im Alltag,
— schmal und kurz — sich selbst nicht in der Gewalt habend, oft Übertreibung und Übersteigerung,
— lang, schmal und gewölbt („Schlangenzunge") — Grausamkeit, Feigheit,
Anmaßung, Heuchelei.

Zähne

Hier bedeutet:
— lang, sehr schmal — Zaghaftigkeit und Schwäche,
— kurz, kräftig — Energie, Durchsetzungsvermögen,
— große Vorderzähne des Oberkiefers — hochgradige Sensibilität, künstle-
rische Veranlagung, religiöse Schwärmerei,
— Vortreten der oberen über die unteren Zähne — der Sache nicht immer
sicher, oft tückisch und rachsüchtig,
— Vortreten der unteren über die oberen Zähne — Selbstbewußtsein, Ego-
ismus, rücksichtsloses Vorgehen,
— kleine, weiße Zähne — Lebenskraft.

Kopf

- Quadratschädel — Energie, sicheres Urteil, Willensfestigkeit, Begabung für exakte Wissenschaften,
- Rundschädel — Initiative, rasches Urteil, Hilfsbereitschaft, Umgänglichkeit,
- ovaler Kopf — beweglicher Geist, geistige Elastizität,
- dreieckiger Kopf — Klugheit, Diplomatie, List, Schlagfertigkeit.

Hals und Nacken

Hier bedeutet:
- derb, muskulös — fehlende Zartheit in bezug auf das seelische Empfinden, Schwerfälligkeit im Denken, Beharren auf einer Meinung,
- feist, kurz — Genußsucht, kräftige Erotik (bei Frauen), Neigung zu Brutalität (bei Männern),
- knochig, hautreich, unschöne Gestaltung — fehlender Seelenschwung, fehlendes Empfindungsleben,
- ästhetische Linienführung am Nacken und Hals — auf Ästhetik (— das stilvoll Schöne) und zartes Verstehen ausgerichtetes Empfindungsleben.

Wie fühlen Sie sich nach diesem kleinen Ausflug in die Physiognomik, also jene Lehre, die sich mit dem Zusammenhang Ihres Körpers mit Ihrem Charakter beschäftigt? Zur Klarstellung sei noch hervorgehoben: Es wird von den Forschern nicht unterstellt, daß die Zusammenhänge in jedem Fall in der angegebenen Form bestehen; gesprochen wird lediglich von einer statistischen Häufigkeit, das heißt: Es gibt mehr Menschen, die bei bestimmten körperlichen Merkmalen die genannten Charaktereigenschaften aufweisen als andere Charaktereigenschaften. Außerdem gibt es immer wieder unterschiedlich zu interpretierende Einzelmerkmale.
Sie müssen sich nicht damit abfinden, aufgrund Ihrer körperlichen Merkmale bestimmte Charaktereigenschaften auch tatsächlich zu haben, die Sie vielleicht nicht akzeptieren können oder wollen. Sie müssen lediglich zur Kenntnis nehmen, daß Ihre körperlichen Merkmale Vorurteile bei Ihren Mitmenschen ansprechen:
- Vorurteile, die einerseits instinktiv wirken (das heißt unmittelbar über grundlegende Eindrücke, die noch aus der tierischen Vergangenheit des Menschen stammen),
- Vorurteile, die andererseits durch Erziehung in einer bestimmten Kultur entstanden sind (z. B. die verheerenden Rassenvorurteile),

— Vorurteile, die durch eine gesellschaftliche Werthaltung geprägt werden (z. B. über Körpergröße, Fettleibigkeit bzw. Schlankheit etc.),
— Vorurteile, die aus dem physiologischen und psychologischen Wissensstand kommen.

Ja, mein lieber Gesprächspartner, auch dieses Wissen formt letztlich Vorurteile. Wer sich viel mit physiologischen und psychologischen Fragen beschäftigt, kann sich einer gewissen Selbstwirkung der erworbenen Erkenntnisse nicht entziehen. Man beginnt, den anderen physiologisch, das heißt nach seinen Körpermerkmalen, und psychologisch, das heißt nach den Verhaltensformen, zu beurteilen. Die erstgenannten Vorurteile wirken unkontrolliert und instinktiv; die permanente Beurteilung anderer Menschen auf der Basis eines Wissensstandes, der gegenwärtig als gesichert gilt, birgt jedoch die Gefahr einer Entmenschlichung. Und zwar dadurch, daß der Mensch zu funktional, zu maschinell gesehen wird. Übrigens heißt „gesichert" in den genannten Wissenschaften nur, daß statistische Trends in die eine oder andere Richtung festzustellen sind. Wir haben davon bereits gesprochen.

Meinen Sie nicht auch, daß wir nun ein interessantes Thema für eine Diskussion gefunden haben? Unser Ziel ist es, Ihre Fähigkeit zur Rede und Ihre Wirkung als Redner zu verbessern. Und wie gehen wir vor? Wir sprechen von physiologischen und psychologischen Grundlagen beim Redner und davon, welche Signale der Körper sendet (im bisher Besprochenen: sein Aussehen bzw. das Aussehen von Körperteilen, nachstehend dann: über Mimik und Gestik), sowohl bewußt als auch unbewußt, und wie diese Signale beim Zuhörer ankommen. Wir setzen demnach die Elemente der Wirkung als Instrument ein, das heißt letztlich als Funktionen. Zweifellos ist das möglich, und es wird auch permanent von allen Rednern in irgendeiner Form so praktiziert.

Das bedeutet aber nicht zuletzt, daß auch Lügen überzeugend dargestellt werden können. Lügen wollen wir definieren als Redeinhalte, mit denen sich der Redner persönlich oder sachlich nicht identifiziert, und zwar aufgrund anderer Überzeugung oder aufgrund besseren Wissens. Als „Betroffener", das heißt als Zuhörer welcher Art immer (Wähler, Staatsbürger, Mitarbeiter, Schüler, Freund / Freundin, Gläubige) müssen Sie lernen, hinter die Wirkungselemente zu hören, hinter Aussehen, Gesten, Gesichtsausdruck, Stimme, Tonfall, Sprache und Argumente, um nicht verführt, enttäuscht und zu irgendwelchen Zwecken mißbraucht zu werden. Und auch dabei soll Ihnen unser Gespräch etwas helfen. Es ist nicht meine Absicht,

Sie zum grundsätzlichen Skeptiker zu machen, der niemandem mehr glaubt und vertraut; Sie sollen aber einige wesentliche Tricks der Rhetorik und Dialektik erfahren, damit Sie Methoden der Manipulation nicht schutzlos ausgeliefert sind.

Sprache mit Hilfe des Körpers

Nach dem Themenbereich „Sprache der körperlichen Erscheinung" nun zum Thema „Sprache mit Hilfe des Körpers", zu Mimik, Gestik und sonstigen körperlichen Ausdrucksformen, z. B. zum Blick als Kommunikationsmittel. Wir wollen zunächst nur über die Grundlagen sprechen, noch nicht über den Einsatz im Rahmen einer Rede (dies später, insbesondere bei den Beispielen).

Mimik ist das Gebärden- und Mienenspiel des Gesichts, Gestik die Gesamtheit der Gesten als Ausdruck der Psyche. Das Wissen über die Wirkung eines bestimmten Gesichtsausdrucks und bestimmter Gesten ermöglicht die (gesteuerte) Kommunikation von psychischen Inhalten, auch ohne das gesprochene Wort. Wir sind wiederum bei Elementen, wie sie etwa Schauspieler einsetzen, um Charaktere überzeugend zu verkörpern.

Wenn Sie an Film- und Fernsehschauspieler denken, werden Sie sicherlich von jenen am meisten und intensivsten angesprochen werden, bei denen das Gesicht lebt und Gefühle zeigt und bei denen die gezeigten Gefühle auch mit dem gesprochenen Wort übereinstimmen. Film- und Fernsehschauspieler habe ich deshalb erwähnt, weil bei den Medien Film und Fernsehen die Wirkung des Gesichts durch die Großaufnahme besonders deutlich hervorgehoben werden kann. Beim Theater ist das durch die räumliche Entfernung wesentlich schwieriger. Deshalb verlangt das Theater auch noch stärker nach gestischen Körpersprache-Elementen.

Sympathie oder Antipathie von Menschen wird nach einer herrschenden Ansicht neben dem Element Geruch vorwiegend durch die Mimik mitgeteilt, also über Ausdrucksformen des Gesichts. Mit nur acht Gesichtsmuskeln werden alle bekannten Gefühle ausgedrückt.

Die Frage, welche Gefühle über den mimischen Ausdruck erkannt und voneinander unterschieden werden können, wurde vor allem von Robert S. Woodworth (1938) und Harold Schlosberg (1953) beantwortet. Woodworth traf eine Unterscheidung zwischen insgesamt sechs Klassen, denen er die folgenden Gefühle zuordnete (Quelle: „Sozialpsychologie. Kindlers Psychologie des 20. Jahrhunderts"):

I	Liebe, Glück, Freude
II	Überraschung
III	Furcht, Leid
IV	Ärger, Entschlossenheit
V	Abscheu
VI	Verachtung

Gefühle, die nur eine Stufe voneinander getrennt sind, werden eher miteinander verwechselt als solche, die um mehrere Stufen auseinanderliegen. Schlosberg fand aber heraus, daß es zwischen den Klassen I und VI häufiger zu Verwechslungen kommt, als die Distanz VI zu I erwarten ließ. Er schlug deshalb eine kreisförmige Anordnung vor, die durch die Bedeutungsachsen Freundlichkeit — Unfreundlichkeit, Zuwendung — Ablehnung und Anspannung — Schlaf geordnet werden.

Charles Darwin hat die Ansicht vertreten, daß bestimmte Gesichtsausdrücke allen Menschen gemeinsam sind und von allen verstanden werden, weil sie sich im Zuge der Evolution herausgebildet haben. Diese Ansicht wurde durch den amerikanischen Forscher Paul Ekman („Emotion in the Human Face") nach mehreren wissenschaftlichen Versuchen bestätigt. Er zeigte Studenten aus fünf verschiedenen Ländern dreißig Fotos, auf denen sechzehn verschiedene Personen Gefühle wie Glück, Furcht, Überraschung, Ekel, Zorn, Abscheu und Trauer ausdrücken. Die Studenten ordneten den Bildern mit sehr hoher Übereinstimmung die gleichen Gefühlsausdrücke zu (Stephan Lermer, „Geheimnisse der Kommunikation").

Andere nichtsprachliche Kommunikationselemente zeigen wesentliche kulturelle Unterschiede, die immer wieder zu Mißverständnissen führen. In „Wie wirklich ist die Wirklichkeit?" schildert Paul Watzlawick folgendes Beispiel für Irrtümer, die auf eine kulturell bedingte unterschiedliche Wirklichkeitsbetrachtung zurückgehen, bezogen auf die Phasen einer menschlichen Begegnung:

„Während der letzten Phase des Zweiten Weltkriegs und in den unmittelbaren Nachkriegsjahren hielten sich Millionen amerikanischer Soldaten auf ihrem Weg zum europäischen Festland vorübergehend in Großbritannien auf. Dies bot die einmalige Gelegenheit, die Wirkung einer solchen für moderne Zeiten ungewöhnlichen Massendurchdringung zweier Kulturformen unmittelbar zu studieren. Einer der Aspekte dieser Studie war ein Vergleich des Paarungsverhaltens in den beiden Kulturen. Dabei ergab sich, daß sowohl die amerikanischen Soldaten als auch die englischen Mädchen sich gegenseitig des Mangels an sexuellem Taktgefühl und Zurückhaltung bezichtigten. Dies schien zunächst merkwürdig, denn wie konnten beide Seiten dasselbe von der anderen behaupten? Nähere Untersuchungen brachten ein typisches Interpunktionsproblem [Problem der Zeichensetzung; Anm. d. Verf.] ans Licht: Das kulturspezifische Paarungsverhalten, vom ursprünglichen Kennenlernen bis zum Geschlechtsverkehr, durchläuft sowohl in England als auch in den USA ungefähr dieselben 30 Verhaltensstufen; die Reihenfolge dieser Verhaltensstufen ist aber in den beiden Kulturen verschieden. Während in den USA zum Beispiel Küssen relativ früh (etwa auf Stufe 5) kommt und recht harmlos ist, gilt es in England für sehr erotisch und nimmt daher einen viel späteren Platz im Verhaltensablauf (etwa Stufe 25) ein. Wenn also der Amerikaner annahm, es sei Zeit für einen unschuldigen Kuß, war dieser Kuß für die Engländerin durchaus kein unschuldiges, sondern ein sehr unverschämtes Benehmen, das für sie keineswegs in dieses Frühstadium der Beziehung paßte."

Dieses Beispiel sollte Ihnen lediglich einen Denkanstoß dafür geben, wie vielschichtig der Hintergrund Ihnen unverständlicher Reaktionen Ihrer Kommunikationspartner sein kann.

Zurück zur Sprache durch den Körper, zur Gestik. Gemeinsamkeiten gibt es nicht nur innerhalb einer Kultur. Der Verhaltensforscher Irenäus Eibl-Eibesfeldt sieht im Vergleich äußerlich oft recht unterschiedlicher Rituale verschiedener Kulturen grundsätzliche Gemeinsamkeiten und stellt fest, daß wir Menschen im Grunde überall nach den gleichen Regeln handeln. Als eine dieser elementaren Regeln für den freundlichen sozialen Umgang nennt er: „Respektiere deine Mitmenschen, und gib dich respektabel." Er versteht darunter, das eigene Ansehen nicht zu gefährden und auch auf das Ansehen des Gegenübers Rücksicht zu nehmen.

Die Körpersignale hierfür sind vielfältig, wie die folgende Zusammenstellung zeigt (Quelle: Ruhleder „Rhetorik – Kinesik – Dialektik", 11. Auflage, 1992):

Wenn plötzlich der Gesprächspartner:	Dann bedeutet dies:
1. den Kopf ruckartig zurückwirft	Trotz, Ablehnung, Ungläubigkeit
2. den Kopf einzieht oder die Schultern hochzieht	Angst, Nervosität, Verkrampfung
3. die Stirn runzelt	Entrüstung
4. die Augenbrauen hebt	Ungläubigkeit, Arroganz
5. durch Sie hindurchschaut	geistesabwesend

6. Sie mit geradem Blick anschaut	Interesse
7. keinen Blickkontakt hält	Unsicherheit, Arroganz, Konzentration
8. häufig die Lider bewegt	Nervosität
9. die Brille hochhebt	Versuch, Zeit zu gewinnen
10. kurz an die Nase greift	bin ertappt, Verlegenheit
11. sich die Nase reibt	Nachdenklichkeit
12. den Mund öffnet	Erstaunen, will unterbrechen
13. immer leiser (langsamer) spricht	Unsicherheit, Unwilligkeit
14. die Lippen zusammenpreßt	verhaltener Zorn, Nachdenklichkeit
15. auf die Lippen beißt	nachdenklich, Zeit gewinnen
16. die Oberlippe hochzieht	Verachtung
17. die Unterlippe hochzieht	Zweifel
18. das Kinn streichelt	nachdenklich, selbstgefällig
19. mit dem Oberkörper sich vorneigt	Interesse, will unterbrechen
20. den Oberkörper zurücklehnt	Desinteresse, Ablehnung
21. die Arme verschränkt (bei Männern)	Ablehnung, Verschlossenheit (bei Frauen) Schutz suchen, Angst
22. weite Armbewegungen macht	Sicherheit
23. enge Armbewegungen macht	Unsicherheit
24. während des Sprechens die Hand vor den Mund hält (bei Frauen) nach dem Sprechen die Hand vor den Mund hält (bei Frauen)	Unsicherheit will das Gesagte zurücknehmen
25. nach dem Sprechen die Hand vor den Mund hält (bei Männern)	denkt nach
26. mit dem Bleistift spielt	Angst, Angriff, Nervosität
27. die Hand zur Faust ballt	Angriff, Wut, Anklage
28. mit den Fingern trommelt	nervös, zur Sache kommen
29. die Hände in die Hüften stemmt	Imponiergehabe, entrüstet
30. die Hände am Stuhl festklammert	starke Unsicherheit
31. Hände in die Hosentaschen steckt	entspannt, arrogant
32. Hand vor die Brust legt	Beteuerungsgeste
33. Hände vor der Brust kreuzt	Ergebenheit, Demut
34. Hände auf den Rücken legt	befangen, Arroganz
35. Hände im Nacken verschränkt	Wohlbehagen, Entspannung
36. den Zeigefinger hebt	Belehrung, Tadel

37. mit den Fingern schnippt	Einfall, Lösung suchen
38. mit dem Finger auf den Tisch klopft	auf etwas bestehen
39. mit den Händen ein Spitzdach formt	Arroganz, Ablehnung von Einwänden
40. die Fingerkuppen aneinanderpreßt	Präzision
41. sich die Hände reibt	selbstgefällig
42. die Finger zum Mund nimmt	Verlegenheit, Nachdenklichkeit
43. die Hand beim Gruß von oben gibt	Dominanz, negativ
44. das Sakko öffnet	Entspannung, Sicherheit
45. die Beine übereinanderschlägt	
— zum Gesprächspartner gewandt	Aufbau eines Sympathiefeldes
— vom Gesprächspartner abgewandt	Ablehnung, Unwilligkeit
46. mit den Füßen im Stehen wippt	Arroganz, Sicherheit
47. die Füße verschränkt	Unsicherheit
48. die Füße ums Stuhlbein legt	Unsicherheit, Halt suchen
49. die Füße nach hinten nimmt	Ablehnung, auf dem Sprung sein

Abermals sei gewarnt: Jedes Signal muß im Zusammenhang gesehen werden, kein Signal ist sicher. Um Gewißheit zu bekommen, müssen Sie sich vor einer zu frühzeitigen Interpretation des Wahrgenommenen hüten. Überprüfen Sie Ihre Vermutungen, die Sie aufgrund von Körpersignalen bekommen, anhand weiterer Beobachtungen, möglichst in der Form, daß Sie Ihre Vermutung zu entkräften versuchen. Sonst kann es Ihnen passieren, daß Sie sogenannte „sich selbst erfüllende Prophezeiungen" schaffen, das heißt, Sie korrigieren die Wirklichkeit aufgrund Ihrer Vermutungen. Für Sie als Redner bedeutet dies: Wenn Sie über die Körpersprache eine genau kalkulierte Wirkung erreichen wollen, verbinden Sie möglichst viele aufeinander abgestimmte Elemente, die eine spezifische seelische Verfassung signalisieren. Wenn Sie z. B. Sicherheit vermitteln wollen, muß Ihre Körperhaltung selbstbewußt sein, Ihr Auftreten energisch, aber nicht übertrieben, Ihr Blick ruhig, Ihre Hände dürfen weder schwitzen noch zittern, Ihre Stimme muß fest sein, Ihre Sprache muß natürlich wirken, Sie dürfen nicht zu schnell und nicht zu langsam sprechen, nicht zu laut und nicht zu leise, die Stimmlage darf (je nach Ihrer Stimmlage) nicht zu hoch angesetzt sein usw.
Versuchen Sie nun, für sich jene Elemente der Körpersprache zu erarbei-

ten, mit denen Sie folgende Gefühle ausdrücken: Freude, Niedergeschlagenheit, Verlegenheit, Überlegenheit. Besprechen Sie das Ergebnis mit Ihrer Familie oder mit Freunden. Vielleicht können Sie sogar gemeinsam Situationen durchspielen, etwa in Form eines Partyspiels, bei dem die nicht eingeweihten Teilnehmer erraten müssen, welche Gefühle Sie ausdrücken wollen — aber in dieser Übung: ohne gesprochenes Wort.

Zum Abschluß dieses Teils sollten wir noch über ein Element der Körpersprache reden, das besonders stark wirkt und zum Teil auch durch Training nicht verborgen werden kann: Blick und Pupillengröße. Ein Blick ist sehr verräterisch. Sieht man einem anderen zum Beispiel nur einen Augenblick zu lange in die Augen, kann diese kleine Abweichung schon eine bestimmte Aussage haben, wie z. B.: „Ich habe Interesse an Ihnen" oder: „Warte nur, bis ich dich einmal allein erwische" oder: „Schön, daß du das gesagt hast." Je nachdem, wie der etwas zu lange Blick ausgefallen ist, handelt es sich um einen Flirt, eine Drohung oder ein Kompliment, das von anderen Menschen meist eindeutig verstanden wird (Stephan Lermer).

Starke Signale gehen von den Pupillen aus. Große Pupillen wirken sympathisch und positiv, können aber auch Angst, Schmerz oder, ganz allgemein, Erregung ausdrücken.

Sie sehen also: Kein Signal ist von vornherein und ohne den Zusammenhang mit anderen Signalen eindeutig.

Ihre Kleidung, Ihre Aufmachung

Sie kennen vermutlich alle den Spruch „Kleider machen Leute". Die Zeit der strengen Bekleidungsvorschriften ist zwar vorbei, zumindest in unserem Kulturkreis, dennoch gibt es nach wie vor Vermutungen über Bedeutung, Verhalten und Charakter eines Menschen, je nachdem, wie er bei welcher Gelegenheit gekleidet ist.

Abhängig davon, wie traditionell bzw. konventionell oder auch wie in sich geschlossen ein gesellschaftlicher Bereich ist, spielt Kleidung eine mehr oder weniger bedeutende Rolle. Versuchen Sie einmal, mit Nadelstreif und Krawatte an einer Umweltschutzdemonstration teilzunehmen. Glauben Sie, daß Sie als vollwertiges Gruppenmitglied anerkannt werden? Und wenn ja, von vornherein? Werden Sie nicht auffallen? Und: Wird dieses Auffallen für Sie angenehm oder unangenehm sein?

Wenn Sie sich für eine Rede kleiden, müssen Sie von vornherein entscheiden:

— Will ich mich durch die Kleidung mit den Zuhörern solidarisieren, oder will ich mich von der Gruppe absetzen?

— Was erwarten die Zuhörer, wie werden sie auf erfüllte oder enttäuschte Erwartungen reagieren?
— Welche Wirkung wird welche Kleidung im Hinblick auf den Rede-Anlaß und das Rede-Ziel haben?
— Welche Stimmung und welchen Eindruck von meiner Person will ich mit meiner Kleidung hervorrufen? Will ich Autorität signalisieren, Solidarisierung mit den Zuhörern, Humor (z. B. durch die Narrenmütze bei Karnevalssitzungen oder Faschingsbällen), Modebewußtsein, Reichtum, Armut, soziale Werthaltungen usw.?
— Soll meine Kleidung auffällig wirken, um von anderen Dingen abzulenken (z. B. von persönlichen Unzulänglichkeiten), oder soll sie eher eine starke persönliche Ausstrahlung mildern (z. B. betont schlichte, konventionelle Kleidung bei attraktiven Frauen mit starker erotischer Wirkung, die als Fachleute zu einem Sachthema anerkannt werden wollen)?

Neben der Kleidung sind vier weitere gestaltbare Elemente der Außenwirkung von Bedeutung:
— Brille,
— Haartracht,
— Schmuck,
— kosmetische Elemente.

Ein dänischer Verkaufsmanager aus dem Brillenbereich hat in einem Gespräch folgendermaßen formuliert: „Eine Brille ist nicht mehr ein Hilfsgerät für behinderte Menschen, sondern ein Mittel, das Gesicht zu gestalten." Er untermauerte diese Aussage durch Aufsetzen verschiedener Brillenfassungen, die seinem Gesicht tatsächlich unterschiedliche Wirkungen gaben: intellektuell, jugendlich, kreativ usw.
Ebenso bedeutend ist die Wirkung der Haartracht. Meine Generation kennt das noch aus den sechziger Jahren, als das Aufeinanderprallen von Weltanschauungen unter anderem im Bereich der Haare ausgetragen wurde: Langhaarige gegen Leute mit konservativem / militärischem Haarschnitt. Wie bedeutend dieser Aspekt nicht nur bei uns war, zeigt sich unter anderem darin, daß er sogar zum Titel eines Musicals geworden ist: „Hair". War (und ist) es bei Männern vorwiegend die Haarlänge und -pflege, die zu Signalen nach außen führt, ist es bei Frauen dazu noch die Haarfarbe. Sie kennen alle die Eigenschaften, die Blondinen, Rothaarigen, Brünetten und Schwarzhaarigen zugeschrieben werden. Und: Alles, was Vorurteile bildet,

ist auch zum Manipulieren geeignet, das heißt, diese Vorurteile können bewußt herbeigeführt werden.

Beim Schmuck ist es üblicherweise vorwiegend der Männerschmuck, der im Rahmen von Reden zu genau zu bedenkenden Reaktionen im Publikum führt, zum Teil wiederum im Unterbewußtsein. Insbesondere Ohrschmuck wird nach wie vor in weiten Kreisen bei Männern abgelehnt. Ähnlich ist es bei kosmetischen Elementen. Frauen wird die Verwendung eines dezenten Make-up gerne zugestanden, es „gehört dazu" und wird positiv gesehen. Ein Mann, der Make-up verwendet (Lippenstift, Puder etc.), wird eher schief angesehen.

Nun haben wir schon einiges von Ihrer Außenwirkung besprochen. Zu jedem einzelnen Punkt gibt es ausreichenden Lesestoff, Übungsprogramme, Kassetten und, vor allem, Seminare. Wirklich erfolgreich werden Sie, wie in anderen Fachgebieten auch, nur durch praktische Übung, möglichst mit anderen in Seminaren und Trainingskursen, wo Sie auch entsprechende Rückkoppelung von Fachleuten für Ihre Leistungen erhalten. Sie verstärken jedoch die Wirkung derartiger Veranstaltungen ganz entscheidend, wenn Sie sich frühzeitig und umfassend mit dem Thema beschäftigen. Ein erster Schritt ist etwa die Lektüre eines Buches, das einen Überblick über die Themenstellung gibt, so wie dies im theoretischen Teil unseres Buches gemacht wird. Dann sollten Sie bei jenen Teilgebieten in die Tiefe gehen, die Sie besonders interessieren oder bei denen Sie einen besonderen Wissensmangel empfinden. Das Literaturverzeichnis im Anhang gibt Ihnen dabei die nötige Hilfestellung.

Zwei Teilbereiche Ihrer Außenwirkung wollen wir noch abhandeln: Ihre Stimme und deren Einsatz sowie Ihre Sprache. Danach werden wir uns Ihrem Publikum zuwenden.

Ihre Stimme, Ihre Sprache

Schätzen Sie die männliche, energische oder, je nach Empfindungslage, verführerische Stimme berühmter Schauspieler, wie etwa ein Curd Jürgens sie hatte oder ein Oskar Werner? Oder die erotisch wirkende, verführerische Stimme einer Marylin Monroe? Und wie wirkt Ihre eigene Stimme auf Sie, wenn Sie eine Tonbandaufnahme von sich selbst hören?

Wenn Sie stimmlich Ihrem Ideal nicht entsprechen, befinden Sie sich dennoch in Gesellschaft von Leuten, die als Redner bekannt wurden. Vom deutschen Kanzler Otto von Bismarck wird beispielsweise berichtet, daß er eine hohe, piepsig wirkende Stimme hatte. Der berühmte griechische Redner Demosthenes (384—322 v. Chr.) mußte seine zu leise Stimme erst trainieren, damit er von seinem Publikum verstanden wurde.

Sie haben viele Möglichkeiten, stimmliche Unzulänglichkeiten auszugleichen — und zwar schon im Bereich der Sprache selbst und darüber hinaus noch mit anderen rhetorischen Mitteln, bereits besprochenen und solchen, die wir erst besprechen werden. Voraussetzung ist, daß Sie Ihre Stimme und deren Wirkung kennen. Sie müssen wissen, wie Sie Ihre Stimmhöhe variieren können, Sie müssen wissen, wie Selbstlaute und Mitlaute mit Ihrer Stimme klingen, dann können Sie Wirkung trainieren.

Wenn Sie mit Hilfe eines Tonband- bzw. Kassettengerätes trainieren, werden Sie merken, daß Sie sehr bald mehr auf die Sprechweise achten als auf die Stimme. Der Klang der Stimme ist lediglich ein erster Eindruck, der durch die Sprechweise (Veränderung der Stimmhöhe, Betonung, Pausen, Sprechgeschwindigkeit, Artikulation von Selbst- und Mitlauten, Aussprache) ergänzt wird. Und die Wirkung der Sprechweise ist wesentlich größer als die der Stimme, ganz abgesehen vom Inhalt. Es gibt vermutlich nur wenige Stimmen, die so unangenehm sind, daß die Sprechweise ihre negative Wirkung nicht zu überdecken vermag; es gibt aber wohl kaum eine Stimme, die so angenehm ist, daß sie wesentliche Mängel in der Sprechweise kompensiert.

Wirkungselemente der Sprache sind:
— Hochsprache, Umgangssprache bzw. Mundart,
— Aussprache,
— sonstige Elemente der Sprechweise (wie vorhin besprochen),
— Tonfall (heiter, bedrückt, energisch usw.),
— Wortwahl,
— Satzstellung,
— Länge der Sätze,
— Wiederholungen.

Die Entwicklung der Hochsprache ist historisch verbunden mit der Entwicklung größerer Staatengebilde, die nur durch eine gemeinsame, allen verständliche Sprache regierbar waren. Die Sprache war also zu allen Zeiten unter anderem ein hochpolitisches Instrument, und sie wird es gerade in jüngster Zeit immer mehr, wie die Sprachstreitigkeiten in vielen Ländern beweisen.

Bei der Entscheidung für eine bestimmte Sprache (das heißt im eigenen Land: Hochsprache, Umgangssprache oder Mundart) sollten Sie nach folgenden Kriterien vorgehen:

— Verständlichkeit,
— Vertrautheit des Publikums mit der Sprache (das Publikum muß sich in bzw. mit dieser Sprache wohl fühlen),
— Erwartungen des Publikums hinsichtlich der Sprache des Redners (Vermeiden von Ressentiments),
— Vertrautheit des Redners mit der gewählten Sprache (sie darf nicht künstlich wirken),
— Eignung der Sprache für das Thema (Sie sollten aufgrund fehlender Begriffe nicht zu oft die Sprache wechseln müssen).

In bestimmten Situationen kann allerdings gerade der Wechsel der Sprache zu großen Wirkungen bei einer Rede führen, wie etwa, als der amerikanische Präsident John F. Kennedy bei seiner Berlinrede 1963 mit dem deutschen Satz schloß: „Ich bin ein Berliner!"
Fassen wir das Kapitel „Ihre Außenwirkung" kurz zusammen:

— Es gibt kein Einzelelement, das für sich allein Ihren Gesamteindruck bestimmt.

— Wenn Sie bestimmte Wirkungen erreichen wollen, müssen die einzelnen Wirkungselemente konsistent sein, das heißt zueinander passen.

— Um Ihre Wirkung einzuüben, brauchen Sie im ersten Schritt zumindest einen Spiegel, in dem Sie sich in Ihrer ganzen Gestalt oder zumindest jenem Teil, der in der Rede sichtbar ist (wenn Sie z. B. hinter einem Pult stehen werden), beobachten können. Außerdem brauchen Sie ein Tonbandgerät. Noch besser ist selbstverständlich die Selbstbeobachtung über eine Videokamera, weil Sie sich dann aus unterschiedlichen Positionen sehen können.

— Lassen Sie sich durch erkannte (oder vielleicht auch nur von Ihnen vermutete) Mängel bei angeborenen und nicht korrigierbaren Wirkungselementen (Körpergröße, Körperform, Körpermerkmale, Stimme) nicht einschüchtern. Ein geschickter Einsatz anderer Elemente oder sonstiger rhetorischer Mittel kann derartige Mängel im allgemeinen mehr als kompensieren.

— Bei erkannten Mängeln der Körpersprache sollten Sie systematisch Änderungen trainieren — Änderungen, die aber unbedingt auch Ihre seelische Stabilität bei der Rede unterstützen müssen.

Angenommen, Sie wissen zum Beispiel nicht, wo Sie Ihre Hände hintun sollen; Sie neigen dazu, die Hände in die Tasche zu stecken oder mit irgendeinem Gegenstand zu spielen. Wenn Sie aufgrund der Selbst- und Fremdbeobachtung glauben, daß dieses Verhalten auf das Publikum störend wirkt, sollten Sie zunächst nach einer anderen Haltung oder Beschäftigung für die Hände suchen, die Ihre Selbstsicherheit nicht beeinträchtigt. Ein störendes Verhalten beim Reden ohne Alternative für den Redner abzustellen, führt im allgemeinen nur zu einer neuen Störung, die vielleicht noch unangenehmer ist.

Sie sollten auch untersuchen, ob dieses Problem „Wohin mit den Händen?" tatsächlich in allen Ihren Redesituationen auftritt oder ob es vielleicht lediglich ein Zeichen Ihrer Nervosität in bestimmten Situationen ist. Dann würde dies für Sie bedeuten, daß Sie das Übel an der Wurzel packen müßten, das heißt, Sie müßten nach Methoden suchen, die Ihre Nervosität mindern. Um Ihnen dabei zu helfen, habe ich einige Regeln im Kapitel „Nervosität abbauen" zusammengestellt.

Nun sind Sie gewappnet, vor Ihr Publikum zu treten. Aber: Wer ist Ihr Publikum? Wer kommt, um Sie zu hören? Welche Einstellung haben die Leute zu Ihnen? Kommen sie nur wegen des Themas? Oder kommen sie, um eine bestimmte Bestätigung zu erhalten, ein Zeugnis? Wollen sie einen zukünftigen Prüfer günstig stimmen? Das sind Fragen, und noch viele andere derartige Fragen gibt es, deren Beantwortung für die richtige Positionierung Ihrer Rede wichtig ist. Manche dieser Fragen werden Sie sich selbst beantworten können, oder Sie können die Antwort erhalten (z. B. vom Veranstalter oder auch von den Zuhörern selbst in einer ersten Fragen-Runde); andere Antworten zeigen sich erst im Verlauf einer Rede durch Reaktionen, die Ihnen Klarheit geben können.

Die Zuhörer

Wie fühlen sich die Zuhörer?

Wie wir schon mehrfach angesprochen haben, werden die Gefühle der Zuhörer zur Rede und zum Redner durch eine Reihe von Faktoren geprägt, die nur teilweise vom Redner zu erkennen und von ihm zu steuern sind. Der Redner findet seine Zuhörer demnach in einer Situation vor, die ihm in wesentlichen Zügen nicht bekannt sein wird, die er aber aus körpersprachlichen Äußerungen oder den üblicherweise eher knappen Vorgesprächen einschätzen muß, um dann den richtigen Ton für sein Publikum zu finden. Die Einstellung des Publikums ist wesentlich geprägt durch die Freiwilligkeit der Teilnahme. Während freiwillig teilnehmende Zuhörer meist in guter, aufgeschlossener Stimmung kommen, ist die Situation bei jenen Zuhörern ganz anders, die durch welchen Zwang immer zur Teilnahme gezwungen sind.

Derartige Zwangssituationen können in einer freien Gesellschaft entstehen durch:
— gesetzlich festgelegte Ausbildungsrichtlinien (Schule, Militär, sonstige Ausbildungswege, z. B. Umschulungen),
— ökonomischen Druck (Betriebsversammlungen, betriebliche Seminare, Fortbildungsveranstaltungen, Betriebsfeiern),
— sozialen Druck (Familienfeste, Begräbnisse, politische Versammlungen),
— religiöse Veranlassung (Teilnahme an Messen).

Jeder, der sowohl in der schulischen Ausbildung als auch in der Erwachsenenbildung arbeitet, wird diese Unterschiede kennen. Das unfreiwillige Publikum ist geduldiger und gleichgültiger, das freiwillige Publikum motivierter und fordernder.

In den wenigsten Fällen der eher unfreiwilligen Teilnahme an einer Rede wird es zu negativen Reaktionen des Publikums kommen, wenn die Rede schlecht war. Zumeist sind Unaufmerksamkeit, Zeichen von Langeweile, unruhiges Sitzen, Unterhaltungen mit den Sitznachbarn und ähnliches die einzigen Folgen. Wäre Ihr Ziel lediglich, die Situation gut zu überstehen, müßten Sie nur geringen Aufwand in die Rede einbringen, das heißt, Sie müßten eigentlich nur vermeiden, das Publikum zu ärgern. Derart bescheidene Redeziele sehe ich aber nicht als erstrebenswert an, und ich hoffe, Sie auch nicht. Wir wollen mehr erreichen:

Wenn Sie Lehrer sind, sollten Sie es schaffen, Ihre Schüler für Ihr Fach zu begeistern; wenn Sie Priester sind, sollte es Ihnen gelingen, religiöse Gefühle zu erwecken und den Menschen Trost und Frieden zu spenden; wenn Sie Unternehmer sind, sollten Sie Ihre Mitarbeiter motivieren können — motivieren zu einer positiven Einstellung zur Arbeit und zu Ihrem Betrieb. Damit verbessern Sie einerseits das Lebensgefühl und in weiterer Folge die Gesundheit Ihrer Mitarbeiter; andererseits können Sie Disziplinierungsmaßnahmen vermeiden, der Kontrollbedarf sinkt usw.

Nach dem Grad der Freiwilligkeit sind weitere wesentliche Faktoren für Einstellungen und Gefühle der Zuhörer:
— deren eigene Ziele bei der Veranstaltung,
— ihr grundsätzliches Interesse am Thema,
— ihr Vorwissen zum Thema,
— ihre gefühlsmäßige Einstellung zum Thema,
— ihre Einstellung zum Redner,
— ihre eigenen Probleme (grundsätzlicher Natur oder aktuelle Probleme, die z. B. auf dem Weg zur Rede entstanden sind — Probleme bei der Anfahrt, Parkplatzprobleme, Streit mit einem Partner vor der Abfahrt etc.),
— die Dauer der Einwirkung (Rede mit ein- bis zweistündiger Dauer, Seminar, Kongreß, Schuljahr etc.),
— der / die Vorredner (unmittelbar vorher, vorheriger Seminarabschnitt etc.).

Sowohl die Gefühle der Zuhörer als auch jene des Redners werden durch die örtlichen Gegebenheiten geprägt, auf die wir noch zu sprechen kommen.

Neben individuellen Einstellungen und Gefühlen entwickelt das Publikum kollektive Einstellungen und Gefühle, die laut Neil J. Smelser (1972) durch sechs Faktoren in Gang gesetzt werden:
1. strukturelle Bedingungen in der Gesellschaft (das heißt in unserem Fall: im Publikum),
2. strukturelle Spannungen,
3. Entstehung und Verbreitung allgemeiner Überzeugungen, die auf Ursachen der Spannungen und Möglichkeiten ihrer Überwindung verweisen,
4. auslösende Ereignisse, die im Licht der Faktoren 1) bis 3) gedeutet werden,
5. Mobilisierung der Betroffenen,
6. Reaktionen der Kontrollinstanzen.
Darüber hinaus sollten noch Herrschaftsverhältnisse, strukturelle Konfliktfelder und die Beziehungen zwischen Mobilisierungs- und Kontrollprozessen berücksichtigt werden; sie alle verursachen die Dynamik, die kollektives Handeln kennzeichnet (Quelle: „Sozialpsychologie", Kapitel Massenpsychologie, von Walter R. Heinz).
Sie sind demnach als Redner
— individuellen und
— kollektiven Einstellungen und Gefühlen der Zuhörer ausgesetzt.
Wenn Sie also vor mehr als einer Kleingruppe reden, müssen Sie auch mas-

senpsychologische Reaktionen erwarten, deren Grundsteine möglicherweise gar nicht von Ihnen gelegt wurden, Reaktionen, von denen Sie daher unvorbereitet getroffen werden.

So kann es etwa einem Lehrer ergehen, der in eine Klasse kommt, in der in einer vorangegangenen Stunde Frustrationen entstanden sind; nun werden sie an einem gemeinsamen Feind abreagiert, eben „dem Lehrer".

Massenphänomene sind gekennzeichnet durch:
— Konformisierung (der einzelne handelt in der Gruppe),
— schwer berechenbare Reaktionen,
— Ausschaltung kritischer Reflexionen,
— Potenzierung des Bedürfnisses des einzelnen Menschen zum Leiden (Masochismus) oder zur Gewalt (Sadismus),
— Anonymität des einzelnen,
— latente Gegnersuche.

Massenreaktionen verflachen, wenn es nicht zu einer Konfrontation kommt, das heißt, wenn sie keinen sie belebenden Widerspruch finden. Das bedeutet für Sie als Redner: Wenn Sie merken, daß Ihre Zuhörer Massenreaktionen zu zeigen beginnen, versuchen Sie niemals, den Widerstand zu brechen!

Es gibt dazu viele Beispiele, unter anderem fällt mir ein dramatisches aus der Französischen Revolution ein: Die erregte Menge forderte den Kopf eines prominenten politischen Gegners, der sich in Gefangenschaft eines Revolutionsgenerals befand. Der General sagte die Erfüllung der Wünsche zu, die Menge zerstreute sich, und der Gegner, den man für andere Aufgaben benötigte, wurde stillschweigend freigelassen.

In wesentlich harmloseren Situationen werden Sie ähnliches erleben. Denken Sie z. B. an sportliche Ereignisse und die dabei geäußerten Reaktionen des Publikums.

Ich möchte nochmals betonen: Lernen Sie zu unterscheiden, ob sich Ihr Publikum in Form individueller Reaktionen äußert oder als Kollektiv. Dazu noch ein Beispiel: Eine Gruppe absolvierte gemeinsam eine Seminarreihe, durch die sie bereits zusammengeschweißt war. Dadurch entwickelte sie gegenüber jedem neuen Vortragenden von vornherein massenpsychologisch erklärbare Verhaltensweisen, die dem neu hinzukommenden Redner nicht bekannt sein konnten, die allerdings der Seminarbegleiter erkannt haben müßte und vor denen er hätte warnen müssen. Als der neue Vortragende begann, nach seinen persönlichen, dem eigenen Thema angepaßten Methoden zu arbeiten, erregte er Widerstände; langsam aber sicher brachten diese Widerstände die Masse in Bewegung und führten letztlich zu einem Ausbruch, der allein aus dem Ablauf des Seminars nicht erklärbar war.

Es tut somit jeder berufsmäßige Redner gut daran, sich auch mit Phänomenen der Massenpsychologie und der Massensteuerung zu beschäftigen. Dies insbesondere dann, wenn er auf Gruppen trifft, die über einen längeren Zeitraum beisammen sind, und wenn er mehr als nur eine kurze Rede halten soll, während der lediglich in Ausnahmefällen Massenreaktionen vorkommen. Bei kurzen Reden sind solche Phänomene allein dann zu erwarten, wenn die Zuhörer bereits vorher zur Masse mit Massenverhalten geworden sind und schon eine gefühlsmäßig aufgeheizte Stimmung besteht. Zu derartigen Entwicklungen kann es etwa bei Betriebsversammlungen kommen oder bei politischen Veranstaltungen.

Was können Sie tun, wenn Sie merken, daß Ihre Zuhörer bereits eine geschlossene Gruppe sind und sich als solche empfinden? Sie müssen zunächst darauf achten, daß Sie damit nicht mehr einen einzelnen ansprechen können; Sie werden kaum mehr Verbündete finden, um mit deren Hilfe eine Ihnen feindlich gesinnte Gruppe zu spalten, Sie müssen die ganze Gruppe gewinnen. Die Gruppe reagiert als Masse nicht rational, sondern emotional. Vernunftargumente werden üblicherweise in solchen Situationen scheitern. Also: Sprechen Sie die Gefühle der Masse an!

Ein bekanntes Beispiel für massenpsychologische Beeinflussung ist die Rede des Markus Antonius in Shakespeares „Julius Cäsar". Er steht nach der Ermordung Cäsars an dessen Grab, die Stimmung der Masse ist gegen den toten Cäsar gerichtet, nach der Rede aber hat sich die Stimmung gewandelt. Die Methode ist: Zunächst der Masse recht geben, dann sie umdrehen! Und so lautet die Rede (in der Übersetzung von August Wilhelm von Schlegel) bei Shakespeare:

> „Mitbürger! Freunde! Römer! hört mich an:
> Begraben will ich Cäsar, nicht ihn preisen.
> Was Menschen Übles tun, das überlebt sie,
> Das Gute wird mit ihnen oft begraben.
> So sei es auch mit Cäsar! Der edle Brutus
> Hat euch gesagt, daß er voll Herrschsucht war;
> Und war er das, so war's ein schwer Vergehen,
> und schwer hat Cäsar auch dafür gebüßt.
> Hier, mit des Brutus Willen und der andern
> — Denn Brutus ist ein ehrenwerter Mann,
> Das sind sie alle, alle ehrenwert —,

Komm ich, bei Cäsars Leichenzug zu reden.
Er war mein Freund, war mir gerecht und treu,
Doch Brutus sagt, daß er voll Herrschsucht war,
Und Brutus ist ein ehrenwerter Mann.
Er brachte viel Gefangne heim nach Rom,
Wofür das Lösegeld den Schatz gefüllt.
Sah das der Herrschsucht wohl an Cäsar gleich?
Wenn Arme zu ihm schrien, so weinte Cäsar:
Die Herrschsucht sollt' aus härterm Stoff bestehn.
Doch Brutus sagt, daß er voll Herrschsucht war,
Und Brutus ist ein ehrenwerter Mann.
Ihr alle saht, wie am Lupercus-Fest
Ich dreimal ihm die Königskrone bot,
Die dreimal er geweigert. War das Herrschsucht?
Doch Brutus sagt, daß er voll Herrschsucht war,
Und ist gewiß ein ehrenwerter Mann.
Ich will, was Brutus sprach, nicht widerlegen,
Ich spreche hier von dem nur, was ich weiß.
Ihr liebtet all ihn einst nicht ohne Grund:
Was für ein Grund wehrt euch, um ihn zu trauern?
O Urteil, du entflohst zum blöden Vieh,
Der Mensch ward unvernünftig! — Habt Geduld!
Mein Herz ist in dem Sarge hier bei Cäsar,
Und ich muß schweigen, bis es mir zurückkommt."

Die Masse wird also emotionalisiert: Kein Wort des Widerspruchs, es werden persönliche Gefühle angesprochen, Freundschaft, der erste Vorwurf erst gegen Ende der Rede, und der nur sehr indirekt als Klage formuliert.

Ich schlage Ihnen nun wieder eine Übung vor: Versuchen Sie, sich in Ihren möglichen Redesituationen Massenreaktionen vorzustellen. Wenn Sie Lehrer sind: Stellen Sie sich vor, Sie kommen in eine aufgebrachte Klasse. Wenn Sie Unternehmer sind: Sie müssen vor Ihren aufgebrachten Arbeitern reden. Wenn Sie Gewerkschaftsfunktionär sind: Sie müssen Ihren streikenden Kollegen ein bescheidenes Verhandlungsergebnis mitteilen. Was könnten Sie sagen? Wie setzen Sie an, die Gefühle der Masse zu entschärfen? Hilfe zu diesem Themenbereich finden Sie einerseits in der Literatur zur Massenpsychologie, andererseits sollten Ihnen auch die Methoden der Kommunikation helfen, die wir später besprechen werden. Ihre Übung sollten Sie aber machen, bevor wir unser Gespräch fortsetzen.

Wie wirken die Zuhörer auf Sie und ihre Umgebung?

Für die Außenwirkung des einzelnen Zuhörers gilt das, was wir bereits bei der Außenwirkung des Redners besprochen haben. Die Wirkung wird aber noch in anderer Hinsicht bedeutungsvoll:

— Der einzelne Zuhörer wirkt auf andere Zuhörer und den Redner.
— Die Gesamtheit der Zuhörer und deren Erscheinung übt eine Gesamtwirkung aus.
— Sie erleben zumindest in der Anfangsphase der Begegnung die Zuhörer immer als Gegenüber, als geschlossene Gruppe, während die Zuhörer sich tendenziell eher als Einheit erleben.

Es ergibt sich also ein Gesamtbild der Zuhörerschaft, das Ihnen Informationen darüber vermittelt, wie die Zuhörer die Veranstaltung einschätzen, das heißt, welche Wirkung sie ausüben möchten, was ihnen die Veranstaltung „wert" ist. Diese Einschätzung drückt sich z. B. aus in der gewählten Kleidung, in den Arbeitshilfsmitteln, die die Zuhörer mitbringen (Schreibblock, Bücher etc.), in der Aufmerksamkeit, die man Ihrem Auftritt entgegenbringt (wird es sofort ruhig im Raum oder müssen Sie sich erst durchsetzen?).

Je nach Art und Form des Zuhörer-Raums (Sitzreihen oder seminarartig angeordnete Tische mit Arbeitsfläche) kann früher oder später beobachtet werden, wie sich Meinungsbildner bzw. informelle Gruppenführer herausschälen, selbst dann, wenn der Redner einen „Frontalvortrag" hält, das heißt wenn es zu keinen gesprochenen Äußerungen des Publikums kommt. Der Redner kann „seinen" Meinungsbildner erkennen, wenn er insbesondere auf dessen Körpersprache achtet, auf seine Zustimmung, seinen Zweifel, seine Ablehnung.

Wie geht man nun mit einem derartigen Meinungsbildner bzw. informellen Führer um? Nun, zunächst müssen Sie sich als Redner von dieser Art von Fremdsteuerung weitgehend befreien. Beobachten Sie, wie „Ihr" Meinungsbildner auf die Gruppe wirkt, ob auch die Gruppe auf seine Reaktion achtet oder ob er nur für Sie zur Referenzperson geworden ist. Wird er auch von der Gruppe beobachtet, können Sie ihn für Ihre Zwecke einsetzen, indem Sie versuchen, beabsichtigte Reaktionen über ihn herbeizuführen. Aber Vorsicht: Das sollte nicht bis zur bewußten Manipulation gehen.

Schließen wir das Kapitel mit einer Übung ab. Stellen Sie sich vor, Sie müßten bei einer Hochzeit eine Rede halten. Die Rolle, die Sie dabei spielen, können Sie selbst wählen (Brautvater / Brautmutter, Freund der Familie,

Jugendfreund des Bräutigams / der Braut usw.). Was glauben Sie, über Ihr Publikum wissen zu müssen? Was können Sie erfahren und wie können Sie das erfahren? Welche Reaktionen erwarten Sie vom Publikum? Was könnte und was sollte geschehen? Welche Motive könnten hinter welchen Reaktionen stehen?

Wenn Sie Ihre Übung erledigt haben, können Sie Ihr Ergebnis mit den Vorschlägen im Kapitel „Anleitung zur Rede" vergleichen. Sind Sie mit Ihrer Lösung zufrieden? Stößt meine Lösung auf Ihren Widerstand? Wenn ja, würde mich das nur dann stören, wenn aus diesem Widerstand für Sie kein Lerneffekt entstünde.

Anlaß und Ziel der Rede

Nachdem wir über die handelnden Personen in einer Rede gesprochen haben, den Redner, den Zuhörer und das Publikum, über deren Gefühle sowie über die Wirkung aufeinander durch Aussehen und Körpersprache, noch drei wichtige Grundlagen, ehe wir uns mit der Redevorbereitung selbst beschäftigen:

— Anlaß und Ziel der Rede, und zwar sowohl aus Rednersicht als auch aus Zuhörersicht,
— die Sprache als Kommunikationsmittel,
— die räumlichen Bedingungen.

Zunächst zu Anlaß und Ziel der Rede. Für die meisten Reden wird es einen klaren Anlaß geben. Spontane Reden, das heißt Reden, die das Publikum überraschen, sind eher die Ausnahme. Wenn es jedoch zu spontanen Reden kommt und wenn das Publikum Redner und Rede akzeptiert, können die Wirkungen sehr stark sein. Solche Reden werden sich am ehesten dann ergeben, wenn der Redner als Zuhörer (vielleicht als Zufallsbeteiligter) von einem Thema gefühlsmäßig sehr stark berührt wird. Beispiele hierzu werden unter anderem aus der Geschichte der politischen Bewegungen im 20. Jahrhundert berichtet, und zwar von mehreren bedeutenden politischen oder ideologischen Führern. Mit einer spontanen Rede die gewünschten Wirkungen zu erzielen, verlangt großes Redetalent oder berufsmäßiges Redetraining. Wir werden aber im weiteren Verlauf unseres Gesprächs auch zu diesem Thema einige Methoden abhandeln.

Der Anlaß der Rede ist die Begründung dafür, eine Rede zu halten bzw. anzuhören, demnach im allgemeinen klar erkennbar und von Redner wie Zuhörer gleich gesehen. Weniger Übereinstimmung gibt es üblicherweise in der Sichtweise von Redezielen.

Ziele sind häufig nicht offenkundig und werden auch nicht bewußt ausgesprochen. Spitz formuliert: Genannt werden die „anständigen" Ziele, dahinter liegen aber die wahren. Es bringt also wenig, wenn Sie versuchen, Ziele zu erfragen, wie das etwa bei Seminaren üblich geworden ist. Sie dürfen sich allerdings nicht immer erlauben, auf diese „Pflichtübung" zu verzichten! Denn diese Abfrage gehört möglicherweise für Ihre Zuhörer schon zu den Selbstverständlichkeiten bei einem Seminar, und Sie könnten von vornherein an Image verlieren, wenn Sie die Ziele nicht abfragen. Aber, wie schon gesagt, erwarten Sie sich davon nicht zuviel.

Und dennoch: Das Wissen um die „wahren" Ziele der Zuhörer ist eines der wesentlichen Elemente einer erfolgreichen Rede wie auch einer erfolgreichen Verhandlung. So beschreiben beispielsweise Ross Reck und Brian G. Long in ihrem Buch „Unschlagbar verhandeln" die Grundlagen einer erfolgreichen Verhandlung unter anderem mit der Regel, daß mögliche Ziele der anderen Partei bestimmt werden müssen. Anschließend sind dann die Bereiche abzustecken, in denen allenfalls Übereinstimmung gegeben ist.

Wie können Sie die wahren Ziele der Zuhörer herausfinden? Nun, indem Sie sich zunächst auf das besinnen, was wir bereits über Körpersprache gesagt haben. Als erfahrener Redner entwickeln Sie ein Gefühl für Gruppen, Sie werden aber auch als unerfahrener Redner etwas von der Atmosphäre im Raum spüren.

Jeder gute Redner hat seine Tricks, die Zuhörer aus der Reserve zu locken. Setzen Sie derartige „Positionslampen" aber sehr vorsichtig und beobachten Sie genau die Reaktion darauf.

Zurück zu den Zielen selbst. Wie unterschiedlich „anständige" und „wahre" Ziele sind, hängt einerseits vom Grad der Freiwilligkeit des Zuhörens ab, andererseits von der Tagesverfassung, dem Grad der Müdigkeit, von Erlebnissen und Gedanken auf dem Weg zur Rede sowie im Verlauf der Rede von der Übereinstimmung zwischen den Erwartungen und dem tatsächlichen Inhalt.

Je nach den vermuteten Zielen der Zuhörer muß der Redner unterschiedlich ansetzen, um:

— zu aktivieren,	— zu beruhigen,	— zu trainieren,
— zu motivieren,	— zu informieren,	— zu trösten,
— zu überzeugen,	— zu lehren,	— zu erheitern usw.

Versuchen wir nun eine Gegenüberstellung verschiedener Anlässe und Ziele von Reden:

Rahmen: privat
im Familienkreis
bei Freunden
bei Bekannten / Geschäftsfreunden
bei Vereinen

Anlaß: Dank, Bitte, Trauer, Freude

Ziele des Redners: „anständig" — den Anlaß würdigen;
mögliche wahre Ziele:
— lästige Verpflichtungen erledigen,
— rasch hinter sich bringen,
— zeigen, wer man ist,
— die Aufmerksamkeit von jemand auf sich ziehen,
— eine Position erringen.

Ziele der Zuhörer: „anständig" — anerkennend zuhören;
mögliche wahre Ziele:
— Rede soll bald enden,
— Redner bloßstellen,
— selbst zu Wort kommen,
— erfahren, was der Redner über eine bestimmte Sache denkt (ausspähen).

Damit soll nicht gesagt sein, daß es nicht auch positive „wahre" Gründe für das Reden und das Zuhören gibt.

Noch vielschichtiger wird die Angelegenheit, wenn Sie eine Rede halten, bei der sich unter Ihren Zuhörern sowohl Anhänger als auch Gegner befinden. Und es gibt wohl wenige Redesituationen — und dies sind wahrscheinlich nur kurze Reden —, in denen nicht Parteistellungen entstehen. Es wird Ihnen kaum gelingen, ohne Emotionalisierung, also ohne Ansprache der Gefühlsebene, die Aufmerksamkeit Ihres Publikums über einen längeren Zeitraum zu fesseln; das heißt, Sie müssen Gefühle entstehen lassen, und die können sich selbstverständlich auch gegen Sie wenden.

Als nächstes Beispiel nehmen wir eine berufliche Rede.

Rahmen:	offiziell im Betrieb bei einer Parteiversammlung von der Kanzel aus
Anlaß:	die Zuhörer zu einem Zugeständnis an den Redner/ die vom Redner repräsentierte Gruppe zu bringen

Ziele des Redners: „anständig" — Versuch, das eigene Anliegen nahezubringen;
mögliche wahre Ziele:
— manipulieren um jeden Preis,
— sich nicht vor den eigenen Leuten blamieren,
— die Belohnung kassieren, die für den Erfolgsfall vorgesehen ist.

Ziele der Zuhörer: „anständig" — auch die andere Meinung hören;
mögliche wahre Ziele:
— den Redner entlarven,
— „Gesichtswäsche" bei Vorgesetzten,
— Überstunden verrechnen.

Vergeht Ihnen schön langsam die Lust, um jeden Preis zu reden? Wenn Sie es so nehmen, „um jeden Preis", dann sollte Ihnen die Lust auch vergehen. Volksredner von eigenen Gnaden sind gelegentlich eine Qual, insbesondere dann, wenn man sich nicht davonstehlen kann. Reden sollten Sie nur, wenn Sie etwas zu sagen haben, das für die Zuhörer von Bedeutung ist. Und dann liegt es an Ihnen, die Ziele der Zuhörer und Ihre eigenen Ziele auf einen Nenner zu bringen. Auch der Zuhörer mit den „unfreundlichen" wahren Zielen ist letztlich nicht zufrieden, wenn er einer Rede beiwohnen muß, die ihn langweilt, abstößt oder in sonstiger Weise frustriert.

Fassen wir einmal zusammen: Was Zuhörer an einer Rede teilnehmen läßt, ist häufig nicht mit dem Anlaß identisch. Deshalb muß sich der Redner seiner eigenen Ziele und auch seiner Gefühle hinsichtlich dieser Ziele und hinsichtlich des Publikums um so sicherer sein; und er muß versuchen, die Ziele seines Publikums zu erahnen. Das heißt keinesfalls, daß er sich seinem Publikum bedingungslos hingeben sollte, ganz im Gegenteil. Nur dann, wenn Massenphänomene auftreten, muß der Redner betont vorsichtig agieren; ansonsten sollte er alle rhetorischen und dialektischen Mittel einsetzen, seine Redeinhalte dem Publikum nahezubringen.

Damit genug von Anlaß und Zielen. Wir werden uns sowohl bei den Beispielen als auch später im Bereich Dialektik noch mit diesem Thema beschäftigen.

Raumatmosphäre

Welche Bedeutung der Raum für die Wirkung einer Botschaft hat, wird vielleicht nirgendwo deutlicher als in Kirchenbauten. Zentrale Elemente der religiösen Botschaft in unserem Kulturkreis sind Predigt, Lesungen aus der Bibel und Gebete, also Reden in unterschiedlichen Formen. Denken Sie daran, welche Lebensgefühle durch Kirchen verschiedener Epochen vermittelt werden: die Düsternis der Romanik, die strenge, aufstrebende Gotik, das üppige, helle Barock. In jedem Baustil werden unterschiedliche Wirkungen auf das Gefühl des Publikums beabsichtigt und auch erzielt. Einige Kriterien aber sind allen Stilen gemeinsam:
— Der Redner spricht aus einer erhöhten Position (zum Teil stark erhöht, von einer Kanzel).
— Es soll Blickkontakt zu möglichst allen Zuhörern bestehen.
— Der Redner soll an allen Plätzen im Raum verstanden werden.

Sprechen wir nun davon, welche Elemente die Wirkung eines Raums bestimmen und wovon es abhängt, wie wir uns fühlen — und zwar als Redner wie auch als Zuhörer; zunächst, wenn wir den Raum betreten, und dann, wenn wir im Raum sind.
Unmittelbar, das heißt schon beim Eintritt, wirken Größe, Form, Raumhöhe, Licht, Luft, Geruch und Raumausstattung auf das Gefühl, in Extremausprägungen auch Temperatur und Lärm. Während der Rede werden darüber hinaus noch andere Faktoren wirksam: Beschaffenheit der Sitzgelegenheiten, Stellung der Tische, Fußfreiheit, Rauch von Zigaretten, Position des Redners, Akustik (wie überträgt der Raum die Stimme vom Redner zum Zuhörer), Visualisierungen des Vortragsinhalts, das heißt die über die Sprache hinausgehenden Medien, mit denen der Redner den Inhalt seiner Rede dem Publikum nahebringen will, z. B. Fotografien, Landkarten, Schaubilder, Videobänder, Flip-Chart (eine Tafel mit einem großen Papier-

block), Overhead-Projektor (Projektion von Folien auf die Wand bzw. auf eine Leinwand) etc.

Leider passiert es auch dem professionellen Redner immer wieder, daß er in Räumen sprechen muß, die denkbar ungeeignet sind.

Ungeeignet sind Räume,

— die zu niedrig sind, weil darin die Luft zu rasch verbraucht wird und die Zuhörer damit rascher müde werden,

— die schlecht beleuchtet sind, weil dadurch eine düstere, deprimierende Atmosphäre entsteht,

— die kein Tageslicht haben, weil sich etwa bei längeren Seminaren dadurch eine Art „Bunkereffekt" ergibt, ein Gefühl von Eingesperrtsein, und überdies in derartigen Räumen nur allzu häufig die Luft rasch verbraucht und schwer auszutauschen ist,

— die den Schall schlucken, speziell aufgrund ungeeigneter Decken oder aufgrund von Raumteilern,

— bei denen das Publikum teilweise mit dem Rücken zum Vortragenden sitzen muß, weil dadurch keine volle Aufmerksamkeit erreicht werden kann,

— die zu kalt oder zu heiß sind, weil sich diese Störungen unmittelbar auf das Wohlbefinden der Zuhörer auswirken, damit deren Stimmung trüben und die Wirkung einer Rede herabmindern,

— bei denen der Redner nicht von allen Zuhörern gesehen und / oder gehört werden kann, weil dadurch einerseits Mißverständnisse und Störungen unvermeidbar sind, andererseits die Aufmerksamkeit stark verringert wird.

Dazu kommen noch Störungen von außen, wie z. B. Lärm und Gerüche verschiedener Art (etwa Küchengerüche), Störungen, die besonders häufig bei Reden in Gasthöfen auftreten.

Und nicht zuletzt kommt es zu Störungen der Raumatmosphäre durch Raucher, was in zunehmendem Ausmaß zur Beeinträchtigung der Stimmung bei den Nichtrauchern führt. Ein Beispiel dazu kann ich aus eigener Erfahrung berichten: Bei einem meiner Seminare ist es passiert, daß sich die Nichtraucher geweigert haben, weiter im Raum zu bleiben, wenn nicht das Rauchen eingestellt wird. Sie können sich vorstellen, was das für das Seminarklima bedeutet hat. Diese Situation war ein unmittelbarer Anlaß für eine Konfliktlösung, wie wir sie später noch besprechen wollen.

Was können Sie tun, wenn Sie in einem Raum reden sollen, der dazu eigentlich nicht geeignet ist? Nun, wenn Sie schon da sind, das heißt wenn Sie keine Möglichkeit hatten, die Eignung des Raumes vorher zu überprüfen, müssen Sie eben aus dem Vorhandenen das Beste machen: Sie müssen jene Störungen, die korrigiert bzw. beseitigt werden können, beseitigen und die anderen so gering wie möglich halten. Manches kann noch mit Hilfe des Raumvermieters bzw. seines Personals verbessert werden.

Daß in ungeeigneten Räumen gesprochen wird, dürfte aber nur bei nicht-professionellen Reden und Rednern passieren. Denn: Wenn Sie eine Möglichkeit hatten, den Raum vorher zu prüfen, haben Sie bereits einen schweren Fehler begangen, indem Sie einen ungeeigneten Raum auswählten — Sie oder der Veranstalter, wenn er Sie für die Rede engagiert und Ihnen den Raum zugeteilt hat.

In einem ungeeigneten Raum riskieren Sie auch bei einer guten Rede, beim Publikum nicht entsprechend anzukommen.

Auch dazu kann ich Ihnen aus eigener leidvoller Erfahrung berichten. Ich wurde für zwei Vorträge mit demselben Thema engagiert, das Publikum stammte aus dem gleichen Zuhörerkreis. Während beim ersten Vortrag der Zuhörerraum optimal gestaltet war — und dies, trotz beengtem Raum, mit einer Bühne für den Redner —, wurde beim zweiten Vortrag ein kaum für die Rede vorbereiteter Gastraum in einem Gasthof verwendet: ohne Bühne, mit schlechter Beleuchtung und dazu noch etwas zu kalt. Im ersten Fall wurde die Rede ein nahezu triumphaler Erfolg, im zweiten Fall war ich froh, mit meinem Text zu Ende gekommen zu sein, ohne daß das Publikum Unwillen oder Unzufriedenheit geäußert hatte.

Daraus lassen sich folgende Grundregeln ableiten:

1. Prüfen Sie möglichst vorher den Raum, in dem Sie reden sollen. Prüfen Sie, ob Sie sich darin wohl fühlen, und versetzen Sie sich auch in die Position des Zuhörers: Testen Sie die Sessel, überlegen Sie, ob Sie (wie etwa bei Seminaren üblich: stunden- bzw. tagelang) in einem solchen Sessel sitzen können.

2. Prüfen Sie, ob jeder aus dem Publikum Sie sehen und auch gut hören kann (dazu brauchen Sie selbstverständlich jemanden, der Ihnen hilft).

3. Prüfen Sie, ob der Raum für die Anzahl der zu erwartenden Zuhörer groß genug ist.

4. Prüfen Sie Belüftung und Entlüftung.

5. Achten Sie sorgfältig darauf, welche Störungen von außen zu erwarten sind (Lärm, Küchengerüche, vielleicht sogar WC-Gerüche).

6. Sorgen Sie für eine richtige Anordnung der Tische und Sitzplätze, je nach Art der Rede.

7. Prüfen Sie, welche Möglichkeiten Sie im Raum haben, das Gesprochene

auch noch sichtbar zu machen bzw. sichtbar zu lassen (über Diaprojektor, Video, Overhead-Projektor, Flip-Chart, Moderationstafeln etc.) — dazu noch später.

8. Prüfen Sie die Möglichkeit für die Zuhörer, in der Pause Erfrischungen zu erhalten. Prüfen Sie bei Tagesseminaren die Qualität des Essens und der Bedienung, bei Mehrtagesseminaren die Qualität der Unterkünfte und der Nebeneinrichtungen.

In einem Raum zu sprechen, der eine positive Atmosphäre ausstrahlt und der durch seine Einrichtung den Redner unterstützt, erleichtert dessen Aufgabe ganz entscheidend.

Die Sprache als Kommunikationsmittel

Als letztes Element vor der eigentlichen Redevorbereitung wollen wir nun die Sprache abhandeln. Dabei wollen wir uns unterhalten über:
— die Art der Sprache (Schriftsprache, Dialekt),
— die Wortwahl,
— die Satzstellung,
— die Satzlänge und
— Wiederholungen.

Die meisten von Ihnen werden den Sprachprofessor Higgins aus dem Musical „My fair Lady" kennen, der das arme Blumenmädchen Eliza „zum Menschen macht", indem er ihre Sprache verbessert. Die Sprache ist ein gesellschaftlich durchaus bedeutendes Rangkriterium wie auch ein Kriterium der Gruppenzugehörigkeit. In demokratischen Ländern hat der aristokratische Aspekt, den Professor Higgins anspricht, kaum mehr Bedeutung; nach wie vor gibt es aber diverse Fachsprachen, die von Außenstehenden schwer verstanden werden, sei es die Sprache der Ärzte, der Anwälte, der Computerfachleute, sei es die Sprache der Germanisten und Philosophen.

Um eine bestimmte gesellschaftliche Stellung glaubwürdig auszufüllen, muß man eine bestimmte *Art von Sprache* sprechen; nur wer sehr hochrangig ist, kann es sich leisten, gegen diese Regel zu verstoßen, das heißt „populär" zu werden.

Welche Sprache Sie wählen, hängt von der Art der Rede ab. Sind Sie durch die Umstände gezwungen, eine Sprache zu sprechen, die Ihnen nicht liegt, ist höchste Vorsicht geboten. Es wirkt meist peinlich, wenn einem Redner bei einer Rede in Schriftsprache „der Bauer aufs Maul haut", das heißt wenn er plötzlich in eine Dialektwendung verfällt.

Manche Dialekte schlagen derart stark in die Schriftsprache durch, daß man von vornherein weiß, mit welchem Landsmann man es zu tun hat. Dieses Phänomen kann als eher unproblematisch gesehen werden. Unangenehm wirkt es aber, wenn man das krampfhafte Bemühen um Schriftsprache merkt.

Die Art der gewählten Sprache kann auch zum politischen Signal werden. In einem österreichischen Bundesland hat z. B. ein Abgeordneter einer Grünpartei bewußt in seinen Reden den Dialekt seiner Heimat gebraucht und erst aufgegeben, als er erkennen mußte, daß er vielfach nicht verstanden wurde.

Wenn Ihnen die Schriftsprache ungewohnt ist und Sie Reden in der Schriftsprache halten sollen, verlangt dies von Ihnen eine besondere Vorbereitung. Einerseits müssen Sie sich relativ genau an Ihr Manuskript halten, um nicht abzugleiten; andererseits müssen Sie Ihren Vortrag in diesem Fall unbedingt testen, indem Sie ihn vorher auf Band sprechen und abhören. Sobald es Ihnen gelungen ist, Ihr Publikum zu fesseln, werden sprachliche Fehler weniger stark registriert werden. Sie können sich also durch eine inhaltlich gut und mit guten Präsentationsmethoden gestaltete Rede rasch wieder frei machen vom Korsett eines ungewohnten Sprachspiels.

Bei der *Wortwahl* gilt es im wesentlichen folgende Punkte zu beachten:
Fremdwörter sollten Sie nur dann verwenden,
— wenn es kein gleich geeignetes deutsches Wort für die Aussage gibt,
— wenn Sie die Bedeutung des Fremdwortes genau kennen,
— wenn Sie die Aussprache des Fremdwortes beherrschen.
Falsch verwendete Fremdwörter geben immer wieder Anlaß zu Heiterkeit, und der Redner muß einen sehr hohen sozialen Rang haben, wenn er dadurch nicht zur Spottfigur werden soll.
Wiederholungswörter: Viele Redner neigen dazu, zum Teil sinnlose Wiederholungswörter einzufügen. Etliche dieser Wiederholungswörter stammen aus dem Dialekt. Wenn Sie die Sprache mancher Jugendlichen hören, werden Sie einen erschreckenden Trend zu Wiederholungswörtern finden, der mit einer Verflachung des Sprachniveaus Hand in Hand geht. Es zeigt sich eine Neigung, die mit ihrem reichen Wortschatz stark zu differenzierende Sprache durch Einheitsbegriffe zu nivellieren. Gehen Sie als Redner den entgegengesetzten Weg: Differenzieren Sie, spielen Sie mit der

Sprache, beleuchten Sie einen Sachverhalt durch unterschiedliche, passende Worte.

Verlegenheitsfloskeln: Darunter verstehen wir Wiederholungswörter, die lediglich dem Überbrücken von Denkpausen dienen (z. B. „äh"). Derartige Verlegenheitsfloskeln verwenden viele Menschen, und bei manchen sind sie so auffällig, daß sie störend wirken. Da Sie als Redner im Mittelpunkt stehen, kann es Ihnen passieren, daß das Publikum durch Ihre Verlegenheitsfloskeln derart abgelenkt wird, daß es die Floskeln zu zählen beginnt und nicht mehr auf den Inhalt hört. Vielleicht kennen Sie derartige Spiele aus Ihrer Schulzeit, wenn Sie einen Lehrer hatten, der während einer Unterrichtsstunde häufig solche Floskeln von sich gegeben hat. Ich kann mich noch erinnern, daß wir bei einer Lehrerin bis zu hundert Wiederholungen pro Stunde zählten — was meinen Sie, blieb uns da vom Unterricht?

Begriffe: Wenn Sie in einer Rede Begriffe verwenden, deren Bedeutung nicht jedem Zuhörer klar ist oder die von vornherein nicht eindeutig sind, sollten Sie diese unbedingt definieren — und dies wiederholt, insbesondere dann, wenn Sie diesen Begriffen eine etwas andere als die übliche Bedeutung geben wollen.

Bei der *Satzstellung* in der Rede sollten Sie darauf achten, daß die wesentlichen Elemente der Aussage zusammengefaßt sind. In der geschriebenen Sprache, in Feuilletons oder Büchern, können künstlerisch gestaltete Schachtelsätze ein wichtiges Stilelement sein; in der gesprochenen Rede sind sie durchaus das falsche Stilmittel.

Das heißt: Fassen Sie Satzgegenstand, Satzaussage und Ergänzung zusammen! Also nicht: „Der Anlaß, meine Damen und Herren, der uns hier, in diesen schönen Räumen, zu später Stunde für eine kleine Feier zusammengeführt hat, ist schnell erklärt." Wenn Sie das rhetorisch gut bringen, können Sie es vielleicht sogar noch schaffen, weil der Inhalt leicht zu erfassen ist. Wesentlich leichter zu erfassen wäre aber folgender Satzaufbau: „Meine Damen und Herren. Der Anlaß ist schnell erklärt, der uns zu später Stunde in diesen schönen Räumen für eine kleine Feier zusammengeführt hat." Also in der Rede: trennen, „modular" darstellen, einfach bringen, aber: mit allen inhaltlichen Elementen!

Gleiches gilt für die *Satzlänge.* Je niedriger das Bildungsniveau Ihrer Zuhörer ist, desto kürzer müssen die Sätze sein — und desto häufiger müssen die wesentlichen Aussagen wiederholt werden. Wenn Sie Reden großer politischer Führer hören oder lesen, werden Sie bemerken, daß die Sätze immer dem Niveau der Zuhörer angepaßt sind: kurz, prägnant, einprägsam.

Nicht zu *wiederholen,* wenn Aussagen gemerkt werden sollen, ist intellektueller Hochmut. Auch der aufmerksamste Zuhörer hat gelegentlich Momente, in denen seine Gedanken wandern. Als Redner müssen Sie dem, der zuhören will, auch die Chance geben, einen Zusammenhang wiederzufinden, den er durch kurze Unaufmerksamkeit verloren hat.

Redevorbereitung

Informationssammlung

Wenn Sie an die Vorbereitung einer Rede gehen, hat nach meiner Ansicht im ersten Schritt immer der Inhalt Vorrang:

Was wollen Sie Ihren Zuhörern mitteilen?

Dann erst kommen die anderen Elemente der Rhetorik zum Tragen, etwa die AIDA-Formel oder die Birkenbihl-Variante „AITA" — doch davon später. Wie gehen Sie an die Informationssammlung heran? Welche Suchstrategie setzen Sie ein?
Kritisch ist die Angelegenheit dann, wenn Sie von Ihrem Thema eigentlich keine Ahnung haben. In diesem Fall müssen Sie erst damit beginnen, darüber zu lesen. Sollten Sie aus Zeitgründen nur für wenige Artikel, Abhandlungen, Bücher zum Thema Zeit haben oder gar nur für einen einzigen Aufsatz, sind Sie letztlich dessen Autor auf Gedeih und Verderb ausgeliefert. Um nicht bei der ersten Frage aus dem Publikum schon hilflos dazustehen, bleibt Ihnen nur eine Chance: zumindest die wesentlichen Ansichten des Autors kritisch zu durchdenken, das heißt über das Stadium des „Anlesens" hinauszukommen. Grundsätzlich gilt aber:
Vermeiden Sie Reden zu Themen, von denen Sie nichts verstehen!
Wenn Sie zum Thema bereits Wissen und möglichst auch Erfahrung gesammelt haben, sollten Sie sich die Rede vorstrukturieren, ehe Sie an das Sammeln von Informationen gehen. Sie vermeiden dadurch, die individu-

elle Linie Ihrer Rede zu verlieren über der Fülle der Einzelinformationen, die man zu praktisch jedem Thema erhalten kann.

Die Informationssammlung läßt sich in folgende Elemente gliedern:
— Fachinformationen,
— kritische Stellungnahmen,
— Diskussionen,
— eigene Erfahrungen,
— rhetorische Elemente im engeren Sinn.

Um der Gefahr einer einseitigen Betrachtungsweise zu entgehen, beginnen Sie die Suche nach Fachinformationen in möglichst umfassenden Darstellungen zum Themenbereich, also beispielsweise in Enzyklopädien.

Um gleich den Test für unser Thema zu machen, sehen wir zunächst im Duden Fremdwörterbuch (3. Auflage, 1974) nach, wie dort Rhetorik definiert wird, das heißt, wir klären zunächst den Begriff:

„a) Wissenschaft von der kunstmäßigen Gestaltung öffentlicher Reden; vgl. Stilistik ... b) Redebegabung, Redekunst."

Im nächsten Schritt nehmen wir ein Lexikon zur Hand und sehen nach, was dort über Rhetorik zu lesen ist (Lexikothek, Bertelsmann Lexikon, Band 8, 1985):

„Rhetorik (grch.), Redekunst, die Lehre von der guten, wirkungsvollen Rede; Teilgebiet der Stilistik. Wie die Poetik die theoret. Betrachtung der Dichtung ist, so ist die R. die der Gebrauchssprache. Ziel der R. ist es, Gedanken mündlich so darzulegen, daß der Hörer davon überzeugt ist. Eine wirksame Meinungsbeeinflussung wird nicht nur mit sachl. Argumenten, sondern ebenso — teilweise sogar noch mehr (Demagogie) — durch eine kunstvolle, treffsichere Ausgestaltung der Rede erreicht. Die großen Formen der Rede sind: polit. Rede, Gerichtsrede, Predigt, Festrede.

Schon seit der Antike werden bei der Rede 5 wichtige Punkte beachtet: 1. die Stoffsammlung *(inventio):* Alle Gedanken, die mit dem Thema in Zusammenhang stehen, werden zusammengetragen; 2. die Gliederung *(dispositio):* Das Material wird logisch geordnet, der Hauptgedanke wird klar herausgearbeitet; 3. die sprachl. Formulierung *(elocutio):* Die Gedanken werden in eine Form gekleidet, die dem Stoff, den Hörern u. der Absicht des Redners entspricht; 4. die Einprägung der Rede *(memoria);* 5. der Vortrag *(pronuntiatio):* Hier liegen die eigentl. Wirkungsmöglichkeiten für den Redner. Bes. im Altertum wurden Haltung, Stimmaufwand u. Gebärdenspiel des Redners eigens geschult.

Während Stoffsammlung u. Gliederung vom Inhalt her bestimmt sind, die Einprägung von der Mentalität des Vortragenden abhängt u. die Art des

Vortrags vor allem von der Rezitationskunst u. -technik behandelt wird, ist die sprachl. Formulierung die eigentl. Aufgabe der R. An den Rednerschulen der Antike wurde eine bes. Technik dazu entwickelt. Man unterschied zwischen den jeweils für eine Rede geeigneten Stilarten u. legte großen Wert auf eine gelehrte Behandlung der Gedanken *(rhetorische Figuren)*. Die Gefahr einer lehrbaren Technik der R. liegt darin, daß die Rede zu Schönrednerei entartet u. daß sich der Redner nur noch in vorgegebenen Formulierungen, damit in vorgegebenen Gedanken bewegt..."

Sie sehen, wir wissen nun bereits einiges zum Begriff, zur Vorgehensweise und zu dem, was wir von Rhetorik-Lehrbüchern erwarten können. Wer also eine Rede über Rhetorik vorbereitet, hat einen ersten „roten Faden". Noch mehr Basisinformation erhalten wir in einer Enzyklopädie, z. B. in der Encyclopaedia Britannica (Macropaedia, Knowledge in Depth, Band 15, 15. Auflage 1984, Übersetzung durch den Autor). Hier wird das Kapitel „Rhetoric" auf 14 halbseitigen Spalten bzw. sieben Buchseiten abgehandelt. „Der Begriff Rhetorik wurde traditionell auf die Grundsätze des Trainings von Rednern (wörtlich: ‚Mitteilern') angewandt — jener, die versuchen, andere zu überzeugen oder zu informieren; im 20. Jahrhundert kam es zu einer Schwerpunktverschiebung vom Sprecher oder Schreiber zum Hörer oder Leser."

Anschließend wird das Thema Rhetorik mit folgenden Überschriften besprochen:
Rhetorik in der Literatur:
— Art und Umfang der Rhetorik
  Traditionelle und moderne Rhetorik
  Elemente der Rhetorik
  Rhetorik des Gespräches oder in einem Gespräch
— Rhetorische Traditionen
  Altes Griechenland und Rom
  Mittelalter
  Renaissance und später
— Hin zu einer neuen Rhetorik
— Rhetorik der nicht-westlichen Kulturen
Rhetorik in der Philosophie: die neue Rhetorik
— Art der neuen Rhetorik
— Systematische Darstellung der neuen Rhetorik
  persönliche Beziehungen zum Publikum

Grundlage der Übereinstimmung und Arten der Argumentation
Bandbreite und Organisation der Argumentation
— Bedeutung der neuen Rhetorik

Unser Wissensspektrum zum Thema ist nach Durcharbeiten dieser Unterlagen bereits recht breit und — vor allem — abgesichert, das heißt nicht einseitig. Von einer guten Enzyklopädie können wir erwarten, daß alle Aspekte zumindest angedeutet sind, so daß wir keine wesentlichen Ansätze zum Thema übersehen.
Auf ähnliche Weise können Sie bei nahezu jedem Thema vorgehen:

● Suchen Sie zunächst — vielleicht in mehreren Nachschlagewerken — Definitionen Ihres Begriffs bzw. Ihrer Begriffe.

● Gehen Sie im nächsten Schritt mit jedem dieser Begriffe in die Tiefe, das heißt, nehmen Sie gute allgemeine Lexika zu Hilfe (z. B. das zitierte Bertelsmann Lexikon oder den Brockhaus, den Meyers; falls Sie Fremdsprachen beherrschen: die Encyclopaedia Britannica, den Larousse und andere mehr).

● Eine weitere Vertiefung erreichen Sie über Spezial-Enzyklopädien zu Ihrem Fachgebiet. Auch hier gibt es umfangreiche Sammelwerke zu praktisch jedem Thema: Wirtschafts-Enzyklopädien, Psychologie-Enzyklopädien, Kultur-Enzyklopädien und viele andere.

Mit diesem Informationsstand haben Sie bereits eine gute Basis für einen Vortrag vor eher uninformiertem Publikum, von dem keine Rückfragen zu erwarten sind. Für eine Diskussion sind Sie damit aber noch keinesfalls gerüstet.
Um diskussionsfähig zu werden, brauchen Sie im Mindestfall noch folgende weitere Vorbereitung:
— ergänzende Bücher zu jenen Detailbereichen des Themas, auf die Sie sich spezialisieren wollen,
— dazu möglichst aktuelle Fachartikel (vorwiegend aus Fachzeitschriften),
— möglichst auch kritische Stellungnahmen und Berichte von Podiumsdiskussionen zum Thema.

Für eine gute Rede ist vorrangig, daß nicht nur Material gesammelt und zusammengestellt wird, sondern daß es „verdaut" wird, das heißt, daß es mit eigenen Gedanken durchdrungen wird. Ansonsten klingt die Rede nur „angelesen" und blutleer und wirkt damit immer unangenehm. Anthony de Mello hat das in einer seiner Weisheitsgeschichten unter dem Titel „Abhängigkeit" folgendermaßen zu bedenken gegeben: „Einem Schüler, der sich übermäßig auf Bücher verließ, sagte der Meister: Ein Mann kam mit einem Einkaufszettel auf den Markt und verlor ihn. Als er ihn zu seiner großen Freude wiederfand, las er ihn genau durch, hielt sich an ihn, bis er seine Einkäufe erledigt hatte — und warf ihn dann weg als unnützen Papierfetzen."

Für Ihre Redevorbereitung soll das bedeuten: Sammeln Sie möglichst viel Material, stützen Sie damit Ihre Argumentation, werden Sie „diskussionsfest", aber bleiben Sie nicht beim gesammelten Material hängen. Ihre Rede wird nur dann gut sein, wenn Sie Ihre eigenen Gedanken bringen und nicht eine Sammlung von Zitaten oder Angelesenem.

Besonders sicher werden Sie sich fühlen, wenn Sie Ihre Hauptthesen schon mit anderen diskutiert haben. Ein Gespräch vor der Rede über die eigenen Ansichten kann auch bereits wichtige Vorwarnungen geben:
— Welche Passagen werden schwer verstanden / mißverstanden?
— Welche Ansichten rufen negative Reaktionen hervor?
— Welche Teile interessieren besonders?
— Welche Anekdoten, Witze, Sarkasmen kommen gut an — welche nicht?

Besonders wichtig ist nach meinen Erfahrungen ein solches Vorgespräch bei Reden vor Leuten, deren kulturellen und bildungsmäßigen Hintergrund man nicht kennt. Und zwar führe ich ein solches Gespräch mit jemandem, der entweder aus dieser Gruppe stammt oder sie sehr gut kennt. Ich gehe so weit, dieses Vorgespräch in solchen Situationen für unverzichtbar zu halten, wo man nicht riskieren will, völlig zu scheitern.

Elemente der Rhetorik

Nun noch zu den rhetorischen Elementen im engeren Sinn. Im Rahmen der Informationssammlung sind darunter jene Elemente zu verstehen, die geeignet sind, das Ziel des Redners bei der Präsentation zu unterstützen.
Wir haben gedanklich bereits eine Menge Material zum Thema zusammengetragen, das systematisch geordnet, analysiert und in einen Gesamtzusammenhang gebracht werden muß.
Als rhetorische Hilfen im engeren Sinn sind dazu ergänzend zu suchen:
— Formulierungen aller Art (pointiert, sarkastisch, zynisch),
— Anekdoten, Witze,
— bei Präsentationen über Präsentationshilfen: Graphiken, Karikaturen, usw.,
— Zitate aus verschiedenen Quellen.

Bei all diesen Elementen sei wieder und wieder betont: Es muß passen, vor allem: Es muß zu Ihnen passen. Zitieren Sie nicht Goethe, wenn Sie vorher kaum etwas von ihm gelesen haben und auch nichts über sein Leben und seine Grundansichten wissen. Bei Anekdoten, Witzen und sonstigen pointierten Äußerungen achten Sie darauf, daß die Witze nicht schon „einen Bart haben", daß also kaum mehr einer darüber lachen kann. Es gibt eine ganze Menge von Witz-Büchern, einige davon habe ich gelesen, und nur selten konnte ich wirklich über einen Witz lachen.

Als viel ergiebiger habe ich in diesem Zusammenhang Anekdotenbücher erlebt, insbesondere jene, die sich einer bestimmten Berufsgruppe widmen (Militär, Juristen, Ärzte usw.) und häufig auch von Angehörigen dieser Berufsgruppe gesammelt wurden.

Für Zitate bevorzuge ich persönlich Originale, obwohl ich auch gerne in Zeitungen und Zeitschriften Zitate bekannter Menschen lese. Es gibt von vielen Schriftstellern und Philosophen Aphorismenbücher, in denen in knapper, pointierter Sprache Lebensweisheiten formuliert werden. Marie von Ebner-Eschenbach hat den Aphorismus als den letzten Ring einer langen Gedankenkette bezeichnet. Ein Beispiel eines solchen Aphorismus der genannten Autorin, das meiner Ansicht nach gut zu unserem Thema paßt: „Ein Urteil läßt sich widerlegen, aber niemals ein Vorurteil."

Witze, Aphorismen, Sarkasmen, Zynismen... Bei Sarkasmen und Zynismen müssen Sie vorsichtig sein, damit Sie möglichst niemanden verletzen. Greifen Sie nur dann an (eine Gruppe, eine Meinung etc.), wenn Sie bewußt angreifen wollen, das heißt wenn Sie die Auseinandersetzung suchen. Die genannten Elemente müssen das Gewürz einer Rede sein. Ohne Pfeffer wird die Rede langweilig, zuviel Pfeffer stumpft ab. Auch das ist eine Gefahr. Für den Redner ist es sehr anregend, wenn sich das Publikum gut unterhält, aufmerksam lauscht, um den nächsten „Gag" nicht zu versäumen. Es besteht aber die Gefahr, daß damit der Sachinhalt verlorengeht.

Diese Gefahr kann verringert werden, wenn nicht nur im allgemeinen, als „Aufputz" pointiert formuliert oder gar „geblödelt" wird, sondern strikt auf das Thema bezogen. Das heißt, der „Gag", die Anekdote, ein Witz oder ein Sarkasmus wird unmittelbar mit dem Thema verbunden, wird zur Unterstützung einer ganz bestimmten Aussage herangezogen, die sich die Zuhörer merken sollen.

Was damit erreicht wird, ist eine bildhafte Sprache. Alle großen Weltreligionen, alle erfolgreichen Massenbewegungen (und auch die auf Dauer weniger erfolgreichen) haben mit derartigen Mitteln gearbeitet. Gleichnisse sind letztlich Bilder, die Sachinhalte in Form von Geschichten vermitteln — Geschichten, die einerseits leicht zu merken sind und andererseits zum Denken anregen sollen.

Fassen wir zusammen:

— Beginnen Sie Ihre Informationssammlung mit einer Überblicksliteratur.

— Vertiefen Sie schrittweise.

— Ergänzen Sie die Informationssammlung durch Spezialliteratur zu Ihrem Schwerpunkt im Rahmen des Gesamtthemas.

— Versuchen Sie auch möglichst gegensätzliche Meinungen zu Ihrem Thema zu finden und zu analysieren.

— Ergänzen Sie die Informationssammlung durch rhetorische Figuren, Aphorismen, Witze, Anekdoten, Sarkasmen, Zynismen...

Nach dieser Informationssammlung „von außen" wollen wir uns noch mit der Informationssammlung „von innen" beschäftigen, Ihrer eigenen Kreativität. Wie kommen Sie selbst zu Ihren Inhalten?

Kreativmethoden

Kreativitätstechniken sind Methoden, die Ihre Kreativität steigern sollen, das heißt Ihre Fähigkeit, neue Lösungen zu finden. Heinz Hoffmann („Kreativitätstechniken für Manager") schreibt: „Kreativität sollte man als ein Produkt von Wissen, Vorstellungsvermögen und Beurteilungsfähigkeit betrachten."
Wenn wir das in das bisher zur Informationssammlung Gesagte einbeziehen, heißt das:
— zuerst Wissen sammeln,
— das Wissen strukturieren,
— die vorhandenen Ansätze überdenken,
— darauf aufbauend mit Hilfe von Kreativitätstechniken Ergänzungen / Neuerungen suchen.

Es gibt zahlreiche Kreativitätstechniken, die vorwiegend auf die Arbeit in

Gruppen ausgerichtet sind; hier soll die Kreativität mehrerer Personen genutzt werden, um gemeinsam ein bestimmtes Problem zu bearbeiten. Im Kapitel „Die Arbeit in Gruppen" werden wir auf diese Kreativitätstechniken zurückkommen. An dieser Stelle wollen wir nur jene Methoden erwähnen, die für Sie als Einzelperson anwendbar sind, eventuell gemeinsam mit dem Ehepartner und Kindern oder Freunden.

Bei ein bis vier Teilnehmern der Lösungsgruppe hält Helmut Schlicksupp („Innovation, Kreativität und Ideenfindung") folgende Kreativitätstechniken für geeignet:

> Morphologischer Kasten
> Morphologisches Tableau
> Problemlösungsbaum
> Attribute-Listing

Es handelt sich dabei um Methoden der systematischen Strukturierung, das heißt, das Problem wird in Teilprobleme aufgeteilt. Die Lösungen der Teilprobleme werden dann zu einer Gesamtlösung zusammengefügt. Alle Lösungsmöglichkeiten werden in einen systematischen Zusammenhang gebracht.

Die letzten beiden Methoden gelten auch dann als geeignet, wenn nur geringe Erfahrungen mit Methoden der Ideenfindung vorhanden sind.

Für Ihre Redevorbereitung heißt das:

— Sie definieren Ihr Problem. (Worüber möchte ich sprechen? Aus welchen Teilaspekten besteht das Thema? Welche Probleme habe ich bei der Gliederung der Rede?)
— Sie suchen für alle Teilaspekte Lösungsmöglichkeiten. (Wie baue ich die Rede auf? Wie bringe ich die einzelnen Teile in einen logischen Zusammenhang?)
— Sie wählen aus den Lösungsmöglichkeiten Ihre Lösung aus und verbinden diese zu einem sinnvollen Ganzen.

Ehe wir die einzelnen Methoden besprechen, noch eine Begriffsbestimmung: Morphologie heißt „Lehre von den Gebilden, Formen, Gestalten, Strukturen und deren zugrundeliegenden Aufbau- bzw. Ordnungsprinzipien". Wird das Merkmal „Ordnung" auf das Denken übertragen, bedeutet Morphologie soviel wie „Lehre vom geordneten Denken".

Nach Schlicksupp wird die Ideenvielfalt erzeugt durch:

— Zerlegung komplexer Sachverhalte in abgrenzbare Teile,
— Gestaltvariation von Einzelelementen,

— Kombination von Einzelelementen zu neuen Ganzheiten, zu neuen Gesamtlösungen.

Morphologischer Kasten

Der Begriff „Morphologischer Kasten" ergibt sich aus der Form der Darstellung des Arbeitsinstrumentes — eben ein Kasten, also ein dreidimensionales Darstellungsmittel. Im ersten Schritt müssen die Parameter für die Achsen dieses Kastens gefunden werden, das heißt: Welche Elemente beeinflussen das Problem am entscheidendsten? Dieser Schritt bestimmt von Anfang an den Erfolg der Methode.

Das nachstehende Beispiel stammt aus dem Buch „Kreativitätstechniken für Manager" von Heinz Hoffmann: Gesucht wird ein Fortbewegungsmittel. Folgende voneinander unabhängige Parameter wurden als Mittelpunkt des Problems bestimmt (Anm. des Autors: von der Kreativgruppe, das heißt möglicherweise auch durch Sie allein):

— Art des Fahrzeugs (Ausprägungen: Kabine, Gestell, Sessel, Brett),
— das Medium, in dem es sich fortbewegt (Ausprägungen: Luft, Straße, Schiene, Wasser),
— die Fortbewegungskräfte (Ausprägungen: Atom, Elektrik, magnetisches Feld, Verbrennungsmotor).

Dieses Modell hat 64 mögliche Kombinationen (vier mal vier mal vier). Sie ersehen bereits aus dieser geringen Anzahl von Ausgangsparametern, welche Anzahl denkbarer Varianten sich bei Verwendung des Morphologischen Kastens ergibt.

Wie Sie aus dem Beispiel und dem zitierten Buchtitel erkennen, ist diese Methode als Verfahren zur Produktsuche im wirtschaftlichen Bereich populär geworden; sie wird aber auch überall dort angewandt, wo viele Lösungsmöglichkeiten bedacht werden müssen. Das Problem ist allerdings die Art, die Anzahl und die Bedeutung der Parameter, da eben bereits bei wenigen Parametern und einer relativ geringen Zahl von Ausprägungen dieser Parameter eine große Anzahl von Varianten entsteht.

Die auf der nächsten Seite wiedergegebene Morphologische Matrix „Bausteine für Krimi" stammt ebenfalls aus dem Buch „Kreativitätstechniken für Manager". Das Beispiel soll Ihnen zeigen, wie vielfältig diese Technik angewendet werden kann.

Versuchen Sie nun im Rahmen einer Übung einen Morphologischen Kasten für Ihre Rede zu erstellen:

Parameter		Variablen der Parameter							
		V_1	V_2	V_3	V_4	V_5	V_6	V_7	V_8
P_1	Titel-figur	Kriminal-Inspektor	Frauen-arzt	Filmstar	Säufer	Gangster	Dirne	Oberst a. D.	Astronaut
P_2	Hand-lungsort	Schloß (Frank-reich)	New York (Harlem)	Ägypten	London (Hyde-park)	Alters-heim	Balkan-Expreß	Golfclub	Raum-schiff
P_3	Mörder	Profi-killer	Erbe	Pfarrer	Polizist	Film-diva	Neffe	Onkel Otto	Agent FBI
P_4	Opfer (Ermor-deter)	Millionär	Bischof	Ehefrau (Mann)	Fabrikant	Politiker	Bankier	Erbtante	Spion
P_5	Motiv	Eifersucht	Rache	Geldgier	Verrat	Raub	Mitwisser beseitigen	Lustmord	Unbeab-sichtigt
P_6	Todes-ursache	Ertränken	Er-schießen	Erhängen	Auto-unfall ver-ursacht	Ersticken (Kissen)	Gift	Elektri-scher Strom	Selbst-mord
P_7	Auf-geklärt durch	Inspektor Kelly	Hund „Lassie"	FBI/CIA	Tage-buch-Notizen	TEE-Zug-Schaffner	Selbst-aufgabe	Mafia	Alte Oma
P_8	Wie endet	Selbst-mord	Ver-söhnung	Elektri-scher Stuhl	Im Flug-zeug ab-gestürzt	Mörder hinter eisern. Vorhang	Bei Verfolgung erschossen	Auto explodiert (Klippe)	Aus dem 60. Stock geworfen

● Welches Problem wollen Sie mit Hilfe dieser Methode bearbeiten? (z. B.: Was könnte ein bestimmtes Publikum interessieren?)

● Welche Parameter scheinen Ihnen für Ihr Thema von vorrangiger Bedeutung? (z. B. Alter, Bildungsniveau, Lebenseinstellung, Familienverhältnisse, Berufsgruppenzugehörigkeit; oder, wenn es sich um ein Verkaufsgespräch handeln soll: Kaufkraft, Bedarf, Konkurrenzeinfluß etc.)

● Welche Ausprägungen dieser Parameter scheinen Ihnen wichtig, um zu richtigen Lösungen zu führen? (Wenn Sie sich beispielsweise für „Bildungsniveau" als Parameter entschieden haben: Fachschule, Universität, Lehre etc.)

Morphologisches Tableau

Der wesentliche Unterschied zwischen dem Morphologischen Kasten und dem von Helmut Schlicksupp entworfenen Morphologischen Tableau besteht darin, daß beim Tableau die Ausprägungen jeweils in der Kopfzeile und der Vorspalte einer Matrix eingetragen werden. Auf diese Weise werden Alternativen nicht wie beim Morphologischen Kasten durch einen Linienzug gebildet (siehe Beispiel „Krimi"), sondern jeder Kombination der Ausprägungen ist ein Feld des Morphologischen Tableaus zugeordnet.

Vorteile gegenüber dem Morphologischen Kasten:

— Alle bereits bekannten Lösungen können eingetragen bzw. kenntlich gemacht werden (beim Morphologischen Kasten würde dies zu einer verwirrenden Vielfalt von Linienzügen führen).

— Widersinnige Kombinationen lassen sich als „Nullfelder" schraffieren. Sie scheiden aus der weiteren Betrachtung aus.

— Leerfelder treten deutlich hervor und signalisieren Bereiche, zu denen noch keine Lösungen bekannt sind.

Nachstehendes Beispiel eines Morphologischen Tableaus zur Suche neuer Kosmetik- und Hygieneprodukte stammt ebenfalls aus „Innovation, Kreativität und Ideenfindung" von Helmut Schlicksupp:

Problemlösungsbaum

Wenn Sie in Ihrer kognitiven Struktur stark zum analytischen Denken neigen, das heißt zu einem zergliedernden Denken, wird der Problemlösungsbaum jene Technik sein, die Ihnen vermutlich am meisten entgegenkommt.

Schon der Name, mit der Silbe „-baum" am Schluß, weist auf die Grund-

Anw.-Zweck \ Zielgruppe	Babies	alte Menschen	Auto-fahrer	Sportler	Manager	...
Make-up	int.?				int.?	
Male überdecken		int.?				
Wundbehandlung						
Körperreinigung			int.?			
Geruchsbindung	int.?			int.?		
...						

struktur hin: Wie bei einem Baum kommt es vom „Stamm" ausgehend zu Verästelungen, bis zu den feinsten Verzweigungen und — um beim Bild „Baum" zu bleiben — Blättern, Blüten und Früchten.

Um diese Methode erfolgreich einzusetzen, müssen Sie allerdings vom Thema ziemlich viel wissen. Sie müssen in der Lage sein, alle denkbaren Möglichkeiten zu erkennen — oder zumindest zu erahnen. Das bedingt, offen und vorurteilsfrei an das Thema heranzugehen.

Nehmen wir als Beispiel an, Sie möchten dem Thema „Wie schließe ich Bekanntschaften?" mit der Methode Problemlösungsbaum zu Leibe rücken. Nun gibt es mehrere Wege, wie Sie beginnen können. Sie können bereits auf einer bestimmten Stufe einsteigen, indem Sie z. B. als Ehepaar sagen: Uns interessieren nur Ehepaare im Alter zwischen 35 und 45 Jahren, mit Kindern zwischen 10 und 17 Jahren, einer christlichen Grundhaltung, in unserer Stadt.

Damit haben Sie sich bereits relativ stark festgelegt und sich andere Lösungswege verbaut. Denn nun können Sie nur mehr von diesem Punkt aus analysieren, z. B. nach den Kommunikationsmöglichkeiten (mit Haus, mit Wohnung...), nach der Möglichkeit der Intensität der Beziehung (beide Ehepartner berufstätig, nur ein Teil berufstätig, in Clubs engagiert... — hier wiederum gliederbar nach Art der Clubs, z. B. Sportclubs — gliederbar nach Sportarten...) und so fort.

Wenn Sie nun die möglichen „Zielgruppen" analysiert haben, mit den üblichen Kontaktstellen, können Sie auf gleiche Art und Weise die Kontaktmöglichkeiten analysieren.

Klingt Ihnen das Ganze etwas zu intellektuell? Für den konkreten Fall, unser Beispiel, kann das schon sein; Sie werden aber bei bestimmten Themen merken, wie gut und umfassend Ihre Ausgangsfragestellungen werden — besonders dann, wenn Sie Fachthemen bearbeiten.

Versuchen Sie zur Übung, sich einen Problemlösungsbaum mit einer Fragestellung aus Ihrem beruflichen Bereich zu erarbeiten:

● Sie sind Unternehmer: Wie können Sie die Ertragslage Ihres Betriebes verbessern?

● Sie sind Lehrer: Wie können Sie den Schülern einen mathematischen Zusammenhang am besten erklären? (Denken Sie dabei an ganz verschiedene Formen der Darstellung, Gleichnisse, Beispiele; denken Sie aber auch an „Motivatoren" — wie machen Sie das Ganze für Ihre Schüler / Schülerinnen interessant?)

● Sie sind Prediger: Wie können Sie Ihren Zuhörern ein Gleichnis aus der Bibel nahebringen? Nach welchen Gesichtspunkten kann das Gleichnis gegliedert werden? Zu welchen aktuellen Ereignissen können Sie damit einen Bezug herstellen?

● Sie sind Festredner: Welche Ansätze finden Sie zum Ereignis (Festival, Personen, Ort etc.)?

Wenn Sie über einen Personal-Computer verfügen, können Sie diese Methode über verschiedene Programme unterstützen. So gibt es etwa Programme, die Strukturen aufbauen, Netzpläne zeichnen, wenn Sie ein Problem projektartig aufbauen, das heißt im zeitlichen Ablauf darstellen, mit den jeweils benötigten Mitteln (Basisliteratur, Geld, Raum, Präsentationshilfen etc.).

Attribute-Listing

Beim Attribute-Listing geht es im wesentlichen darum, etwas Bestehendes zu verbessern, indem systematisch Variationsmöglichkeiten gesucht werden.
Nehmen wir an, Sie haben das Manuskript Ihrer Rede fertiggestellt. Nun sehen Sie das Manuskript Ihrer Rede durch und stellen fest, daß Sie sich mehrfach wiederholt haben — wie ich eben mit „Manuskript Ihrer Rede". Diese Wiederholungen werden Ihnen am ehesten bei Zeitwörtern passieren, wenn Sie nacheinander verschiedene Sachverhalte oder Methoden darstellen. Beim Korrekturlesen zu diesem Buch wurde versucht, derartige rhetorische Mängel auszumerzen (— laut Duden: radikal beseitigen). Ob das lückenlos gelungen ist, werden Sie bei der Lektüre feststellen. Falls Sie nicht auf störende Wiederholungspassagen stoßen, haben sich diese im üblichen Rahmen bewegt — vielleicht auch nur in einem Rahmen, der Ihrem eigenen Anspruchsniveau entspricht, je nachdem, wie sensibel Sie auf derartige Dinge reagieren.
Noch größer ist die Gefahr von Wiederholungen bei der Rede selbst, wenn Sie frei sprechen. Hier schlagen Nervosität und persönliche Redegewohnheiten durch. Sie können derartige Mängel nur durch strikte Selbstkontrolle und eine Annahme von Kritik Außenstehender beseitigen. Aber: Was als kritikwürdig empfunden wird, ist individuell verschieden. Oscar Wilde sagt dazu (in: „Das Bildnis des Dorian Gray"): „Die höchste wie die niederste Form von Kritik ist eine Art Autobiographie."
Nehmen Sie also Kritik als das, was sie sein kann: zunächst nur eine Mei-

nung unter anderen, die ebenso gut oder schlecht ist wie Ihre eigene, aber eben ein wichtiger Hinweis auf eine mögliche andere Betrachtungsweise. Nur dort sollten Sie unverzüglich Ihren Stil ändern, wo objektive Mängel aufgezeigt werden. Zu häufige Wiederholungen oder auch logische Fehler in der Argumentation sind sicher derartige objektiv feststellbare Verbesserungsansätze.

Haben Sie gemerkt, wie ich beim letzten Wort des vorigen Satzes gezögert habe? Welches Wort sollte ich wählen? „Mängel" und „Fehler" war schon, und ich wollte bewußt nicht wiederholen...

Zur Vermeidung rhetorischer Mängel in der Vorbereitung einer Rede hilft Ihnen unter anderem ein Training in spontanen Kurzreden und Sprechdenken (siehe später).

Einer der Anwendungsbereiche des „Attribute-Listing" im Bereich der Rhetorik wäre, mögliche Variationen zu Themen, Darstellungsformen, inhaltlichen Elementen, Wortwahl und anderem zu erarbeiten.

Das Beispiel aus „Innovation, Kreativität und Ideenfindung" („Management Wissen") soll diesen Abschnitt illustrieren (Attribute-Listing für die Gestaltung eines Buch-Romans Seite 78):

Neben den genannten systematischen Methoden gibt es noch zwei Verfahren, die im Zusammenhang mit der Ideengewinnung erwähnt werden müssen. Beide sind vorwiegend auf Gruppen ausgerichtet, entfalten ihre volle Wirksamkeit erst in Gruppen, sind aber in ihren Ansätzen auch für Einzelarbeiten geeignet, gewissermaßen für die Kreativität mit sich selbst:

Brainstorming und Brainwriting-Methoden

Brainstorming wird vom Duden Fremdwörterbuch folgendermaßen erklärt: „brainstorm — ‚Geistesblitz' — Verfahren, um durch Sammeln von spontanen Einfällen (der Mitarbeiter) die beste Lösung eines Problems zu finden." So wird dieser Begriff auch bei uns üblicherweise verstanden.

Interessant wird die Angelegenheit allerdings dann, wenn man die Gegenprobe in einem Wörterbuch Englisch — Deutsch macht (Cassels Wörterbuch, 1984): Unter „brainstorm" steht hier: „geistige Umnachtung". Eine Kontrolle in „The Concise Oxford Dictionary" (1964) bringt eine Bestätigung: „brainstorm, temporary mental upset marked by uncontrolled emotion & violent action" (Übersetzung des Verfassers: Brainstorm — zeitweise geistige Verwirrung, gekennzeichnet durch unkontrollierte Gefühle und gewalttätige Handlungen).

„Geistesblitz" wird übersetzt mit „brain-wave" und „stroke of genius" (Cas-

Merkmal	Derzeitige Lösung	Mögliche andere Gestaltung
Format	Rechtecke, Großoktav	Riesenformat, Miniformat, Trapezform, Halboval...
Heftung	fest gebunden	Loseblatt, Endlosziehharmonika, Ringheftung, Nieten...
Einband	fest geschlossen	durchbrochener Einband, ohne Einband, teilseitiger Einband...
Einband-material	Karton	Textil, Kork, Kunstleder, Metallfolie, Emaille...
Wendefolge der Seiten	Blättern von rechts und links	Blättern von unten nach oben, bedruckte Rolle...
Darbietung des Inhalts	reine Schrift-form	Zusatzbilder, Sprechbilder...
Inhalt	nur Romantext	zusätzlich: Werbung, Rätsel, Leerblätter für Notizen...

sels). Auch hier die Gegenprobe im Oxford Dictionary: „brain-wave, sudden inspiration or bright idea" (Übersetzung des Verfassers: Geistesblitz — plötzliche Eingebung oder glänzender Gedanke).
Ich wollte Ihnen mit dieser Darstellung mehrere Aspekte bewußt machen:
● Sie sollten in meine „Werkstätte" blicken.
● Sie sollten erkennen, wie man einen Begriff aufbereitet.
● Sie sollten skeptisch werden gegenüber scheinbar klaren Begriffen. Überprüfen Sie wichtige Begriffe immer, es sei denn, Sie sind ganz sicher!

Offensichtlich hat der Begriff „Brainstorming" einen Bedeutungswandel durchgemacht. Jedenfalls werde ich in Zukunft damit etwas vorsichtiger umgehen — Sie doch auch?
Aber zurück zu dem, was unter „Brainstorming" in unserem Kulturbereich verstanden wird. Beim Brainstorming werden, zunächst unstrukturiert, Ideen zu einem Themenbereich gesammelt. Form und Ansatzpunkte für diese Ideen sind je nach beteiligten Personen, deren Wissensstand zum Thema, ihrem Charakter und Sozialverhalten (extrovertiert, introvertiert, humorvoll, nüchtern-sachlich etc.) völlig unterschiedlich. Erfahrungsgemäß sind Brainstormings dann sehr ergiebig, wenn in gelockerter Atmosphäre gearbeitet wird. Dies gilt auch für Sie selbst: Nur dann, wenn Sie in gelöster Stimmung sind, ist das Abhalten eines Brainstorming sinnvoll. Ansonsten erreichen Sie mehr mit analytischen Methoden.
Zur Durchführung brauchen Sie bei einem Brainstorming lediglich irgendein Gerät, um die produzierten Ideen aufzuzeichnen. Das kann sein:
— eine Tafel,
— ein Flip-Chart (Ständer mit großem Papierblock),
— ein Overhead-Projektor (Gerät, das Darstellungen von einer Plastikfolie durch Licht und Spiegeltechnik vergrößert auf eine Leinwand / die Wand wirft),
— ein Kassettengerät,
— im einfachsten Fall: ein Schreibblock,
— Moderationskärtchen (Karten aus etwas stärkerem Papier bzw. Karton, auf denen die Ideen aufgeschrieben werden — siehe später bei „Präsentationstechniken" und „So arbeiten Gruppen").
Beim Gruppen-Brainstorming wird üblicherweise von einem Teilnehmer, der nicht oder nur eingeschränkt an der Ideenproduktion mitwirkt, die Aufzeichnungsarbeit erledigt. Während der Kreativarbeit dürfen einzig und allein Ideen genannt werden; sonstige Gespräche würden nur stören. Besonders wichtig ist, daß in der Kreativphase keine Kritik bzw. überhaupt

kein Kommentar zu den Ideen geäußert wird. Jede Idee gilt in dieser Phase als gleichwertig.

Die Kreativphase sollte zeitlich begrenzt werden (z. B. auf etwa zehn Minuten). Falls in dieser Zeit zuwenig Ideen gekommen sind oder aber, wenn der Kreativprozeß gerade gut läuft, neige ich allerdings dazu, den Ideenfluß auch nach Ablauf dieser Zeit nicht zu unterbrechen.

Nach Abschluß der Kreativphase beginnt die Aufarbeitung. Es wird versucht, aus jeder genannten Idee etwas Konstruktives im Sinne der Problemlösung zu filtern. Auch dabei darf man nicht zu nüchtern an die Angelegenheit herangehen.

Mir ist ein Brainstorming besonders in Erinnerung geblieben. Gesucht waren neue Produkte für eine Bank. Einer der Teilnehmer sagte: „Brainstorming ist für mich ein spanisches Dorf." Eher als Spaß gedacht, notierte ich das „spanische Dorf" als erste Idee auf dem Flip-Chart. Aus diesem „spanischen Dorf" wurden mehr als zwanzig Produktideen, von denen selbstverständlich ein Teil schon verwirklicht war, unter denen sich aber auch neue Produkte befanden (Valutenservice, Reisebüro, Reiseschecks, Auslandsvermittlungen, Reiseversicherungen, Sprachinformationen...).

Wichtig bei allen Kreativsitzungen ist: Auch in der Analysephase darf es keine negative, abwertende Kritik zu Vorschlägen geben — sonst verschwindet das offene Klima, das für einen Erfolg unabdingbar ist. Generell sollten alle wertenden Äußerungen unterbleiben, die Analyse sollte ausschließlich unter dem Aspekt der Eignung eines Vorschlags in Hinblick auf das formulierte Ziel erfolgen.

Wenn Sie Brainstorming allein machen, dürfte für Sie in der Kreativphase ein Diktiergerät oder ein Kassettengerät das geeignetste Aufzeichnungsmedium sein. Zur Analyse müssen Sie dann die Ideen auf Papier übertragen.

Nehmen wir an, Sie beschäftigen sich mit Ihren Zuhörern, die Sie noch nicht kennen. Überlegen Sie jetzt mit der Methode Brainstorming, was Ihnen zu den Zuhörern einfällt. Wenn Sie alles aufgezeichnet haben, wissen Sie einiges — vor allem auch über sich selbst, Ihre Erwartungen und Ängste. Nun können Sie mit analytischen Mitteln darangehen, die Punkte zu strukturieren und Ihre Rede-Strategien darauf aufzubauen.

Die bekanntesten *Brainwriting-Methoden,* das heißt Techniken, bei denen die Ideen nicht gesprochen, sondern aufgeschrieben werden, sind:
— Methode 635 und
— Brainwriting-Pool.
635 ist lediglich als Gruppenmethode sinnvoll, wenngleich die Gruppe klei-

ner oder auch etwas größer sein kann als in der Grundstruktur vorgesehen. Die Gruppe besteht aus 6 Personen, die zu einem genau definierten Problem 3 Lösungen in 5 Minuten erarbeiten. Zu diesem Zweck wird eine Schreibunterlage erstellt, die in der Kopfzeile eine Formulierung des Problems enthält sowie das Datum der Sitzung. Dann wird das Blatt in 3 Spalten und 6 Zeilen geteilt.

Im ersten Schritt werden von jedem Teilnehmer die Ausgangslösungen zum Problem auf dem eigenen Blatt eingetragen. Im besten Fall gibt es somit 3 mal 6 — 18 Ausgangslösungen zum Problem. Nach (etwa) 5 Minuten wird das Blatt jeweils zum Nachbarn (z. B. im Uhrzeigersinn) weitergereicht. Der Teilnehmer soll nun nicht neue Lösungen finden, sondern sich auf die Lösungen seines Vorgängers beziehen und diese

— ergänzen,
— abwandeln,
— positiv umwandeln,

sich aber möglichst konkret an die Ausgangslösung halten und diese positiv bearbeiten, das heißt sie so ausformulieren, daß sie realisierbar wird.

Nach weiteren (etwa) 5 Minuten wiederholt sich der Vorgang, und dies so lange, bis jeder Teilnehmer die Ausgangslösung jedes anderen bearbeitet hat. Insgesamt entstehen dadurch maximal 18 Lösungswege zu einem Problem. Die Erfahrung zeigt, daß bei richtig zusammengesetzten Gruppen aus dieser Arbeit ein enormer Ideen-Pool entsteht.

Beim Brainwriting ist entscheidend, daß während der Kreativsitzung geschwiegen wird. Die Praxis hat folgende Schwierigkeiten bei der ansonsten sehr ergiebigen Kreativtechnik 635 gezeigt:

— Zeitprobleme: Je weiter die Runde fortgeschritten ist (nach dem dritten oder vierten Durchgang), desto mehr Zeit wird benötigt, um auf alle Lösungen einzugehen; weiters braucht man Stunden, um die Lösungswege in einer Maßnahmenliste zur weiteren Vorgangsweise aufzuarbeiten.
— Probleme sich wiederholender Lösungen: Insbesondere dann, wenn zu einem Problem identische Meinungen bestehen, ähneln die Ausgangslösungen einander stark, so daß gegebenenfalls durch den Moderator abgebrochen werden sollte.
— Außerachtlassung wichtiger Problemaspekte, wenn die Gruppe zu einheitlich ist.
— Gruppenmitglieder halten sich nicht an die Regeln, sprechen miteinander während der Kreativphase, diskutieren und kritisieren.
— Unleserliche Eintragungen.
— Es werden nur Standardlösungen gebracht.
— Es wird an der Fragestellung vorbeiargumentiert.

— Schreibunlust von handwerklich tätigen Mitgliedern der Problemlösungsgruppe.

Wir werden auf diese Probleme beim Schwerpunkt „Arbeit in Gruppen" noch genauer eingehen und Lösungsmöglichkeiten besprechen.

Der Brainwriting-Pool hat gegenüber 635 den Vorteil, daß er keiner besonderen Moderation bedarf und automatisch ein Protokoll entsteht. Helmut Schlicksupp schlägt vor: „Zu Sitzungsbeginn legt der Problemsteller auf die Mitte des Konferenztisches ein oder zwei Blätter, auf die bereits je drei oder vier mögliche Lösungen eingetragen sind. Die Teilnehmer — etwa vier bis acht — legen zunächst individuell so viele Ideen nieder, wie ihnen gerade einfallen. Wollen sie sich erneut stimulieren lassen, dann tauschen sie ihr Papier gegen eines der in der Tischmitte (‚Pool') befindlichen aus. Dieser Austauschprozeß kann von allen Teilnehmern beliebig häufig vorgenommen werden."

Eine Abart des Brainwriting-Pools, die Sie selbst für Ihre Reden nutzen können, ist der „Zettelkasten". Sie strukturieren zunächst das Thema Ihrer Rede, beschreiben dann Teilabschnitte eines Karteikastens (oder auch verschiedene Mappen) mit den Einzelthemen und sammeln Ideen zu jedem Bereich. Wenn Sie zur Vorbereitung Ihrer Rede ausreichend Zeit haben und diesen Prozeß über einen längeren Zeitabschnitt hinziehen, erkennen Sie allein daran, welche Teilabschnitte sich mit Ideen füllen, welcher Themenbereich Ihnen besonders liegt und welche Themenbereiche möglicherweise Schwachstellen sind.

Damit wollen wir vorläufig den Teil „Informationssammlung" abschließen. Weitere Ansätze zu diesem Thema finden Sie bei den Beispielen, besonders bei „Arbeit in Gruppen", und in den Literaturquellen, die im Anhang angegeben werden.

Informationsanalyse

Sie haben bereits eine Fülle von Informationsmaterial und Überlegungen für Ihre Rede, wenn Sie so vorgegangen sind, wie wir es im Rahmen unseres Gesprächs und unserer Übungen vorgeschlagen haben. Jetzt müssen wir überlegen, wie Sie dieses Material analysieren und sortieren können.

Beschäftigen wir uns zunächst mit der Auswahl der Inhalte:

— Welche Themen müssen Sie aufnehmen, um ernst genommen zu werden?

— Welche Themen möchten Sie ergänzend dazu aufnehmen?
— Welche Schwerpunkte möchten Sie setzen?

Damit scheidet bereits ein Teil des gesammelten Materials aus. Aber auch das ausgeschiedene Material hilft Ihnen, gewissermaßen als bereits zitierte „Plattform", als sicherndes Fundament für Sie als Redner.

Im nächsten Schritt analysieren wir die Argumente:
— Welche Ansichten gibt es zum Thema?
— Welche gegensätzlichen Ansichten haben Sie gesammelt?
— Welche Ansichten entsprechen den Ihren, welche widersprechen ihnen?

Es beeinflußt Ihren Redeerfolg wesentlich, wenn Sie sich mit den wichtigsten Gegenmeinungen bereits in der Rede beschäftigen. Sie als Redner haben dabei den Vorteil, zunächst unwidersprochen Ihre Argumente vorbringen und die gegnerischen Argumente entkräften zu können. Wenn Sie Gegenpositionen erst in der anschließenden Diskussion aufnehmen, sind Sie bereits in der Auseinandersetzung — und können oft nicht mehr das volle Gewicht Ihrer Überzeugungskraft einbringen, weil man Sie nicht mehr ausreden läßt, Ihnen ins Wort fällt, Störungen überhandnehmen und anderes mehr.

Nun strukturieren Sie Ihre eigenen Aussagen:
— Was möchte ich mitteilen?
— Was soll besonders gemerkt werden?
— In welcher Reihenfolge will ich die Ansichten präsentieren?
— Wie will ich argumentieren?

Und hierzu, zur Argumentation, ein kleiner Ausflug in ein etwas schwieriges Gebiet, in die Logik. Aber brechen Sie mir bitte nicht aus! Sie werden sehen, wenn man sich etwas bemüht, kann man die wichtigsten Dinge relativ einfach lernen — und: sie sind eine unabdingbare Voraussetzung für eine gute Rede. Denn: Auch um die Logik zu verdrehen, muß man in der Logik perfekt sein.

Wenn Sie glauben, dieses Kapitel unbedingt überspringen zu müssen, dann schmökern Sie zumindest „quer", lassen Sie sich etwas einfangen von der Logik — und sei es auch nur, um heftigsten Widerstand gegen dieses Korsett Ihrer Kreativität zu empfinden. Aber — ist es denn ein Korsett? Muß es denn schwierig und langweilig sein?

Logisch richtig argumentieren

Bleiben wir bei unserer Methode und definieren wir zunächst den Begriff: Was ist Logik? Das Fremdwörterbuch des Duden sagt:
„Logik: 1. Lehre, Wissenschaft von der Struktur, den Formen und Gesetzen des Denkens; Lehre vom folgerichtigen Denken, vom richtigen Schließen aufgrund gegebener Aussagen (Philos.). 2. a) Fähigkeit, folgerichtig zu denken; b) Zwangsläufigkeit; zwingende, notwendige Folgerung."
Logik ist vorrangig mit zwei Wissenschaftsgebieten verknüpft:
— mit der Philosophie (philosophische Logik) und
— mit der Mathematik (mathematische bzw. symbolische Logik).

„Die mathematische Logik formalisiert die Sprache, in der mathematische Aussagen gemacht werden, stellt Regeln auf, um von Aussagen auf neue Aussagen schließen zu können, analysiert Aussageformen und entwickelt Beweisverfahren" (dtv Atlas zur Mathematik, Band 1). Es geht also um:
— eine formalisierte Sprache,
— mathematische Aussagen,
— bestimmte, aufgestellte Regeln
— mit dem Ziel, von Aussagen zu neuen Aussagen zu kommen sowie
— zu einer Analyse der Aussageformen und
— zur Entwicklung von Beweisverfahren.

Formalisiert wird in mathematischen Symbolen. Für mathematische Aussagen gilt üblicherweise die Forderung, daß die Aussagen in die Klasse der wahren und die Klasse der falschen Aussagen eingeteilt werden können (Prinzip der Zweiwertigkeit).
Viele Aussagen und Aussageformen bestehen aus Teilen, die selbst wieder Aussagen bzw. Aussageformen sind. Als vermittelnde Worte treten insbesondere auf: nicht, und, oder, wenn — dann, genau dann — wenn. Beispiele: Wenn A, dann nicht B; B genau dann, wenn C.
Voraussetzung der mathematischen Logik wie jedes Systems der klassischen, also auch der philosophischen Logik sind folgende Sätze:
— Satz vom ausgeschlossenen Dritten, demzufolge etwas der Fall ist oder nicht; eine dritte Möglichkeit gibt es nicht;
— Satz vom Widerspruch, der besagt, daß etwas nicht gleichzeitig *sein* kann und auch *nicht sein* kann;
— Satz von der doppelten Verneinung, der in der Annahme besteht, daß ein doppelt verneinter Satz mit dem ursprünglichen Satz identisch ist.

Wir wollen uns hier nicht weiter mit diesem Bereich beschäftigen, sondern gleich zur philosophischen Logik übergehen. Sie ist eng mit der mathematischen Logik verbunden — z. B. gelten auch hier die eben erwähnten Voraussetzungen —, steht aber unserem Thema, der Rhetorik, näher.

Zunächst ein schwieriges Zitat. Immanuel Kant schreibt in seiner „Logik" (Allgemeine Elementarlehre, § 19): „Gegenstand der logischen Reflexion — Die bloße Form der Urteile: Da die Logik von allem realen oder objektiven Unterschiede des Erkenntnisses abstrahiert: so kann sie sich mit der Materie der Urteile so wenig als mit dem Inhalte der Begriffe beschäftigen. Sie hat also lediglich den Unterschied der Urteile in Ansehung ihrer bloßen Form in Erwägung zu ziehen."

Das heißt, die Logik hat es primär nicht mit dem Inhalt unserer Äußerungen zu tun, sondern mit formalen Zusammenhängen in und zwischen den Sätzen.

Damit stimmt auch Arthur Schopenhauer überein, der im zweiten Band seiner „Parerga und Paralipomena" (Zur Logik und Dialektik, § 24) darüber hinausgehend annimmt: „Aus *einem* Satze kann nicht mehr folgen, als schon darin liegt, d. h. als er selbst, für das erschöpfende Verständnis seines Sinnes besagt: aber aus *zwei* Sätzen kann, wenn sie syllogistisch zu Prämissen verbunden werden, mehr folgen, als in jedem derselben, einzeln genommen, liegt; — wie ein chemisch zusammengesetzter Körper Eigenschaften zeigt, die keinem seiner Bestandteile für sich zukommen. Hierauf beruht der Wert der Schlüsse."

Auf gut deutsch: Wenn Sie einen Satz nach allen Regeln der Kunst zerlegen, so erliegen Sie nicht der Versuchung, Dinge hineinzuinterpretieren, die nicht darin enthalten sind, sondern halten Sie sich an die im Satz enthaltene Information! Aus zwei Sätzen aber, die die Prämissen (Voraussetzungen) eines Syllogismus werden, entstehen durch den deduktiven Schluß neue Aussagen.

Für Wolf Ruede-Wissmann ist die Logik das „Herzstück der Dialektik", und er zeigt uns auf recht vergnügliche Art, was man mit Dialektik alles „beweisen" kann („Auf alle Fälle recht behalten. Dialektische Rabulistik"). Als Beispiel für einen „Syllogismus" (siehe oben) nennt er:

„Nichts ist besser als das Himmelreich.
Ein warmes Bier ist besser als nichts.
Folglich ist ein warmes Bier besser als das Himmelreich."

Das klingt recht einleuchtend, nicht wahr? Und es scheint unter anderem die Aussage von Kant zu bestätigen, wonach logische Richtigkeit und inhaltliche Wahrheit durchaus nicht gleich sein müssen. Die Tücke dieser rabulistischen Haarspalterei ist jedoch kein Problem der Logik, sondern eines der Semantik, der Wortbedeutung: Der Ausdruck „nichts" wird in den beiden Prämissen jeweils verschieden verwendet. Der Schluß ist damit logisch nicht richtig, sondern beruht, um es philosophisch ganz genau zu sagen, auf einer „quaternio terminorum".

Wäre Ruede-Wissmanns Zitat ein tatsächlicher und nicht nur ein scheinbarer Syllogismus, dann stünden folgende Aussagen Ludwig Wittgensteins dazu jedenfalls im Widerspruch. Der Sprachphilosoph Wittgenstein, Verfasser des vielzitierten „Tractatus logico-philosophicus", soll in einem Kapitel über Logik zumindest kurz zitiert werden:

„3	Das logische Bild der Tatsachen ist der Gedanke.
3.001	‚Ein Sachverhalt ist denkbar', heißt: Wir können uns ein Bild von ihm machen.
3.01	Die Gesamtheit der wahren Gedanken sind ein Bild der Welt.
3.02	Der Gedanke enthält die Möglichkeit der Sachlage, die er denkt. Was denkbar ist, ist auch möglich.
3.03	Wir können nichts Unlogisches denken, weil wir sonst unlogisch denken müßten.
3.031	Man sagte einmal, daß Gott alles schaffen könne, nur nichts, was den logischen Gesetzen zuwider wäre. Wir könnten nämlich von einer ‚unlogischen' Welt nicht *sagen,* wie sie aussähe."

Wenn wir diese Sätze lesen, Sätze aus einem der schwierigsten Bücher der neueren Philosophie, wird wiederum deutlich, daß es hier um formale Abläufe geht: „Wir können nichts Unlogisches denken" — das heißt nicht, daß irgendein Mensch nicht auch Unsinn denken könnte, sondern daß in einer logisch korrekten Sprache (wie sie Wittgenstein im „Tractatus" als Werkzeug für die empirischen Wissenschaften vorschlägt) nichts *ausgedrückt* werden kann, was nicht ein möglicher Sachverhalt ist (von dem es also ein Bild in der Sprache gibt).

Und, um nochmals Wittgenstein zu zitieren („Tractatus" 2.012): „In der Logik ist nichts zufällig: Wenn das Ding im Sachverhalt vorkommen *kann,* so muß die Möglichkeit des Sachverhaltes [= eine Verbindung von Sachen, Dingen] im Ding bereits präjudiziert sein."

Auch im Märchen gibt es diese Logik: Der Sachverhalt, in dem der böse Wolf oder das Rotkäppchen vorkommen kann, ist in der Märchenfigur präjudiziert. Oder kennen Sie ein Märchen, in dem der schöne Prinz häßliche Dinge tut?

Die strenge Logik denkt im „Entweder—Oder", das heißt, es gilt immer, daß ein Satz entweder wahr ist oder daß er falsch ist, nicht aber beides. Jedoch kann — unabhängig voneinander — sowohl Satz A als auch Satz B richtig (oder falsch) sein. Nach einem ähnlichen Schema ist auch die Computerlogik aufgebaut. Sie basiert auf effektiven Verfahren, Algorithmen, bei denen ein Problem in endlich vielen Ja-Nein-Schritten entschieden werden kann bzw. muß.

Drei logische Verfahren sind in der rhetorischen Praxis von besonderer Bedeutung und für Sie zum Aufbau einer Rede wichtig: Deduktion, Induktion und Analogie, wobei Induktion und Analogie eine Reihe von Gültigkeits-Problemen aufwerfen.

Deduktion

Eine *Aussage* kann aufgrund ihrer Form wahr sein (Kant: analytisch); dann ist sie jedoch immer — also unabhängig von der Wirklichkeit — wahr. Ein Beispiel: „Kräht der Hahn auf dem Mist, ändert sich's Wetter *oder* es bleibt, wie's ist." Wenn eine einzelne Aussage logisch wahr ist, kann sie nie inhaltlich falsch sein. Im Unterschied dazu kann ein *Schluß* aufgrund seiner Form logisch korrekt sein, auch wenn er inhaltlich falsch ist. Wenn die Prämissen nicht wahr sind, kann ein logisch korrekter Schluß zum Beispiel so aussehen:

> „Salzburg ist die Hauptstadt Österreichs.
> Österreich ist das größte Land Europas.
> Salzburg ist die Hauptstadt des größten europäischen Landes."

Das Beispiel eines logisch und inhaltlich richtigen Deduktionsschlusses (Modus Ponens) gibt Wolf Ruede-Wissmann:

> „Alle Menschen sind sterblich.
> Heinrich ist ein Mensch.
> Folglich ist Heinrich sterblich."

Induktion

Der Philosoph Karl Popper schreibt zum Problem der Induktion (in: „Logik der Forschung"): „Als induktiven Schluß oder Induktionsschluß pflegt man einen Schluß von besonderen Sätzen, die z. B. Beobachtungen, Experimente usw. beschreiben, auf allgemeine Sätze, auf Hypothesen oder Theorien, zu bezeichnen. Nun ist es aber nichts weniger als selbstverständlich, daß wir logisch berechtigt sein sollen, von besonderen Sätzen, und seien es noch so viele, auf allgemeine Sätze zu schließen. Ein solcher Schluß kann sich ja immer als falsch erweisen: Bekanntlich berechtigen uns noch so viele Beobachtungen von weißen Schwänen nicht zu dem Satz, daß alle Schwäne weiß sind. Die Frage, ob und wann induktive Schlüsse berechtigt sind, bezeichnet man als Induktionsproblem."

Bei der Induktion wird von einer großen Zahl bisher beobachteter Fälle auf *alle möglichen* Fälle geschlossen. Ein Beispiel:

> „Alle bisher beobachteten Schwäne waren weiß.
> Heute wurde in Salzburg ein Schwan beobachtet.
> Auch er war... "

Ebenso problematisch wird es bei folgendem Beispiel:

> „Alle Vögel können fliegen.
> Der Strauß ist ein Vogel.
> Folglich kann der Strauß fliegen." (Kann er das?)

Hier zeigt sich wieder, daß ein Schluß logisch gültig sein kann, aber dennoch nicht wahr ist, weil (mindestens) eine Prämisse falsch ist — in diesem Fall die erste. Es können eben nicht alle Vögel fliegen, sondern nur die meisten.

Nicht allein deshalb, weil nicht alle Vögel fliegen können und weil es auch schwarze Schwäne gibt, lehnt Karl Popper die logische Zulässigkeit der Induktion ab. Gerade diese Form der Argumentation wird aber sehr häufig verwendet und, wie Sie vielleicht selbst schon erkannt haben, manchmal mit verheerender Wirkung. Wird die Induktion mit den entsprechenden Einschränkungen gebraucht, ist sie eine durchaus zulässige logische Methode. So sind alle Naturgesetze induktive Generalisierungen.

Analogie

Analogie heißt Ähnlichkeit. Ein Analogismus ist ein Schluß aufgrund der Analogie, das heißt ein Schluß von einem Gegenstand auf einen anderen, ähnlichen Gegenstand (Duden Fremdwörterbuch). Wie der wissenschaftliche Beweis durch Induktion und Deduktion, so wird der rhetorische Beweis durch das rhetorische Schlußverfahren (Enthymem) und Beispiel

geführt. Damit beschäftigt sich ein bedeutender Teil der „Rhetorik" des Aristoteles:
„Wie nun in der *Dialektik* im Hinblick auf wirkliches oder scheinbares Beweisen Induktionsbeweis, Syllogismus und scheinbarer Syllogismus existieren, so verhält es sich auch hier; denn das Beispiel ist ein Induktionsbeweis, das rhetorische Schlußverfahren (Enthymem) ein Syllogismus... Jeder gewinnt die Überzeugungsmittel durch Beweisen, indem er entweder Beispiele vorbringt oder rhetorische Schlüsse (Enthymeme) formuliert, und außerdem durch sonst nichts" („Rhetorik", Buch I, 2. Kapitel).
Aristoteles geht also von der Annahme aus, daß rhetorische Schlüsse in den allermeisten Fällen Wahrscheinlichkeitsschlüsse, Enthymeme, sind. Ein Teil der Enthymeme beruht auf allgemeinen, keiner besonderen Kunst oder Wissenschaft zugehörigen Sätzen; ein anderer Teil auf solchen, die den besonderen Wissenschaftszweigen — z. B. der Physik oder der Ethik — eigentümlich und nur auf ihren Gegenstand anwendbar sind.
Mit Analogien wird insbesondere im politischen Bereich häufig argumentiert: Vorurteile gegen Gruppen, Rassen, Staaten, was auch immer, werden dadurch geschürt, daß von *einem* aus der Gruppe auf alle geschlossen wird. Vorsicht also vor Analogieschlüssen! Erkunden Sie einmal bei sich selbst die Neigung zu derartigen Schlüssen — und vermutlich haben wir diese Neigung alle! Wenn der Lkw einer bestimmten Firma Sie auf der Straße behindert hat, haben Sie dann nicht auch, gewissermaßen „automatisch", eine negative Einstellung zu dieser Firma bekommen? Haben Sie nicht auch — instinktiv — einen Analogieschluß gezogen? Wenn nicht, sind Sie entweder menschlich schon sehr weit, oder Sie sind phlegmatisch, oder Sie kennen sich selbst nicht. Aber — war das nicht schon wieder ein Enthymem?

Damit schließen wir das Kapitel Logik, zumindest als theoretisches Kapitel. Daß wir in der Gestaltung der Reden die Regeln anwenden wollen, versteht sich von selbst.
War es schwierig für Sie? Wenn es Ihnen zu abstrakt erschienen ist, haben Sie bereits ein gutes Übungsthema: Versuchen Sie das Kapitel Logik so aufzubereiten, daß es der Laie noch besser versteht!
Müßte ich einen Vortrag über Logik halten, würde ich:
— die Zusammenhänge bildlich darzustellen versuchen,
— viele Beispiele bringen (was noch im Teil Dialektik kommt) und
— die Definitionen Wort für Wort erläutern.
Ich würde lediglich eines nicht: bei einem Vortrag über Rhetorik auf das Kapitel Logik verzichten, denn damit entzieht man der Rhetorik ihr Rückgrat. Haben Sie es bemerkt? Ich habe einen Analogieschluß verwendet, eine

Metapher: Ich habe Logik als Rückgrat der Rhetorik bezeichnet, also als Stützgerüst des „Körpers" Rhetorik.

Wenn Sie mir durch das Gebiet der Logik gefolgt sind, können wir jetzt wieder in „freundlichere Gegenden" der Rhetorik gehen (wiederum ein abgekürzter Wie-Vergleich, eine Metapher). Wenn Sie vorhin ausgestiegen sind, wird es Zeit, wieder einzusteigen. Es geht nun um...

Ihr Manuskript

Wenn Sie an die Gestaltung Ihres Manuskripts denken, sollten Sie sich zunächst bewußtmachen, welche Funktionen es haben soll. Grundsätzlich muß es Ihre Rede inhaltlich abdecken; das besagt ganz einfach: Sie müssen wissen, was Sie sagen, in welcher Reihenfolge, mit welchen Worten. Weiters muß das Manuskript in seiner Gestaltung als Leitfaden dienen können, der verhindert, daß Sie bei der Rede ins Stocken geraten.

Wenn das Manuskript gleichzeitig als Arbeitsunterlage dienen muß, das heißt in irgendeiner Form veröffentlicht wird, bleibt Ihnen nichts übrig als es auszuformulieren, zumindest in einer Kurzfassung. Trifft dies nicht zu, haben Sie mehrere Möglichkeiten:

— Sie formulieren die Rede in voller Länge aus.
— Sie machen sich nur ein strukturiertes Stichwortverzeichnis, gegebenenfalls mit einer Ausformulierung wichtiger Passagen.
— Sie fixieren lediglich die Themenbereiche, über die Sie sprechen wollen.

Je sicherer Sie als Redner sind, desto weniger werden Sie ausformulieren, insbesondere bei Themen, die Ihnen vertraut sind. Sie werden sich allerdings auch bei oft präsentierten Vorträgen dann intensiver mit dem Manuskript beschäftigen, wenn die Vortragszeit geändert wird gegenüber jener Länge, die Ihnen vertraut ist. Dies trifft insbesondere bei Kürzungen zu. Ein Profi auf seinem Gebiet sagte einmal: „Einen Tag über mein Thema zu sprechen, oder auch mehrere Tage, ist für mich kein Problem. Aber wenn ich es in einer halben Stunde präsentieren soll, bereite ich mich intensiv vor."

Daß diese Aussage nicht auf die üblichen Festreden anzuwenden ist, versteht sich von selbst. Bei diesen Reden gilt zumeist: je kürzer, desto besser. Und insbesondere für derartige Reden ist der Satz anzuwenden: Man kann über alles reden — aber nicht länger als zwanzig Minuten. Bei Fachvorträ-

gen oder Seminaren ist diese häufig genannte Regel praktisch nie einzuhalten, und sie muß nach meinen Erfahrungen auch nicht eingehalten werden. Mit Unterstützung moderner Präsentationsmöglichkeiten schafft es ein guter Redner ohne Schwierigkeiten, sein Publikum ein bis zwei Stunden ohne Pause zu fesseln. Er darf nur nicht den Fehler begehen, sein Publikum nicht zu beobachten. Es gibt da die Geschichte von jenem Vortragenden, der gefragt wurde, ob es ihn störe, wenn seine Zuhörer während des Vortrags auf die Uhr sehen, und der antwortete: „Das nicht. Nur wenn sie überprüfen, ob die Uhr noch geht."
Doch zurück zu Ihrem Manuskript. Sprechen wir über Vor- und Nachteile eines ausformulierten Manuskripts!
Der Vorteil ist eindeutig ein höheres Maß an Sicherheit. Daher wird der ungeübte Redner gut daran tun, sein Manuskript zur Gänze auszuformulieren und es dann nach allen Regeln der Kunst zu testen — jenen Regeln, die wir schon besprochen haben, insbesondere:
— Klingt es geschrieben oder gesprochen?
— Paßt der logische Aufbau?
— Sind „Merker" gesetzt?
— Wurde die AIDA- bzw. die AITA-Regel befolgt?
— Werden alle W-Fragen beantwortet?

Damit kommen wir zu Themen, die wir noch besprechen müssen. Zunächst die AIDA-Strategie (zitiert nach Peter Ebeling, „Das große Buch der Rhetorik"):

A — Aufmerksamkeit
I — Interesse
D — Definition der Grundgedanken
A — Abschluß

Diese Formel dient vorwiegend als Verkaufsstrategie und wird daher in der Werbung, aber auch in der Öffentlichkeitsarbeit („Public Relations") angewandt. Das „A" steht für „Attention", das „I" für „Interest", das „D" steht für „Desire", Wunsch, das letzte „A" für „Action", das heißt Handeln, den Kauf tätigen. Vera F. Birkenbihl hat die Variante „AITA" in die Rhetorik-Literatur eingebracht: „T" für Theorie. „Wer Informationen anbieten will, läuft große Gefahr, diese langweilig, trocken oder unverständlich zu bringen. Daher soll uns das T daran erinnern, daß Theorie leicht verständlich und faszinierend (also gehirn-gerecht) aufbereitet werden kann!" (Vera F. Birkenbihl, „Rhetorik-Training").
Sie haben bei AIDA und AITA typische Merker erlebt: kurz, prägnant, durch

Assoziationen (Verknüpfung von Vorstellungen) unterstützt — wer kennt nicht die Verdi-Oper „Aida"? Dadurch entsteht ein Bild, und dieses Bild bleibt in Erinnerung. Und wer die Erklärung einmal gehört hat, vergißt sie kaum mehr. Allerdings könnte es geschehen, daß der Operngenuß durch eine Assoziation in die andere Richtung gestört wird, aber das muß der Opernfreund schon verkraften können.

Eine Variante der AIDA-Regel ist die 5-Punkte-Formel:
1. Interesse oder Neugierde wecken (Aufmerksamkeit).
2. Den Inhalt präsentieren (Interesse).
3. Argumente dafür und dagegen erläutern (Definition der Grundgedanken).
4. Praxisbeispiele bringen.
5. Zu Aktivitäten aufrufen (Abschluß).

Kommen wir zu den W-Fragen. Ich kann mich an einen alten Film über einen Journalisten erinnern, in dem von den „5 W" gesprochen wurde, die jeder gute Artikel enthalten muß:

Was? Wer? Wann? Wo? Warum?

Peter Ebeling („Das große Buch der Rhetorik") hat seinen Themenausarbeitungsbogen noch weiter gegliedert:

Was	Titel, Untertitel, Definition, Einstieg / Einleitung
Warum	Hauptproblem, Fragen, Hauptfehler, Test: Ist / Soll
Wann	Zeit, Ort, Privat / Beruf
Wie	Regeln, Skizzen, Erklärungen, Tips und Hinweise, Zitate, Ratschläge, Zusammenfassung, Übungen
Wo	Erlebnisse, Beispiele, Anekdoten, Personen, Quellen und Fundgruben
Weshalb	Vor- und Nachteile, Plus / Minus, Nutzen, Ist-Soll-Vergleich
Wieso	Vorteile, Verbesserung

Sie sehen, es gibt ausreichend Anleitungen, wie man ein Manuskript schreiben soll. Jetzt geht es nur noch um die Durchführung.
In seinem „Faust I" läßt Goethe Faust zu seinem Schüler Wagner sagen:

> „Wenn ihr's nicht fühlt, ihr werdet's nicht erjagen,
> Wenn es nicht aus der Seele dringt
> Und mit urkräftigem Behagen

Die Herzen aller Hörer zwingt...
Doch werdet ihr nie Herz zu Herzen schaffen,
Wenn es euch nicht von Herzen geht."

Dieses Zitat ist als Warnung gedacht, eine Wiederholung dessen, was ich immer wieder betont habe: Bleiben Sie authentisch, bleiben Sie Sie selbst, präsentieren Sie sich und Ihre Ansichten, selbstbewußt und selbstsicher! Methoden sind gut, wenn sie den Rahmen bilden, wie eine Kuchenform, die überflüssig wird, wenn der Kuchen fertig ist.

Es mag durchaus nützlich sein, vor Erstellung eines Manuskripts die diversen Check-Lists durchzulesen, sich die wichtigsten Punkte einzuprägen und nach Fertigstellung nochmals zu überprüfen, ob man nichts vergessen hat. Hüten Sie sich aber davor, nach Check-List zu schreiben! Sie produzieren dann vermutlich ein technisch perfektes Manuskript — zumindest nach der verwendeten Check-List, also nach der Meinung des jeweiligen Autors —, mit großer Wahrscheinlichkeit aber auch ein lebloses, kaltes, technokratisch wirkendes Produkt.

Meine Absicht ist es, Sie in unserem Gespräch frei zu machen, Ihnen Lust auf das Reden zu machen, Sie in Stimmung zu bringen — und Sie so zu führen, daß Sie sich bei Reden wohl fühlen, ohne daß Sie viel von dieser Führung merken. Wenn mir das gelingt, habe ich geschafft, was in einer Indianerweisheit so formuliert ist: „Willst du einen Hungrigen für einen Tag nähren, schenk ihm einen Fisch. Willst du, daß er sein Leben lang nicht mehr hungert, lehre ihn zu fischen." Und das wäre mein Ziel — ich hoffe, wir sind beide auf dem richtigen Weg.

Also: Check-Lists sind gut, aber — mit Ausnahmen vorwiegend im technischen Bereich — der Profi verzichtet darauf. Check-Lists sind nur Stufen auf dem Weg, die überwunden werden müssen. Solange Sie nach Check-Lists arbeiten, sind Sie noch unsicher, und unsicher sein bedeutet bei Reden, nicht gut zu reden.

Fassen wir zusammen:
— Vollständig ausformulierte Manuskripte verwendet der professionelle Redner nur dann, wenn sie publiziert werden.
— Der ungeübte Redner sollte sein Manuskript ausformulieren, aber es darf keinesfalls „geschrieben" wirken.

Bei vollständig ausformulierten Manuskripten muß vorgesorgt werden, daß:
— der vorgesehene Zeitrahmen für die Rede eingehalten wird (das heißt,

daß eher für eine leichte Zeitüberschreitung vorgesorgt wird, wenn nicht sichergestellt ist, daß eine unangenehme Pause nach der Rede vermieden werden kann; dabei ist zu beachten, daß der ungeübte und damit im allgemeinen nervöse Redner dazu neigt, schneller zu sprechen als normal);
— die Präsentation so vorbereitet wird, daß der Text einerseits nicht abgelesen wird (und auch nicht abgelesen oder auswendig gelernt klingt), andererseits genügend „Merker" für den Redner bestehen, mit deren Hilfe er wieder in seinen Text findet, wenn er „den Faden verloren hat".

Ein fertiges Manuskript kann zum einschnürenden Korsett werden; die Reaktion auf spontane Fragen oder sonstige situationsbedingte Impulse ist dadurch erschwert, daß Formulierungen plötzlich nicht mehr passen können. Fertige Manuskripte sollten daher enthalten:
— Ausstiegspunkte,
— verzichtbare Teile und
— Wiedereinstiegspunkte.
Ausstiegspunkte sind Manuskriptstellen, die einen sinnvollen vorzeitigen Abschluß der Rede ermöglichen. Verzichtbare Teile sind (möglichst mehrere) Passagen der Rede, die zwar interessant sind, die aber ohne Verlust des Informationsgehalts und des logischen Zusammenhangs gestrichen werden können. Es sind dies die Zeitpuffer, mit denen während der Rede disponiert werden kann.
Wiedereinstiegspunkte sind Manuskriptstellen, bei denen nach einer Unterbrechung (z. B. nach Fragen aus dem Publikum) problemlos neu begonnen werden kann.

Nachdem wir Vor- und Nachteile eines fertigen Manuskripts diskutiert haben und, bis auf die Vorbereitung zur Publikation, eher Nachteile sehen, nun zu den anderen Formen der schriftlichen Vorbereitung.
Unverzichtbar für eine Rede ist die Gliederung. Sie müssen wissen, was Sie zur Einleitung, im Hauptteil und zum Abschluß sagen und wie der logische Zusammenhang Ihrer Aussagen hergestellt wird. Wenn Ihre Vorbereitung nicht zumindest so weit ausgearbeitet ist, müssen Sie ein perfekter Redner sein, um nicht in Schwierigkeiten zu geraten. Neben der Gliederung bewährt sich ein Stichwortzettel für die wichtigsten Punkte, die angesprochen werden sollen, und zwar zu jedem Teilbereich.
Während der Rede haben alle Manuskripte den gleichen Nachteil: sie lenken vom Publikum ab. Es gibt gute Techniken, die diesen Nachteil ausgleichen, und wir werden sie beim Teil „Präsentation" besprechen.

Gedächtnis und Konzentration

Wenn Sie Ihr Manuskript fertiggestellt haben, müssen Sie es für die Präsentation lernen. Was in früheren Jahren noch durchaus üblich war, daß auch professionelle Redner, wie z. B. Politiker, ihre Reden vom Blatt lasen, hat bereits damals schlecht gewirkt und wirkt heutzutage geradezu peinlich.

Es gibt unterschiedliche Formen des Lernens. Sie kennen alle aus Ihrer Schulzeit die Methode der mehrfachen Wiederholung (nochmals gesprochen, nochmals gelesen, nochmals geschrieben, auswendig gelernt und wie ein Gedicht aufgesagt).

Modernere Formen des Lernens setzen beim Zusammenhang an, das heißt, der Lerninhalt soll in eine sinnvolle Beziehung gesetzt und damit leichter gemerkt werden.

Die Erkenntnis, auf der diese Art des Lernens aufbaut, ist das Wissen um zwei unterschiedlich funktionierende Gehirnhälften des Menschen: Die linke Hälfte beschäftigt sich mit analytischem Denken, besonders sprachlichen und logischen Vorgängen; die rechte Hälfte ist verantwortlich für unsere Raumorientierung, für künstlerisches Vermögen, für unser Körperbewußtsein und das Wiedererkennen von Gesichtern (Sheila Ostrander / Lynn Schroeder, „Superlearning").

Die Fähigkeiten beider Hirnhälften sollen zu einem ganzheitlichen Lernen verbunden werden. Dies geschieht vor allem dadurch, daß keine abstrakten Begriffe gelernt werden, sondern Vorstellungen. Wenn Sie z. B. einen Namen lernen, dann ist das zunächst eine abstrakte Verbindung mehrerer Buchstaben, ein Wort. Wenn Sie aber diesen Namen mit einer Person verbinden, zu der Sie Gefühle irgendeiner Art haben und sich den Namen mit diesem Gefühlseindruck bzw. mit einem bestimmten Gesicht merken, werden Sie wesentlich weniger Schwierigkeiten haben, sich zu erinnern. (Falls Sie mehr über dieses Thema wissen möchten, finden Sie interessante Ansätze unter anderem bei Friedrich Vester, „Denken, Lernen, Vergessen".)

Eine der derzeit modernsten Formen ist das sogenannte „Superlearning". Bei dieser Methode werden die Lerninhalte in einem Entspannungszustand vermittelt. Zunächst wird durch Musik und sprachliche Anleitung ein solcher Zustand herbeigeführt; befindet sich der Lernende in diesem Entspannungszustand, werden die Lerninhalte vermittelt — und behalten.

Zum Lernen Ihres Manuskripts sollten Sie sich folgende Fragen stellen:

● Welcher Lerntyp bin ich? Lerne ich am besten durch Lesen, Schreiben, Sprechen, Zuhören, bildliche Darstellung oder Übung?

● Welche Lernmethode will ich anwenden: Wiederholungen, wie sie in der konventionellen Schulausbildung üblich sind, ganzheitliches Lernen in Zusammenhängen, Superlearning?

Beim Lernen müssen Sie noch auf die Art des Merkens achten. Wenn das Gehirn eine Information bekommt, geht diese zunächst ins Ultrakurzzeitgedächtnis, wird ausgewählt, kommt dann ins Kurzzeitgedächtnis und erst durch Verstärkung ins Langzeitgedächtnis. Skizze (Günther Beyer / Frederic Vester: „Aufmerksamkeitstraining in der Schule") veranschaulicht diesen Zusammenhang.
Ehe ich Sie zu sehr mit dem Kapitel „Lernen und Gedächtnistraining" plage, möchte ich Sie in dieser Hinsicht, was Reden anbelangt, beruhigen: Moderne Präsentationsmethoden bei Vorträgen und Seminaren sind so aufgebaut, daß Ihnen große Gedächtnisleistungen erspart bleiben. Wobei Ihnen ein gutes Gedächtnis allerdings sehr hilft, ist der Umgang mit den Zuhörern. Wenn etwa bei einem Seminar Tischkarten mit Namen aufgestellt sind, kann von einem professionellen Redner erwartet werden, daß er relativ rasch die Namen von 10 bis 15 Zuhörern behält. Und es verbessert Ihr Verhältnis zu den Zuhörern wesentlich, wenn Sie schon in der ersten Pause die meisten von ihnen mit Namen ansprechen können.

Noch ein paar Worte zur Konzentration: Konzentration heißt „geistige Sammlung", auch Zusammenballung aller Kräfte. Man konzentriert sich, oder man konzentriert auch alle seine Kräfte, alle seine verfügbaren Mittel, auf ein Ziel, auf ein Objekt, auf eine Situation. Jede Konzentration ist grundsätzlich ausschließlich. Geteilte Konzentration heißt damit auch geteilte Aufmerksamkeit.
In einer Rede müssen Sie sich auf verschiedene Dinge konzentrieren: auf die Rede selbst, den Text, die Präsentation, Ihre Sprache, die Lautstärke, aber auch auf die Zuhörer, deren Reaktionen Sie beobachten und einschätzen müssen und denen Sie richtig begegnen müssen.
Wenn jeder dieser Bereiche Ihre ganze Konzentration beansprucht, werden Sie sich bald überfordert fühlen. Sie müssen sich also Freiräume schaffen, das heißt Bereiche, in denen Sie derart sicher sind, daß die Vorgänge routinemäßig ablaufen, also keine Konzentration mehr erfordern. Welche Bereiche das sein können, hängt von Ihren eigenen Stärken und Schwächen ab.
Was immer Sie tun, tun Sie es bewußt. Nehmen Sie bewußt wahr, was Sie tun, das heißt, erkennen Sie bewußt, „was läuft". Nehmen Sie es wahr mit allen Sinnen, die Ihnen in der jeweiligen Situation helfen können. Geübte

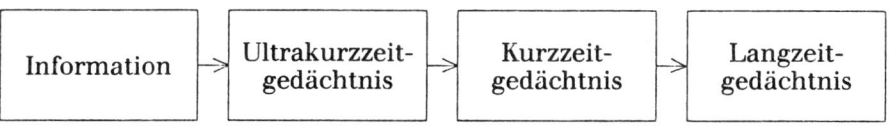

Information	Ultrakurzzeit-gedächtnis	Kurzzeit-gedächtnis	Langzeit-gedächtnis

Quellen:
von außen
Sinneswahr-
nehmungen,
von innen
Gedanken,
Gefühle

Speicherart:
elektrische
Schwingungen,
Ionenströme
(Nerven-
impulse)

Dauer:
Sekunden

Erlischt:
durch Über-
lagerung
mit neuen
Informationen,
starke Nerven-
reizungen

Speicherart:
Nukleinsäure-
Kette (RNS), die
wieder zerfällt

Dauer:
Minuten

Erlischt:
wenn Wieder-
holung und
Sinnverbindung
ausbleiben,
durch schweren
Schock

Speicherart:
Eiweiß-Mole-
küle und ihre
feste Ein-
lagerung

Dauer:
Stunden bis
Jahre

Erlischt:
eigentlich nie,
wird jedoch
überdeckt,
wenn Wieder-
holung und An-
wendung aus-
bleiben

Redner haben einen „sechsten Sinn" für die Stimmung im Publikum, und sie haben die Fähigkeit, sich instinktiv richtig zu verhalten.
Der größte Feind Ihres Gedächtnisses und seiner Wiedergabeleistung wie auch der Hauptfeind Ihrer Fähigkeit, sich zu konzentrieren, ist die Nervosität. Wenn Sie nervös sind, können Sie sich nicht konzentrieren; Sie haben Schwierigkeiten, aus dem Gedächtnis Inhalte zu holen; Sie wirken damit unsicher und — unglaubwürdig. Also: Seien Sie nicht nervös! Ich weiß, daß dieser Rat eines der sichersten Mittel ist, Sie nervös zu machen. Das wollen wir aber nicht erreichen. Sprechen wir darüber, wie Sie Nervosität abbauen können.

Nervosität abbauen

Nervosität ist innere Unruhe, ihr Gegenteil: innere Ruhe. Um zur inneren Ruhe zu gelangen, kann ich Ihnen vier Wege anbieten:

1. Erkennen und Ansprechen

Ich habe oben spöttisch bemerkt: „Seien Sie nicht nervös", und gleich darauf hingewiesen, daß Sie das eher nervös macht als Sie zu beruhigen.
Die gegenteilige Wirkung kann eintreten, wenn Sie sich offen eingestehen: Ich bin nervös. Ebenso wenn Sie sich bewußt sagen: Ich bin schüchtern. Damit haben Sie den ersten Schritt getan zur Überwindung dieses seelischen Ereignisses — und ein solches ist es, nur das. Sie können versuchen, dieses Ereignis nun auf die Hintergründe zu untersuchen: Was macht Sie nervös? Sind Sie schlecht vorbereitet? Sind Sie überarbeitet? Halten Sie die Zuhörer für feindselig? Haben Sie körperliche Probleme?
Alle diese Überlegungen führen Ihre Konzentration vom Phänomen Nervosität weg, und Sie können wieder freier denken.

2. Ablenken

Sie können sich von Ihrer Nervosität ablenken, indem Sie etwas tun, das Ihnen innere Sicherheit gibt, etwas, das Ihnen vertraut ist. Besonders geeignet dafür ist alles, was mit Humor zu tun hat. Diese Methode bewährt sich auch gut vor Prüfungen: Man geht wesentlich ruhiger und gelöster zur

Prüfung, wenn man vorher gescherzt und gelacht hat — oder auch, wenn man über etwas so richtig verärgert war. In beiden Fällen sind die seelischen Kräfte auf etwas anderes konzentriert als auf das Ereignis, das uns nervös macht.

3. Präsentation vorbereiten

Eine gut vorbereitete Präsentation, mit den modernen Präsentationsmedien (siehe nächstes Kapitel), gibt Ihnen Sicherheit und mindert damit Ihre Nervosität. Sie können sich von Ihren eigenen vorbereiteten Medien durch die Rede führen lassen.

4. Atemtechniken

Abschließend genannt, aber vielleicht am wichtigsten ist die Überwindung der Nervosität durch die Beeinflussung der seelischen Zustände auf dem Weg über den Atem. Daß der Atem das innere Befinden des Menschen steuern kann, ist eine uralte Weisheit, die bei allen Weltreligionen bekannt war und die im Zuge der Beschäftigung mit meditativen Praktiken auch für weitere Kreise der Bevölkerung (wieder-)entdeckt wurde.
Willigis Jäger („Kontemplation") schreibt: „Es ist experimentell nachweisbar, daß zwischen der Tätigkeit des Gehirns und der Bauchmuskulatur eine enge Verbindung besteht. Um Gefühle zum Ausdruck zu bringen, setzt man die Bauchmuskulatur in Bewegung, so zum Beispiel beim Lachen oder bei starkem Weinen. Umgekehrt führt daher richtige Bauchatmung zur Ruhe des Geistes durch die Beschwichtigung der Denktätigkeit... Die richtige Atmung ist die Bauchatmung. Man stellt sich vor, daß man die Luft tief in den Unterleib einatmet, jedoch ohne sie hineinzupressen. Man muß bestrebt sein, im untern Teil des Bauches Raum zu schaffen. Der Atem soll vor allem nach unten gelassen werden, damit es zu einer regelmäßigen Ein- und Ausbewegung des Zwerchfells kommt... Der Brustteil sollte so ruhig wie möglich gehalten werden... Der wichtigste Teil des Atemvorgangs ist das Ausatmen. Es dauert länger als das Einatmen, denn die Luft wird beim langsamen Ausströmen gebremst..."
Wenn Sie sich mit Atemtechniken zu beschäftigen beginnen, werden Sie merken, daß Ihnen allein die Konzentration auf den Atem schon Ruhe gibt, Ihre Aufmerksamkeit nach innen lenkt, auf Sie selbst.
Wie alle anderen Techniken auch, muß man das richtige Atmen üben, am besten unter Anleitung eines erfahrenen Lehrers. Wenn Sie es ohne fremde Hilfe versuchen wollen, müssen Sie um so mehr die Wirkungen auf Ihr ei-

genes Empfinden kontrollieren. Ich empfehle Ihnen dazu Literatur, die sich mit Meditation beschäftigt.

Ergänzend zum Atmen ist die Körperhaltung wichtig. Wenn Sie stehen, sollten Sie so stehen, daß Sie längere Zeit bewegungslos in dieser Haltung verharren können. Das erreichen Sie am ehesten in aufrechter Haltung, Knie entspannt, Füße leicht auseinander. Wenn Sie eine der östlichen Kampfsportarten ausüben oder ausgeübt haben, kennen Sie diese Haltung. Wenn Sie richtig stehen, können Sie größere Erschütterungen verkraften, ohne von der Stelle zu rücken. Ob Sie richtig stehen, können Sie beispielsweise im Bus oder in der Bahn ausprobieren. Wenn Sie beim Anfahren oder Bremsen nicht von der Stelle rücken, stehen Sie richtig — wenn Sie umfallen, nicht. Also Vorsicht beim Test! Ein Haltegriff sollte in Ihrer Nähe sein.

Präsentationstechniken

Nun stehen wir schon fast vor dem Rednerpult. Noch schnell die Präsentation vorbereiten — halt! So schnell geht das nicht! Wie wollen wir denn präsentieren? Was steht uns zur Verfügung?

Präsentationstechniken haben die Aufgabe, die Wirkung Ihrer Rede zu verbessern, indem diese

— besser gemerkt wird und
— durch die Inanspruchnahme mehrerer Sinne der Zuhörer (Hören und Sehen) die Aufmerksamkeit bei der Rede erhöht.

Weiters helfen Ihnen diese Techniken, den Ablauf der Rede zu steuern, und stellen entsprechende Gedächtnisstützen für Sie bereit.

Noch ein Wort zum „Merken" einer Rede. Psychologische Untersuchungen haben folgende Richtwerte zur Merkfähigkeit des Menschen ergeben. Behalten wird etwa:

10 Prozent vom Gelesenen
20 Prozent vom Gehörten
30 Prozent vom Gesehenen
50 Prozent vom Gehörten und Gesehenen
70 Prozent vom selbst Gesagten
90 Prozent vom selbst Ausgeführten / Geübten

Ich bezweifle die generelle Richtigkeit dieser Aussage für alle Menschentypen; sie gibt aber zumindest einen Denkanstoß dafür, was eine Kombination mehrerer Medien bewirken kann.

Wenn Sie eine Rede im Familienkreis halten, stehen Ihnen je nach Redeanlaß mehr oder weniger Medien zur Verfügung. Gehen wir stufenweise vor: Die schlechteste Redewirkung haben Sie, wenn Sie sitzend reden und nicht zumindest am Tischende sitzen, in einer Position, aus der Sie alle Zuhörer direkt ansehen können und in der Sie auch von allen gesehen werden.

Sie verbessern Ihre Wirkung, indem Sie aufstehen.

Sie ergänzen die Wirkung durch Einsatz weiterer Medien:
— Fotos,
— Tonbandaufzeichnungen,
— Diapositive,
— Videofilme.

Denken Sie z. B. an eine Ansprache zum ersten Geburtstag Ihres Neffen oder Ihrer Nichte — die natürlich vorwiegend an die Eltern gerichtet ist. Wenn Sie nur reden, können Sie bestenfalls ein paar höfliche Worte sagen. Ganz anders wird aber die Wirkung, wenn Sie Ihre Rede auf einigen Fotos des oder der Kleinen aufbauen und diese vielleicht durch ein paar Tonbandaufzeichnungen oder einen Videofilm des Kindes ergänzen.

Ähnlich auch bei einer Einladung bei Freunden. Einige Dankesworte bei passender Gelegenheit — das ist das Übliche. Wesentlich wirkungsvoller ist der Dank aber dann, wenn Sie die Rede mit Fotos aus der gemeinsamen Vergangenheit ergänzen, eventuell mit einem Souvenir aus dem gemeinsam verbrachten Urlaub oder ähnlichem.

Der erfolgreiche Redner der Gegenwart nutzt mehrere Medien!

Wenden wir uns der professionellen Gestaltung von Reden zu. Immer mehr Kirchen und Schulen gehen dazu über, moderne Medien zur Verstärkung von Predigten, Vorträgen, Unterrichtseinheiten, Seminaren usw. einzusetzen. Daneben hat das enorme Wachstum des Lehrbereiches Erwachsenenbildung und die ständig steigende Zahl von Seminaren zu allen möglichen Themen zu einem eigenen Angebotsbereich des Fremdenverkehrs geführt: zu Seminarhotels.

Die Anforderungen an ein gut ausgestattetes Seminarhotel sind vielfältig. Das österreichische Wirtschaftsförderungsinstitut der Handelskammer hat sich in einer Publikation speziell mit diesem Thema befaßt. Unterschieden werden folgende Seminarmethoden, die auch teilweise Thema unserer Übungen sein sollen:

> Vortrag
> Lehrgespräch
> Workshop
> Plenumsdiskussion
> Gruppenarbeit
> Interaktion
> Moderation
> Multi-Media-Show
> computergestütztes Training

Diese vielfältigen Lehrformen verlangen entsprechende räumliche Gegebenheiten, mit spezieller Raum- und Geräteausstattung, beispielsweise:
— einen großen Seminarraum,
— drei oder vier Gruppenarbeitsräume,
— Pausenzonen.

Die Arbeitsräume müssen mit beliebig anzuordnenden Tischen und bequemen Stühlen ausgestattet sein, die das ermüdungsfreie Sitzen über einen längeren Zeitraum ermöglichen. Je nach dem jeweiligen Arbeitsstil und der Gruppengröße werden die Tische dann unterschiedlich zusammengestellt, immer mit dem Ziel, eine möglichst konzentrierte und kommunikationsfördernde Atmosphäre zu schaffen.
Die Wände der Arbeitsräume sollten ausgestattet sein mit Pinwänden (Wände, auf denen etwas mittels Stecknadel befestigt werden kann), Magnettafeln und Magneten, Magnetschienen, Klemmschienen und Korkplatten.

Für die Geräteausstattung wird vorgeschlagen:

2 Flip-Charts
3 Pinwände
1 Deckenleinwand für Großbildprojektoren bzw. Multi-Media-Show
1 neigbare, möglichst starre Projektionsleinwand für den Overhead-Projektor
1 Overhead-Projektor mit Folienrollen-Adapter und Zubehör (insbesondere Ersatzlampen)
1 Kopiergerät
1 Schreibmaschine
1 Diaprojektor

1 Kassettenrecorder
1 Moderatorenkoffer
1 Zeigestab
Mehrfachsteckdosen
mehrere Verlängerungskabel
1 Videorecorder (VHS) und Farb-TV
1 Videokamera mit Stativ (fahrbar)
1 Magnettafel

In Zukunft werden in einigen Themenbereichen verstärkt Schulungen über Computer durchgeführt werden. Für derartige Schulungen sind Geräte erforderlich, die das Monitorbild des Computers über Overhead-Projektor auf die Leinwand übertragen (Flat Screen).
Alle diese Medien sind Gegenwart, wenn es auch noch nicht viele Bildungsinstitutionen oder Seminarhotels gibt, die über alle genannten Einrichtungen verfügen. Es ist auch nicht bei jedem Thema sinnvoll oder erforderlich, das ganze Spektrum zu nutzen.
Sie sehen, wie sehr sich die moderne Präsentation schon von der guten alten Rede entfernt hat, die wir in der Schule gelernt haben, vielleicht auch noch Sie. Bei mir war es jedenfalls so, daß ich unsicher mit dem Manuskript in der Hand vor der Klasse stand und dann versuchte, den halbwegs auswendig gelernten Text möglichst frei vorzutragen.
Ganz gleichgültig, zu welchem Thema Sie in geschlossenen Räumen vor mehreren Zuhörern sprechen: Sie tun gut daran, zumindest einige der genannten Medien zu nutzen. Besonders vorteilhaft sind dabei alle jene Medien, die Sie vorbereiten können, das heißt für die Sie die fertige Präsentationsunterlage schon mitbringen können. Dies trifft zu auf:
— Bild- und Tonträger,
— Overhead-Folien,
— Flip-Chart-Präsentationen,
— Moderations-Tableaus.

Für einen Vortrag sind Overhead-Folien die beste Grundlage. Sie können damit die gesamte Struktur Ihres Vortrags ablesbar vorbereiten. Wie die Folien vorbereitet werden, liegt völlig in Ihrem Ermessen. Sie können unter anderem:
— Einzelfolien nacheinander auflegen,
— Folien durch Aufeinanderlegen ergänzen,
— Texte, Zahlen, Graphiken darstellen.

Bei einem sehr erfolgreichen Vortrag präsentierte der Redner seinen gesamten vorbereiteten Text vergrößert über Overhead-Projektor und erläuterte die einzelnen Aussagen, indem er unterstützend mit einem Zeigestab auf die jeweiligen Sätze bzw. Satzteile hinwies. Bei dieser Methode gibt es kein Steckenbleiben, Sie sind immer über das Bild bei Ihrem Text.

Andere Redner bevorzugen wiederum das Flip-Chart. Ein sehr beeindruckkender Redner entwickelte seine Ansichten auf mehreren Flip-Charts und ergänzte jede Aussage mit einer Vervollständigung der Darstellungen auf den einzelnen Blättern. Diese Methode bedingt jedoch, daß man jeden Schritt des Vortrags klar vorstrukturiert hat; sie ist damit nur für sehr sichere Redner geeignet.

Bei so viel Vorbereitung — was soll da noch schiefgehen? Also, nutzen Sie die Möglichkeiten moderner Medien, und Sie werden sich bei Ihren Reden sicherer fühlen und damit auch besser ankommen!

Diese Medien haben noch einen weiteren Vorteil: sie sind zuhörergerecht. Wenn ein Zuhörer kurz unaufmerksam war, findet er über gutvorbereitete Präsentationsmedien rasch wieder den Anschluß und muß nicht bei seinen Nachbarn nachfragen, worum es gerade geht — wenn er nicht überhaupt „aussteigt", was noch schlechter wäre.

Damit haben wir die Redevorbereitung abgeschlossen. Begeben wir uns nun in den Vortragsraum. Sie treten auf.

Während der Rede

Ihr Auftritt

Wie ist Ihr Gang, wenn Sie beobachtet werden? Vermutlich wissen Sie es selbst nicht genau. Wir können das nur über andere erfahren, die uns beobachtet haben. Wahrscheinlich fühlen Sie sich wohler, wenn Sie Ihre Zielposition erst einmal erreicht haben.

Je nach dem Grad Ihrer Unsicherheit sollten Sie versuchen, die Situation zu entschärfen, z. B. indem Sie früher kommen als die Mehrzahl der Teilnehmer und die Teilnehmer bereits begrüßen. Sie könnten auch durch eine Tür eintreten, die möglichst direkt zu Ihrer Rednerposition führt — sei es Ihr Arbeitstisch, der Overhead-Projektor oder das Rednerpult, wie es vorwiegend noch in Schulen jeder Stufe und bei Reden im Freien bzw. vor größerem Publikum (etwa in Ballsälen) eingesetzt wird.

Bei Massenveranstaltungen können gutgestaltete Auftritte sehr wirkungsvoll sein — nur: man muß sie beherrschen. Das Militär behilft sich dabei mit einem bestimmten Schritt, dem Paradeschritt. Der ist im zivilen Bereich natürlich nicht geeignet; er wirkt dort höchstens komisch. Würdevoll gehen muß man lernen, wie jede andere Bewegung oder Geste auch. Schauspieler lernen es, wir Laien müssen eben sehen, wie wir zurechtkommen und zumindest die gröbsten Fehler vermeiden. Also mindern wir jedenfalls die Chance, Fehler zu machen.

Wie auch immer: Ihr Auftritt muß durchdacht sein. Unterschätzen Sie nicht die Wirkung dieses Hervortretens. Nicht umsonst erlischt im Theater das Licht, nicht umsonst wird (oder wurde zumindest) in der Schule das Eintreten des Lehrers durch Aufstehen zur Kenntnis genommen, nicht von ungefähr wird beim Militär dem Eintretenden gemeldet. Im Rundfunk wie im Fernsehen werden bestimmte Sendungen mit einer Kennmelodie hervorgehoben. Bei einer privaten Rede kann der „Auftritt" auch ganz einfach so aussehen, daß Sie aufstehen und an Ihr Glas klopfen.

Mit dem Auftritt stehen Sie im Mittelpunkt, und Sie haben schon eine erste Niederlage erlitten, wenn Sie sich Aufmerksamkeit erst verschaffen müssen oder — noch schlimmer — wenn Sie erst Aufmerksamkeit durchsetzen müssen.

Ihre Position verbessert sich also ganz wesentlich, wenn Ihr Auftritt durch jemanden vorbereitet wird, das heißt wenn Sie vorgestellt werden.

105

Die Begrüßung

Es gibt für Sie als Redner zwei grundsätzlich verschiedene Ausgangspositionen:

— Sie werden begrüßt oder
— Sie begrüßen.

Wenn Sie begrüßt werden, ist dies üblicherweise mit einer kurzen Vorstellung verbunden, bei der Sie dem Publikum als Redner angekündigt werden. Durch diese Begrüßung ist der Auftritt vorweggenommen, und Sie haben damit im Normalfall die Aufmerksamkeit des Publikums gewonnen. Wenn Sie selbst die Aufgabe haben, die Zuhörer zu begrüßen, kann dies sein:

— als Vorredner oder Repräsentant des Veranstalters,
— als Redner, der sein eigenes Publikum begrüßt.

Reine Begrüßungen gibt es üblicherweise bei der Eröffnung von Festveranstaltungen aller Art. Als Repräsentant des Veranstalters wenden Sie sich an das Publikum und die namentlich zu nennenden Ehrengäste. Ehrengäste werden in der Reihenfolge ihres gesellschaftlichen Ranges bei der jeweiligen Veranstaltung genannt (dieser gesellschaftliche Rang kann also bei unterschiedlichen Veranstaltungen unterschiedlich sein). Wenn Sie die Rangfolge bei Würdenträgern nicht genau abschätzen können, sollten Sie unbedingt vorher Rücksprache halten — etwa beim Protokollchef eines der Ehrengäste.
Ebenso wichtig ist bei Ehrengästen die richtige Ansprache mit Titeln und Rängen. Hierzu erhalten Sie Informationen aus diversen Publikationen über gutes Benehmen oder aber über die Sekretariate Ihrer Ehrengäste. Falls Sie überhaupt keine Chance haben, hier Sicherheit zu erlangen, sollten Sie eher versuchen, den Gast vor der Rede in einem Gespräch unter vier Augen nach der richtigen Anrede zu fragen, als sich und den Gast zu blamieren.
Vorsicht ist geboten hinsichtlich der Vollständigkeit persönlicher Begrüßungen. Manche Redner versuchen sich mit einer „Freizeichnungsklausel" abzusichern, etwa so: „Sollte ich vergessen haben, jemanden persönlich zu nennen, der auch dem Kreis unserer Ehrengäste angehört, bitte ich Sie, dies mit meiner Nervosität und der Überanstrengung zu entschuldigen, die die Vorbereitung unserer Veranstaltung mit sich gebracht hat." Daß derar-

tige Entschuldigungen wirken, halte ich eher für Wunschdenken. Mir fällt dabei das Märchen von Dornröschen ein, wo die dreizehnte Fee auch nichts für Ausreden übrig hatte.

Weniger problematisch ist die Ansprache im privaten Kreis. Auch hier sind einige Regeln zu beachten, die allerdings wesentlich vertrauter sind, etwa die, daß Damen grundsätzlich zuerst begrüßt werden.

Bei Veranstaltungen mit einer eher kleinen Zuhörerschaft (z. B. Gruppen bis zu 20 Personen) kann eine persönliche Begrüßung jedes einzelnen sinnvoll sein, insbesondere dann, wenn Sie schon im Vortragsraum sind, ehe die Mehrzahl der Zuhörer eintrifft. Diese Geste schafft Vertrauen und Vertrautheit und mindert damit wiederum Ihr eigenes Lampenfieber.

Ganz gleichgültig, in welchem Rahmen und in welcher Form Sie begrüßen, eine Todsünde müssen Sie vermeiden: Nennen Sie niemals einen falschen Namen (z. B. indem Sie eine der Namenssilben verwechseln, etwa statt Brunntaler Brunnberger, oder ähnliches), und sprechen Sie nie einen Namen falsch aus (das wird Ihnen bestenfalls bei sehr komplizierten Namen verziehen). Wenn Sie diese Todsünde begehen, muß der Angesprochene schon sehr tolerant sein, wenn er Ihnen ein Interesse an seiner Person noch abnimmt. Und das sollten Sie ja dem Publikum vermitteln: Das Publikum soll Ihnen glauben, daß es Ihnen wichtig ist, und Sie sollen dem Publikum wichtig werden.

Die Vorstellung

Ziel der Vorstellung ist es, Redner und Publikum miteinander bekannt zu machen, womit die Situationen bereits klar sind, in denen es Vorstellungen gibt.

Unterscheiden wir nachstehende Varianten der Vorstellung:
— Sie werden vorgestellt.
— Sie stellen sich vor.
— Sie stellen andere vor.
— Andere stellen sich selbst vor.
— Andere stellen andere vor.

Für Ihren Status beim Publikum ist selbstverständlich eine Vorstellung durch einen Dritten am vorteilhaftesten, unter anderem deshalb, weil der Sie Vorstellende — im allgemeinen der Veranstalter — Interesse daran hat, Sie bei den Zuhörern in ein möglichst gutes Licht zu rücken. Macht er das geschickt, haben Sie ein gutes Entree beim Publikum; übertreibt er allerdings, wird Ihre Lage eher schwieriger. Sie haben dann aber immerhin noch die Möglichkeit, sich bescheiden von den „Vorschußlorbeeren" zu distanzieren.

Wenn Sie sich selbst vorstellen müssen, geschieht dies üblicherweise im Rahmen der Begrüßung. Sie sollten immer Ihren Vor- und Zunamen nennen und die Funktion, in der Sie auftreten. (Beispiel: „Ich begrüße Sie bei der Veranstaltung der ... als Referent zum Thema... Mein Name ist...")

Ob, wann und in welcher Form die Zuhörer sich vorstellen bzw. vorstellen lassen, ist je nach Art der Veranstaltung unterschiedlich. Bei Seminaren ist es üblich geworden, eine sogenannte „Vorstellungsrunde" abzuhalten, bei der jeder sich selbst oder auch einen anderen aus der Runde vorstellt. Derartige Vorstellungsrunden werden unterschiedlich aufwendig gestaltet. Wenn die Veranstaltung über einen längeren Zeitraum läuft und gemeinsam in Gruppen gearbeitet werden soll, werden die Vorstellungsrunden häufig für ein intensiveres Kennenlernen genutzt. Gesprochen wird dabei über den beruflichen und familiären Hintergrund, über Lieblingsbeschäftigungen, literarische und sonstige Interessen etc.

Für den Redner ist vor allem wichtig, die Zielvorstellungen herauszufinden, die der Teilnehmer mitbringt. Wir haben bereits davon gesprochen. Wann eine derartige Vorstellungsrunde sinnvoll ist, das heißt, wann das Gruppenklima bereits offen genug ist für eine vertrauensvolle Darlegung von Informationen über sich selbst, kann generell nicht beurteilt werden. Sicher hängt es stark vom Thema ab. Wenn das Vortragsthema etwa im kommunikativen, psychologischen oder religiösen Bereich liegt, bringt das Publikum von vornherein mehr Aufgeschlossenheit zueinander mit; bei reinen Sachthemen dagegen können derartige Runden als störend empfunden werden.

Es liegt beim Redner bzw. — soweit dies Gruppenarbeiten betrifft — beim Moderator, die Stimmung situativ richtig einzuschätzen. Wenn das Gruppenklima noch kühl ist, z. B. weil man sich erst mit dem Auftritt des Redners kennengelernt hat, der Redner aber doch bereits einen ersten Schritt auf die Zuhörer zugehen möchte, werden eher sachliche Vorstellungsrunden sinnvoll sein.

Sachliche Vorstellungsrunden sollen dem Redner wie den anderen Teilnehmern vorrangig Informationen darüber liefern, welchen fachlichen Hintergrund der Teilnehmer hat, jeweils bezogen auf das konkrete Thema, und was er von der Veranstaltung erwartet.

Als Vortragender sollten Sie genau sagen, welche Informationen Sie haben möchten. Je allgemeiner Sie die Frage formulieren, desto kürzer und weniger informativ werden naturgemäß die Antworten sein.

Eine gute Möglichkeit ist es, die Fragen für die Vorstellungsrunde bereits auf einer Overhead-Folie vorzubereiten und die für die Zielsetzung der Veranstaltung wichtigen Antworten auf Flip-Chart zu protokollieren.

Der Beginn Ihrer Rede

Wie werden Sie Ihre Rede beginnen? So wie es üblich ist, mit „Sehr geehrte Damen und Herren"? Oder mit „Liebe Freunde" oder „Liebe Kollegen" oder „Liebe Gemeindebürger"?

In diesem Zusammenhang will ich Ihnen eine interessante Ansicht nahebringen, die Theorie von den vier Seiten einer Botschaft (Friedemann Schulz von Thun, „Miteinander reden: Störungen und Klärungen"). Jede Botschaft enthält vier Aspekte:
— den Sachinhalt (worüber informiere ich),
— die Selbstoffenbarung (was gebe ich von mir selbst kund),
— die Beziehung (was halte ich von dir und wie stehen wir zueinander),
— den Appell (wozu möchte ich dich veranlassen).

Bereits in der Begrüßung sprechen alle vier Seiten der Botschaft zum Zuhörer. Dadurch können Sie schon mit den ersten Worten Ihr Publikum öffnen, eine gute Stimmung schaffen oder aber auch bereits die ersten Widerstände hervorrufen. Die Wahrnehmung einzelner Menschen ist unterschiedlich, das heißt, jeder neigt dazu, auf einem der „vier Ohren" mit unterschiedlicher Intensität zu hören: Einer hört vorwiegend mit dem Appellohr („Ich soll etwas tun"), ein anderer mit dem Beziehungsohr („Was denkt der dabei über mich?"), ein Dritter mit dem Selbstoffenbarungsohr („Wie möchte der sich darstellen?"), ein Vierter mit dem Sachohr („Die Rede fängt an"). Sie können sich vorstellen, wie problematisch es ist, wenn irgendein „Ohr" (außer dem Sachohr) bei Zuhörern sehr stark ausgeprägt ist, insbesondere dann, wenn Sie Ihre Botschaft in eine ganz andere Richtung senden wollen.

Sagen Sie also „Liebe Freunde", kann Ihnen folgendes passieren:
— Das Beziehungsohr hört: „Der ist aber ganz schön vertraulich."
— Das Selbstoffenbarungsohr hört vielleicht: „Der glaubt, wir mögen ihn."
— Das Appellohr: „Wir sollen ruhig sein."
— Das Sachohr: „Er fängt an."

Geben Sie der Anrede dann noch einen scherzhaft gemeinten Unterton, der aber von den Zuhörern als Spott empfunden wird, so kann es vorkommen, daß Sie plötzlich die Gruppe emotional gegen sich eingestellt haben und gar nicht wissen, warum. Also: Vorsicht, wenn Sie die Gruppe noch nicht genau kennen, wenn Ihnen die Zuhörer nicht wirklich vertraut sind! Der Versuch von Vertraulichkeiten Ihrerseits, etwa in einer lockeren Formulierung der Anrede, kann leicht als Arroganz interpretiert werden und dann eben zur Ablehnung führen.

Nicht nur die *Form der Anrede* ist von Bedeutung, sondern auch die *Sprechweise*. Wie wollen Sie Ihr Publikum ansprechen: forsch, laut, werbend, unsicher, überlastet wirkend, fröhlich? Sie sollten jetzt ein Tonbandgerät oder einen Kassettenrecorder einsetzen, um eine Übung durchzuführen. Sprechen Sie folgenden einfachen Text auf Band:
„Meine sehr geehrten Damen und Herren. Ich freue mich sehr, Sie bei unserer Ballveranstaltung begrüßen zu dürfen. Wie jedes Jahr sind die Eintrittskarten zu knapp geworden, wie jedes Jahr haben wir uns bemüht, für Sie ein abwechslungsreiches Programm zusammenzustellen."
Lesen Sie den Text nun auf Band, und zwar mit folgenden Varianten:

— Sie lesen vom Blatt.
— Sie bemühen sich, möglichst deprimiert zu sprechen.
— Sie bemühen sich, Fröhlichkeit in Ihre Stimme zu legen.
— Sie sprechen den Text frei und in der Stimmodulation, die Ihnen vertraut ist.

Wenn Sie wollen, können Sie auch noch weitere Möglichkeiten testen. Haben Sie es probiert? Und merken Sie die Unterschiede? Können Sie sich vorstellen, wie rasch Sie schon mit diesen paar Worten die Stimmung auflockern oder trüben können? Und das bei völlig gleichem Wortlaut!
Deshalb nochmals der Appell an Sie: Verwenden Sie viel Mühe und Konzentration auf den Beginn Ihrer Rede! Wenn Sie Ihr Publikum gleich von Anfang an auf Ihre Seite bringen und gute Stimmung schaffen, bekommen Sie Freiräume für Ihre Rede. Sie können sich mehr erlauben, es werden Ihnen sogar Fehler verziehen, oder sie werden gar nicht bemerkt. Sie werden sehen, daß die Stimmung des Publikums Sie trägt. Herrscht gute Stimmung, dann reden Sie immer freier, Ihr Lampenfieber verschwindet, und damit werden Sie immer besser. Herrscht aber schlechte Stimmung, müssen Sie sich bemühen, den Faden und die Lust am Reden nicht zu verlieren. In Extremfällen kann es auch geübten Rednern passieren, daß sie das Gefühl bekommen, in einen leeren Raum zu sprechen — und ich kann Ihnen versichern: das ist ein sehr unangenehmes Gefühl.

Der Ablauf der Rede

Sie stehen jetzt vor Ihrem Publikum, es ist vom Veranstalter und / oder von Ihnen begrüßt worden, Sie haben sich vorgestellt, Sie haben sich die Zuhörer vorstellen lassen, wenn die Art der Veranstaltung das erlaubt oder erfordert hat, und Sie haben mit Ihrer Rede begonnen.
Ich hoffe, Sie stehen noch. Oder haben Sie sich schon gesetzt? Wenn Sie nicht aus körperlichen Gründen dazu gezwungen sind oder wenn nicht die Rede in kleinstem Kreis stattfindet, sollten Sie besser stehenbleiben — aber nicht starr wie ein Götzenbild, möglichst auch nicht gereizt wie ein Tiger im Käfig. Und stehen Sie aufrecht, nicht demütig gebückt!
Wie halten bzw. wie beschäftigen Sie Ihre Hände? Suchen Sie für sich eine Art, die Hände zu halten bzw. zu beschäftigen, die Ihnen innere Sicherheit gibt, die aber möglichst unauffällig wirkt! Das kann beispielsweise sein, indem Sie mit dem Zeigestab arbeiten oder für den Fall von Ergänzungen und Hinweisen auf dem Flip-Chart oder dem Overhead-Projektor einen Stift in der Hand halten. Eher schlecht ist es, wenn Sie Ihr Manuskript halten. Papier ist während der Rede schwer zu beherrschen.

Auch wenn Sie Ihr Manuskript fertig vor sich haben, sollte nichts Sie daran hindern, die Rede an den richtigen Stellen durch besondere rhetorische Mittel aufzulockern. Solche Mittel sind etwa:
— Redefiguren,
— die Sprechweise,
— Gestik und Mimik.

Redefiguren

Redefiguren sind rhetorische Mittel, die gezielt und im richtigen Maß bei der Rede eingesetzt werden sollten. Werner Tusche („Reden und Überzeugen") nennt dabei:

— Wiederholung
— Steigerung
— Variation
— Reimwörter
— veraltete Ausdrücke
— Vermischen verschiedener Stilebenen (Stilbruch)
— Umschreiben von Sachverhalten
— Euphemismus (Abmilderung zur Beschönigung eines Sachverhalts)

— Übertreibung
— Untertreibung
— Ironie
— Verneinung des Gegenteils (und damit Betonung des Gemeinten)
— Wortspiel
— rhetorische Frage
— Änderungen im Satzbau
— Figuren des Redeaufbaus:
Vorgriff
Rückgriff
Einschieben einer unterhaltsamen Bemerkung
— Figuren der Hörerbezogenheit:
direkte Anrede
Zugeständnis, oft mit anschließendem Einwand
Anheimstellung
Erinnerung
Anspielung

Durch die *Wiederholung* wird auf einen Sachverhalt oder ein Objekt verstärkt hingewiesen: „Banken sind nicht nur Kreditgeber, Banken sind ein bedeutender volkswirtschaftlicher Faktor."

Steigerungen bringen Dramatik in das Geschehen: „Das war gemein, fast schon bösartig."

Variationen beleuchten das Problem von mehreren Seiten: „Das war eindeutig, darüber kann es gar keinen Zweifel geben."

Reimwörter lassen sich leicht merken: „Sich regen bringt Segen." Selbsterfundene Sprüche bergen allerdings oft die Gefahr der Banalität und Peinlichkeit.

Veraltete Ausdrücke können einen scherzhaften Unterton einbringen: „Mit der hehren Absicht, Sie über die aktuelle Entwicklung zu informieren, habe ich meine Rede vorbereitet."

Das *Vermischen verschiedener Stilebenen* (Stilbruch) führt zu einem erhöhten Kontrast und verstärkt dadurch die Aufmerksamkeit: In einem klassischen Drama wird der Held „abgemurkst"; die Sachverständigen veranstalten „ein intellektuelles Affentheater".

Das *Umschreiben von Sachverhalten* reizt zu Ausformulierungen bzw. zu Vervollständigungen (das heißt, das „Rätsel" wird gelöst). Manche solcher Umschreibungen sind schon zu stehenden Redewendungen geworden, wie z. B.: „Er hat das Handtuch geworfen."

Euphemismen sind das tägliche Brot der Politiker: „Preisanpassung" statt

„Preiserhöhung", „Steuerkorrektur" statt „Steuererhöhung", „Freistellung" statt „Kündigung" usw.

Übertreibungen veranschaulichen, wie alle Extreme: „Es tut mir unendlich leid, daß Sie keine bequemeren Stühle haben."

Untertreibungen wirken bescheiden — nicht wahr? „Mit meinem Kleinwagen (einem Mercedes) hatte ich das Stück Straße (1000 Kilometer) in ein paar Stunden hinter mir."

Ironie: habe ich Ihnen eigentlich oben schon gezeigt. Was in Deutschland der Rhein, ist in Österreich die Donau, die sogenannte „blaue" Donau — schon etwas angegraut.

Verneinung des Gegenteils: „Ich halte Sie nicht für geldgierig." Was da wohl noch im Hintergrund mitschwingt?

Wortspiel: „Manche Mitarbeiter, die heute fehlen, scheinen mir eher erkränkt zu sein als erkrankt."

Rhetorische Frage: „Ist das nicht schön?" „Sie stimmen doch auch zu?" „Es läuft gut, nicht wahr?" Bei rhetorischen Fragen ist immer Vorsicht geboten. Sie könnten als richtige Fragen ernst genommen werden — und dann landen Sie zu einem für Sie unerwarteten und meist auch unangenehmen Zeitpunkt in der Diskussion. Bei rhetorischen Fragen kann jeder einhaken — denn als Könner machen Sie nach einer rhetorischen Frage natürlich eine Kunstpause. Und diese Pause nutzen die Unzufriedenen und die Naiven gerne. Ja, und dann, wie gesagt, können Sie diskutieren.

Änderungen im Satzbau bezwecken eine Betonung des Wesentlichen, rükken das hervorzuhebende Objekt an eine markierte Stelle im Satz: „Zuhören, richtig zuhören, das ist das Wichtigste bei einer Rede." Oder, bei einem Streit mit der Partnerin: „Kauf es dir halt, dieses verdammte Kleid!"

Figuren des Redeaufbaus: Beim Vorgriff werden Teile der Rede vorweggenommen, die erst später kommen (wir hatten in unserem Gespräch schon einige Vorgriffe). Der Redner muß dann aufpassen, daß er diese Teile auch wirklich bringt.

Beim Rückgriff werden bereits gebrachte Teile wiederholt, etwa in der Zusammenfassung.

Um die Stimmung aufzulockern und Ermüdungserscheinungen bei den Zuhörern zu vermeiden, eignen sich Aphorismen, Anekdoten, Witze, Sarkasmen und Zynismen. Die Kunst des Einfügens derartiger Elemente besteht darin,

— niemanden aus dem Publikum zu verletzen,

— sie möglichst zur Unterstützung von Sachverhalten zu nutzen, das heißt auf den Sachverhalt bezogene Witze oder Anekdoten zu bringen.

Zynismen sollten sich ausschließlich auf Sachzusammenhänge beziehen, und selbst dort ist größte Vorsicht geboten: Aufgrund seiner Schärfe und seiner negativen Tendenz ist der Zynismus grundsätzlich eine rhetorische Waffe, die verletzen will. Und das sollten Sie bei einer Rede im allgemeinen vermeiden.

Als berufsmäßiger Redner wird man manchmal vom Teufel geritten, versprüht alle möglichen scharfen Worte — und plötzlich merkt man dann, daß man zu weit gegangen ist. In diesem Fall bleibt Ihnen nur mehr eine aufrichtige Bitte um Entschuldigung. Sicherheitshalber setzen Sie dann betont sachlich fort.

Figuren der Hörerbezogenheit sind die direkte Anrede (der Gruppe, von Personen — diese mit Namen) mit dem Ziel, Verbundenheit und Akzeptanz zu schaffen; weiters Zugeständnisse an Einwände der Zuhörer („Ich kann Ihnen zustimmen, möchte aber auf einen ergänzenden Gesichtspunkt hinweisen"), Anheimstellungen („Das muß ich Ihrem Urteil überlassen"), Erinnerungen („Denken Sie doch an die bekannte Rede von...") und Anspielungen („Sie wissen wohl, was ich vermute").

Legen Sie sich einige Redewendungen zurecht, die Sie besonders gern benutzen. Während der Rede sollten Sie nur vertraute Redefiguren einsetzen — Sie verlieren damit nicht den Zusammenhang. Was Sie machen können, wenn Sie doch steckenbleiben, erfahren Sie in dem Kapitel „Erste Hilfe für Rede-Unfälle". (Das ist welche Redefigur?)

Die Sprechweise

Der Himmel verschone uns vor den Langweilern. Es gibt Langweiler vom Inhalt her — die kann man noch ertragen, wenn sie nicht zu lange reden und gut präsentieren; man kann dann zumindest noch den musikalischen Aspekt der Darstellung genießen. Nicht auszuhalten sind aber die Langweiler in der Sprechweise. Der beste Inhalt geht verloren, wenn das Ganze schlecht vorgetragen wird.

Ihre Sprechweise beeinflußt den Erfolg Ihrer Rede wesentlich mehr als Ihre Stimme. Es gab und gibt bekannte, faszinierende Redner, deren Stimme in keiner Weise dem Idealbild entspricht. Eines der besten Beispiele der Neuzeit für einen überragenden Redner mit einer eher hohen, etwas heiser und gepreßt klingenden Stimme war der Nobelpreisträger Konrad Lorenz. Er hatte keine im Sinne der herkömmlichen Vorstellungen ideale, aber eine unvergeßliche Stimme. Kaum ein Hörer wird sich der Faszination entziehen können, die etwa von der Anti-Atomrede ausgeht, die er im Jahr 1978 in Tulln (Niederösterreich, nahe dem geplanten Atomkraftwerk Zwentendorf) kurz vor der Volksabstimmung gehalten hat (Tonbandkassette: Konrad Lorenz, Umweltgewissen):

„Meine sehr verehrten Tullnerfelder. Ich habe Angst. Und zwar nicht, weil ich ein Tullnerfelder bin — das bin ich, und nicht, weil ich stromabwärts von Zwentendorf wohne, sondern aus sehr viel allgemeineren Gründen. Ich habe auch nicht um mich Angst — mich derwischt's nicht mehr. Angst habe ich um die Kinder, die hier herumlaufen, und um die ungeborenen Kinder, die zu erwarten sind."

Diese Rede geht bereits vom dramaturgischen Aufbau her unter die Haut. Lorenz hat zahlreiche Redefiguren verwendet, unter anderem den Stilbruch zwischen Schriftsprache und Dialekt („mich derwischt's nicht mehr", ich werde davon nicht mehr betroffen), die dramatische Wiederholung des Wortes „Angst", die Steigerung „nicht, weil ich..., sondern", und das bereits in diesem kurzen Redeausschnitt. Dazu kommt der äußerst einprägsame Vortragsstil, den der (zu diesem Zeitpunkt an Grippe erkrankte) Nobelpreisträger einsetzte: langsam, klar artikulierend am Beginn, mit einem eher rasch gesprochenen Beisatz („mich derwischt's nicht mehr"), einer in der Tonhöhe bewegten Sprache, mit Steigerungen bei den Worten „Kinder" und, beide Worte betonend, „ungeborenen Kinder", mit Pausen nach allen wichtigen Worten und Satzabschnitten, die erste bereits nach dem ersten „Ich habe Angst". Damit steht diese Angst greifbar im Raum. Ich bin fast ins Schwärmen gekommen, aber ich nehme an, wenn Sie diese Rede gehört haben (vielleicht auf der genannten Tonbandkassette), werden Sie mich verstehen. Es war eine bewegende Warnrede, nahezu eine Predigt, und das zu einem Zeitpunkt, als die Gefahr der Atomkraft noch keinesfalls in vollem Ausmaß erkannt und das Ergebnis der österreichischen Volksabstimmung zur Atomenergie vielfach kopfschüttelnd zur Kenntnis genommen wurde.

Es wäre rhetorisch vielleicht reizvoll, dieser Ansprache eine Rede des verstorbenen bayerischen Ministerpräsidenten Franz Josef Strauß entgegenzustellen: wie und mit welchen Argumenten dieser *für* die Atomkraft eingetreten ist, mit seiner polternden, demagogischen Art und der vermutlich bewußten Dialektfärbung seiner Sprache.

Damit können wir wieder zur Logik zurückblicken: Was richtig und was falsch ist in der Welt, ist mit den Wahrheitstafeln der Logik nicht zu beweisen. Oder zitieren wir noch einmal Ludwig Wittgenstein („Philosophische Untersuchungen", Abschnitt 594): „Wenn wir nun Alle hierin übereinstimmen, wird es da nicht wahr sein?" läßt er den Skeptiker fragen. „Ich kann des Andern Zeugnis nicht annehmen, weil es kein *Zeugnis* ist. Es sagt mir nur, was er zu sagen *geneigt* ist." Die Welt ist, nach Wittgensteins „Tractatus", „alles, was der Fall ist". Und beides existiert in der Welt: die Atomenergie und die Angst davor.

Den Jesuiten wird der Spruch zugeschrieben: „Der Zweck heiligt die Mittel." Und solange es nur rhetorische und dialektische Mittel sind, die eingesetzt werden, spricht im allgemeinen wohl nichts dagegen, wenn jeder seinen Überzeugungen auch dadurch dient, daß er gut zu reden und zu argumentieren und damit zu überzeugen lernt.

Gestik und Mimik

Wohin mit den Händen, was tun mit den Händen? Es ist jedem bewußt, daß die Hände Signale geben. Hände können Liebe, Freundschaft, Haß, Ablehnung, Verschlossenheit, Aggression, Niedergeschlagenheit, Energie und Kraftlosigkeit zeigen. Ob Sie das wollen oder nicht, bei Ihrer Rede zeigen nicht zuletzt die Hände den Zuhörern, ob Sie sich wohl und sicher fühlen oder ob das Gegenteil der Fall ist.

Generell wird empfohlen, die Hände locker und entspannt am Körper herunterhängen zu lassen. Empfohlen ist ja leicht — aber schwer getan. Steckt man (als Mann) die Hände in die Hosentaschen, gilt das in unseren Breiten meist als ungezogen. Im tolerierten Bereich liegt es noch, wenn eine Hand in die Hosentasche gesteckt wird. Früher galt es zum Teil als Symbol der Zugehörigkeit zu einer bestimmten Schicht, die Hand in die Sakkotasche zu stecken.

Aber was macht nun der moderne Redner wirklich, wenn er sich bei der Rede mit seinen Händen unwohl fühlt? Er beschäftigt sie, und zwar so, daß sie seine Rede unterstützen. Möglichkeiten haben wir schon besprochen: den Zeigestab oder Folien- bzw. Flip-Chart-Schreibstifte halten.

Wesentlich wirkungsvoller ist aber der Einsatz der Hände für die lebendigere Darstellung des Gesagten. Dabei setzen Sie Gesten nicht nur mit Händen und Armen, sondern auch mit dem Kopf. Als wichtige Regel hierzu nennt Wolf Ruede-Wissmann: „Die Geste muß der Vorläufer der sprachlichen Aussage sein, nicht der Nachkömmling. Im Normalfall gilt: Ihre Gestik muß bereits erkannt und wahrgenommen werden, bevor Sie eine zugehörige Aussage machen — oder beide Ausdrucksformen, verbale und nonverbale, werden gleichzeitig (synchron) vorgetragen — als unterstreichende Redebegleitung."

Zur Übung sollten Sie sich jetzt vor einen Spiegel stellen, in dem Sie sich zumindest mit Ihrem ganzen Oberkörper sehen können. Versuchen Sie nun folgende Gesten mit Händen und Armen:

1. Sie heben die rechte Hand und zeigen mit stark abgewinkeltem Arm (so, daß der Finger etwa in Schulterhöhe steht), den Zeigefinger leicht gestreckt, auf Ihr Spiegelbild. Beobachten Sie nun:
— Wie wirkt die Geste auf Sie?
— Wie halten Sie den Kopf (ohne die Haltung bewußt zu beeinflussen)?
— Welchen Gesichtsausdruck machen Sie dazu?
— Probieren Sie die Geste mit einem anderen Gesichtsausdruck.
Die Geste sollte positiv belehrend wirken. Wenn Sie sie mit einem finsteren Gesichtsausdruck verbinden, wirkt sie aggressiv.

Bei den folgenden Übungen gelten die gleichen Beobachtungsaufgaben; Kopfhaltung und Gesichtsausdruck sollten wiederum variiert werden:

2. Sie halten die rechte Hand erhoben, zur Faust geballt.
3. Sie halten die Hände mit den Handflächen zum Spiegelbild, Hände etwa in Schulterhöhe, Arme unterschiedlich nahe beim Körper.
4. Sie stemmen die Hände in die Hüfte.
5. Sie verschränken die Arme vor der Brust.
6. Sie falten die Hände vor dem Bauch, einmal vor dem Oberbauch, dann vor dem Unterbauch.

Noch besser, wesentlich besser können Sie Ihre Wirkung beobachten, wenn Sie eine Videokamera einsetzen. Am besten ist selbstverständlich der Besuch eines Seminars, das sich mit den Ausdrucksformen des Körpers beschäftigt, denn eine Übung ohne Partner birgt immer die Gefahr einer kompletten Fehlbeurteilung:
— Es wird Ihnen kaum gelingen, sich so zu verhalten, wie Sie das im Normalfall tun.
— Ihre Beurteilung ist nur eine Eigenbeurteilung, das heißt mehrfach subjektiv gefärbt, durch Ihre Einstellung zu sich selbst wie auch durch Ihre Vermutung über körperliche Wirkungen.

Wie jedes Können, das man sich aneignen möchte, beginnt auch das Verständnis für die Körpersprache mit dem Wissen — Wissen darüber, welche Ausdrucksformen der Körper für seelische Vorgänge hat. Vieles von diesem Wissen ist uns in die Wiege gelegt, vieles aber auch kulturell überformt. Es gibt körpersprachliche Äußerungen, die international verstanden werden; andere wiederum führen aufgrund ihrer Verschiedenheit in unterschiedlichen Kulturkreisen zu Mißverständnissen.
Wesentliche neue Erkenntnisse zu den Ausdrucksformen des Körpers

brachte die Verhaltensforschung, das Wissen um die Sprache der Tiere. Der Mensch kann seine Körpersprache steuern, zumindest teilweise, das heißt, er kann auch körperlich ein „Pokerface" aufsetzen und bewußt täuschen. Eine komplette Täuschung gelingt aber nur einem Meister auf dem Gebiet der Körpersprache, und ein Meister wird die Täuschung auch durchschauen können.

Wenn wir davon sprechen, wie Sie Ihre Hände halten sollen, sprechen wir letztlich davon, wie Sie Sicherheit zeigen können, ohne sicher zu sein. Ihre Hände werden dann noch immer vor Aufregung schwitzen, und auch Ihr Blick wird davon noch nicht ruhig sein.

Die Folgerung ist: Sie müssen wissen, welche Signale der Körpersprache wie interpretiert werden, das heißt, Sie müssen sich dessen bewußt werden, welche Signale Sie senden. Diese Signale werden dann richtig ankommen, wenn Ihr innerer Zustand dem Signal entspricht. Also müssen Sie vorher Ihre Gefühle steuern.

Wenn Sie zu einem Thema reden, von dem Sie etwas verstehen und das Ihnen etwas bedeutet, zu einem Anlaß, der Ihnen wichtig ist — und nur dann sollten Sie überhaupt reden —, brauchen Sie sich nur entsprechend hineinzufühlen. Und dann senden Sie diese positiven Gefühle. Den Sender und seine Wirkungen müssen Sie allerdings kennen, das sei nochmals hervorgehoben.

Eine gute Methode, Körpersprache zu lernen, die noch dazu eine sehr wichtige Nebenwirkung hat, ist die Beobachtung anderer Menschen. Die Nebenwirkung ist: Sie beschäftigen sich mehr mit anderen, lernen andere Menschen besser zu verstehen und werden sensibler für deren Ausdrucksformen und Probleme.

Gleichgültig, wo Sie sind, im Büro, in einem Restaurant, in der Straßenbahn, wählen Sie sich einen Menschen aus, der Sie interessiert, und beobachten Sie unauffällig seine Körpersprache. Schaffen Sie sich selbst einen Fragenkatalog, den Sie über die körpersprachlichen Äußerungen zu beantworten versuchen, z. B.:

— Wie fühlt sich der / die Beobachtete? Zufrieden, gelangweilt, erwartungsvoll...?
— Versucht er / sie gerade auf jemanden zu wirken, oder ist er / sie mit sich selbst beschäftigt?
— Ist er / sie gespannt oder entspannt?
— Interessiert er / sie sich für etwas?

Und nun zu den kritischeren Fragen:
— Welche Lebenseinstellung vermuten Sie bei ihm / ihr?
— Welcher sozialen Schicht gehört er / sie vermutlich an?

Alles was Sie bekommen, sind nur Möglichkeiten. Wenn Sie mit dem / der Beobachteten keine Bekanntschaft schließen, werden Sie nie eine Bestätigung oder Widerlegung Ihrer Vermutungen erhalten. Was Sie aber dennoch schaffen können, ist eine Verbindung mehrerer Beobachtungen zu einem einheitlichen oder auch zu einem widersprüchlichen Bild des / der Betreffenden. ·

Und nun zum nächsten Schritt: Prüfen Sie, welche Vorurteile bei Ihnen angesprochen wurden, das heißt wo Sie Gefahr laufen, Ihr Beobachtungsobjekt mit Ihren eigenen Augen zu sehen und nicht mit seinen, wo Sie also sich selbst gesehen haben und nicht den anderen. Sie können durch eine einfache Analyse jener Gründe, die zu einer bestimmten Vermutung über andere geführt haben, sehr viel lernen — über sich und Ihre Art, andere zu sehen.

Vergegenwärtigen Sie sich folgenden Ablauf, um Irrwege zu vermeiden:
1. Wahrnehmung (Sie sehen, hören, riechen, tasten, schmecken)
2. Vermutung (Sie nehmen an, daß etwas Bestimmtes der Fall ist)
3. Handlung (Sie verhalten sich aufgrund Ihrer Vermutung)

Die Falle liegt im Bereich der Vermutung. Wenn Sie einseitig vermuten und damit andere Möglichkeiten ausschließen, kommt es bei Ihnen zu falschen Reaktionen. Und auf Wahrnehmungen allein ohne Überprüfung richtige Vermutungen aufzubauen ist fast unmöglich.

Fragen Sie sich, warum ich Ihnen das so genau erzähle? Und das, während Sie gedanklich mitten im Geschehen sind, mitten in Ihrer Rede? Oder wissen Sie schon, worauf ich hinaus will?

Ja, es geht um Ihre Zuhörer. Wenn Sie reden, haben Sie im Normalfall von Ihren Zuhörern keine anderen Reaktionen als körpersprachliche. Und die sollten Sie jetzt richtig interpretieren. Selbst wenn Sie schon ein guter Menschenbeobachter und -kenner sind, werden Sie sich immer wieder bei Fehlbeurteilungen ertappen, weil eben Wahrnehmungen körpersprachlicher Äußerungen nicht irrtumsfrei interpretiert werden können.

Es wird im Publikum Leute geben, die Sie von vornherein mögen, etwa weil Sie durch einen Zuhörer an jemand erinnert werden, dem Sie positiv gegenüberstehen; und es wird andere geben, mit denen Sie sich nicht sehr wohl fühlen. Sagen Sie sich immer wieder: das sind Vorurteile. Vorurteile, die nicht abgebaut werden, können zu einer „self-fulfilling prophecy" werden, das heißt, Sie sorgen selbst dafür, daß Ihr Vorurteil Wirklichkeit wird, ohne daß diese Wirklichkeit vorher bestanden hat.

Ihr Publikum

Eine gute Rede ist zuhörerbezogen. Daher wollen wir uns intensiv Ihrem Publikum widmen, während Sie Ihre Rede halten. Wen vermuten Sie unter Ihren Zuhörern? Wer ist
— konstruktiv und aufgeschlossen,
— lernwillig,
— aufmunternd und zustimmend,
— geltungssüchtig,
— besserwisserisch,
— nörglerisch,
— skeptisch,
— desinteressiert,
— ablehnend?

Wenn Sie Blickkontakt mit jedem einzelnen aus dem Publikum halten — und das sollten Sie zumindest bei kleineren Gruppen tun: jeden von Zeit zu Zeit anblicken, nicht zu intensiv, aber auch nicht zu kurz, Sie sollten zumindest seinen Blick und seinen Gesichtsausdruck wahrnehmen —, wenn Sie also Blickkontakt halten, werden Sie sich ein Bild über jeden einzelnen machen können. Sie müssen nur darauf achten, daß Sie nicht Ihre eigenen Vorurteile bestätigen; jede Beobachtung des einzelnen Zuhörers muß neu und möglichst neutral ablaufen, nicht unter der Kategorie, in die Sie ihn schon eingeordnet haben.

Wie erkennen Sie einzelne Zuhörertypen, ohne daß Sie gesprochene Äußerungen von den Zuhörern haben? Nochmals sei es wiederholt: mit Wahrscheinlichkeit, also nicht irrtumsfrei!

Der Konstruktive und Aufgeschlossene

Der Konstruktive und Aufgeschlossene möchte ein positives Klima der Veranstaltung haben; er ist auch bereit, seinen Teil dazu beizutragen, bei der Diskussion seine Erfahrungen einzubringen; er interessiert sich für das Thema, geht aber ohne Hektik an die Angelegenheit heran.
— Die Körpersprache zeigt Interesse und Aufmerksamkeit.
— Wichtige Passagen werden notiert.
— Es besteht guter Blickkontakt zu Ihnen.
— Auf rhetorische Mittel (z. B. Anekdoten) wird positiv reagiert.
— Der Gesichtsausdruck ist entspannt und wirkt zufrieden.

Der Lernwillige

Der Lernwillige möchte vorwiegend Neues erfahren. Sein Ziel ist es, zu lernen, nicht zu sprechen.
— Die Körpersprache zeigt eher gespannte Aufmerksamkeit.
— Er schreibt viel mit.
— Er beschäftigt sich intensiv mit den ausgegebenen Unterlagen.
— Rhetorische Mittel kommen bei ihm vor allem dann an, wenn der Lerneffekt verstärkt wird.
— Das Gesicht signalisiert Konzentration.

Der Aufmunternde

Der Aufmunternde möchte Sie als Redner in Stimmung bringen bzw. Ihre Stimmung erhalten.
— Die Körpersprache signalisiert Wohlwollen und Zustimmung.
— Der Gesichtsausdruck ist freundlich.
— Auf rhetorische Mittel wird positiv reagiert.
— Sie werden laufend nonverbal gelobt (bei Rückkoppelungsrunden auch verbal).

Der Geltungssüchtige

Für den Geltungssüchtigen sind Sie und Ihre Rede der Rahmen, in dem er sich selbst und seine Bedeutung ins rechte Licht rücken möchte. Geben Sie ihm diese Gelegenheit, so haben Sie ihn auf Ihrer Seite. Lassen Sie seine Bedürfnisse unerfüllt, so schaffen Sie sich einen Feind.
— Die Körpersprache signalisiert Suche nach Beachtung (auffallende Sitzhaltung, Reaktionen — auch positive Reaktionen —, die ihm die Aufmerksamkeit der anderen sichern).
— Der Gesichtsausdruck ist aufgeschlossen und kommunikativ.
— Er unterhält lebhafte Blickkontakte.
— Bei rhetorischen Mitteln reagiert er eher übertrieben.
— Wichtige Passagen Ihrer Rede „adelt" er durch auffälliges Notieren.
— Er weist vielleicht nonverbal auf mitgebrachtes, eigenes Material zum Thema hin.
Der Geltungssüchtige kann ein guter Verbündeter für Sie werden, aber auch ein gefährlicher, denn ihm geht es immer um sich selbst, nie um Sie oder Ihr Thema. Er wird Sie jederzeit „fallenlassen", wenn ihm das für seine Ziele nützt.

Der Besserwisser

Der Besserwisser kommt eigentlich nur zu Ihrer Rede, um sich bestätigen zu lassen, daß Sie nichts Besonderes zu bieten haben. Er sitzt im Publikum
— mit einem überlegenen, leicht gelangweilten Gesichtsausdruck,
— vielleicht noch garniert mit einem süffisanten Lächeln, wenn Sie sich besonders bemühen,
— signalisiert Distanz (die typische „Zuschauerhaltung": Jetzt zeig einmal, was du auf Lager hast) und
— erklärt Ihnen bei Rückkoppelungsrunden oder in der Diskussion sicher, wie Sie es besser machen könnten, aber nicht konnten.

Das Selbstbewußtsein des Besserwissers ist üblicherweise so mit anderen Autoritäten abgesichert, daß Sie nur sehr schwer an ihn herankommen. Erkennen Sie ihn im Publikum, müssen Sie versuchen, sein Gift möglichst zu neutralisieren. Wappnen Sie sich innerlich gegen Angriffe. Bei Rückkoppelungsrunden darf ein erkannter Besserwisser nie als erster zu Wort kommen. Wenn einige positive Stellungnahmen abgegeben wurden, vergeht ihm vielleicht die Lust, sich gegen eine Mehrheit von Meinungen zu stellen.

Der Nörgler

Der Nörgler findet an allem etwas auszusetzen. Er ist mit der Welt — und im allgemeinen auch mit sich selbst — uneins.
— Er wirkt verkrampft und unzufrieden,
— macht ein griesgrämiges Gesicht,
— notiert sich Passagen, die er für notierenswert hält, schüttelt dabei aber manchmal ablehnend den Kopf,
— sucht bei Rückkoppelungsrunden oft „das Haar in der Suppe" und
— glaubt eigentlich nicht an Lösungen.
Der Nörgler ist im Normalfall auch im Publikum isoliert und damit nicht sehr gefährlich.

Der Skeptiker

Der Skeptiker zweifelt alles an, hinterfragt permanent und gibt sich erst nach sehr umfassenden Beweisen zufrieden. Dieser Typus kann durchaus konstruktiv werden, wenn er mit grundsätzlich positiver Einstellung gekommen ist und Sie ihn überzeugen können. Er kann aber auch zum Nörgler oder Besserwisser werden, wenn die Skepsis nicht aus der Suche nach

mehr Wissen und neuen Erkenntnissen stammt, sondern aus einer Ablehnung anderer Meinungen.
— Er sitzt in abwartender Haltung,
— signalisiert durch Mimik und Gestik häufig Zweifel,
— möchte mehr Beweise und
— hinterfragt Aussagen verbal oder nonverbal, je nachdem, was ihm im jeweiligen Rahmen möglich ist.
Der positive Skeptiker kann für Sie zum Prüfstein Ihrer Argumente und Beweise werden. Der negative Skeptiker ist eine Gefahr für die Stimmung im Publikum.

Der Desinteressierte

Der Desinteressierte interessiert sich weder für Sie noch für Ihr Thema. Er ist aus irgendwelchen Gründen gekommen, die mit der Rede nichts zu tun haben, z. B. weil er sich wieder einmal sehen lassen wollte, weil ihn das anschließende Buffet reizt, weil er geschickt wurde (z. B. von seiner Zeitung, um über den Vortrag zu schreiben), weil seine Freundin unbedingt kommen wollte usw. Er erwartet von Ihnen nur, daß Sie die Rede möglichst bald abschließen.
— Je nach Höflichkeit signalisiert er Langeweile oder gefaßte Dulderhaltung,
— gähnt vielleicht von Zeit zu Zeit,
— schreibt (natürlich) nichts mit,
— beschäftigt sich im Blickkontakt eher mit den anderen Zuhörern als mit Ihnen,
— unterhält sich bei Gelegenheit mit seinen Nachbarn,
— zieht im Extremfall sogar die Zeitung hervor und beginnt zu lesen,
— beteiligt sich nur widerwillig an Rückkoppelungsrunden und kaum an Diskussionen.
In einem Vortrag können Sie dagegen wenig machen. In einem Seminar müssen Sie den Desinteressierten durch verstärkte Einbindung aktivieren, das heißt, er darf nicht zur Ruhe (und zum Zeitunglesen) kommen. Besser, es wird ihm zu lästig und er geht, als er vergiftet Ihr Vortragsklima.

Der Ablehnende

Der Ablehnende kann
— den Veranstalter ablehnen,
— Ihr Thema ablehnen,

— Sie ablehnen,
— Ihr Publikum ablehnen.
Daß er zu Ihrer Rede gekommen ist, hat oft mit äußerem Zwang irgendeiner Art zu tun, für den Sie im allgemeinen nichts können.
— Er signalisiert Abwehr (laß mich in Ruhe!),
— schreibt nicht mit oder nur, um nicht Anlaß zu Bemerkungen zu geben, die ihm Störungen wären,
— drückt Unbehagen in Mimik und Gestik aus,
— geht bestenfalls bei Rückkoppelungsrunden und Diskussionen aus sich heraus, besonders dann, wenn er mit seiner Ansicht übereinstimmende Meinungen findet.
Wiederum, wie beim Desinteressierten: In einem Vortrag ohne Pause haben Sie kaum eine Chance herauszufinden, worum es dem Ablehnenden geht. In einem Seminar, insbesondere dann, wenn es mehrere Tage dauert, müssen Sie die Situation klären.

Sollten Sie längere Zeit als berufsmäßiger Vortragender gearbeitet haben, werden Ihnen diese Zuhörertypen und auch noch andere durchaus vertraut sein. Sollten Sie Lehrer oder Priester sein, so müssen Sie sich immer mehr mit den negativen Typen herumschlagen: mit den Desinteressierten, den Ablehnenden, denen, die nur ein Zeugnis wollen und für die Lernen nichts weiter ist als ein notwendiges Übel zum Erlangen der Note.
Aber gerade hier beginnt doch der pädagogische Reiz, wenn Sie alle rhetorischen, dialektischen, körpersprachlichen, psychologischen, verhaltenswissenschaftlichen, akustischen, präsentationstechnischen und sonstigen Mittel einsetzen, damit es Ihnen gelingt, Interesse zu wecken! Ist Ihnen das ein wirkliches Anliegen, was Sie sagen wollen oder auch aufgrund Ihrer beruflichen Aufgabe sagen müssen, dann müssen Sie den Kampf aufnehmen — den Kampf gegen Desinteresse, Resignation, Skepsis, geistigen Bankrott, Verlust aller möglichen Werte. Begeistern Sie sich selbst und lernen Sie wieder, andere zu begeistern! Sie ernten damit Anerkennung, Selbstwertgefühl für sich und andere und sind so im wahrsten Sinn des Wortes erfolgreich.

Der Abschluß Ihrer Rede

Wie Sie wissen, haftet das zuletzt Gesagte besonders gut. Beeinflußt ein guter Anfang die Stimmung, so prägt ein guter Abschluß die Wirkung.
Was ist nun „ein guter Abschluß"? Die Mindestanforderung ist, daß das Pu-

blikum weiß, daß Sie Ihre Rede beendet haben und nicht steckengeblieben sind. Das können Sie sehr einfach erreichen, z. B. indem Sie so deutlich und abgehoben, daß es auch die etwas unaufmerksam gewordenen Zuhörer mitbekommen, für die Aufmerksamkeit danken und dem Publikum je nach Situation irgend etwas wünschen (gute Heimreise, schönen Abend, interessante Veranstaltung, viel Vergnügen usw.).

Wesentlich besser ist es schon, wenn Sie eine Abschlußaussage ankündigen: „Und zum Schluß will ich noch diesen Aspekt besonders hervorheben..."

Einfach haben Sie es, wenn das Publikum nach Abschluß Ihrer Rede etwas tun soll, etwa wenn Sie Ihre Rede zu einer Balleröffnung halten. In diesem Fall können Sie die Rede mit der Aufforderung zum Handeln beenden: „Damit überlasse ich unseren Musikern die Bühne und bitte unsere Debütanten mit ihrer Ballettmeisterin, den Ball zu eröffnen."

Gekonnt ist ein Abschluß dann, wenn Sie inhaltlich und in der rhetorischen Präsentation dem Publikum zu erkennen geben, daß nun Ihre Rede beendet ist. Eine mögliche Formulierung ist etwa: „Das, meine Damen und Herren, sollten Sie vom heutigen Abend mitnehmen und sich weiter daran erinnern..." Der Abschluß dieser Aussage muß so prägnant sein, daß jeder weiß, daß er nun applaudieren sollte.

Weil wir gerade vom Applaus sprechen: Wie Sie wissen, gibt es verschiedene Formen von Applaus — das Klatschen mit den Händen, das Klopfen auf den Tisch im akademischen Milieu usw. Vor einiger Zeit mußte ich erfahren, daß Applaus in dieser Form nicht in allen Ländern auf gleiche Art üblich ist. Bei einem Vortrag an einer Universität im Osten herrschte nach Abschluß der Rede Schweigen. Der Vortrag war gut angekommen, wie später bestätigt wurde — aber mir war diese Sitte unbekannt. Sie können sich vorstellen, wie flau dann das Gefühl im Bauch wird. Erkundigen Sie sich daher immer nach den Sitten, halten Sie nichts für selbstverständlich, Sie ersparen sich dadurch unangenehme Erlebnisse.

Ansichten und Einsichten zur erfolgreichen Rede

Schauen wir doch einmal, was andere meinen, wie eine erfolgreiche Rede sein sollte (vgl. Ebeling, Soundview Editorial Staff — Übersetzungen durch den Verfasser, Lemmermann, Breitenstein, Birkenbihl, Casson, Bierach, Ullmann). Lassen wir gemeinsam die „Highlights" dieser Meinungen, bunt gemischt nach Autoren, Revue passieren:

— Betonen Sie Wörter, die für Sie oder Ihre Zuhörer wichtig sind.
— Machen Sie Pausen nach Wörtern, die Sie hervorheben möchten.
— Halten Sie ein Lächeln in Ihrer Stimme, indem Sie eines auf Ihr Gesicht und in Ihre Augen setzen.
— Atmen Sie tief durch, um Lampenfieber abzubauen.
— Sprechen Sie frei — fast ohne Manuskript.
— Verdoppelung — dreifache Wirkung.
— Bauen Sie Aufmerksamkeitswecker in die Rede ein.
— Die Geläufigkeit der Rede erfordert, daß Sie natürlich sprechen.
— Neigen Sie dazu, undeutlich zu sprechen, so sprechen Sie langsamer, bis Sie gelernt haben, richtig zu artikulieren.
— Bei jeder wirklich feierlichen Rede sind korrekte Gesten unvermeidlich.
— Die beste Vorbereitung für eine Rede ist persönliche Erfahrung.
— Sie müssen sich selbst einführen, bevor Sie Ihren Gegenstand einführen.
— Vermeiden Sie wie die Pest, langweilig zu sein.
— Je größer die Zuhörerschaft ist, desto bestimmter und nachdrücklicher müssen Sie sprechen.
— Die drei wichtigsten Punkte bei der Rede: der Vortrag, der Vortrag, der Vortrag.
— Keine Fremdwörter, wenn es auch gute deutsche dafür gibt.
— Selber Einwände erheben und sie selber beantworten.
— Den Sprechstil den Zuhörern anpassen.
— Man kann über alles reden, aber nicht über ... (20, 45, 60 — je nach Autor) Minuten.
— Auch wenn alles falsch ist, die Namen müssen stimmen.
— Das Publikum ist wichtiger als das Manuskript.
— Jeder Satz muß „sitzen".
— Denken Sie nicht an Ihre eigene Unzulänglichkeit, sondern ausschließlich an die zu übermittelnde Botschaft.

Und, abschließend, gewissermaßen als „Knalleffekt":

● Reden lernt man nur durch Reden!

Reden lernen Sie nur, wenn Sie es üben. Und Sie werden sich von Rede zu Rede wohler fühlen. Wie bei jeder Ausbildung, ist auch Redetheorie dort besonders fruchtbringend, wo sie laufend durch praktische Anwendung erprobt, hinterfragt und verbessert wird.

Erste Hilfe für Rede-Unfälle

Unser „Erste-Hilfe-Koffer" soll Sie retten, wenn Sie bei Ihren Reden in Schwierigkeiten geraten. Er soll aber auch ein Instrument der „Vorsorgemedizin" sein, um Unfällen von A bis Z vorzubeugen.

Unfallursache A: Steckenbleiben in der Rede

Vorsorge: *Overhead-Folien vorbereiten*
gut gegliedertes Manuskript mit Wiedereinstiegspunkten vorbereiten
Stichwortgeber im Publikum

Möglichkeiten, wenn's doch passiert ist:
— Dem Publikum eine Frage zum vorher Gesagten stellen.
— Den letzten Absatz wiederholen, und wenn der Faden nicht wiederzufinden ist, in eine Pause flüchten.
— Mit wenigen Überleitungsworten zum nächsten Thema übergehen.

Unfallursache B: Während der Rede das Manuskript fallen lassen

Vorsorge: *Das Manuskript in eine Heftmappe geben — damit kann der „Unfall" nie schwer werden*

Möglichkeiten, wenn's doch passiert ist:
— Die Blätter mit einer scherzhaften Bemerkung aufsammeln („Jetzt bekommt meine Rede Flügel", „Der Wind war der Ansicht, ich sollte den Ablauf des Vortrags ändern" usw.).
— Wenn Sie das Manuskript nicht brauchen und die Blätter auf dem Boden nicht stören: mit einer kurzen, humorvollen Bemerkung weitermachen.
— Wenn möglich: Pause machen („Mein Manuskript meint, wir sollten jetzt eine Pause einschieben").

Unfallursache C: Das Mikrophon fällt aus

Vorsorge: *ist hier eine rein technische Angelegenheit*

Möglichkeiten, wenn's doch passiert ist:
— Da Sie über Mikrophon nur in größerem Rahmen sprechen werden, wo

entsprechendes Hilfspersonal vorhanden ist, helfen Ihnen hier in jedem Fall andere, das Problem zu beheben.

Sie selbst können so vorgehen:
— Falls Sie sich noch verständlich machen können: lauter sprechen (vielleicht mit der scherzhaften Bemerkung: „Die Technik zwingt mich nicht in die Knie").
— Falls die Verständigung nur noch für kurze Botschaften reicht: Pause einschalten, evtl. die Pause über Overhead-Projektor ankündigen.

Es genügt, wenn das Publikum merkt, daß an der Schadensbehebung gearbeitet wird.

Unfallursache D: Unmutsäußerungen im Publikum

Vorsorge: *Reizwörter und -passagen vermeiden*
                     Pro- und Kontra-Argumente gegeneinander abwägen
                     rhetorische und dialektische Regeln einhalten

Möglichkeiten, wenn's doch passiert ist:
— Dem Publikum Fragen stellen („Wie ist Ihre Meinung dazu?" „Offensichtlich stoße ich mit meiner Ansicht auf Widerstand. Womit habe ich Ihre Abwehrhaltung herausgefordert?").
— Rückkoppelungsrunde, das heißt, jeder Teilnehmer soll etwas sagen („Ich möchte an dieser Stelle unterbrechen, weil ich den Eindruck haben, daß irgend etwas in unserem Gesprächsklima nicht mehr paßt. Darf ich Sie bitten, sich kurz zur Situation aus Ihrer Sicht zu äußern?").
— Wenn Sie glauben, die Lage noch zu beherrschen: betont sachlich fortfahren.

Unfallursache E: Versprecher, Stottern, „Freudsche Fehlleistungen"

(Sie sagen durch Versprechen etwas, das auf hintergründige Gedanken, Gedanken aus dem Unbewußten, schließen läßt)

Vorsorge: *konzentriert reden*

Möglichkeiten, wenn's doch passiert ist:
— Die Aussage scherzhaft hinstellen.
— Eine auf sich selbst bezogene, ironische Nebenbemerkung machen.
— Sich ganz einfach entschuldigen: „Verzeihen Sie bitte den Versprecher."
— Sich korrigieren und weitersprechen.

Unfallursache F: Die Stimme bleibt weg/ Hustenanfall

Vorsorge: *ein Glas Wasser beim Vortragstisch*

Möglichkeiten, wenn's doch passiert ist:
— Zunächst: die Stimme befreien.
—Kommt die Stimme nicht mehr: kurz unterbrechen und hinausgehen.
— Wenn die Gelegenheit dazu besteht: schriftlich fortfahren (wenn die Stimme aus Krankheitsgründen versagt, hat das Publikum im allgemeinen dafür Verständnis).

Unfallursache G: Overhead-Projektor fällt aus

Vorsorge: *Ersatzlampe oder zweiter Projektor*

Möglichkeiten, wenn's doch passiert ist:
— Haben Sie den Vortrag stark auf Folien aufgebaut, müssen Sie unbedingt versuchen, einen Ersatzprojektor zu bekommen; ist das nicht möglich, müssen Sie Ihre Folien auf Papier kopieren lassen und an alle Teilnehmer verteilen.
— Unterstützen die Folien Ihren Vortrag lediglich: weitersprechen, soweit vorhanden andere Medien nutzen (Flip-Chart, Tafel, Pinwand etc.).

Unfallursache H: Teilnehmer verlassen während Ihres Vortrags nach und nach den Raum

Vorsorge: *sich von vornherein um die Teilnehmer und deren Ziele kümmern*

Möglichkeiten, wenn's doch passiert:
— Pause einschieben und in der Pause die Gründe hinterfragen.
— Rückkoppelungsrunde.

Unfallursache I: Sie haben den Zettel mit den Namen der Ehrengäste verloren

Vorsorge: *liegt im Bereich des Selbstverständlichen (Namen und Titel auswendig lernen, Zettel gut verstauen)*

Möglichkeiten, wenn's doch passiert ist:

— Aus „organisatorischen Gründen" den Beginn verschieben und die Lage klären (möglichst ohne Einschaltung der Ehrengäste, wenn es sein muß, aber auch mit deren Hilfe).
— Auf jeden Fall: nicht öffentlich das Mißgeschick zugeben oder offenkundig werden lassen und auch keinesfalls die Ehrengäste falsch oder unvollständig begrüßen.

Unfallursache J: Sie haben ein falsches Manuskript mitgenommen, das für den Anlaß nicht paßt

Vorsorge: *an sich selbstverständlich; wenn Sie das Mißgeschick erst nach Beginn der Rede merken, sind Sie selbst schuld*

Möglichkeiten, wenn's doch passiert ist:
— Gekürzte Fassung mit Hilfe eines Stichwortzettels vorbereiten.
— Wenn die Zeit reicht: das Manuskript holen / holen lassen; evtl. mit dem Veranstalter vereinbaren, daß die Reihenfolge der Redner geändert wird.
— Soweit möglich: Manuskript durch Telefax übermitteln lassen oder die wichtigsten Punkte telefonisch übernehmen.

Unfallursache K: Das Rednerpult fällt um

Vorsorge: *im technischen Bereich — oder durch eine bessere Körperhaltung Ihrerseits*

Möglichkeiten, wenn's doch passiert ist:
— „Rot anlaufen" macht schon etwas sympathisch.
— Wenn das Pult noch brauchbar ist: aufstellen und nach einer launigen Zwischenbemerkung weiterreden.
— Wenn das Pult unbrauchbar ist: ohne Pult weiterreden.
Überlegen Sie sich überhaupt, ob Sie ein Pult brauchen. Ein Pult ist eine Barriere zwischen Ihnen und dem Publikum. Verwenden Sie es nur, wenn die Situation es erfordert — beispielsweise wenn Sie vor größerem Publikum von einer Bühne aus sprechen, wenn Sie ohne Bühne im Freien sprechen etc.

Unfallursache L: Ihnen wird übel

Vorsorge: *ein Glas Wasser beim Rednertisch, vor der Rede lüften, am Vortag ausschlafen und geringer Alkoholkonsum*

Möglichkeiten, wenn's doch passiert:
— Auf jeden Fall rechtzeitig abbrechen und hinausgehen.
— Sich nur kurz entschuldigen, erst nach der Rückkehr erklären.
— Wenn möglich die Dauer der geplanten (Zwangs-)Pause angeben.
— Nur fortsetzen, wenn dann ein störungsfreier Ablauf gesichert ist.

Unfallursache M: Ihr Magen beginnt zu knurren

Vorsorge: *nicht hastig essen, gut durchatmen, keine einengende Kleidung*

Möglichkeiten, wenn's doch passiert:
— Wenn die Mehrzahl der Zuhörer es hört: launig ansprechen.
— Versuchen, durch unauffällige Atemübungen den Magen zu beruhigen.
— Möglichst rasch Pause machen und durch Essen und Bewegung den Magen zu stabilisieren versuchen.

Unfallursache N: Sie stolpern über ein Kabel / Ihren Aktenkoffer...

Vorsorge: *den Bewegungsraum, den Sie während Ihrer Rede nutzen, völlig frei halten*

Möglichkeiten, wenn's doch passiert ist:
— Nicht fluchen, auch wenn Sie sich verletzt haben.
— Wenn Sie sich verletzt haben, den Zuhörern die Schmerzen mitteilen und gegebenenfalls abbrechen / Pause einschieben.
— Ansonsten mit einer auf sich bezogenen scherzhaften Bemerkung weitermachen („Eigentlich habe ich als Kleinkind gehen gelernt").

Sie sehen aus den verschiedenen Anleitungen schon, worauf meines Erachtens größter Wert gelegt werden sollte: Verhalten Sie sich selbstsicher, humorvoll, ironisch zu sich selbst bei Fehlern — versuchen Sie auch mit den Pannen sympathisch zu wirken, wenn Ihnen solche passieren. Pannen werden Ihnen nur dann zur Last gelegt, wenn Ihnen das Publikum feindlich gegenübersteht. Das kann aufgrund Ihrer Rolle als Redner sein (unbeliebter Lehrer, Prüfer etc.) oder weil Sie sich durch brüskierendes Verhalten (Arroganz, Zynismus) bei den Zuhörern unbeliebt gemacht haben. Nur in diesen Fällen wird man die Pannen hämisch kommentieren — ansonsten sind sie meist ein schnell vergessenes Einzelereignis.

Unfallursache O: Schluckauf

Vorsorge: *wieder ein Glas Wasser*

Möglichkeiten, wenn's doch passiert:
— Tief durchatmen.
— Kurz unterbrechen und mit einer Entschuldigung den Raum verlassen.

Unfallursache P: Das falsche Publikum für das Thema

Vorsorge: *mit dem Veranstalter die Zielgruppe der Rede und deren Informations-, Wissens- und Ausbildungsstand genau klären*

Möglichkeiten, wenn's doch passiert ist:
— Fühlen Sie sich im Themenbereich ausreichend zu Hause: strukturieren Sie den Vortrag gemeinsam mit Ihren Zuhörern neu, machen Sie diese aber darauf aufmerksam, daß Ihre Vorbereitung in eine andere Richtung gegangen ist (falls Sie daran schuldlos sind, kann dieses Umdisponieren zu einem großen persönlichen Erfolg für Sie werden).
— Fühlen Sie sich dafür nicht stark genug: verlagern Sie möglichst große Teile Ihres Referats auf die Diskussionsebene bzw. auf die Ebene eines Erfahrungsaustausches.

Unfallursache Q: Ein Kellner platzt während Ihrer Rede herein

Vorsorge: *durch den Veranstalter bzw. durch Sie selbst vor der Rede (Absprache mit dem Lokalbesitzer)*

Möglichkeiten, wenn's trotzdem passiert:
— Je nachdem, wie Sie sich leichter durchsetzen: den Kellner bitten, später wiederzukommen, oder die Rede unterbrechen.
— Dafür sorgen, daß keine weiteren Störungen vorkommen.

Unfallursache R: Sie oder ein Teilnehmer werden zum Telefon gerufen

Vorsorge: *Vereinbarung mit dem Veranstalter, daß Telefonate gesammelt und erst in der Pause gemeldet werden*

Möglichkeiten, wenn's trotzdem passiert:

— Beim Teilnehmer: Sie reden einfach weiter.
— Bei Ihnen: Rückruf ankündigen (Nummer soll erhoben werden).
Nur dann, wenn tatsächlich eine Katastrophe geschehen ist (Unfall naher Verwandter etc.), wird das Publikum Verständnis für eine derartige Unterbrechung haben.

Unfallursache S: Unterlagen oder sonstige Arbeitshilfsmittel fehlen

Vorsorge: *rechtzeitige Verständigung der Teilnehmer, welche Unterlagen und Arbeitshilfsmittel benötigt werden*

Möglichkeiten, wenn's trotzdem passiert:
— Wenn der Mangel in kurzer Zeit beseitigt wird (Unterlagen / Arbeitshilfsmittel in wenigen Minuten greifbar): durch Pause unterbrechen.
— Wenn eine Behebung des Mangels nicht möglich ist: kontrollieren, ob die Arbeit ohne die Hilfen sinnvoll durchgeführt werden kann; wenn nicht: Suche nach Alternativen.
Seien Sie fürsorglich! Ihre Zuhörer werden es Ihnen lohnen.

Unfallursache T: der Computer für die Präsentation läuft aufgrund technischer Mängel nicht

Vorsorge: *durch die unterschiedlichen Fehlerquellen der Geräte kaum möglich; da aber derartige Fehler bei Computern leider nicht selten sind, also durchaus im Bereich des zu Erwartenden liegen, muß der Redner Alternativen parat haben, z. B. Computergraphiken auf Overhead-Folie, ausgedruckte Texte als Arbeitsunterlagen*

Möglichkeiten, wenn's dennoch passiert:
— Praktisch keine, wenn die Präsentation auf den Computer aufgebaut ist und die genannte Vorsorge nicht getroffen wurde.
— Einzige Chance, wenn der Fehler in der Hardware liegt: der Veranstalter, Firmen in der Nähe oder das Hotel können Ihnen leihweise kurzfristig einen Computer zur Verfügung stellen (was aufgrund der hohen Verbreitungsdichte von Personal-Computern nicht auszuschließen ist).

Unfallursache U: Beleuchtung im Raum abends zu schlecht zum Arbeiten

(Solarrechner fallen aus, Lesen belastet die Augen zu sehr)

Vorsorge: im Rahmen der Auswahl des Veranstaltungsortes

Möglichkeiten, wenn's doch passiert:
— Versuchen, zusätzliche Lichtquellen zu bekommen.
— Umänderung des Programms auf Vortrag / Diskussion / Erfahrungsaustausch.

Unfallursache V: Teilnehmer müssen vorzeitig abreisen, Gruppen zerfallen

Vorsorge: im Rahmen des Vorgesprächs und bei der Zusammenstellung von Arbeitsgruppen

Möglichkeiten, wenn's doch passiert:
— Umstellung der Arbeitsgruppen.
— Zuteilung der verbleibenden Gruppenmitglieder auf andere Gruppen.
— Programm durch Vortrag oder Gesamtübungen abschließen.

Unfallursache W: Die Unterbringung der Teilnehmer ist schlecht, die Teilnehmer sind unzufrieden

Vorsorge: im Rahmen der Auswahl des Veranstaltungsortes

Möglichkeiten, wenn's doch passiert:
— „Störungen gehen vor", das heißt: Sorgen Sie dafür, daß die Teilnehmer zufriedengestellt werden, dann müssen Sie später nicht mit Konzentrationsproblemen und schlechter Laune der Zuhörer kämpfen.
— Ziehen Sie auf jeden Fall so rasch wie möglich Konsequenzen, allenfalls verlagern Sie den Ort bei einem Folgetermin.

Unfallursache X: Teilnehmer bevorzugen das Zusatzangebot des Veranstalters / Hotels gegenüber Ihrem Vortrag

Vorsorge: im Rahmen der Auswahl des Veranstaltungsortes
durch rechtzeitige Teilnehmermotivation
durch klare Zeitvereinbarungen für Arbeit und Erholung

Möglichkeiten, wenn's doch passiert:
— Die Angelegenheit klären, aber: nicht moralisieren, nicht tadeln, nicht

jammern, nicht anklagen, nicht drohen — was also dann? Reden! Zuhören! Das Problem darstellen, wie es ist, nämlich: Ihr Problem, nicht das Problem des Teilnehmers.
— Neue Zeitvereinbarungen für die Folgetage / für folgende Abschnitte treffen.

Unfallursache Y: Cliquenbildung bei Ihren Zuhörern

Vorsorge: *durch sorgfältige, gemeinschaftliche Arbeit*
                durch „Job-rotation" bei den Gruppen, das heißt je nach Problemstellung unterschiedliche Zusammensetzung der Gruppen

Möglichkeiten, wenn's doch geschieht:
— Die Cliquen in ein konstruktives Konkurrenzverhältnis bringen.
— Die Meinungsbildner („Opinion leaders") verstärkt in die Arbeit einbeziehen.
— Bei Schwierigkeiten: klärende Gespräche führen.

Unfallursache Z: Kindische Spiele der Teilnehmer

Vorsorge: *durch klares, zielorientiertes Arbeiten*

Möglichkeiten, wenn's doch geschieht:
— Mitspielen und vorsichtig herauslenken.
— Über den Meinungsbildner der Gruppe die Angelegenheit abbrechen.
— Keinesfalls: das akzeptierte Spiel oder die Spieler lächerlich machen.

Es gibt eine ganze Menge schlimmer Situationen, zu denen es kommen kann, wenn Sie reden wollen oder müssen. Dazu ein Tip: Sammeln Sie die Fälle aus der Praxis, aus Ihrer eigenen Erfahrung, sei sie als Redner, sei sie als Zuhörer erworben, sowie aus der Erfahrung anderer und ergänzen Sie den „Erste-Hilfe-Koffer" laufend. Trainieren Sie mit Hilfe dieser Sammlung Schlagfertigkeit und persönliches Krisenmanagement — es wird Ihnen nicht nur beim Reden helfen.

Wie Sie gesehen haben, stammen manche der Erste-Hilfe-Fälle schon aus einem späteren Kapitel, der „Arbeit in Gruppen".
Gemessen an der Arbeit mit Gruppen ist die reine Rede nahezu ein Kinderspiel. Wenn Sie gut reden, die Rede gut aufgebaut ist und der Inhalt halb-

wegs interessiert, werden Sie kaum gestört. Aber: Wie oft redet der Normal-
bürger schon?! Die Rede im klassischen Sinn ist zur Ausnahme geworden.
Moderne Kommunikation läuft anders ab: in Form von Seminaren, Diskus-
sionsrunden, Erfahrungsaustauschgruppen, in Vereinen, Mitarbeiterbe-
sprechungen, Verhandlungen usw. Der Redner bewegt sich dort nicht auf
dem gesicherten oder weitgehend abzusichernden Boden einer vorbereiteten Rede, sondern in der unmittelbaren Konfrontation. Und mit diesem
Themenbereich muß sich ein modernes Rhetorikbuch beschäftigen. Der
Redner der Neuzeit muß nicht nur reden, sondern auch diskutieren können.
Ehe wir damit aber zum nächsten Abschnitt des Buches kommen, stellt
sich noch eine Frage: Was geschieht nach der Rede?

Nach der Rede

Mit diesem Kapitel schaffen wir den Übergang zum nächsten Abschnitt unseres Gesprächs, zur „Kampfschule" des modernen Redners, der Rhetorik im Alltag.
Sie haben Ihre Rede abgeschlossen, Applaus geerntet, sich kurz, aber nicht zu tief verbeugt — und nun sollen Sie sich einer Diskussion stellen.

Die Diskussion

Diskussionen haben einerseits die Aufgabe, spezielle Anliegen der Teilnehmer zum Thema zu behandeln, Abschnitte der Rede noch weiter zu erläutern, unverstandene Passagen aus einem anderen Blickwinkel zu erklären; andererseits aber dienen Diskussionen dazu, kritische oder gegenteilige Ansichten vorzubringen.
Damit steht die Diskussion für den Redner unter dem gemeinsamen Zeichen von Chance und Bedrohung. Chance dadurch, daß er die Möglichkeit erhält, sich durch Schlagfertigkeit und ein breites Wissen beim Publikum noch weiter zu profilieren. Bedrohung durch die Möglichkeit, daß negativ eingestellte Zuhörer den Gesamteindruck zerstören oder zumindest trüben können, und — ja, auch das muß natürlich gesagt werden — durch die Möglichkeit, daß ein Redner ohne entsprechenden fachlichen Hintergrund zum Thema schlichtweg „zerfetzt" wird.
Je mehr Sie in einem Thema zu Hause sind, desto mehr wird für Sie die Diskussion zur Chance, weil alles das zutage treten kann, was in Ihrem Text vielleicht nicht ganz verständlich formuliert war; Sie können damit Fehler ausmerzen.
Um gleich nochmals darauf hinzuweisen: Wir sprechen jetzt nur von der Diskussion nach einer Rede, nicht von einer reinen Diskussionsveranstaltung.
Am Beginn nahezu jeder Diskussion nach einer Rede ergibt sich das Problem: Wer stellt die erste Frage? Es ist für den Redner immer etwas peinlich, wenn das Publikum keine Fragen mehr hat. Nicht zu Unrecht fragt er sich dann, ob er nicht Fehler begangen hat, ob er die Leute nicht „niedergeredet" hat, anstatt sie für ein Thema zu erwärmen.
Ein guter Redner wird die Diskussionsthemen in irgendeiner Form aufbe-

137

reiten, indem er z. B. bei einigen Redepunkten anmerkt: „Dieses Thema würde ich mit Ihnen gerne noch etwas diskutieren." Er hat dann die Möglichkeit, falls keine Wortmeldung kommt, diese Themen einzubringen. Gelingt es damit noch immer nicht, bei den Zuhörern das Eis zu brechen, wird die Angelegenheit allerdings peinlich.

Sobald sich der erste Zuhörer aufgerafft hat, eine Frage zu stellen, läuft die Sache im allgemeinen. Und nun beginnt für den Redner die geistige Akkordarbeit: Er muß zuhören und „sprechdenken", das heißt, er hat nur kurze Überlegungszeit für seine Antwort, es darf keine bemerkenswerte Pause entstehen. Sie erinnern sich an die „Vier-Ohren-Theorie" von Friedemann Schulz von Thun:

— das Sachohr,
— das Beziehungsohr,
— das Selbstoffenbarungsohr und
— das Appellohr.

Im Sinne dieser Theorie muß der Redner einschätzen, wie die Frage gemeint ist.

Bringen wir noch eine weitere Kommunikationstheorie ins Spiel: die Transaktionsanalyse. Transaktionsanalyse ist eine von Eric Berne entwickkelte Theorie, die auf der Erkenntnis von drei Ich-Zuständen aufbaut: dem Kindheits-Ich, dem Eltern-Ich und dem Erwachsenen-Ich. Im zweiten Band dieses Buches, „Rhetorik für den Alltag", müssen wir uns intensiv mit dieser Ansicht beschäftigen, hier nur so viel:

— Das Kindheits-Ich leidet, spielt und genießt.
— Das Eltern-Ich weiß, wertet und wiegt.
— Das Erwachsenen-Ich erfaßt die Realität, prüft die Fakten und bedenkt die Folgen.

Der Redner ist mit diesen und noch anderen Theorien zur Kommunikation gewappnet und hört nun die Frage. Wer spricht also zu ihm? Ein Kindheits-Ich (leidend, verspielt), ein Eltern-Ich (wissend, beurteilend) oder ein Erwachsenen-Ich (das einfach Fakten erläutert haben möchte)? Und mit welchem Ohr soll er vorwiegend hören? Wie ist die Botschaft auf den vier Ebenen gemeint?

Fühlen Sie sich jetzt überfordert? Wenn Sie das in der realen Situation erst üben müßten, wären Sie sicher nicht in der Lage, eine zufriedenstellende Einschätzung zu finden. Diese Übung müssen Sie vorher machen, im modernen Rhetorik-Training. Wir beide beginnen gerade damit.

Bringen wir die beiden Aspekte zunächst in eine Matrix-Beziehung:

I c h - E b e n e n		
Kind	Erwachsener	Eltern
Kommunikationsebenen		
Sachohr Beziehungsohr Selbstoffenbarungsohr Appellohr		

Wir haben damit drei mal vier — zwölf Kommunikationsebenen:
— das Kindheits-Ich mit den vier Ebenen der Botschaft,
— das Erwachsenen-Ich,
— das Eltern-Ich.

Welche Sachbotschaft sendet das Kindheits-Ich? Es ist, wie wir wissen, leidend, verspielt, genießerisch. Was könnte also laufen? Sagt der Diskussionsteilnehmer aus dem Kindheits-Ich: „Eigentlich interessiert mich gar nichts, aber du bist mir sympathisch. Du willst eine Diskussion, also werfe ich dir den Ball zu, ich spiele mit." Auf der Beziehungsebene kündigt er an: „Spielkamerad." Auf der Selbstoffenbarungsebene: „Ich will mich mit dem Thema nicht zu sachlich beschäftigen." Auf der Appell-Ebene: „Unterhalte mich!"

Nach diesen Elementen können Sie nun alle Ebenen durchspielen, wobei in den einzelnen Ich-Zuständen wiederum die Teilaspekte zu berücksichtigen sind. Zwölf Kommunikationsebenen, multipliziert mit drei Teilaspekten, das ergibt insgesamt 36 Kombinationen — 36 verschiedene Möglichkeiten, wie eine Frage gemeint sein kann, allein aus diesen zwei Grundstrukturen.

Verzweifeln Sie nicht an dem Problem! So analytisch geht man in der Praxis gar nicht vor. Ich wollte Ihnen nur Denkanstöße dafür geben, wie vielfältig Ansatzpunkte für Überlegungen gestaltet werden können. Wollten wir alle diese Möglichkeiten durchspielen, würde das hier zu einer unendlichen Geschichte — und damit eigentlich langweilig. Das darf aber nicht passieren. Daher gleich ein Vorschlag für Sie: Stellen Sie sich vorsichtshalber dumm! Nehmen Sie ganz einfach an, alle Fragen kommen aus der Ebene „Erwachsenen-Ich", das heißt, sie sind sachlich, und hören Sie nur mit dem „Sachohr". Mit dieser Methode kann Ihnen in der Diskussion am wenigsten passieren. Wenn Sie die Antwort dann noch mit etwas „Pfeffer" würzen, damit die Stimmung erhalten bleibt (diese Lust stammt aus der Ebene des Kindheits-Ich), schadet das gar nicht. Sie sollten nur daran denken, daß Pfeffer ein Gewürz ist und daß Gewürze sparsam eingesetzt werden müssen.

Was tun Sie, wenn der Frager mit Ihrer Antwort nicht zufrieden ist? Ich habe schon Diskussionen erlebt, wo die Antworten so lange derart allgemein und nichtssagend gehalten wurden, bis der Frager aufgegeben hat. Auch eine Lösung, aber keine gute.

Ist der Frager mit Ihrer Antwort nicht zufrieden, kann das mehrere Gründe haben:

— Er fühlt sich von Ihnen mißverstanden.
— Er hat Sie mißverstanden.
— Er ist mit dem Inhalt nicht zufrieden.

Wenn Sie aus Ihrer Sicht den Inhalt nach bestem Wissen und Gewissen und in der Überzeugung gebracht haben, er sei auch vollständig, und wenn Sie mit bestem Willen nichts Sinnvolles mehr hinzufügen können, dann bleibt eben die Unzufriedenheit stehen. Man kann nicht alle zufriedenstellen — Sie müssen als Redner manchmal auch den Mut haben, einen Zuhörer zu frustrieren.

Sehr wohl können und müssen Sie aber etwas unternehmen, wenn die erstgenannten Punkte zutreffen. Wie bekommen Sie das heraus? Einerseits können Sie direkt fragen: „Habe ich Sie richtig verstanden: Sie möchten wissen, ob... Welcher Aspekt ist aus Ihrer Sicht noch nicht ausreichend besprochen?" Andererseits können Sie Ihre Ansicht nochmals aus einem anderen Blickwinkel, mit anderen Worten oder ergänzt durch ein Beispiel erläutern.

Was tun, wenn die Diskussion nach der Rede ausufert?

Ja, was tun, wenn's brenzlig wird? Sicher nicht dem ersten Fluchtimpuls folgen — später kann man schon davon reden.

Fragen Sie zunächst sich, dann Ihre Zuhörer, Ihre jetzigen Diskussionspartner, worum es eigentlich geht, das heißt, prüfen Sie die Problemdimensionen, und stellen Sie dann fest, wer das Problem hat (vgl. Thomas Gordon, „Managerkonferenz"): Sie, einer Ihrer Diskussionsteilnehmer, alle Diskussionsteilnehmer oder gar jemand anderer (z. B. der Veranstalter, der Hotelbesitzer).

Es ist mir nach Reden schon passiert, allerdings vorwiegend in Seminaren, daß plötzlich eine schlechte Stimmung da war, ohne daß ich mich davon in irgendeiner Weise betroffen gefühlt hätte und ohne daß ich den Eindruck gehabt hätte, die Zuhörer seien gegen mich eingestellt. Und Rückfragen haben dann tatsächlich oft ergeben, daß das Problem ganz andere Wurzeln hatte. Also reagieren Sie nicht zu rasch!

Probleme sollen bei dem bleiben, der sie hat. Das heißt: Wenn ein Teilnehmer ein Problem mit Ihnen hat, dann ist es sein Problem. Sie können und sollen ihm zuhören, nicht aber sein Problem übernehmen. Das führt zu keiner Lösung. Wer ein Problem hat, sollte das in Form einer Ich-Botschaft formulieren. Der Partner sollte aktiv zuhören und bei der Aufarbeitung des Problems helfen, aber nicht neuer oder zusätzlicher Problemeigentümer werden.

Das ist einfach gesagt, aber wie verhält man sich nun in der Diskussion? Handelt es sich um eine einfache Sachfrage, ist die Angelegenheit einfach: Sie beantworten die Frage oder sagen, wenn Sie keine Antwort wissen: „Auf diese Frage bin ich nicht vorbereitet, ich kann sie Ihnen nicht beantworten." Oder: „Das liegt nicht in meinem Fachgebiet, da muß ich passen." Hüten Sie sich davor, eine Antwort hinzupfuschen! Gerade Ihr Versuch, durch die Beantwortung *aller* Fragen gut dazustehen, kann Ihr Verderben werden.

Wesentlich kritischer ist die Angelegenheit dann, wenn ein Urteil von Ihnen erwartet wird. Wenn Sie können, vermeiden Sie Urteile. Wenn Sie mehr oder minder dazu gezwungen werden — oder sich dazu gezwungen fühlen —, geben Sie das Urteil ausschließlich in Form einer „Ich-Aussage": „Ich persönlich sehe die Angelegenheit so..." Oder: „Nach meinen Erfahrungen verhält es sich so, aber..."

Unangenehm wird die Diskussion, wenn Ihre Meinung angegriffen wird. Sie müssen dann neuerlich argumentieren, und das nicht mehr in der ruhigen Atmosphäre einer Redevorbereitung. Wir kommen damit geradewegs zu einem späteren Kapitel, „Konflikte und Konfliktlösungen" — lassen wir es daher an dieser Stelle genug sein.

Noch ein letzter Punkt, den wir besprechen müssen: Was tun, wenn Sie persönlich angegriffen werden? Um das mit Fassung auszuhalten, brauchen Sie gutes Standvermögen, das man durchaus trainieren kann.

Widerfährt Ihnen ein persönlicher, vielleicht sogar noch unfairer Angriff (z. B.: „Sie sind doch ein reiner Theoretiker, der keine Ahnung hat, wie es im wirklichen Leben zugeht!"), so haben Sie folgende Möglichkeiten:

— Sie fragen zurück und zwingen den Angreifer, sachliche Gründe anzugeben.

— Sie geben den Angriff als Frage an die anderen Zuhörer weiter, wenn Sie

sich von diesen Unterstützung erhoffen können. („Ist dies auch Ihre Meinung, oder konnte ich Sie besser überzeugen?")
— Sie nehmen selbst Stellung dazu, aber immer mit einer Ich-Botschaft: „Ich bin betroffen, daß..." „Ich bin erstaunt, daß..." „Offensichtlich ist es mir nicht gelungen... Darf ich ganz kurz die wesentlichen Aussagen nochmals zusammenfassen und Ihnen an einigen Beispielen zeigen, wie das in der Praxis aussieht..."

Oberstes Gebot: ruhig bleiben! Sobald Sie nervös werden, haben Sie keine Chance mehr.
Persönliche Angriffe sind üblicherweise so formuliert, daß auf der sachlichen und argumentativen Ebene keine Klärung herbeigeführt werden kann. Sie sind emotional und irrational, Aussagen, die nicht Gegengründe und Argumente akzeptieren, sondern nur recht behalten wollen — sogenannte „Killerphrasen".
Reagieren Sie jetzt so, wie das eigentlich vom Angreifer erwartet wird, entweder
— mit einem Gegenangriff oder
— mit einem Rückzug,
dann haben Sie das Spiel des Angreifers angenommen und ihm damit schon das erste Mal recht gegeben. Vom Rednertisch aus können Sie jetzt versuchen, ihn niederzureden, denn Sie haben ja die bessere Sprechposition — aber bedenken Sie, wie das bei den anderen Zuhörern wirkt!
Nein, Sie müssen das Problem eleganter lösen, etwa mit einer der vorhin besprochenen Methoden.
Sobald die Diskussion offensichtlich zu emotional wird, versuchen Sie am besten, zu einem Ende zu kommen. Wenn der vereinbarte Zeitrahmen erreicht oder überschritten ist, kann das kein großes Problem sein. Geschickte Redner und Diskutierer haben mit dem Veranstalter schon vereinbart, wie ausufernde Diskussionen abgefangen werden. Es gibt dann im Publikum Leute, die die richtigen Fragen stellen, um die Diskussion wieder zu lenken — oder um das Abschluß-Statement zu bringen. Der Veranstalter kann sich auch selbst in das Geschehen einbinden und dem Redner eine „letzte" Frage stellen.
Lassen Sie die Diskussion aber nicht sang- und klanglos auslaufen, sondern fassen Sie in einer kurzen abschließenden Stellungnahme die wesentlichen Aussagen Ihrer Rede und der in der Diskussion aufgetauchten Punkte zusammen. Danken Sie für die Teilnahme an der Diskussion, aber so, wie diese tatsächlich war — das heißt bei flauer Diskussion nur so wie oben formuliert: „Ich danke Ihnen für die Teilnahme an der Diskussion." Und nur

dann, wenn diese lebhaft war, danken Sie für die „rege Diskussion". Seien Sie immer ehrlich zu Ihren Zuhörern. Falsche Töne werden erkannt — und übel aufgenommen.

Die Rückkoppelungsrunde

Sogenannte Rückkoppelungsrunden sind bei kleineren Zuhörergruppen Sitte geworden. Nur sehr gute und prominente Redner können es sich vor geschultem Publikum leisten, auf die Stellungnahme der Teilnehmer zu verzichten.

Bei der Rückkoppelungsrunde sollte jeder Teilnehmer in Form einer Ich-Botschaft seinen Eindruck von der Rede darlegen, vom Inhalt, von seinen persönlichen Folgerungen daraus, eventuell auch von seinem seelischen Zustand nach der Rede.

Jeder spricht dabei nur für sich selbst, die anderen schweigen, es werden (auch vom Redner!) zur Einzeldarstellung keine Kommentare abgegeben. Der Redner darf höchstens um zusätzliche Erläuterungen zu einzelnen Punkten bitten.

Nach Abschluß der Rückkoppelungsrunde nimmt der Redner eventuell noch zu einzelnen angesprochenen Punkten Stellung, oder er spricht nur mehr ein paar nette Worte und schließt die Veranstaltung.

Die Redebeurteilung

Wo dies in sinnvoller Form möglich ist — manchmal auch dann, wenn es eigentlich gar keinen Sinn ergibt —, bemüht sich nahezu jeder Veranstalter, von den Zuhörern einen Kommentar zum Gehörten in Form einer Beurteilung zu erhalten. Dazu hat jeder eigene Erhebungsblätter und Erhebungsformen von unterschiedlicher Qualität. Vielfach wird vom Redner erwartet, daß er auch noch zu den Beurteilungen Stellung nimmt, vorwiegend dann, wenn die Beurteilungen schlecht sind.

Wenn Sie derartige Formen der Beurteilung über sich ergehen lassen müssen, jedoch zumindest bei der Gestaltung der Erhebung mitwirken können, achten Sie darauf, daß den Zuhörern möglichst viele „offene" Fragen gestellt werden, das heißt Fragen, zu denen nicht einfach Antwortvorgaben angekreuzt werden, sondern die Antworten auszuformulieren sind. Einerseits erhalten Sie dadurch weniger verzerrte Antworten, andererseits ein plastischeres Bild der Meinungen. Und was heißt schon „ausgezeichnet",

„sehr gut", „gut", „durchschnittlich", „schlecht" für den einzelnen? Manche Zuhörer vergeben grundsätzlich keine extremen Werte, andere wiederum neigen dazu.

Für den Auswertenden, also üblicherweise den Veranstalter, sind „geschlossene" Fragen besser zu verarbeiten, weil sie unmittelbar über Computer ausgewertet und analysiert werden können.

Beurteilungen dienen dem Veranstalter dazu, den „Marktwert" des Redners richtig einzuschätzen; für den Redner sind sie aber letztlich wichtig, um seine Fehler zu erkennen und damit Chancen zur Verbesserung zu bekommen. Deshalb ist ein Beurteilungsblatt aus der Sicht des Redners nur dann gut, wenn die Fehler in erkennbarer Form genannt sind.

Nehmen wir an, Sie erhalten einen Beurteilungsbogen, auf dem Ihr Vortragsstil als „durchschnittlich" bezeichnet wird. Kommt diese Beurteilung von der Mehrzahl der Teilnehmer, so können Sie davon ausgehen, daß irgend etwas an Ihrem Vortragsstil wirklich nicht stimmt. Aber was? War es die Mimik, die Gestik, die Sprache, waren es Sprachmelodie, Sprechtempo, Sprechpausen, waren es die Präsentationsmittel oder was sonst? Oder hat etwa ein anderes Element durchgeschlagen, das mit dem Vortragsstil gar nichts zu tun hat?

Wenn der Beurteilungsbogen für Sie als Redner zuwenig informativ ist, haben Sie folgende Möglichkeiten:

— Sie versuchen die Beurteilungen so frühzeitig zu bekommen, daß Sie diese noch hinterfragen können.
— Sie bringen die wesentlichen Elemente der Beurteilung als Fragestellung in die Rückkoppelungsrunde ein.

Abschluß

Die Rede, jene Rede, bei der ein Redner allein und „unangetastet" vor einem schweigenden Publikum steht und seinen Text vorträgt, ist eher zur Ausnahme geworden; und vielleicht war sie immer die Ausnahme. Nach wie vor gelten die Grundregeln der Rhetorik, sie verlangen aber in der modernen Rede eine Erweiterung. Es gibt wesentliche neue Erkenntnisse der Psychologie, der Kommunikationsmechanismen, der Motivationstheorien, der Argumentationstechniken etc., die bei Reden eingesetzt werden müssen.

Das wesentlich höhere Selbstwertgefühl der Menschen unserer Gesellschaft, das höhere Bildungsniveau breiter Bevölkerungsschichten, das demokratische Mitspracheverständnis, der problemlose Zugang zu praktisch allen Wissensgebieten — all das hat neue Formen des Zuhörens und damit neue Formen der Rede hervorgebracht. Diese Formen, die auf den Zuhörer ausgerichtet sind und bei denen vielfach der Zuhörer die Rolle des Gesprächspartners übernimmt, prägen Ihren Erfolg als Redner in der modernen Gesellschaft.

Begeben wir uns damit in die „Kriegsschule" der Rhetorik, in die lebendige Rhetorik der Praxis, des Alltags. Immer wieder ist rhetorisches Können gefordert: von der Festrede im Famlienkreis über die Rede vor dem Betriebsrat bis zur politischen Rede. Mit Tips und Formulierungsbeispielen möchte ich Ihnen dazu ein wenig Hilfestellung leisten.

Anleitung zur Rede

Tips, Tricks, Rezepte und Warnungen

Erfolgsrezepte der Rede

- Sprechen Sie zuhörerorientiert. Sie sprechen für den Zuhörer, für niemanden sonst.

- Sprechen Sie frei. Benutzen Sie das Manuskript nur als Gedächtnisstütze; wenn möglich stützen Sie Ihr Gedächtnis durch audiovisuelle Präsentationshilfen.

- Sprechen Sie moduliert, nutzen Sie Ihre Stimme in unterschiedlichen Tonhöhen und Tonstärken, und wählen Sie die jeweils dem Text angepaßte Stimmhöhe.

- Sprechen Sie unterstützt von audiovisuellen Präsentationshilfen, geben Sie Ihren Zuhörern zusätzliche Gedächtnishilfen.

- Sprechen Sie so, daß Ihre Gesten und Ihre Mimik den Worten angepaßt sind und nicht ihnen widersprechen.

- Sprechen Sie stehend und ohne sich irgendwo festzuklammern; bewegen Sie sich mit ruhigen Schritten in einem selbstgewählten Sprechraum.

- Sprechen Sie, aber hören Sie dabei Ihren Zuhörern zu: deren Körpersprache, deren Zwischenbemerkungen, auch ihrer Unaufmerksamkeit.

- Sprechen Sie nur über Themen, die Ihnen vertraut sind, und vertreten Sie nur Meinungen, die Ihren Meinungen entsprechen.

- Sprechen Sie so, daß Sie alles, was Sie sagen, auch fühlen.

● Sprechen Sie, wie Sie sind, bleiben Sie sich selbst treu, bleiben Sie authentisch.

Das sollten Sie vermeiden

Bei der Rede...

● mit einer nachlässigen Körperhaltung vor dem Publikum stehen

● nicht dem Anlaß entsprechend gekleidet sein

● ungepflegt wirken

● das Publikum nicht ansehen

● auf Reaktionen des Publikums nicht eingehen

● eine Sprache verwenden, die das Publikum nicht versteht (Fremdwörter, nicht erläuterte Fachbegriffe)

● zu lange und verschachtelte Sätze verwenden

● undeutlich sprechen

● eintönig sprechen

● vom Blatt lesen

● keine audiovisuellen Hilfsmittel verwenden

● humorlos und langweilig / gelangweilt vortragen

● keine Höhepunkte bringen

● unzusammenhängend sprechen

● Versprecher nicht entschuldigen

● logisch falsch argumentieren

- Wiederholungs- und Verlegenheitswörter verwenden

- Satz- oder Wortteile „verschlucken"

- unvorbereitet sein

- generell wenig über das Thema wissen

- die Zuhörer mit falschem Namen ansprechen

- abrupt, ohne Übergang enden

So wirken Sie ruhig in Ihrer Rede

- Sie treten in entspannter, aufrechter Körperhaltung auf.

- Ihr Kopf ist leicht erhoben, Sie blicken direkt in Ihr Publikum, sehen kurz die einzelnen Teilnehmer an, Ihr Blick ist ruhig.

- Ihre Stimme ist fest.

- Sie artikulieren Ihre Worte deutlich.

- Ihre Hände hängen entspannt am Körper herab oder werden für Gesten zur Unterstützung des Gesagten eingesetzt (im „positiven" Bereich, das heißt über der Körpermitte).

- Sie sprechen frei, Ihre Gedächtnishilfen setzen Sie unauffällig ein.

- Sie bleiben nicht wie angewurzelt stehen, sondern bewegen sich in wohlüberlegten Schritten im Rede-Raum.

- Sie versprechen sich nicht.

- Ihre Rede zeigt einen durchdachten, logischen Aufbau.

- Passiert Ihnen ein Mißgeschick irgendwelcher Art (Stolpern, Anstoßen etc.), entschuldigen Sie sich kurz und sprechen ruhig weiter.

● Sie klammern sich nicht an einzelne Zuhörer im Publikum. Ihr Gesprächspartner ist das ganze Publikum, und Sie sehen immer wieder jeden einzelnen aus dem Publikum an.

So trainieren Sie Schlagfertigkeit

1. Stellen Sie sich Situationen vor, bei denen Sie zur Rede gestellt wurden:
   — Wie haben Sie reagiert?
   — Was hätten Sie besser gesagt?

2. Provozieren Sie harmlose Situationen, in denen Sie Schlagfertigkeit beweisen müssen.

3. Wenn Sie unfreiwillig Zeuge von Gesprächen werden, geben Sie — allerdings nur still, in Ihrem eigenen Gehirn — eine Antwort, die „sitzt".

4. Lesen Sie gute Theaterstücke, vor allem Komödien, und suchen Sie bewußt jene Stellen heraus, an denen Schlagfertigkeit bewiesen wird. Sie erhalten damit einerseits eine ausreichende Zahl von Beispielen, andererseits vielleicht sogar eine Zitatensammlung.

5. Geben Sie in jenen Szenen, die Sie herausgesucht haben, andere schlagfertige Antworten, und überlegen Sie, wie sich das Stück dadurch weiterentwickeln könnte. (Ob Sie ausreichend schlagfertig waren, muß Ihnen jemand anderer sagen — ein Freund / eine Freundin; wenn Sie mutig genug sind: jemand, der Sie weniger mag, mit dem Sie aber in Kontakt stehen.)

Schlagfertig sein heißt: auf Angriffe reagieren oder in einer Situation den Angriff beginnen. Sie sind damit in einem geistigen Wettkampf und brauchen wie jeder Wettkämpfer Training.

So bereiten Sie Ihre Rede vor

1. Sie kümmern sich um Ihre Zuhörer: wer kommt, wie viele Personen, welches Alter, welcher Bildungsstand, welche Interessen, welche Ziele?

149

2. Sie kümmern sich um den Raum: welche Akustik, welche Beleuchtung, welches Raumklima, welche Gestaltung des Zuhörerbereiches (Tische, Stühle — kann man darauf stundenlang sitzen, ohne Schmerzen zu bekommen?), welche Gestaltung des Rednerbereiches, welche Präsentationshilfsmittel?

3. Sie kümmern sich um Ihr Thema: Materialsammlung, Stoffauswahl, Stichwortsammlung, Argumentationen.

4. Sie kümmern sich um das Manuskript: AIDA-Formel, Einstieg (womit beginnen, wie ansprechen?), Hauptteil und wichtigste Argumente, Abschluß.

5. Sie kümmern sich um Ihre Präsentation: Vorbereitung von Overhead-Folien, Vorbereitung von Flip-Chart-Blättern, Bereitstellung ausreichenden Moderationsmaterials, Material für sonstige Präsentationsformen (Videobänder, Diapositive, Tonkassetten).

6. Sie kümmern sich um die Arbeitsunterlagen der Teilnehmer: Manuskripte, Kopien, Literaturangaben, Präsentation von Büchern.

7. Sie kümmern sich um die Anreise: sichere Zeit zur Abfahrt, Verkehrsmittel, Parkplatzsuche.

8. Sie kümmern sich um Ihre eigene Verfassung: nicht zu müde, nicht zu nervös, nicht zu arrogant, nicht zu demütig, dafür selbstsicher, überzeugend, richtig gekleidet.

Check-Lists für die Rede

Es geht um: Ihre Gefühle

● Wie ist / war mein erstes Gefühl, als die Aufforderung zur Rede an mich herangetragen wurde / als ich mich entschloß zu reden?
(ruhig, selbstsicher, beängstigend, unangenehm, gespannt...)

● Welche Gründe vermute ich hinter meinem Gefühl?
(meine eigenen charakterlichen Eigenschaften? meine Schüchternheit?

mein Selbstdarstellungsbedürfnis? das Thema? das Publikum? den Veranstaltungsort?)

● Wovor habe ich Angst bei der Rede?

● Worauf freue ich mich, wenn ich an die Rede denke?

● Auf was muß ich besonders achten?
(Sprache, Stimme, Konzentration, Gestik, Mimik, Artikulation)

● Was wäre mir unangenehm — unmittelbar vor der Rede, während der Rede, nach der Rede?

● Was wäre mir angenehm?

● Wie erwarte ich den Ablauf? Was würde mich verwirren?

● Wie schaffe ich mir innere Ruhe?

Es geht um: Ihre Zuhörer

● Wie viele Zuhörer kann ich erwarten?

● Wie bekämpfe ich meine Enttäuschung, wenn wesentlich weniger kommen? Wie werde ich damit fertig, wenn es wesentlich mehr sind?

● Was weiß ich über meine Zuhörer? Ihre Interessen, ihre Ziele bei der Rede, ihren Bildungsstand, ihre geistige Aufnahmefähigkeit, ihre Sprache, ihren sozialen Hintergrund?

● Was wissen die Zuhörer über mich? Was wurde ihnen von wem vermutlich bereits gesagt? Wie werden sie mich sehen?

● Wie will ich mit den verschiedenen Zuhörertypen umgehen: mit den Konstruktiven, Aufmunternden, Aufgeschlossenen, aber auch mit den Besserwissern, Nörglern, Skeptikern?

● Welche Zuhörerreaktionen würden mich beflügeln, welche lähmen? Wie kann ich lähmenden Wirkungen vorbauen?

● Welche Kriterien will ich für die Einschätzung der Zuhörerreaktionen aller Art (verbal und nonverbal) ansetzen?

● Was will ich eingangs von den Zuhörern wissen? Welche Fragen will ich ihnen stellen?

● Wie will ich mich in den Pausen den Zuhörern gegenüber verhalten? Suche ich Pausengespräche oder will ich nur „Small talk"?

● In welcher Form und wie oft suche ich Rückkoppelung von den Zuhörern?

Es geht um: das Sammeln von Unterlagen

1. Was umfaßt das Gesamtthema?
   Sie sehen nach in:
   Duden
   Lexika
   Enzyklopädien
   Überblicksdarstellungen

2. Was gibt es über mein Spezialthema?
   Sie sehen nach in:
   Bibliotheken (was gibt es zum Thema)
   Spezialbüchern und deren Literaturverzeichnis
   Fachzeitschriften und dort angegebener Literatur

3. Was wird über mein Thema gesprochen?
   Berichte in Zeitungen
   Berichte in Zeitschriften (jeweils unterschiedliche weltanschauliche Richtungen)
   Rundfunkdiskussionen
   Fernsehdiskussionen und Talk-Shows
   Gespräche mit Bekannten

4. Was interessiert zum Thema?
   Analyse der Schwerpunkte in Veröffentlichungen
   Suche nach Reizwörtern in persönlichen Gesprächen

Suche nach Ansichten, die Interesse wecken
Schwerpunkte, die sich im Gespräch bilden („natürliche" Schwerpunkte)

5. Welche Aspekte werden vernachlässigt?
Analyse der Unterlagen und Gespräche
Kreativtechniken

Es geht um: das Sammeln von Argumenten

1. Diese Fragen sollten Sie sich stellen:
Welche Argumente kenne ich zum Thema?
— dafür
— dagegen
— neutral / objektiv
Über welche Quellen runde ich meine Argumentationskenntnis ab?
Welche Gruppe argumentiert wie?
Wie argumentiert die Gruppe, die mich zur Rede beauftragt hat?
Welche Argumente enthalten besonderen Konfliktstoff?
Was sind die wichtigsten Argumente des Gegners?
Welcher Art sind die wichtigsten Argumente
— der eigenen Gruppe,
— des Gegners,
— die ich selbst habe?
Sind sie aufgebaut auf
— Logik,
— angreifbaren Prämissen,
— Gefühlen,
— weltanschaulichen Grundeinstellungen?

2. Das sollten Sie analysieren:
Wie stark sind die einzelnen Argumente?
Wie angreifbar sind sie durch Logik, Weltanschauung oder Erfahrungswerte?

3. Das sollten Sie bedenken:
Welche Argumente werden in der Diskussion vermutlich kommen?
Welche Argumente könnten kommen und mich in Verlegenheit bringen?

4. Das sollten Sie ausarbeiten:
Gegenargumente und deren rhetorische Präsentation

So lernen Sie, spontan zu reden

1. Strukturieren Sie jedes Thema, das Sie interessiert und bei dem Sie damit rechnen können, in irgendeiner Form darüber zu reden:

   — Wie würden Sie ein Gespräch einleiten?
   — Wie würden Sie gliedern?
   — Welche Argumente würden Sie bringen?
   — Welche Folgerungen würden Sie vorschlagen?
   — Wie würden Sie abschließen?

2. Sammeln Sie Anekdoten, Witze, Statistiken, Argumente, pointierte und sarkastische Formulierungen zu „Ihren" Themen.

3. Suchen Sie Gelegenheiten — zunächst bei privaten Diskussionen, wenn Sie geübter sind, bei öffentlichen Diskussionen —, sich zu Wort zu melden und ein kurzes Statement abzugeben.

4. Wenn Sie Fernsehdiskussionen sehen: greifen Sie ein Thema auf und formulieren Sie eine kurze Rede (ca. fünf Minuten lang). Geben Sie sich für die Redevorbereitung zunächst zehn Minuten und verkürzen Sie im Laufe weiterer Übungen diese Zeit auf zwei bis drei Minuten. Sprechen Sie diese Übungen auf Tonband.

5. Suchen Sie Gelegenheiten, kurze Tischreden zu halten, z. B. im Rahmen Ihres Vereins, bei Seminaren, bei Familienfeiern etc.

6. Fassen Sie Erlebnisse in kurzer Form zusammen und berichten Sie darüber im Familienkreis: über Filme, Bücher, Theatervorstellungen, persönliche Begebenheiten, Begegnungen etc.

So trainieren Sie Ihr Gedächtnis

1. Nehmen Sie nicht Einzelereignisse auf, sondern Zusammenhänge. Erfassen Sie jedes Einzelereignis in seinem tatsächlichen oder in einem assoziativen Zusammenhang, das heißt in Verbindung mit einer Denkhilfe.

2. Verbinden Sie mit dem, was Sie sich merken wollen, Bilder und Geschichten.

3. Suchen Sie systematisch aus einem Ihnen vertrauten Bereich Merkhilfen zu schwierig zu merkenden Namen und Wörtern.

4. Lernen Sie so, wie es Ihrem Lerntypus entspricht. Wenn Sie sich am besten Gesprochenes merken, lernen Sie vom Tonträger; wenn Sie am besten Gelesenes merken, lernen Sie von einem vorliegenden Schriftstück; wenn Sie am besten selbst Geschriebenes merken, schreiben Sie das zu Merkende auf.

5. Konzentrieren Sie sich beim Lernen auf Stichwörter, nicht auf ganze Texte. Wählen Sie die Stichwörter so, daß diese für Sie zu Auslösern ganzer Lerninhalte werden. Wiederholen Sie von Zeit zu Zeit.

6. Bei verschiedenen Gelegenheiten kommt es vor, daß Mitarbeiter oder Teilnehmer Namenskärtchen tragen. Nutzen Sie diese Gelegenheit und lernen Sie die Namen. Verbinden Sie jeden Namen mit dem Gesicht, so daß beides eine untrennbare Einheit wird. Kontrollieren Sie sich dann von Zeit zu Zeit, um zu sehen, ob diese Verbindung in Ihrem Kurzzeit- oder auch schon in Ihrem Langzeitgedächtnis vorhanden ist.

7. Nehmen Sie nie zu viele Lerninhalte auf einmal und zu schnell hintereinander auf. Sie überlagern sonst die Gehirnaktivitäten, die das Gedächtnis prägen.

8. Wenn Sie lernen, müssen Sie innerlich ruhig sein. Nervosität hemmt die Gedächtnisleistung.

So präsentieren Sie richtig

● Nutzen Sie sooft wie möglich die Gelegenheit, das Vorgetragene zu visualisieren, im Minimum Overhead-Projektor und Flip-Chart.

● Die Visualisierung sollte im allgemeinen nur Stichwörter zeigen, nicht den gesamten Redeinhalt.

● Gestalten Sie die Visualisierung lebhaft, in mehreren Farben, großer Schrift, die von jedem Platz im Zuhörerraum aus gesehen werden kann, und in übersichtlicher Darstellung. Das Prinzip heißt: weniger ist mehr!

155

● Überprüfen Sie die Akustik im Raum und vergewissern Sie sich, daß Sie auch in der letzten Reihe gut gehört werden.

● Wenn Sie eine leise Stimme haben und vor größerem Publikum sprechen müssen, stellen Sie unbedingt bei der Vereinbarung mit dem Veranstalter sicher, daß Sie über Mikrophon sprechen können.

● Setzen Sie die Stimme gezielt ein, in Tonhöhe und Stimmstärke variierend, angepaßt an die jeweilige Redepassage.

● Stimmen Sie Ihre Körpersprache, Mimik, Gestik und den Stimmeinsatz aufeinander ab, jeweils angepaßt an die Redepassage. Widersprüchliche Ausdruckselemente (wenn die Körpersprache oder die Mimik etwas anderes sagt als die Stimme) führen zu Verwirrung beim Publikum oder gar zum Eindruck der Unglaubwürdigkeit.

● Bewegen Sie sich bei der Rede auf vorher durchdachte, natürlich wirkende Weise. Sie wirken dann natürlich, wenn Sie sich persönlich wohl fühlen.

● Wenn Sie ein Rednerpult mit Mikrophon zur Verfügung haben, klammern Sie sich keinesfalls daran fest.

● Je offener Sie auf das Publikum wirken, desto besser kommen Sie an: offen in der Gestik, offen im Gesichtsausdruck, hell und stark in der Stimme, mit deutlicher Aussprache.

So reagieren Sie richtig auf Pannen

● Versuchen Sie nicht zu kaschieren, wo es nichts zu verbergen gibt. Geben Sie Fehler zu und entschuldigen Sie sich beim Publikum dafür.

● Scheuen Sie nicht davor zurück, das Publikum nötigenfalls um Hilfe zu bitten.

● Geben Sie sich so, wie Sie sind, zeigen Sie auch Verlegenheit und Betroffenheit, wenn Ihnen eine Panne passiert. Anders formuliert: Zeigen Sie sich menschlich.

● Versuchen Sie nicht, die Verantwortung für Pannen auf andere abzuwälzen. Nehmen Sie eher auch Verantwortung auf sich, die Ihnen das Publikum mit Sicherheit nicht zuordnet.

● Wenn Sie körperliche Probleme haben, bringen Sie das ohne weiteres dem Publikum zur Kenntnis — falls es erforderlich ist, das heißt, falls es dadurch zu einer Unterbrechung der Rede oder zu Schwierigkeiten bei der Präsentation kommen kann.

● Wenn Sie bei einer freien Präsentation den Faden verlieren und den Ansatzpunkt nicht sofort in Ihrem Manuskript wiederfinden, entschuldigen Sie sich kurz und suchen Sie ruhig die Stelle in Ihren Unterlagen, an der Sie fortsetzen wollen.

● Bei technischen Pannen, die nicht sofort zu beseitigen sind und eine weitere Präsentation unmöglich machen, unterbrechen Sie die Rede und vereinbaren mit dem Publikum eine Pause.

● Wenn Störungen auftreten, welcher Art immer, versuchen Sie nicht, diese zu ignorieren, sondern lösen Sie das Problem: Sorgen Sie für die Beseitigung der Störung, ehe Sie fortsetzen.

● Verlassen auffällig viele Zuhörer den Raum vor Beendigung Ihrer Rede, schließen Sie möglichst rasch und effektvoll ab.

So reißen Sie Ihre Zuhörer mit

● Wärmen Sie die Stimmung auf. Bringen Sie eine Einleitung, die die Zuhörer vom unmittelbar vorher Erlebten (Anreise, Pause, Gespräche, vorangegangene Reden) wegführt und für Ihr Thema öffnet. Das erreichen Sie beispielsweise dadurch, daß Sie beim Vorerlebnis anknüpfen oder indem Sie etwas anderes ansprechen, von dem Sie erwarten können, daß es das Publikum bewegt.

● Holen Sie die Zuhörer ab: bei der Stimmung, in der sie sich befinden, beim Wissensstand, der zu erwarten ist, bei der persönlichen Einstellung, die Ihnen und Ihrer Rede gegenüber zu erwarten ist, bei vermutlichen körperlichen Empfindungen aufgrund räumlicher und sonstiger Gegebenheiten (Licht, Luft, Wetter, Geruch).

● Versuchen Sie Ihre Zuhörer aufzurütteln. Sie erreichen das durch Schock, Humor, pointierte Formulierungen (abhängig von der geistigen Beweglichkeit der Zuhörer, der Stimmung und dem Grad der Aufmerksamkeit), Sarkasmen, Zynismen und ähnliches mehr.

● Schockieren Sie nur dann, wenn dies auch der Richtung Ihrer Rede entspricht. Ansonsten wählen Sie eher andere Formen, um Aufmerksamkeit zu erregen.

● Wenn Ihre Zuhörer unaufmerksam sind, arbeiten Sie verstärkt mit Pausen. Scheuen Sie gegebenenfalls auch nicht vor überlangen, nahezu peinlich wirkenden Pausen zurück. Nutzen Sie die Kritiklust vieler Menschen durch gezielt eingesetzte „Fehler", um Aufmerksamkeit zu erregen. Wenn Sie damit spielen, müssen Sie allerdings schon sehr sicher sein.

● Wählen Sie einen aggressiven Tonfall, wenn es zu einer Redepassage paßt. Es kommt dadurch üblicherweise zu einer instinktiven Reaktion im Publikum, zu Aufmerksamkeit aus Vorsichtsgründen. Übertreiben Sie aber nicht mit Ihrem „Theaterdonner"; der Ausklang muß versöhnlich sein.

Rhetorik für den Alltag

Bei unserer Rhetorik für den Alltag wollen wir jene Redesituationen besprechen, die in der modernen Gesellschaft am häufigsten vorkommen dürften:
— die Arbeit in Gruppen,
— die Diskussion im beruflichen Umfeld,
— die geschäftliche Verhandlung,
— private Diskussionen.

Wie schon bisher werden wir immer dort, wo es gerade zum Thema paßt, zu den theoretischen Grundlagen wandern.

Die Arbeit in Gruppen

Was ist eine Gruppe?

Wenn wir an dieser Stelle von einer Gruppe sprechen, meinen wir die Teilnehmer an einer Veranstaltung, die folgende Ziele haben kann:
— Ausbildung,
— Weiterbildung,
— Meinungsbildung,
— Persönlichkeitsbildung.

Arbeitsfähige Gruppen dürfen eine bestimmte Größe nicht überschreiten, damit einerseits ein „Gruppenklima" entsteht, das heißt ein Zusammengehörigkeitsgefühl, gemeinsame Arbeitsgrundsätze etc.; andererseits muß sich der Vortragende / Lehrer / Moderator / Chef jedem einzelnen intensiv widmen können, das heißt, er muß die Gruppe überblicken können.
Je nach Thema gelten Gruppengrößen von 12 bis 15 Personen als ideal. Größere Gruppen (bis zu 25 Personen) verlangen für Ausarbeitungen schon die Aufteilung auf Kleingruppen (etwa fünf Personen), und damit wird entweder die Kapazität des Vortragenden überfordert, oder aber es leidet die Intensität der Arbeit.

159

Das Arbeitsumfeld einer Gruppe

Sie kennen alle die herkömmlichen Schulbänke, vermutlich auch die Hörsäle an Universitäten. Die Anordnung der Zuhörerbänke ist so, daß allein durch die Sitzordnung die Konzentration auf einen Punkt bzw. auf eine einzige Ebene gewährleistet ist: in Richtung auf den Vortragenden. Zuhörer (Schüler, Studenten, wer auch immer) sollen nur zum Vortragenden sehen, aber nicht zueinander.

Das Prinzip war also: Ein-Weg-Kommunikation.

Ganz anders die moderne Gruppenarbeit. Die Anordnung der Tische ist entweder kreisförmig oder oval, die Gruppenteilnehmer sollen alle einander sehen und in den Diskussionen miteinander sprechen können. Der Tisch des Vortragenden dient zur Ablage seiner Unterlagen, es gibt kaum mehr ein Sprechpult, dafür aber üblicherweise einen Overhead-Projektor. In einem gutausgestatteten Gruppenarbeitsraum gibt es gute Visualisierungshilfen: als Grundausstattung den bereits genannten Overhead-Projektor, weiters Flip-Chart(s), Moderationswände und Moderationsmaterial, elektronische Medien. Sie erinnern sich, was wir bereits bei der Ausstattung von Seminarhotels besprochen haben.

Für Moderationsmaterial gibt es sogenannte „Moderationskoffer", die folgenden Inhalt haben:
— Filzstifte in mehreren gut lesbaren Farben (möglichst mit breiter, abgeschrägter Spitze),
— Moderationskarten (weiße oder pastellfarbene Karten aus dünnem Karton, in unterschiedlichen Formen und Größen),
— Klebepunkte für Bewertungen,
— bei gutausgestatteten Moderationskoffern: Konfliktpfeile zum Kennzeichnen von Konflikten.

Alle diese Mittel zielen darauf ab, Ergebnisse gemeinsam zu erarbeiten und sie gut zu visualisieren, um damit einerseits die Übermittlung der Lehrinhalte zu verbessern, andererseits durch die Zusammenarbeit das Zusammengehörigkeitsgefühl der Gruppe zu steigern. Und denken Sie an die Merkfähigkeit: Durch Visualisierung wird mehr als doppelt soviel gemerkt wie beim reinen Sprechen.
Zur optischen Darstellung von Lehrinhalten und Arbeitsergebnissen schreiben Klebert / Schrader / Straub („Moderationsmethode"):

„Vorteile der Visualisierung für Gruppenarbeiten:
— Visualisierte Aussagen erleichtern eine gleiche Interpretation bei allen
  Teilnehmern und erhöhen die Chance, Probleme konkreter zu diskutieren und alle Teilnehmer auf einen gemeinsamen Punkt zu konzentrieren.
— Die Visualisierung zwingt den Darstellenden zu einer Selektion zwischen wesentlichen und unwesentlichen Informationen. Dadurch wird
  die Aufnahmekapazität der Teilnehmer nicht überfordert.
— Verbal schwierig zu erklärende Sachverhalte sind durch die Unterstützung der Visualisierung leichter zu vermitteln. Dadurch lassen sich In-
  formationsgefälle einfacher ausgleichen.
— Visualisierungen ermöglichen es, Ergebnisse und Aussagen — für alle
  sichtbar — sofort darzustellen und festzuhalten, es entstehen so keine
  nachträglichen Schwierigkeiten bei Zusammenfassungen, Dokumenta-
  tionen, Informationsweitergaben und Interpretationen."

Das Prinzip der Gruppenarbeit ist: Mehr-Weg-Kommunikation.

Gut gestaltete, das heißt letztlich gut vorbereitete und moderierte Gruppenarbeiten erbringen mit Abstand bessere und dauerhaftere Ergebnisse
als reine Vorträge.
Doch halt! Vom englischen Politiker Benjamin Disraeli (1804—1881) soll
folgende Aussage stammen: „Jede Verallgemeinerung ist falsch — auch diese hier." Verallgemeinern wir nicht!

Wann sind Gruppenarbeiten sinnvoll?

Ein Arbeitsumfeld zu schaffen, wie es oben dargestellt wurde, ist in jedem
Fall sinnvoll. Ob Besprechungen im Betrieb abgehalten werden, ob Vertre-
ter-Meetings stattfinden, ob in der Schule unterrichtet wird, ob Seminare
ablaufen: Eine offene, kommunikationsfördernde Raumgestaltung verbessert die Gesprächs- und Arbeitssituation in jedem Fall.
Auch Visualisierungen verbessern in jedem Fall die Übermittlung der Inhalte, helfen Mißverständnisse zu vermeiden und lassen das bessere Behalten des Gesagten zu (ja zwingen manchmal fast dazu, wenn man die gesprochenen Sätze in ihrer Essenz über längere Zeit vor sich sieht).
Warum verwenden dann nicht alle Redner diese Mittel? Es gibt in unserer
Zeit kaum eine plausible Begründung dafür, warum auf Visualisierungsmittel verzichtet wird. Bei nichtprofessionellen Veranstaltungsorten (z. B.

in Gasthäusern) fehlen häufig die Voraussetzungen, das ist aber noch immer kein Grund für den Redner, seine Hilfsmittel nicht mitzubringen. Selbst bei reinen Redesituationen, z. B. bei politischen Veranstaltungen im Freien, wird sehr wohl auch mit Visualisierungen gearbeitet (Transparente, Plakate etc.).

Gerade der reizüberflutete moderne Mensch braucht Hilfen, die seine Konzentrationsfähigkeit unterstützen. Lediglich bei kurzen Reden oder Ansprachen ist es noch vertretbar, auf Visualisierungshilfen zu verzichten.

Aber zurück zu unserem Ansatz. Wann sind Gruppenarbeiten sinnvoll und wann nicht?

Grundsätzlich immer dann, wenn die Gruppe das Ziel besser erreicht als der einzelne. „Das Ziel" kann heißen:
— der Lerninhalt,
— die Überzeugung,
— die Problemlösung.

Damit das gewährleistet ist, muß die Gruppe:
— das Problem erkannt haben,
— Lösungswege wissen und anwenden können.

Eine Gruppenarbeit zu Sachthemen ist nur dann die geeignete Methode, wenn die Teilnehmer das Thema bereits beherrschen und lediglich noch geübt wird. Neue Sachinhalte über eine Gruppenarbeit zu lösen, ist schlichtweg falsch. Bei aller Demokratie: Wenn mein Wasserhahn tropft, will ich keinen Installateur, der mit mir über die möglichen Ursachen tropfender Hähne diskutiert und mit mir kreative Lösungsmöglichkeiten erarbeitet, sondern einen, der in seinen Werkzeugkasten greift und das Problem kurzerhand löst.

Erscheint Ihnen der Vergleich lächerlich? Das wäre er, wenn nicht zu viele derartige „Installateure" in allen möglichen Lehrbereichen unterwegs wären, die das grundsätzlich begrüßenswerte Gruppenarbeitsdenken pervertiert und in Verruf gebracht haben.

Gruppenarbeiten sind dann sinnvoll, wenn:
— die rein logische Ebene verlassen werden muß, um ein Problem zu lösen,
— die Sachinformationen den Gruppenmitgliedern ausreichend bekannt sind oder es keine Sachinformationen zum Thema gibt,
— Kreativität gefordert wird,
— die Anwendung bekannter Inhalte geübt wird,

— Interpretationen aus möglichst vielen Blickwinkeln erarbeitet werden
sollen,
— in die Zukunft gedacht wird,
kurzum, immer dann, wenn eine Meinung gleichwertig neben einer anderen stehen kann.

Über Tatsachen, Fakten gibt es keine (sinnvolle) Meinung, es kann lediglich
unterschiedliche Einstellungen dazu geben. Wenn Teilnehmer juristische
Inhalte erlernen sollen und die gesetzlichen Bestimmungen nicht kennen,
werden sie kaum davon profitieren, wenn ihnen ein Fall zur Lösung in der
Gruppe übertragen wird. Man erhält dann zwar vielleicht eine ganz interessante Darstellung des „natürlichen Rechtsempfindens" der Teilnehmer,
aber kein Arbeitsergebnis, mit dem die Gruppe etwas anfangen kann.
Vergleichbares passiert immer wieder bei Themen, die zwar grundsätzlich
Aspekte haben, bei denen Gruppenarbeit sinnvoll ist, bei denen aber die
Gruppenarbeit übertrieben wird.

Halten Sie sich an folgende Grundsätze, wenn Sie mit Gruppen arbeiten:

● Je sachbezogener Ihr Thema ist, desto mehr Information müssen Sie als
Basis für die Gruppenarbeit liefern.
● Übertragen Sie nur Aufgaben an eine Gruppe, die diese realistischerweise auch lösen kann. Sie frustrieren lediglich, wenn Sie an Gruppen Aufgaben übertragen, die diese mit ihrer Problemlösungskapazität (Wissen,
Können, bisherige Übung) nicht lösen können.
● Wenn Sie die beste Lösung schon wissen (oder zu wissen glauben), lassen Sie die Gruppe darüber keinesfalls im unklaren. Das bedeutet nicht,
daß Sie auf die Gruppenarbeit zu Übungszwecken verzichten müssen;
frustrieren Sie aber die Gruppe nicht dadurch, daß Sie sie arbeiten lassen
— womit Freude an der eigenen Leistung entsteht, zumindest entstehen
sollte —, nur um ihr dann zu zeigen, „wie man es macht".
● Arbeiten Sie gemeinsam mit der Gruppe die Ergebnisse auf, aber definieren Sie beim Aufarbeiten von vornherein die Rolle, die Sie dabei einnehmen wollen: die des Moderators, des Fachmanns, eines Gleichen unter Gleichen oder die eines Außenstehenden, Unbefangenen.

Rollen in der Gruppenarbeit

Gliedern wir zunächst in dominierende Rollen und teilnehmende Rollen. Dominierende Rollen gibt es:
— im Hintergrund,
— bei der Gestaltung des Ablaufs,
— bei der Gruppenarbeit selbst,
— beim Aufarbeiten der Ergebnisse.

Die wichtigste dominierende Rolle im Hintergrund spielen:
— der oder die Auftraggeber des Referenten,
— der oder die Auftraggeber der Teilnehmer,
— Persönlichkeitsfaktoren der Teilnehmer und des Referenten (soziale Herkunft, Bildungsniveau, Persönlichkeitsstruktur, persönliche Geschichte).

Bringen wir die Elemente auf einen kurzen Nenner, so sind es:
— Machtfaktoren,
— psychische Faktoren und
— soziale Faktoren.

Die handelnden Personen in der Gruppe sind:
— der Leiter (als Lehrer, Fachmann, disziplinärer Vorgesetzter etc.),
— allenfalls ein Seminarbetreuer,
— die Gruppenmitglieder.

Was Sie aus diesem sozialen Geflecht im Hintergrund machen, ist Ihre Kunst als Leiter der Veranstaltung. Welche Rolle könne Sie dabei übernehmen? Es ist:
— die des Moderators und Organisators,
— die des Referenten und Fachmanns,
— die des Schiedsrichters,
— die des Chefs.

Wenn Sie Lehrer sind, werden Ihnen noch andere Rollen einfallen, z. B. die des Dompteurs (fällt bei uns in die Kategorie „Chef"), als Priester, Unternehmer, Verkaufsleiter wieder andere. Im Grunde kommen Sie aber immer auf die genannte Einteilung, die unterschiedliche formale Macht signalisiert.

Die Gruppenarbeit in der Erwachsenenbildung läßt üblicherweise nur die ersten beiden Möglichkeiten zu: Der Seminarleiter ist Moderator und Organisator und / oder Referent und Fachmann zum Thema.

Was ist ein Moderator und welche Aufgaben hat er? Ein Moderator hilft methodisch, ohne eigene Meinungen, Ziele und Wertungen einzubringen. Klebert / Schrader / Straub definieren „Moderieren" wie folgt: „... alle Bemühungen zweier Menschen, den Meinungs- und Willensbildungsprozeß einer Gruppe zu ermöglichen und zu erleichtern, ohne inhaltlich einzugreifen und zu steuern." Es wird von *zwei* Moderatoren gesprochen — was deren Arbeit selbstverständlich wesentlich erleichtert und von den genannten Autoren als grundlegende Bedingung angesehen wird. Nicht zuletzt aus Kostengründen muß man in der Praxis aber im allgemeinen allein zurechtkommen.

Als Regeln für den Moderator werden genannt:

1. Fragen statt sagen, aber:

— keine Lehrerfragen,
— keine Fangfragen,
— keine Suggestivfragen („Sie sind doch auch der Meinung, daß...?"),
— keine Fragen, die zu „Gesichtsverlust" führen,
— keine Fragen, die einzelne hervorheben.

2. Es ist alles eine Frage der Haltung

„Die Fragehaltung entspricht der Haltung des Moderators zu den Menschen. Deshalb ist es wichtig, mir bewußt zu machen, welches Menschenbild ich habe und wie ich die jeweilige Gruppe sehe. Denn genau das strahle ich auf die Gruppe aus, und sie wird es mir in Verhalten und Stimmung reflektieren."

3. Nicht gegen die Gruppe kämpfen

— Loslassen und auf Wissen, Fähigkeiten und den Willen der Gruppe vertrauen,
— den eigenen Ehrgeiz loslassen,
— die eigene Meinung zum Thema loslassen,
— jede Meinung annehmen und gelten lassen.

4. Störungen haben Vorrang

Störungen (körperliche wie Hunger, Durst, Kälte und seelische wie Angst, Ärger, Traurigkeit) sind Lern- und Kommunikationsbarrieren. Daher: die Störung beseitigen und erst dann weiterarbeiten.

5. Unterscheide: wahrnehmen, vermuten, bewerten (— interpretieren)

6. „Ich" statt „man" sagen

7. Nonverbale Signale beachten (was sagt der Körper?)

8. Nicht bewerten und beurteilen

9. Sich nicht rechtfertigen

10. Nicht über die Methode diskutieren

11. Zu zweit moderieren

„Der wichtigste Unterschied zum Lehrer oder Diskussionsleiter ist der, daß ‚der Moderator' zwei Menschen sind." (Die Autoren weisen also nochmals darauf hin, daß nach ihrer Ansicht nur zu zweit moderiert werden kann.)

12. Je nachdem

„Je nachdem heißt: Moderation gruppenspezifisch, flexibel und situativ einzusetzen. Mit einem Paradoxon gesagt: Es kann auch mal die beste Moderation sein, mit der Moderation aufzuhören."

Wenn Sie die Rolle des Moderators einnehmen wollen, heißt das für Sie, zunächst zu überprüfen:
— Ist das Thema für eine Moderation geeignet?
— Ist die Situation für eine Moderation geeignet?
— Ist die Gruppe für eine Moderation geeignet?

Müssen Sie eine der Fragen mit „nein" beantworten, bleiben Ihnen nur die anderen Rollen zur Auswahl. Von diesen Rollen soll lediglich noch die des Fachmanns und die der Kombination Fachmann / Moderator angesprochen werden.

Um es nochmals klar hervorzuheben, es gibt zwei grundsätzlich verschiedene Ziele der Gruppenarbeit:
— die Nutzung der Gruppe, um neue Ergebnisse zu erarbeiten (wie dies z. B. bei den Kreativitätstechniken angewandt wird),
— die Anwendung der Methode „Gruppenarbeit", um Lehrinhalte besser zu vermitteln bzw. zu üben.

Im ersten Fall wird die geeignete Rolle des Leiters jene eines Moderators sein, das heißt, er bringt Methodenwissen ein und steuert den Ablauf. Jeder eigene Eingriff wäre hier vermutlich eher Störung und Behinderung als Hilfestellung.
Im zweiten Fall wird die Rolle des Moderators die Teilnehmer eher verwirren und verunsichern, denn sie erwarten Unterweisung.
Stellen Sie sich vor, Sie kämen als Mathematiklehrer in eine Klasse, die noch nie etwas von Integralrechnung gehört hat. Sie geben die Angaben aus, teilen die Klasse in Gruppen, bestimmen den Zeitrahmen und fordern die Gruppe auf, das Problem zu lösen. Absurd, nicht wahr? Ganz anders sieht die Angelegenheit natürlich dann aus, wenn die Klasse die Integralrechnung bereits kennen müßte und nun — unter Ihrer Anleitung — in Gruppen übt.
Eine falsche Einschätzung der Rollenerwartung der Teilnehmer kann den Referenten in große Schwierigkeiten bringen, die bis zum Abbruch einer Veranstaltung führen, wie Ihnen das nachfolgende Beispiel vor Augen führen soll:

Von einem Großbetrieb erhielt eine Beratungsfirma den Auftrag, gemeinsam mit den regionalen Verkaufsleitern ein Akquisitionskonzept für die Verkäufer zu erarbeiten. Es ging dabei um Verkaufshilfen, Verkaufsargumente, Organisation von Kontakten usw.
Der Berater wollte die reine Moderatorrolle einnehmen, die Verkaufsleiter hatten einen Fachmann und ein Referat erwartet, über das sie durchaus bereit waren zu diskutieren. Sie wollten auch darauf aufbauend in Gruppenarbeiten Details erarbeiten. Für einen reinen Moderator sahen sie keinen Bedarf. Das Ergebnis: Verärgerung von beiden Seiten, Abbruch der Veranstaltung.
Klären Sie daher vorher mit Ihrem Auftraggeber oder, wenn möglich, mit Ihren Gruppenteilnehmern, welche Rolle von Ihnen erwartet wird. Versuchen Sie nicht, die Teilnehmer in eine bestimmte Rolle zu zwingen oder sich selbst aus einer bestimmten Rolle herauszuhalten. Das gelingt Ihnen nur über sehr kurze Zeit.

Kommen wir zur nächsten Rolle, die für Sie, lieber Gesprächspartner, vermutlich die übliche sein wird, wenn Sie Lehrer, Vortragender in der Erwachsenenbildung, Ausbilder oder ähnliches sind: die Rolle des Fachmanns.

Gruppenarbeit ist für Sie ein pädagogisches Mittel, um Lehrinhalte zu verstärken und abzurunden. Ihre Arbeit wird darin bestehen,
— zunächst Inhalte zu vermitteln, das heißt „eine Rede zu halten",
— bestimmte Inhalte zur Diskussion zu stellen,
— bestimmte Inhalte in unterschiedlicher Form üben zu lassen, unter anderem in Gruppenarbeiten.

Ihr Problem wird sein, diese Gruppenarbeiten möglichst wirkungsvoll und zeitsparend einzusetzen. Um dieses Ziel zu erreichen, müssen Sie einerseits die Aufgabenstellung gut vorbereiten, andererseits die richtige Gruppenzusammensetzung finden, und zwar:
— in der Gruppengröße,
— in der Qualifikation der Gruppenmitglieder,
— in den charakterlichen Eigenschaften der Gruppenmitglieder,
— in den persönlichen Beziehungen der Gruppenmitglieder.

Diese Aufgabe ist eine bedeutende pädagogische Herausforderung. Mit rhetorischen Mitteln bereiten Sie die Gruppenbildung vor, schildern das Problem, die erforderlichen Schwerpunkte in der Qualifikation und die Zusammensetzung einer „idealen" Arbeitsgruppe für das Thema. Wenn Sie die Gruppe schon gut kennen, wie Sie z. B. als Lehrer Ihre Klasse kennen, haben Sie dabei sicher eine Vorstellung, wie die Gruppen zusammengesetzt sein sollen — und haben wahrscheinlich die Formulierungen auch so gewählt, daß Ihre „Wunschgruppen" herauskommen, das heißt, Sie haben sich vermutlich redlich bemüht zu manipulieren.

Welche Gruppengröße sollte man wählen? Generell gesagt, jene Größe, die garantiert, daß jedes Gruppenmitglied eine eigene Rolle bei der Problemlösung hat, das heißt, daß keiner abgeschoben werden kann und auch keiner sich aus dem Arbeitsprozeß heraushält. Ich halte drei bis maximal fünf Personen für die optimale Größe einer Arbeitsgruppe, die an einem konkreten Problem arbeitet, bei dem nur eingeschränkt Kreativtechniken verwendet werden. Die Anzahl der Gruppenmitglieder sollte möglichst ungerade sein, das heißt, wenn es zu „Pärchenbildungen" kommt, sollte immer ein alleinstehender Dritter da sein. Für Kreativprozesse sollten die Gruppen, je nach angewandter Methode, etwas größer sein (z. B. sechs Personen bei der Methode 635).

Die Qualifikation der Gruppenmitglieder sollte möglichst heterogen sein, das heißt, sie sollten das Problem aus möglichst unterschiedlichen Betrachtungsweisen sehen.

Hinsichtlich der charakterlichen Eigenschaften sollten Konflikte möglichst nicht schon in der Gruppenzusammensetzung vorprogrammiert sein, indem gegensätzliche Charaktere in einer Gruppe arbeiten, z. B. zwei sehr dominierende und herrschsüchtige Personen, die dann in der Gruppe einen „Hahnenkampf" um den Rang austragen (dieser „Hahnenkampf" ist völlig geschlechtsneutral zu sehen).

Bei den persönlichen Beziehungen müssen Sie lediglich darauf achten, daß das Verhältnis zueinander neutral ist. Jetzt werden Sie vielleicht empört widersprechen: Man sollte doch gerade Leuten, die sich weniger mögen, in Gruppenarbeiten die Chance geben, einander kennenzulernen. Zugegeben, wenn Sie genügend Zeit haben — und den Konflikt steuern. Ansonsten führt das nur in Ausnahmefällen zum Erfolg.

Vergessen Sie nie: In dieser Art der Gruppenarbeit bleiben Sie immer der Dominierende, und zwar in Ihrer Rolle als Organisator des Geschehens wie auch als Fachmann / Fachfrau. Und es wird von Ihnen erwartet, daß Sie diese Rolle ausüben. Wenn etwas schiefgeht, legen die Teilnehmer das Ihnen zur Last.

Neben Ihrer Autorität werden sich in den Gruppen selbst andere Autoritäten heranbilden, „informelle" Leiter, Meinungsbildner, Fachautoritäten. Gruppenarbeit verlangt viel psychologisches und soziologisches Geschick und Wissen. Wissen hat hier vorwiegend die Aufgabe, Sie für Zusammenhänge zu sensibilisieren; das heißt, Sie sollten darauf hingewiesen werden, welche Vorgänge ablaufen können — nicht müssen, und vor allem: welche Vorgänge im allgemeinen durchaus positiv zu sehen sind.

Arbeitsablauf

Begeben wir uns in eine typische Gruppensituation. Nehmen wir an, Sie haben den Auftrag, ein Seminar abzuhalten, gleichgültig zu welchem Thema. Das Seminar findet in einem Hotel statt, auf dessen Auswahl Sie keinen Einfluß hatten.

Nachdem wir schon so lange miteinander sprechen, wird jetzt eigentlich wieder eine Übung fällig: Was versuchen Sie vorher zu klären? (Nennen Sie mindestens zehn Punkte. Einen Lösungsansatz finden Sie im Anhang.)

Sie kommen im Hotel an, möglichst schon am Vorabend, damit Sie sich einstimmen können und nicht zu müde sind. Ihre Teilnehmer haben Sie nie zuvor gesehen. Der Veranstalter hat Ihnen aus Kostengründen keinen Seminarbetreuer zugestanden. Sie müssen also alles selbst organisieren bzw. überprüfen, ob alles organisiert ist:
— der Seminarraum und die Gruppenarbeitsräume,
— die Arbeitshilfsmittel (Overhead-Projektor, Flip-Chart, Moderationskoffer, Pinwände etc.),
— die Unterkünfte der Teilnehmer,
— die Pausengetränke.

Üblicherweise stellt Ihnen jedes größere Seminarhotel zu diesem Zweck einen Betreuer zur Verfügung. Sie sollen durch diese Darstellung nur einen kleinen Blick hinter die Kulissen werfen.

Begrüßung und Vorstellung

In unserer Annahme begrüßen Sie die Teilnehmer im Namen des Veranstalters und stellen sich selbst kurz vor. Da Sie noch nichts oder wenig von Ihren Teilnehmern wissen und diese wenig von Ihnen, gibt es jetzt von der Reihenfolge her mehrere Möglichkeiten (dem Inhalt nach müssen Sie alle ablaufen lassen):
— Sie erläutern kurz den Programmablauf mit den wesentlichen Inhalten und der geplanten Vorgangsweise.
— Sie präsentieren den geplanten organisatorischen Ablauf der Veranstaltung (Seminarzeiten, Pausen, finanzielle Fragen — z. B.: Welche Getränke werden vom Veranstalter bezahlt? etc.) und besprechen den Ablauf mit den Teilnehmern (Änderungswünsche?).
— Sie veranstalten eine Vorstellungsrunde der Teilnehmer.
— Sie erheben die Ziele der Teilnehmer.

Alle diese Punkte laufen ab, ehe Sie das erste Wort des eigentlichen Vortrags gesprochen haben. Sie können sich vorstellen, daß Sie damit eigentlich schon mitten im Geschehen sind, das heißt, daß für Lampenfieber kaum Zeit bleibt — ganz anders als bei einer Rede, zu der Sie „feierlich" auf die Bühne geholt werden und dort dann plötzlich ganz allein stehen und reden sollen.
Wir haben über die Vorstellungsrunde der Teilnehmer bereits kurz gesprochen. Sollen die Teilnehmer längere Zeit miteinander arbeiten, wie dies et-

wa bei Seminarzyklen der Fall ist, lohnt sich eine intensive Vorstellungsrunde. In diesen umfassenderen Vorstellungen können sich erste Sympathien und Antipathien bilden, erste Ansätze künftiger Gruppenzusammensetzungen zeichnen sich ab. Dieser Schritt ist für alle handelnden Personen wichtig: für Sie, weil Sie sich ein gutes Bild von den Teilnehmern machen können; für die Teilnehmer, weil sie erste nähere Bekanntschaft miteinander schließen.

Am wenigsten ergiebig ist eine Vorstellungsrunde, bei der jeder — ohne Anleitung durch Sie, das heißt ohne strukturierte Fragestellung — sich selbst nach bestem Wissen vorstellt, noch nicht „aufgetaut", also weder mit der Gruppe noch mit dem Thema vertraut. Von einer solchen Runde bleibt nahezu nichts im Gedächtnis, und sie kommt daher letztlich einer Alibiaktion gleich.

Um zu einer echten, kommunikationsfördernden Vorstellung zu kommen, müssen Sie zumindest die Fragestellung strukturieren, etwa in nachstehender Form:

> Ich heiße:
> Ich komme aus:
> Ich arbeite bei:
> Als:
> Zu Hause habe ich:
> Privat interessiere ich mich für:
> Zum Seminar komme ich, weil:
> Nach dem Seminar möchte ich zum Thema wissen / können / ausüben:

Noch ergiebiger wird die Angelegenheit, wenn Sie die Teilnehmer ihre eigene Vorstellung moderieren lassen. Als Muster können Sie Ihre persönliche Vorstellung anbieten.

Einen ersten Schritt zur Gruppenbildung setzen Sie, wenn jeweils ein Teilnehmer einen anderen vorstellt. Diese Form ist zwar die zeitaufwendigste, aber auch mit Abstand die intensivste, denn alle Vorstellenden sind sowohl Interviewer als auch Interviewte, Präsentierende wie Präsentierte.

Bei reinen Fachseminaren sind die letztgenannten Vorstellungsformen allerdings unüblich und würden eher störend wirken.

Die Vorstellungsrunden werden damit abgeschlossen, daß möglichst jeder Teilnehmer und der Vortragende ihre Tischkarten mit dem eigenen Namen vor sich aufstellen. Damit beginnt der eigentliche Teil des Seminars.

Inhaltlicher Ablauf

Ein gutes Seminar fängt immer mit einer Strukturierung des Inhalts an:
Was kann der Teilnehmer im Ablauf erwarten?
Dann beginnt der Seminarleiter seinen Vortrag, im Aufbau nach den Regeln der Rede gestaltet:

— Einleitung (Motivation für das Thema, Begriffsbestimmungen, Aspekte des Themas),
— Hauptteil(e): theoretisches Fundament zum Thema, aufbereitet mit rhetorischen Hilfen,
— Abschluß und Überleitung zu den Übungen,
— Aufgabenpräsentation durch den Vortragenden: Aufgabeninhalt, Besprechen der Angaben, Ziele der Gruppenarbeit, erwartete Ergebnisse, erwartete Form der Präsentation der Gruppenarbeiten vor dem Plenum, Vorschläge zur Vorgehensweise.

An dieser Stelle oder noch vor der Aufgabenpräsentation werden die Gruppen gebildet. In unserer angenommenen Situation kennen Sie die Teilnehmer noch nicht, können also kaum bewußt „Ihre" Wunschzusammensetzung der Gruppen planen. Wohl aber können und müssen Sie die Gruppen in ihre Aufgaben einführen, das heißt dafür sorgen, daß die Gruppe arbeitsfähig wird.
Wenn Ihre Seminarteilnehmer keine Erfahrung in Gruppenarbeit haben, sollten Sie unbedingt Zeit darauf verwenden, die Grundsätze der Gruppenarbeit zu erläutern und Anweisungen zur Durchführung zu geben.

Grundsätze der Gruppenarbeit

● Jede arbeitsfähige Gruppe braucht eine interne Organisation.

Es ist ein leider weit verbreiteter Irrtum, daß eine chaotische Vereinigung von „Einzelkämpfern" etwas weiterbringt. Eine Arbeitsgruppe braucht eine Führungsstruktur und organisatorische Richtlinien für den Arbeitsablauf. Wer soll die Gruppe führen? Da gibt es die Schüchternen („Ich nicht"), die Abwehrer („Warum ich?"), die Koketten („Wenn die Gruppe will..."), die Ehrgeizigen („Ich möchte schon"), die Anarchisten („Wir brauchen keinen drüber"), die Macher („Fangen wir doch gleich an"), die Demokraten („Wählen wir ganz einfach") und andere Menschentypen mehr.

Ehe wir weitermachen, eine kurze Denkpause. Wie würden Sie in einer Gruppe den Gruppenleiter wählen? Damit nicht zuviel Zeit mit der Suche nach einem Gruppenleiter verlorengeht — und das zu einem Zeitpunkt, zu dem eine objektive Entscheidung über den / die Geeignetste(n) noch gar nicht möglich ist —, sollten Sie spielerische Formen der Auswahl auf Zufallsbasis vorschlagen. Dabei sollten Sie von vornherein fixieren, daß der durch Zufall bestimmte Gruppenleiter nur die erste Arbeitsgruppe führen soll. Sobald man einander besser kennt, wird die Struktur der Gruppe verbessert.

An organisatorischen Fragen ist zu klären:
— Welche Aufgaben sind zu erledigen?
— Mit welchen Prioritäten?
— Welche Hilfsmittel werden gebraucht (Raum, Material etc.)?
— Wer moderiert / steuert den Gruppenprozeß?
— Wer protokolliert? Der Moderator oder jemand anderer?
— Wer berichtet?

● Die Gruppe muß bereit sein, die Aufgaben anzunehmen.

In einer Arbeitsgruppe zu sein, die nicht im Sinn der grundsätzlichen Ziele der Veranstaltung arbeitet, in der die Gruppenarbeit lediglich als zusätzliche Freizeit gesehen wird, ist für den engagierten Teilnehmer sehr frustrierend. Es ist Ihre Aufgabe als Seminarleiter, dafür zu sorgen, daß die Gruppenarbeit auch wirkungsvoll und zum Nutzen der Teilnehmer abläuft. Das erreichen Sie:
— durch gute Vorbereitung der Aufgabenstellungen,
— durch Eckpunkte für die Lösung,
— durch intensive Betreuung der Gruppen,
— durch Einwirkung auf die Gruppe, daß zunächst kurzerhand der organisatorische Arbeitsablauf und der Zeitrahmen für die einzelnen Arbeitsschritte festgelegt wird.

● Das Gruppenklima muß offen und konstruktiv sein.

Die Gruppe darf nicht durch vorgefaßte Meinungen blockiert werden. Haben Sie in einer Gruppe einen oder mehrere sehr dominierende Personen, die einer Anzahl von „Mauerblümchen" gegenüberstehen, kommen diese kaum mit ihrer Meinung durch — es sei denn, der „Platzhirsch" stimmt zu. Sorgen Sie dafür, daß der offene Meinungsaustausch gesichert ist. Das er-

173

reichen Sie, indem Sie von vornherein Kontrollmechanismen einbauen, z. B. durch folgende Fragestellungen:
— Bearbeiten Sie das Problem aus mehreren unterschiedlichen Blickwinkeln.
— Nehmen Sie alle Ihre Lösungen zunächst als Hypothesen und versuchen Sie diese Hypothesen zu entkräften.
— Erarbeiten Sie Stärken und Schwächen Ihrer Lösung in der praktischen Verwertung.

● Es darf keine passiven Gruppenmitglieder geben.

Gruppenmitglieder können aus mehreren Gründen passiv sein:
— weil sie erst die anderen hören wollen,
— weil sie nichts von sich preisgeben wollen,
— weil sie schüchtern und wenig selbstbewußt sind,
— weil sie schlecht gelaunt sind,
— weil ihnen die Gruppe nicht behagt,
— weil ihnen das Seminar nicht behagt,
— weil sie selbst keine Meinung haben, also nicht mitdenken. Solchen Menschen sind die modernen Seminarformen grundsätzlich unangenehm, ihnen wäre ein Frontalvortrag am liebsten. Diese Teilnehmer machen Gruppenarbeiten meist deswegen, weil sie dabei selbst weniger reden (und wissen) müssen. Eine schlecht vorbereitete Gruppenarbeit bestärkt diese Ansicht nur — und wahrscheinlich zu Recht.

Wiederum ist es Ihre Aufgabe, für eine Aktivierung aller Gruppenmitglieder zu sorgen. Das gewährleisten Sie vor allem dadurch, daß Sie bei den organisatorischen Regelungen der Gruppe dafür sorgen, daß auch jedem Gruppenmitglied seine Rolle zugewiesen wird. In einem Betrieb würden wir das als „Stellenbeschreibung" bezeichnen.

● Jede Meinung ist gleich gut.

Können Argumente nicht überzeugen, weil das erforderliche Fachwissen fehlt oder auch, weil es um Bereiche geht, die nur als Vermutungen, Ansichten, Prognosen oder ähnliches zu formulieren sind, also unsichere, nicht zu entscheidende Aspekte beinhalten, so muß gelten: Jede Meinung ist gleich gut, jede ist gleich wertvoll.
Um das Thema mit einem extremen Vergleich abzuschließen: Geht es um die Frage eines Lebens nach dem Tod, dann ist die Ansicht einer Hilfskraft

mit Pflichtschulbildung ebenso gut wie jene eines Universitätsprofessors. Ein strategischer Planer soll einmal formuliert haben: „In den Mast setzt der Kapitän nicht den Klügsten, sondern den mit den besten Augen." Das soll heißen: Jede Meinung ist gleich gut, wenn sie zum Thema gleich kompetent ist. Natürlich dann nicht, wenn der eine Fachmann auf diesem Gebiet ist und der andere Laie — obwohl der Laie manchmal den Fachmann durch seine Fragestellungen in Verlegenheit bringen kann, und das tut der Sache letztlich sehr gut.

● Bei der Präsentation gilt die Gruppenmeinung.

Die Gruppenmitglieder können und sollen untereinander diskutieren und unterschiedliche Ansichten vertreten. Das präsentierte Ergebnis muß aber als einheitliche Meinung der Gruppe gelten, das heißt, die Gruppe muß zu einer Einigung kommen — manchmal ein schwieriger Prozeß. Denn: Wie man zu gemeinsamen Meinungen findet, ist ein sehr differenzierter, dialektischer, psychologischer und soziologischer Prozeß, den wir noch besprechen werden.
Gelingt der Gruppe in der zur Verfügung gestellten Zeit keine Einigung, müssen zumindest alle Meinungsvarianten mit den entsprechenden Argumenten dargestellt werden.

Intermezzo

Ich glaube, ich muß Ihnen wieder einmal den roten Faden zeigen, bevor wir weiterreden. Seit einiger Zeit sprechen wir jetzt schon über Gruppen, Gruppenarbeit usw. Was hat das mit Rhetorik zu tun?
Rhetorik haben wir definiert als Wissenschaft von der kunstvollen Gestaltung öffentlicher Reden. Und was bezwecken öffentliche Reden? Zu belehren und zu überzeugen. Und was bezwecken Gruppenarbeiten? Zu belehren und zu überzeugen.
Wir haben Ihre Rolle als Anweisenden immer wieder erwähnt, nur nicht dazugesagt, daß Sie Reden halten. Und doch tun Sie das bei der Gruppenarbeit, sogar ziemlich intensiv. Sie haben viel zu sprechen, zu argumentieren, mit Worten zu führen. Und darin sehe ich die moderne Form der Rhetorik: nicht vom Katheder aus zu agieren und zu dominieren, sondern Menschen mit dem Wort zu überzeugen, das Ziel mit sprachlichen Mitteln aller Art zu erreichen. Die Gruppe führt letztlich Ihren Willen oder, dezenter formuliert, Ihren Vorschlag aus.

175

Sie hätten die Möglichkeit, lediglich zu reden und als moderne Mittel nur die Präsentationstechniken einzusetzen. Sie könnten die Veranstaltung auch nur um Zwischenfragen der Zuhörer ergänzen lassen, das heißt aus dem Ganzen einen lebendig gestalteten Vortrag machen. Damit wären Sie die ganze Zeit „im Bild" — etwas ermüdend, wenn das mehrere Tage geht, doch immerhin möglich.

Wir haben aber gemeint: „Fischen lehren, nicht Fische schenken." Und das heißt: das Ergebnis selbst erarbeiten lassen. Kleinere Gruppen werden Sie selbst leiten, größere Gruppen müssen Sie aufteilen. Aber: Sie sind permanent als Redner tätig, und nicht nur als Redner: Sie führen durch das Wort. Und ich bin überzeugt: Jeder moderne Redner muß Gruppen führen können, sei es in der Familie, sei es im Betrieb, in der Schule, in Vereinen, im religiösen Bereich. Reden führen immer häufiger dazu, daß unmittelbar die Umsetzung geübt wird.

Vergleichen Sie nur zwei Formen des Unterrichts: Nehmen wir an, im ersten Fall kommt der Lehrer in die Klasse, verkündet, welche Seite im Lehrbuch aufzuschlagen ist, und beginnt vorzutragen. Je nach seinem Vortragsstil und dem Respekt, den er der Klasse einflößt, wird er etwas mehr oder etwas weniger Aufmerksamkeit auf sich ziehen. Da geprüft wird, werden die Schüler die wichtigsten Regeln, Daten und Ereignisse auswendig lernen — und bald wieder vergessen. Wenn Sie nicht gerade Historiker sind, was wissen Sie noch vom Altertum?

Stellen Sie sich nun vor, der gleiche Stoff wird von mehreren Seiten beleuchtet. Es gibt zunächst die Grundinformation, und dann bereiten mehrere Kleingruppen in der Klasse die unterschiedlichen Aspekte der Ereignisse vor. Nehmen wir an, es ginge um Cäsars Gallischen Krieg. Was wäre, wenn ein Teil der Klasse die Überlegungen Roms darstellt, der andere Teil die Überlegungen der Gallier, ein dritter Teil die Überlegungen der Nachbarvölker? — jeweils natürlich gewappnet mit entsprechenden Unterlagen. Zweifellos bedingt die letztgenannte Form wesentlich mehr Aufwand, sie bringt aber auch ungleich mehr Motivation. Wenn Sie nun nach wie vor der Ansicht sein sollten, das sei nicht Rhetorik — dann wäre ich der Ansicht, man müßte die Methode wechseln. Dann würde ich mich mit Ihnen lieber über dieses andere unterhalten, diese neue Methode, nicht über Rhetorik. Ich bin jedoch nach wie vor der festen Überzeugung: es ist ein Teil der neuen, zuhörerorientierten Rhetorik. Denn nirgendwo müssen Sie so intensiv rhetorische und dialektische Mittel einsetzen wie eben bei der Arbeit mit Gruppen; nirgends sonst ist Ihr Sprechdenken so gefordert wie hier; nirgends sonst müssen Sie in kurzer Zeit so viele spontane Kurzreden halten, vor unterschiedlichem Publikum (den einzelnen Arbeitsgruppen), zu ganz unterschiedlichen Problemkreisen.

Bei der Verhandlung sind Sie Gesprächspartner, bei der Diskussion Fragender, Gefragter oder die Meinung Äußernder, bei der Gruppenarbeit aber sind Sie verantwortlicher Leiter.

Bei der Aufarbeitung der Gruppenergebnisse, der Präsentation, müssen Sie nicht nur die Sachleistung beurteilen, sondern auch die rhetorische Leistung. Um in Seminaren Gruppen nicht „abstürzen" zu lassen, müssen Sie rhetorische Mängel behutsam korrigieren. Sie müssen unbemerkt ein rhetorisches Mittel einbringen, um einzelnen Arbeitsgruppen bei der Präsentation die Aufmerksamkeit der anderen zu sichern: Ihre Autorität.

Damit wollen wir unser Intermezzo beenden. Wenn Sie mir nicht zustimmen können, einigen wir uns darauf: Sie erhalten auch für Sie hoffentlich nützliche Informationen, und die sind eben aus dem Umkreis der Rhetorik.

So arbeiten Gruppen

Effiziente Gruppenarbeiten können auf zwei Ebenen ablaufen: auf der analytischen und auf der kreativen.

Mit „analytisch" ist gemeint: Die Aufgabe wird in ihre Teilbereiche zerlegt, Art und Umfang der Teilaspekte werden analysiert, das Lösen der Teilaufgaben wird an einzelne Gruppenmitglieder übertragen, jeder arbeitet seinen Teil aus und ist für diesen verantwortlich, die Ergebnisse werden zusammengetragen und zu einer einzigen Lösung verbunden.

Diese Art der Gruppenarbeit ist nichts anderes als eine Leistung, die im Weg der Arbeitsteilung erbracht wird. Jedes Gruppenmitglied übt damit seinen Teil — mit dem Nachteil, daß wiederum nur die Stärken einzelner Gruppenmitglieder trainiert werden, nicht die Schwachstellenbereiche. Eine solche Vorgehensweise ist sinnvoll, wenn das Ergebnis im Vordergrund steht und nicht das Training. Wollen Sie als Vortragender vermeiden, daß diese recht rationelle Art des Vorgehens angewandt wird, müssen Ihre Übungen thematisch so eingeschränkt sein, daß das Problem nicht auftritt.

Zur Erarbeitung neuer, origineller Problemlösungen benützen die Gruppen verschiedene Kreativtechniken. Einige dieser Techniken haben wir bereits kennengelernt, wie Brainstorming, Brainwriting-Methoden, Morphologischer Kasten, Morphologisches Tableau und Attribute-Listing. Die Tabelle gibt Ihnen einen Überblick über die wichtigsten Methodengruppen nach Verfahrensmerkmalen, einschließlich der Benennung der wichtigsten Einzelmethoden der jeweiligen Gruppe (nach Helmut Schlicksupp, „Innovation, Kreativität und Ideenfindung"). Wenn Sie sich für Kreativmethoden im Detail interessieren, finden Sie in den genannten Literaturquellen ausreichende Anleitungen.

Methodengruppe	Verfahrensmerkmale	Wichtige Repräsentanten
A. Brainstorming und seine Abwandlungen	Ungehemmte Diskussion, in der keine Kritik geübt werden darf; phantastische Einfälle und spontane Assoziationen sollen geäußert werden	— Brainstorming — Diskussion 66
B. Brainwriting-Methoden	Spontanes Niederschreiben von Ideen auf Formulare oder Zettel; Umlauf von Formularen	— Methode 635 — Brainwriting-Pool — Ideen-Delphi
C. Methoden der schöpferischen Orientierung	Befolgen bestimmter Prinzipien bei der Lösungssuche	— Heuristische Prinzipien — Bionik
D. Methoden der schöpferischen Konfrontation	Stimulieren der Lösungsfindung durch Auseinandersetzen (Konfrontation) mit Bedeutungsinhalten, die scheinbar nicht mit dem Problem zusammenhängen	— Synektik — BBB-Methode — TILMAG-Methode — Semantische Intuition
E. Methoden der systematischen Strukturierung	Aufteilen des Problems in Teilkomplexe; Lösen der Teilprobleme und Zusammenfügen zu einer Gesamtlösung; Systematisieren von Lösungsmöglichkeiten	— Morphologischer Kasten — Morphologisches Tableau — Sequentielle Morphologie — Problemlösungsbaum
F. Methoden der systematischen Problemspezifizierung	Aufdecken der Kernfragen eines Problems oder Problembereichs durch systematisches und hierarchisch-strukturierendes Vorgehen	— Progressive Abstraktion — K-J-Methode — Hypothesen-Matrix — Relevanzbaum

Wieder im Plenum

Eine für Sie immer kritische Situation, der Sie gespannte Aufmerksamkeit widmen müssen, ist die Präsentation der Gruppenarbeiten im Plenum. Sind die Arbeitsergebnisse gut, herrscht allgemein Zufriedenheit. Sind die Arbeitsergebnisse jedoch mager, ist nicht die Gruppe dran — dann sind Sie dran!

Einerseits überträgt die schwache Gruppe ihre Frustration auf das gesamte Plenum — sie wirkt mutlos, demotiviert, zweifelt am Sinn der Methode, hält die Fragestellung für falsch usw.; andererseits sind Sie damit konfrontiert, daß Ihre Anweisung zur Gruppenarbeit als Zeitverschwendung aufgefaßt wird.

Wie können Sie dem vorbeugen? Ausschließlich indem Sie dafür sorgen, daß die Gruppen gut arbeiten können, und zwar was das Ausarbeiten der Unterlagen betrifft wie auch die rhetorische Präsentation der Aufgaben: alle wesentlichen Aspekte des gestellten Themas gutgegliedert hervorgehoben, Präsentation mit audiovisuellen Mitteln, Arbeitsunterlagen für die Gruppe.

Wenn Ihre Vorbereitung derart sorgfältig und präzise war, daß die Gruppe Ihnen bei schlechtestem Willen nicht den Schwarzen Peter zuschieben kann, dann sind Sie in einer sehr guten Position: Sie können den „Helfer" spielen, der das „Opfer" (die Gruppe, die sich nicht bewährt hat, oder einzelne ihrer Mitglieder) vor den „Verfolgern" rettet (den anderen oder den Gruppenmitgliedern untereinander).

Aber Vorsicht! Seien Sie nicht vorschnell, warten Sie ab. Begeben Sie sich nicht ohne Not ins heftigste Gefecht.

Die Präsentation ist die Rede des Gruppen-Präsentators — da dürfen Sie nicht dreinreden. Auch Sie wollen nicht unterbrochen werden. Und: Sorgen Sie mit Ihrer Autorität dafür, daß die Präsentation in Ruhe ablaufen kann.

Wenn die Präsentation beendet ist, wird in jedem Fall die Gruppe und der Präsentator gelobt (durch Applaus oder verbal), und zwar möglichst von Ihnen und den anderen Zuhörern. Dann wird das Gruppenergebnis zur Diskussion gestellt. Wenn von den anderen Zuhörern keine Kommentare (mehr) kommen, sind Sie gefordert — und jetzt müssen Sie sehr behutsam reden.

Selbst wenn Sie in der Leitung von Gruppen geübt sind, sollten Sie sich ein einfaches Beurteilungsschema zurechtlegen — Beurteilung jetzt in dem Sinn, daß aus dem Präsentierten die Lehre gezogen wird, im positiven wie im negativen Sinn.

179

Lassen Sie die Präsentation kommentarlos ablaufen und loben nur am Ende, so entsteht bei der Gruppe und den übrigen Zuhörern einerseits der Eindruck, daß ohnehin alles in Ordnung war; andererseits macht sich ein Gefühl der Unsicherheit breit, denn man ist ja nicht sattelfest im Thema und ist schließlich zum Seminar gekommen, um etwas dazuzulernen. Gehen Sie zu kritisch mit dem Ergebnis um, kommen Sie von einer anderen Seite her ins Feuer. Dann wirft man Ihnen vor, Sie hätten eben mehr vortragen müssen und hätten nicht die Gruppe mit einer Aufgabe überfordern dürfen, der sie noch nicht gewachsen ist. Denn um zu lernen, ist man ja gekommen. Liebe Lehrerfreunde, Sie sehen, wie widerspenstig Erwachsene mit Vortragenden umgehen können. Ja, ich weiß, auch Ihre Schüler sind keine Engel. So hat eben jeder seine Sorgen, und wir sollten auch über die Ihren sprechen. Wir alle, die mit Worten lehren und führen wollen oder müssen, brauchen motivierte Zuhörer, dann wird unsere Arbeit angenehm und erfüllend. Also beschäftigen wir uns damit, wie man Menschen motiviert.

Jetzt aber noch zurück zu unserer Gruppe. Die Arbeitsgruppe hat präsentiert, die Zuhörer haben mit dem Präsentator etwas diskutiert, jetzt sehen alle erwartungsvoll auf Sie.
Am besten erläutern Sie zunächst die Gesichtspunkte, nach denen Sie die Präsentation kommentieren wollen — vermeiden Sie das Reizwort „beurteilen" vor Erwachsenen. Betonen Sie, daß Sie Ihre Sicht der Dinge darlegen, aufbauend auf Ihren Eindrücken und Ihrer Erfahrung — aber eben, wie jede persönliche Meinung, subjektiv. Fordern Sie die Zuhörer auf, abweichende Meinungen als Diskussionspunkte einzubringen. Werden die Einwürfe zu zahlreich, beginnen Sie diese zu visualisieren. Das geschieht am besten auf dem Flip-Chart oder mit Hilfe einer Pinwand: Sie geben den Teilnehmern Moderationskarten und Filzschreiber und fordern sie auf, die eingebrachten Ansichten stichwortartig auf eine Karte zu schreiben, die dann auf die Pinwand gesteckt wird.
Sie können den Kommentar folgendermaßen strukturieren (je nach Thema selbstverständlich unterschiedlich):

1. Rhetorische Elemente:
— Aufbau und Gliederung der Rede,
— Sprache,
— Vortragsstil,
— rhetorische Mittel (Redefiguren, Sprachmelodie),

— Visualisierungen,
— Gesamteindruck / emotionale Wirkung.

Gerade beim letzten Punkt werden Sie vermutlich kleine Probleme haben, denn Ihre Gefühle waren sicher andere als jene der übrigen Zuhörer; Sie haben notgedrungen eine andere Grundhaltung zum Präsentierenden eingenommen als jene.

2. Inhaltliche Elemente:
— Themenbezogenheit (wurde das Thema verstanden?),
— Ausarbeitungsgrad,
— Qualität der Lösungen.

Wenn Sie hier Mängel anmerken, sind Sie verpflichtet, es selbst besser zu machen, das heißt die Ergänzungen unmittelbar zu präsentieren. Und wenn Mängel aufgetreten sind, müssen Sie das tun! Schwerarbeit für den Vortragenden: gut zuhören, rasch denken, schnell strukturieren, gut vortragen. Die Anforderungen, die dieser Arbeitsstil mit sich bringt, verlangten neben Können viel Kraft. Gehen Sie daher sorgsam mit Ihrer Kraft um, schlafen Sie ausreichend und meiden Sie zuviel Alkohol. Gerade bei Gruppen, mit denen sich der Vortragende gut versteht und mit denen er mehrere Tage zusammen ist, ist der Verzicht oft schwer. Und der Weg zur Hölle ist bekanntlich mit guten Vorsätzen gepflastert. Aber belügen Sie sich nicht selbst: Ihre Kraft läßt nach, und Sie erkaufen sich Ihr Vergnügen letztlich mit einer geringeren fachlichen Qualität Ihres (restlichen) Seminars. Ob das Ihren Zielen und den Zielen Ihrer Teilnehmer entspricht, müssen Sie jeweils selbst entscheiden.

Das Blitzlicht

Rückkoppelungsrunden standen schon auf dem Programm, nun noch zu einer speziellen Form, dem „Blitzlicht". Das „Blitzlicht" ist ein kurzer Rundblick im Plenum: Jeder sagt, wie er sich gerade fühlt.
Sie sollten es dann einschalten, wenn Sie das Gefühl haben, daß irgend etwas am Klima nicht stimmt. Als routinierter Seminarleiter entwickeln Sie dafür einen sechsten Sinn. Wenn Sie sich getäuscht haben und alle bestätigen, daß alles in Ordnung ist, haben Sie keinen Schaden verursacht. Wenn Sie damit jedoch schwelende Konflikte frühzeitig aufdecken, ersparen Sie sich eine Menge Sorgen.

Der Abschluß

Den Abschluß eines jeden Seminars bildet eine Rückkoppelungsrunde, in der *Sie selbst* beurteilt werden und die Ihnen Ansätze für Verbesserungen bei zukünftigen Seminaren liefern sollte. Bereiten Sie daher sorgfältig die Fragen vor, die Sie der Gruppe zum Abschluß stellen wollen.

Wenn es Ihnen überraschend passiert, daß Sie bei dieser Abschlußrunde vernichtende Kritiken einheimsen, müssen Sie Ihre Arbeit mit Gruppen gründlich überdenken. Sie haben dann etwas Wichtiges übersehen — und das war sicher nicht professionell.

Im Normalfall kann der geübte Seminarleiter abschätzen, wie die Abschlußrunde ausfallen wird, vor allem wenn er Zwischenrunden durchgeführt hat.

Das Seminar sollte mit Ihrer Schlußansprache enden. Sie müssen dabei auf die Aussagen in der Rückkoppelungsrunde eingehen, nochmals die wesentlichen Ergebnisse des Seminars zusammenfassen und den Teilnehmern letzte Hinweise geben, wie sie ihre Ziele zur Aus- und Weiterbildung weiterverfolgen können. Und dann sagen Sie etwas, was die Teilnehmer freut, aber sagen Sie es mit innerer Überzeugung. Innere Überzeugung ist das, was Sie im Moment spüren — wenn Ihnen das zu zynisch erscheint: sind Sie ehrlich zu sich selbst?

Wie man Abschied nehmen kann, soll eine Musiker-Anekdote illustrieren. Es ging um einen lange nicht gewährten Urlaub für die Mitglieder der Musikkapelle am Hof des Fürsten Eszterhazy. Unterstützung fanden die Musiker in ihrem Dirigenten, Joseph Haydn, der eine „Abschiedssinfonie" komponierte. Bei dieser Sinfonie verläßt ein Musiker nach dem anderen das Podium. Der Fürst verstand, der Urlaub wurde gewährt. Mit dieser Anekdote aus dem 18. Jahrhundert können Sie ein Seminar beenden, wenn ein Teilnehmer nach dem anderen „wegen dringender Termine" oder aus sonstigen Gründen den Raum verläßt.

Damit verlassen auch wir die Gruppenarbeit. Nur noch ein letztes Wort für jene, die permanent mit Gruppen arbeiten. Wir haben hier ausschließlich von Gruppenarbeit in Seminaren gesprochen, nicht von Projektgruppen oder ähnlichem. Die Methoden sind im wesentlichen die gleichen, lediglich die Präsentationsformen sind andere, sodaß sich eine gesonderte Behandlung dieses Themas erübrigt.

Nun wollen wir uns den Themen „Motivation" und „Lösung von Gruppenkonflikten" widmen.

Wie können Sie Gruppen motivieren?

Motivieren heißt etwas bewegen, also in unserem Sinn: Menschen bewegen, etwas zu tun. Grundsätzlich wird unterschieden zwischen innerer Motivation (Selbstmotivation) und äußerer Motivation (Motivation durch fremden Einfluß). Als Redner sind Sie hoffentlich selbst motiviert, die nichtmotivierten Zuhörer müssen Sie zu motivieren versuchen. Wie motiviert man? Indem man ein Bedürfnis anspricht, etwas, das der Mensch braucht — oder will. Böse Zungen nennen das „System Mohrrübe": Einem Esel wird eine Stange aufgebunden, an der eine Mohrrübe befestigt ist, die dann vor seinem Gesicht baumelt, und er rennt der Mohrrübe nach. Der ernste Hintergrund dieses durchaus tragischen Scherzes (der Esel erreicht sein Ziel ja erst dann, wenn das System zerstört wird, also die Stange bricht oder losgebunden wird) ist: Menschen sind über ihre Bedürfnisse bereit, etwas zu tun, was sie aus sich heraus nicht tun würden. Und wir müssen zugeben: Motivation und Manipulation sind nicht weit voneinander entfernt.

Eine der bekanntesten Motivationstheorien ist jene von Maslow, entwickelt in den fünfziger Jahren und seither in den verschiedensten Varianten verbreitet und ausgebreitet. Diese Theorie fehlt in keinem mir bekannten Buch, das in irgendeiner Form menschliche Bedürfnisse und Motivation anspricht. Die „Bedürfnishierarchie" wird auch hier als Basis-Schema herangezogen.
Abraham Harold Maslow (1908—1970) war Professor für Psychologie am Western Behavioral Institute. Er vertrat die Ansicht, die menschlichen Motive und Bedürfnisse seien in fünf Stufen hierarchisch gegliedert:

1. Grundbedürfnisse (Hunger, Durst, Sexualität)
2. Sicherheitsbedürfnisse
3. Zugehörigkeits- und Kommunikationsbedürfnisse
4. Bedürfnis nach Wertschätzung und Achtung
5. Bedürfnis nach Selbstverwirklichung

Bedürfnisse einer Stufe werden nach Maslow erst dann wirksam, wenn die Bedürfnisse der vorhergehenden Stufe befriedigt sind. Als Denkmodell sind die Überlegungen wichtig, und sie haben sich auch als solches durchgesetzt; in Untersuchungen konnte der hierarchische Aufbau der Bedürfnisse nicht ausreichend bestätigt werden.

183

Motivationstheorien gibt es zahlreiche, vorwiegend auf den Einsatz von Führungskräften und Mitarbeitern in der Wirtschaft ausgerichtet. Die grundsätzliche Fragestellung ist immer:
— Was will der Mensch?
— Wie bringe ich ihn dazu, das zu tun, was ich will?
— Was muß ich ihm dafür geben?
— Wie muß ich mich ihm gegenüber verhalten?

Dabei gibt es, ausgehend vom jeweiligen Menschenbild, ganz unterschiedliche Führungsstile. Eine bekannte Ansicht aus dem Anfang unseres Jahrhunderts stammt von Frederick Winslow Taylor: „Gib einem Arbeiter einen Dollar mehr, und er arbeitet mehr." Untersuchungen, die in den dreißiger Jahren zum Thema Ergonomie (Gestaltung von Arbeitsplatzfaktoren zur Leistungssteigerung) durchgeführt wurden, ließen andere Motive erkennen. Wie immer man die Arbeitsplatzfaktoren änderte (verbesserte oder verschlechterte): Jene Kontrollgruppe von Arbeitern, mit der sich die Forscher beschäftigten, erbrachte wesentlich höhere Leistungen als eine andere Gruppe, die wie bisher unbeachtet weiterarbeitete, deren Ergebnisse aber kontrolliert wurden. Das war der Beginn der „Human Relations"-Bewegung.
Menschlichkeit hat dann besondere Chancen, wenn sie auch Vorteile bringt — ein für die Mitarbeiter recht angenehmer Nebeneffekt der Erkenntnisse.
Zurück zu den Motivationstheorien. Eine weitere bekannte Theorie ist jene von Frederick Herzberg, der von „satisfiers" und „dissatisfiers" spricht. „Satisfiers" sind sogenannte Motivatoren, also Faktoren, deren Vorhandensein Motivation der Mitarbeiter bewirkt; „dissatisfiers" sind sogenannte Hygienefaktoren, deren Fehlen demotivierend wirkt, deren Vorhandensein aber nicht motiviert.
Andere Theorien wiederum beschäftigen sich mit dem Führungsstil und dem jeweils zugrundeliegenden Menschenbild. Die Bücher zur Mitarbeitermotivation und -führung füllen inzwischen ganze Bibliotheken. Seminare und Trainings werden angeboten: wie man führt, wie man motiviert, wie man kommuniziert — nur eines wird leider meist vergessen, jener Weg, den Paulus den Korinthern gezeigt hat (1 Kor 13,1-2): „Wenn ich mit Menschen-, ja mit Engelszungen rede, habe aber die Liebe nicht, so bin ich ein tönendes Erz und eine gellende Schelle. Und wenn ich die Prophetengabe habe und alle Geheimnisse weiß und alle Erkenntnis besitze und wenn ich allen Glauben habe, so daß ich Berge zu versetzen vermöchte, habe aber die Liebe nicht, so bin ich nichts."

Darum: Lesen Sie die Theorien, überlegen Sie, was Sie davon brauchen können, lassen Sie sich trainieren; werden Sie aber nie in Ihren Worten wie ein Buch über Führungsverhalten, denken Sie an die Warnung aus der Bibel — auch wenn Sie nicht gläubig sind. Warum glauben Sie, gibt es bei vielen Managern die „Midlife-Crisis", das Aussteiger-Syndrom? Weil das Führen und das beruflich eben manchmal erforderliche Manipulieren von anderen so glücklich macht?

Geben wir uns keinen Illusionen hin: Menschen können zu Handlungen motiviert werden, die ihren eigenen Interessen widersprechen. Denken Sie nur an das, was in der ganzen Welt im 20. Jahrhundert geschehen ist!

Auch aus solchen Gesprächen wie dem unseren können Sie die Methoden der Manipulation erlernen. Einer meiner Aufgabenbereiche ist es, Tag für Tag Menschen dazu zu bringen, etwas zu tun, was sie sonst nicht getan hätten; und oft ist es nur meine eigene Einschätzung, ob das, wozu ich sie veranlasse, für sie auch gut und richtig ist. Überschreitet man dabei nicht die durch Gesetze festgelegten Grenzen, ist der einzige Maßstab ein persönlicher: Ethik.

Wenn Sie dazu eine zynische Formulierung wollen: Ein Instrument ist weder gut noch böse. Und Motivationsmethoden sind Instrumente zur Behandlung von Menschen, die zum Guten wie zum Bösen verwendet werden können. Ein Auto kann befördern, neue, schöne Welten erschließen, aber auch verletzen und töten.

Sie sollen die Methoden kennenlernen, die Methoden der Motivation und der Manipulation. Glauben Sie aber nicht, daß Sie durch dieses Wissen vor den Auswirkungen sicher sind! Wenn Sie zuviel darüber wissen, kann das für Sie sogar eine negative Wirkung haben — wenn Sie etwa allem und jedem mißtrauen, alles zu hinterfragen beginnen und hinter jeder Harmlosigkeit etwas wähnen.

Beginnen wir mit den Methoden der Motivation, auf unser Thema bezogen: der Motivation im Rahmen von Reden, Seminaren, Gruppenarbeiten, Verhandlungen und Diskussionen.

Positiv ausgerichtete Motivation

Positiv ausgerichtet heißt zunächst, die Methode bewegt sich auf einer positiven, für den Betroffenen (— den zu Motivierenden) angenehmen Ebene. Das Ziel sollte sein, insgesamt positive Motivation zu betreiben, das heißt, auf der Grundlage eines positiven eigenen Menschenbildes zu handeln. Es liegt nicht in der Natur des Menschen, sich wie ein Heiliger zu verhalten —

zumindest nicht in der Natur der meisten. Aber es schadet nicht, täglich neu damit zu beginnen, und sei es zunächst aus durchaus egoistischen Motiven. Dann hat man zumindest die Chance, daß mit der Zeit etwas von dieser Einstellung abfärbt.

Motivation kann nur Anstoß sein, nicht Dauerimpuls. Nur dann, wenn es Ihnen gelingt, durch Ihre Motivationsmaßnahmen die eigene, innere Motivation des Betroffenen zu wecken, haben Sie auf Dauer Erfolg.

Jeder Dauerimpuls stumpft ab oder verlangt nach einer immer größeren Dosis. Sie kennen das, wenn Sie krankheitshalber über einen längeren Zeitraum Medikamente brauchen. Entweder müssen Sie von Zeit zu Zeit das Medikament wechseln, oder Sie brauchen eine steigende Dosis — wenn nicht, im negativen Fall, die Wirkungen von Ihrem Körper automatisiert werden oder, im positiven Fall, wenn Ihr Körper nicht die Ursache des Leidens beseitigen kann. Ebenso ist es bei der Motivation. Zum negativen Fall gibt es den Begriff des „Workoholic", des Arbeitssüchtigen.

Das Erfordernis der steigenden Dosis zeigt sich im wirtschaftlichen Bereich beispielsweise beim Versuch, über höhere Entlohnung zu motivieren: Die Wirkung hält kurze Zeit an und verflacht dann wiederum komplett — wenn nicht andere Motivatoren vorhanden sind. Ein neuerlicher Impuls entsteht dann nur durch wesentlich mehr Geld.

Gut motivieren heißt also: die Eigenmotivation wecken.

Auch dazu noch eine (leider) realistische Einschätzung: Nicht jeder Mensch ist für jene Ziele motivierbar, die Sie für wichtig halten. Es gibt, bezogen auf Ihre Motivationsabsicht, eben auch Menschen, die innerlich so weit von Ihren Zielen entfernt sind, daß keine Motivation auf Dauer wirkt. Wer innerlich permanent am Strand liegt und nicht bereit ist, andere Gedanken anzunehmen, kann durch keine noch so gute Motivation aktiviert werden. Man nennt diesen Zustand die „innere Kündigung". Wer innerlich gekündigt hat, kann kaum mehr motiviert werden. Zur inneren Kündigung kann es überall kommen, also auch bei Reden, Seminaren, im Unterricht, im Betrieb.

Doch nun zu Erfreulicherem. Sie motivieren positiv, indem Sie:

Sinn vermitteln

Der Sinn ist das „Warum", das, weshalb man bereit ist zu arbeiten, Schwierigkeiten zu ertragen, Rückschläge zu verkraften, ohne mutlos zu werden.

186

Viktor E. Frankl, der „Vater" der Logotherapie, spricht von einer Sinn-Krise des modernen Menschen, von einem „Hunger nach Sinn". Wenn Sie Priester sind, ist Ihr sinnorientierter Motivationsansatz tatsächlich der Sinn des Lebens. Als Lehrer oder Seminarleiter können Sie sich mit wesentlich kleineren Sinn-Aspekten befassen. Verwechseln Sie aber nicht den Sinn mit dem Ziel. Wenn Sie beispielsweise einen Vorbereitungskurs für eine Prüfung leiten, dann ist es eindeutig das Ziel der Teilnehmer, die Prüfung zu bestehen. Das ist aber nicht der Sinn Ihres Kurses. Ihr Kurs soll Fähigkeiten vermitteln, die zwar auch das Bestehen der Prüfung garantieren, vor allem aber die Bewährung im täglichen Leben sichern.

Je nach Ihrem Thema — bei Rede, Seminar, Plädoyer in der Verteidigung oder in der Anklage — versuchen Sie, zunächst sich selbst den Sinn zu vergegenwärtigen. Und dann bringen Sie dieses Sinnverständnis mit rhetorischen und dialektischen Mitteln Ihren Zuhörern nahe. Nochmals sei es wiederholt: Sinn ist nicht Ziel, der Sinn ist der Ausgangspunkt für „sinnvolle" Ziele.

Ziele aufzeigen

Ziele sind die Punkte, Situationen oder Ereignisse, auf die man hinarbeitet und die einen Maßstab für den eigenen Fortschritt schaffen. Werden Ziele als erstrebenswert angesehen und können Sie glaubhaft machen, daß Ihre Rede oder Ihr Seminar die Zuhörer auf dem Weg zu ihrem Ziel weiterbringt, führt das zu motivierenden Wirkungen.

Aus diesem Grund haben wir auch schon mehrfach darauf hingewiesen, daß es Ihnen gelingen muß, die Ziele der Zuhörer herauszufinden, und zwar die wahren Ziele, nicht die „anständigen", offiziell genannten. Nehmen wir als Beispiel ein Fortbildungsseminar im Rahmen des Trainingsprogramms für mittlere Führungskräfte. Die offiziellen Ziele sind ganz klar:
— Fortbildung,
— mehr Wissen über ein bestimmtes Thema,
— Erfahrungsaustausch mit Kollegen,
— neue Impulse
und andere sozial erwünschte Ziele mehr. Der Chef wird sich freuen.

Wenn Sie dahinterhören, werden Sie vielleicht ganz andere Ziele finden:
— einmal heraus aus der Routine,
— weg von daheim,
— wieder ein Schritt zu mehr Geld usw.

Motivieren können Sie nur über die wahren Ziele, nie über die vorgegebenen. Sie müssen die Zielkonflikte erkennen und auf zwei Ebenen arbeiten: das offizielle Ziel nennen, das wahre meinen. Damit bewegen Sie sich auf der gleichen Ebene wie Ihre Zuhörer.

Wie bekommen Sie heraus, was wirklich gewollt wird? Einerseits durch körpersprachliche Äußerungen, andererseits durch Nebenbemerkungen in Pausen — verzichten Sie nie auf die Pausengespräche, gesellen Sie sich in der Pause zu den Zuhörern, auch wenn Sie gar keine Gespräche führen und nur Ihren Kaffee trinken wollen! Weiters durch die Art der Mitarbeit, durch Art und Intensität der Fragen, durch Reaktionen auf rhetorische Mittel, durch die Mitarbeit bei Gruppenarbeiten und anderes mehr.

Sie können sich „Arbeitshypothesen" über die wahren Ziele bilden, das heißt Annahmen, was dahintersteckt. Diese Arbeitshypothesen überprüfen Sie dann gezielt, z. B. durch Anspielungen, Scherze etc., und beobachten genau die Reaktion darauf.

Gehen Sie nur nicht in Ihre eigene Falle, indem Sie sich krampfhaft bemühen, Ihre Vorurteile zu beweisen!

Klarheit schaffen

Jeder Zuhörer hat das Recht, über den Zusammenhang informiert zu sein. Damit hat er immer „den Faden", das heißt, er kann die vermittelten Inhalte richtig zuordnen.

Ein chaotischer, humorvoll gehaltener Vortrag kann zwar als Feuerwerk ganz nett sein, bringt aber außer Unterhaltung keine Wirkung.

Gliedern Sie daher Ihren Vortrag, Ihr Seminar, Ihr Plädoyer, Ihre Predigt und weisen Sie, wo immer das möglich ist, darauf hin, wo Sie gerade stehen. Bei einer Präsentation über Overhead-Folie können Sie das beispielsweise dadurch erreichen, daß Sie in der Kopfzeile das Überkapitel vermerken, eventuell sogar mehrere (maximal zwei bis drei) übergeordnete Gliederungselemente.

Das richtige Maß finden

Das richtige Maß heißt: jedem das Seine, und nicht: jedem das gleiche. Jedem das Seine heißt: jedem nach seiner Denkweise, nach seiner Art aufzunehmen, nach seiner Art, sich zu verhalten, nach seinen Gewohnheiten, sich auszudrücken. Das richtige Maß finden Sie dann, wenn Sie jeden Zuhörer „annehmen", das heißt ihn so akzeptieren, wie er ist, ohne zu werten. Nicht der Zuhörer hat die Pflicht, den Redner zu verstehen, sondern der

Redner hat die Aufgabe, sich dem Zuhörer verständlich zu machen. Verständlich macht er sich dann,
— wenn er die Sprache des Zuhörers spricht,
— wenn er keine Denkblockaden schafft, z. B. indem er dem Zuhörer negative Gefühle vermittelt oder ihn nervös macht (etwa im Unterricht: „Wenn Sie das nicht wissen, schaffen Sie die Prüfung nie"),
— indem er Störungen zwischen seiner Botschaft und dem Empfänger weitgehend ausschaltet (etwa durch Einsatz mehrerer „Sender", das heißt: gesprochenes Wort, optische Darstellungen, Redefiguren wie Wiederholungen, Abwandlungen etc.).

Stimmung machen

Stimmung machen Sie zunächst mit Ihrer Stimme, Ihrer Mimik und Gestik. Probieren Sie es selbst einmal aus, etwa wenn Sie zu Freunden kommen. Grüßen Sie diese mit dem gleichen Wortlaut wie immer, aber mit tonloser Stimme und einem griesgrämigen Gesicht. Entweder werden Ihre Freunde sofort anfangen, Sie zu beobachten, oder sie werden prompt reagieren: „Was ist dir denn heute über die Leber gelaufen?" Wenn Sie allerdings immer so sind, könnten Sie nur mit dem gegenteiligen Verhalten auffallen, indem Sie lachend kommen und mit fröhlicher Stimme grüßen.
Während Stimme, Mimik und Gestik unmittelbar die Gefühle Ihrer Zuhörer ansprechen, kommen die Inhalte zunächst an den Verstand. Und hier müssen Sie testen: Wie rasch werden Scherze verstanden? Welche Art von Scherzen kommt gut an? Wie reagiert das Publikum auf Wortspiele? Welche inhaltlichen Elemente reißen mit?
Es gibt Zuhörer, bei denen wird Ihnen als Redner kalt. Das kann an den Personen liegen, aber auch an ganz anderen Dingen, z. B. an der Raumatmosphäre: zu kühl, zu heiß, zu dunkel, zu hell, zu schlechte Akustik usw. Versuchen Sie dennoch, auch dieses Publikum in Stimmung zu bringen. Wenn Sie merken, daß Ihr gewohnter Stil nicht ankommt, schalten Sie zurück. Gehen Sie auf solide, gutbegründete Sachlichkeit und beginnen Sie langsam mit Variationen: Redefiguren, Beispielen, „sicheren" Anekdoten; versuchen Sie über Fragen zu aktivieren; wenn möglich bringen Sie das Publikum unter „Zugzwang", sich zu rühren.
Wenn Sie sehr sicher sind und die Situation paßt, können Sie eine Frage stellen, auf deren Beantwortung Sie nicht verzichten, also keine „rhetorische Frage", und dann so lange warten, bis tatsächlich eine Antwort kommt, auch wenn eine lange Pause entsteht, während alle schweigen. Lassen Sie das Schweigen lasten und nützen Sie die dadurch entstehende

(innere, gefolgt von einer äußeren bzw. geäußerten) Unruhe der Zuhörer, Ihre rhetorischen Ziele bzw. Ihre Motivationsziele zu erreichen. Wiederum: Vorsicht! Sie spielen mit dem Feuer. Tun Sie es nur, wenn Sie sich sehr sicher fühlen, das heißt, wenn Sie mit größter Wahrscheinlichkeit die auftretenden Widerstände abfangen können und die Situation wieder in den Griff bekommen. Denn: Was tun Sie, wenn sich eine größere Zahl von Zuhörern durch Ihre Methode brüskiert fühlt und den Raum verläßt? Dann haben Sie verloren.

Stimmung ist notwendig, Stimmung trägt, sie motiviert Redner und Publikum, öffnet das Publikum, macht es bereit zur Aufnahme neuer Inhalte, auch wenn diese den vorgefaßten Meinungen widersprechen. Stimmung ist eine der wichtigsten Voraussetzungen für Motivation.

Helfen

Helfen können Sie in vielfacher Hinsicht. Das beginnt bei der Suche nach Garderobe oder Schirmständer, setzt sich fort beim Herbeischaffen zusätzlicher Stühle oder der Ausgabe von Unterlagen und zieht sich durch die ganze Rede, bis zum Abschluß der Veranstaltung.

Um helfen zu können, müssen Sie den anderen bewußt sehen und sich mit ihm beschäftigen. Sie müssen seine Sorgen und Bedürfnisse erkennen oder erahnen, müssen auf ihn / sie zugehen (mit Blicken, Worten, Gesten, Hilfestellungen). Diese intensive Beschäftigung mit dem Zuhörer hilft wiederum Ihnen. Es lenkt Sie von sich selbst und den eigenen Sorgen ab, schafft Nähe und läßt damit Lampenfieber verschwinden. Der Mensch, dem Sie geholfen haben, ist Ihnen kein Fremder mehr; von ihm erwartet nicht einmal mehr Ihr Unterbewußtsein Böses. Dazu noch ein Wort des Schweizer Psychologen C. G. Jung: „Wenn Sie einsam sind, so liegt das daran, daß Sie sich isolieren; sind Sie bescheiden genug, dann bleiben Sie niemals einsam. Nichts isoliert uns mehr als Macht und Prestige. Versuchen Sie, herabzusteigen und Bescheidenheit zu lernen, und Sie werden nie allein sein!"

Wenn Sie helfen, sind Sie mitten unter Ihren Zuhörern; dann sind Sie nicht mehr der Fremde, der von der überhöhten Position des Rednerpults / des Rednertisches / der Kanzel redet, sondern der Freund, der über etwas spricht, das alle betrifft.

Loben

Jene unter Ihnen, die schon sehr viel über Motivation wissen, haben sich vielleicht schon gefragt, wann denn endlich die Motivationsmethode „Lob" kommt. Nicht ohne Grund setze ich das Lob an den Schluß, denn Lob ist ein etwas heikles Instrument.

Sie müssen Lob von Anerkennung und Bewunderung unterscheiden. Lob ist eine Form des Urteils, zwar ein positives Urteil, aber doch ein Urteil. Anerkennung und Bewunderung nehmen wir von allen gern an; hingegen erlauben wir ein Urteil über uns nicht jedem, sondern nur einem Gleich- oder Höherrangigen oder jemandem, mit dem wir sehr vertraut sind. Wenn uns unsere Kinder loben, wird uns das freuen; wenn uns im Restaurant ein Kellner lobt, muß er das schon sehr geschickt machen, um nicht brüskierend oder lächerlich zu wirken.

Wenn Sie Ihre Zuhörer loben, erklären Sie damit, ohne es auszusprechen, daß Sie sozial höherrangig sind, was in der Situation durchaus zutreffen mag. Mancher statusbewußte Zuhörer wird Ihnen das übel vermerken. Ich scheue daher vor Lob zurück und bevorzuge zur Motivation Formen der Anerkennung, die jederzeit auch für einen Höherrangigen akzeptabel wären.

Nach diesem Überblick über eines der — wie ich meine — Kernthemen wirkungsvoller Rhetorik, der positiven Motivation der Zuhörer, noch ein Blick auf die Armenhausseite der Motivation:

Negativ ausgerichtete Motivation

Die negative Motivation will ihr — positives — Ziel durch Mittel erreichen, die dem Betroffenen unangenehm sind. In Redesituationen, in die sich die Zuhörer freiwillig begeben, das heißt in der schon häufig angesprochenen Situation der Erwachsenenbildung, sind derartige Ansätze von vornherein zum Scheitern verurteilt. Und auch in den anderen Situationen scheitern sie hinsichtlich des Ziels, das wir formuliert haben: Gute Motivation führt zu Eigenmotivation.

Warum werden dann diese Methoden immer wieder angewandt? Ich würde sagen: aus Unwissenheit, Ungeduld mit dem anderen, Nervosität, Überlastung, aber leider auch aus menschen- und lebensfeindlichen Motiven, wie sie immer wieder bei Fanatikern und Bürokraten anzutreffen sind. Die extremen Beispiele hierzu finden wir in der Politik und im staatlichen Handeln im allgemeinen — überall dort, wo das (oft nur vermeintliche) Recht des Ganzen gegenüber dem einzelnen geschützt wird, und dies mit Verstößen gegen geltendes Recht.

Besprechen wir auch dieses traurige Kapitel, wie Menschen motiviert werden, Dinge zu tun, die sie ohne diese Motivation, diesen Zwang, nicht täten:

191

Strafe

Wenn ein Kind etwas falsch macht, etwas anstellt, nicht ruhig ist usw., dann soll es sicher nicht in diesem Verhalten bestärkt werden. Wird jedwede Strafe als Korrektur von Fehlverhalten betrachtet, ist sie wohl unvermeidbar. Eine Erziehung, die negatives, andere schädigendes Verhalten nicht abstellt und Korrekturen veranlaßt, ist nicht antiautoritär, sondern fahrlässig. Diese Art von Strafe ist aber hier nicht gemeint.

Typische Beispiele von Strafen, die hier angesprochen werden sollen, sind: Prügelstrafen, Nachsitzen, Strafarbeiten, Geldstrafen. Ein eigenes Kapitel sind Gefängnisstrafen, da diese in unserer Gesellschaftsordnung ja nur für sozial abweichendes, kriminelles Verhalten verhängt werden – und dieses Verhalten sprengt eindeutig unser Thema.

Sie wissen schon nach der Art der Strafen, welche Situationen ich anspreche: Es geht um Schule, Ämter, Militär, Straßenverkehr und ähnliches bzw. um Redesituationen, zu denen es in einer solchen Umgebung kommt.

Wenn Sie auf der Straße von einem Polizisten aufgehalten werden, weil Sie ein Ihnen bewußtes Vergehen begangen haben, sind Sie im allgemeinen zunächst schuldbewußt. Würde Sie der Beamte jetzt in ein Gespräch einbinden und versuchen, Sie zur Einhaltung der Verkehrsvorschriften zu motivieren, so würde das auf Sie vermutlich mehr Eindruck machen und Ihr zukünftiges Verhalten eher beeinflussen als das Bezahlen einer Geldstrafe. Selbstverständlich müßte der Polizist entsprechend in Psychologie und Rhetorik geschult sein, und er sollte ein positives Menschenbild haben. Aber wie läuft das üblicherweise ab? Sie werden von der „Amtsperson" von oben herab behandelt, stur nach Vorschrift; Argumente werden als Ausreden weggewischt, die Rechnung wird kassiert. Und was bleibt? Verärgerung, nicht über sich selbst und das eigene Vergehen, sondern über „diesen Idioten" und daß man nicht besser beobachtet hat, „wo einer steht". Was auf der Strecke bleibt, ist die Verkehrssicherheit. Kleine Ursachen, rhetorische Fehler, aber möglicherweise tödliche Wirkungen. Ein demokratischer Staat müßte es als Verpflichtung ansehen, seine Amtsorgane in Kommunikationspsychologie und Rhetorik schulen zu lassen; das wäre dann wirklich angewandte Bürgernähe, noch mehr: Menschennähe.

Der häufigste Gebrauch des negativen Motivationsmittels Strafe ist im Bereich der Schulen zu vermuten. Nur allzu viele Lehrer verdecken ihre eigene rhetorische Schwäche durch Motivation über Strafe, das heißt, die Schüler sind aufmerksam und lernbereit aufgrund der Angst vor Strafe. Und in dem Ausmaß, wie die Strafen nachlassen, sinkt auch die Leistung der Schüler. Klar, ein Zeichen, daß man härtere Strafen geben muß – nicht wahr?

Wie wäre es mit Sinngebung, Zielen, Inhalten, rhetorischen Verbesserungen, wirklich schülerorientierten Lehrmethoden, Hilfen?

Angst

Eine der Formen der Angst ist die Angst vor Strafe. Andere Formen sind Existenzangst, Angst vor Vermögensverlust, Angst vor Blamagen usw. Einem römischen Kaiser des Altertums wird die Aussage zugeschrieben: „Mögen sie mich hassen, wenn sie mich nur fürchten." Und viele Redner scheinen nach wie vor nach diesem Muster vorzugehen, das wiederum nur funktioniert, wenn die Zuhörer in irgendeiner Form von Zwang zur Teilnahme an der Rede veranlaßt werden (zum Unterricht, zur Schulung etc.). Angst kann angeblich beflügeln, meistens aber lähmt sie, schafft Denkblockaden, macht krank. Das Gegenteil von Angst ist das Gefühl von Sicherheit. Motivation über Angst schiebt, schafft Streß, zerstörerischen Streß; Motivation über das Gefühl von Sicherheit löst und macht frei, kann positiven Streß schaffen.

Gruppendruck

Eine der Situationen, die zu einem dem Menschen wesensfremden Verhalten führen kann, ist Gruppendruck, das heißt die Einwirkung der Gesamtgruppe auf das Verhalten: um nicht aufzufallen, nicht allein zu stehen etc. Die Motivation über Gruppendruck kann durchaus positiv sein, wenn die Gruppe sich positiv verhält. Der Gruppendruck kann auch für den Redner positiv wirken (jetzt passen wir endlich einmal auf). Daß diese Form der Motivation dennoch unter den negativen Formen genannt wird, ist durch den fehlenden Ansatz zur Eigenmotivation begründet: Fällt der Gruppendruck weg, fehlt auch die Motivation.

Schmeichelei

Zu den negativen Formen der Motivation zählt die Schmeichelei. Gut vorgebrachte Schmeichelei kann situationsbezogen zu einer wirkungsvollen Motivation werden, wenn z. B. einem Forum von Geschworenen eine hohe Urteilsfähigkeit zugesichert wird, wenn es in diesem oder jenem Sinn entscheidet.

Eigentlich fast etwas unheimlich, wenn man sich so intensiv mit dem beschäftigt, womit wir Menschen unter Druck kommen, wie wir gezogen, getreten, manipuliert werden — und das gleiche mit anderen tun. Aber: jede Änderung beginnt beim einzelnen.

Wenn Sie von den negativen Formen der Motivation so richtig angeekelt sind, dann beginnen Sie mit positiver Motivation, überall wo Sie motivieren dürfen oder müssen. Werden Sie geduldig mit den anderen! Allerdings: Je länger Sie mit anderen zusammen sind, je häufiger Sie kommunizieren, reden und zuhören, desto schwieriger wird es, immer positiv zu bleiben.

Die Lehrer unter Ihnen werden vielleicht schon lange eingewendet haben: „Der redet sich leicht. Der ist ja offensichtlich vorwiegend in der Erwachsenenbildung, sieht die Leute, die er motiviert, ein paar Tage. Im Schulalltag würden ihm seine Sprüche vergehen. Wenn man Tag für Tag die gleichen uninteressierten Gesichter sieht."

Es gibt aus meiner Erfahrung ein einfaches Rezept, auch für Dauersituationen: Mensch bleiben. Und wenn ich an meine eigenen Lehrer zurückdenke: die guten unter ihnen waren nicht autoritär, sondern Autorität.

Fragen Sie sich: Wenn Sie Schüler wären, würden Sie in Ihren eigenen Unterricht kommen wollen? Wie würden Sie Ihre Vorbereitung finden? Wie Ihr Fachwissen? Wie Ihre Rhetorik? Wie Ihre Argumentation? Wie Ihren Umgang mit Fragen der Schüler? Wie Ihr Beurteilungsverhalten?

Wenn Sie Priester sind und Ihre Kirche leer bleibt, können Sie sich natürlich auf die Tatsache berufen, daß das Interesse an religiösen Dingen schwindet und die Kirchen immer mehr Gemeindemitglieder verlieren. Aber: das Interesse sinkt wahrscheinlich gar nicht. Haben Sie alles getan, um Ihre Zuhörer, damals noch Kinder in der Grundschule, zu motivieren, positiv zu motivieren? Ich erschrecke immer, wenn ich hören muß, daß Religionslehrer ihre Schüler durch Androhung schlechter Noten bei der Stange zu halten versuchen.

Sind Sie Anwalt, Staatsanwalt oder Verteidiger, also berufsmäßig mit Reden befaßt: Wie motivieren Sie Ihre Zuhörer? Das heißt, wie versuchen Sie, ein von Ihnen gewünschtes Verhalten zu erreichen — bei Richtern, Geschworenen, Zeugen, Angeklagten? Durch Schmeicheln? Durch Erregen von Angst? Oder positiv? Geht es Ihnen wirklich noch um den Sinn oder verbleibt nur mehr ein Ziel: zu gewinnen? Die Frage ist damit: Betreiben Sie Rhetorik, Dialektik oder nur mehr rabulistische Haarspalterei, um auf alle Fälle recht zu behalten?

Sind Sie Arzt: Wie sprechen Sie mit Ihren Patienten? Wie motivieren Sie? Mit der Angst oder mit dem Sinn?

Sind Sie Verkäufer: Wie motivieren Sie Ihre Kunden? Wie kommen Sie ins Gespräch, wie bleiben Sie im Gespräch, wie schließen Sie ab?

Der Appell an Sie alle ist: Arbeiten Sie an Ihrer Zuhörermotivation!

Damit soll sich auch Ihre nächste Übung beschäftigen:
Nehmen Sie eine typische Redesituation aus Ihrem beruflichen Umfeld
und suchen Sie nach Möglichkeiten, positiv zu motivieren. Testen Sie Ihre
Lösung bei nächster Gelegenheit. Falls die Lösung nicht angekommen ist,
lassen Sie nicht nach, bis Sie erfolgreiche positive Lösungen gefunden haben.

Konflikte und Konfliktlösungen

Die Konflikte, von denen an dieser Stelle gesprochen werden soll, sind Konflikte in Gruppen. Konflikte bei Verhandlungen und Diskussionen werden
wir im Rahmen dieser Gesprächsteile behandeln, soweit sich nicht die gleichen Ansätze und Lösungen ergeben, mit denen wir uns hier beschäftigen.
Was ist ein Konflikt? Rupert Lay („Krisen und Konflikte") schreibt dazu:
„Das Wort ,Konflikt' wird allgemein hergeleitet vom lateinischen ,conflige-
re' (= zusammenstoßen, streiten, kämpfen). J. F. Herbart (1776–1841) ver-
wandte den Begriff in einer doppelten Bedeutung, den er seitdem mit sich
hat: Einmal bezeichnet er psychische ,Hemmungen' (,psychischer Konflikt'), zum anderen die mit Gruppenbildungen notwendig verbundene
Entgegensetzung von Kräften (,sozialer Konflikt')."
Ein Konflikt ist demnach etwas, wo es heiß hergeht — oder? Lay unterscheidet unter anderem offene Konflikte und latente Konflikte. Und gerade diese
latenten Konflikte können Ihnen in der Gruppe am meisten zu schaffen
machen, sei es bei Vorträgen, sei es bei Diskussionen, Seminaren, Festveranstaltungen, wo auch immer.

Konfliktbeteiligte und -betroffene

Konfliktgegner können sein:

— die oder einzelne Zuhörer gegeneinander,
— die oder einzelne Zuhörer gegen Sie,
— Sie gegen die oder einzelne Zuhörer,
wobei letztgenannte Unterscheidung erst dann Sinn bekommt, wenn zwischen einem aktiven und einem passiven Konfliktbeteiligten unterschieden wird.

195

Ein Beispiel für den ersten Fall, das immer häufiger vorkommt, ist der Konflikt zwischen Rauchern und Nichtrauchern. Die Nichtraucher möchten, daß im Vortragsraum auf keinen Fall geraucht wird, möglichst auch nicht in den Gruppenarbeitsräumen, die Raucher hingegen fühlen sich dadurch bevormundet.

Ergeben sich in einer Gruppe offene Konflikte, sind letztlich alle davon betroffen, so daß Ihnen nichts übrigbleibt, als den Konflikt zu lösen. Bleiben die Konflikte latent, müssen Sie selbst entscheiden, ob Sie das Problem ansprechen oder ignorieren wollen.

Konfliktursachen

Konfliktursachen können prinzipiell aus drei Bereichen kommen:
— aus der psychischen Disposition des einzelnen,
— aus der Gruppensituation,
— aus sachlichen Differenzen.

Fühlt sich der einzelne Gruppenteilnehmer frustriert, wodurch auch immer (das muß in keiner Weise durch Sie verursacht sein), kann es vorkommen, daß dieser latente Konflikt durch irgendeine banale Ursache zum Ausbruch kommt.

Konflikte aus der Gruppensituation ergeben sich durch unterschiedliche Persönlichkeitsstrukturen, Charaktereigenschaften, Lebenseinstellungen, Ziele zum Seminar, ethische Grundhaltungen oder ähnliches, jeweils bezogen auf die einzelnen Gruppenmitglieder, die Gesamtgruppe und Sie selbst.

Die dritte Konfliktursache liegt im Sachbereich, wenn es Ihnen nicht gelingt, das Thema entsprechend verständlich und interessant zu präsentieren.

Reaktionen in Konflikten

Jeder Mensch muß sich in irgendeiner Form Konflikten stellen. Rupert Lay spricht von drei Grundstrategien, auf Konflikte zu reagieren:

1. Flucht
2. Angriff
3. Aktivitätsvermeidung (Bewegungslosigkeit, sich tot stellen)

In der Wirkung gibt es körperliche, gefühlsmäßige und vernunftbegründete Verhaltensweisen.

1. Bei Flucht:

Körperlich: ausweichen (örtlich, thematisch), sich entfernen

Gefühlsmäßig: Abwehr (etwas verdrängen), Angst, Schuld, Scham, Minderwertigkeitsgefühle

Vernunftbegründet: Bau einer Eigenwelt, Ablösung von der Wirklichkeit

2. Bei Angriff:

Körperlich: kämpfen, entgegentreten (zerstörerisch oder konstruktiv)

Gefühlsmäßig: personen- oder sachorientierte Aggressivität, konstruktiv oder zerstörerisch
Gefühlsmäßige Verarbeitung: sich dem Gefühl stellen, sich dem Gegenstand des Gefühls nähern, durch Entspannung Abnahme der Gefühlsintensität

Vernunftbegründet: Problem erkennen und akzeptieren, beheben durch Zustimmung oder Ablehnung

3. Bei Aktivitätsvermeidung:

Körperlich: sich tot stellen, Aufmerksamkeit vermeiden, banges Abwarten, was geschieht

Gefühlsmäßig: Fixierungen, gefühlsmäßige oder pseudovernünftige Depression, Gefühl von Ohnmacht, Wut, Zorn, Haß

Vernunftbegründet: Blockade, Vorurteile, zirkulär kreisende Gedanken, Repräsentation des Konfliktobjekts (mit oft sich verstärkenden gefühlsmäßigen Reaktionen), Überflutung durch Angstgefühle ohne Ausweichmöglichkeiten

Stellen Sie sich diese Reaktionen in einer Gruppe vor! Ein Teil zieht sich zurück, will nichts davon wissen; ein Teil tut, als wäre nichts, und bemüht sich, möglichst neutral zu wirken; ein Teil greift an.
Wenn Sie als Leiter einer Arbeitsgruppe in dieser Situation sind, haben Sie alle Hände voll zu tun.

197

Was können Sie tun, um Konflikte zu verhindern?

Sie müssen zunächst alles vermeiden, was Konfliktpotential bilden könnte. Je mehr Nähe entsteht, je besser der Gruppenzusammenhalt (unter Ihrer Leitung, durch Sie integriert) wird, desto weniger kommt es zu kritischen Konflikten. Auch in guten, miteinander harmonierenden Gruppen ist nicht immer alles eitel Wonne; aber man löst diese Konflikte in freundschaftlicher Atmosphäre, bei einem Glas Bier oder einer Flasche Wein.

Um Konfliktpotential vermeiden zu können, müssen Sie viel über Ihre Gruppe wissen und diese in ihrer Entwicklung aufmerksam beobachten. Überraschend auftauchende Konflikte sind selten, jeder Konflikt bahnt sich in irgendeiner Form an. Erkennen Sie sich anbahnende Konflikte, hilft meist ein „Blitzlicht" mit dem Ziel: Dampf ablassen.

Ist nur einer oder sind nur wenige Teilnehmer in einer Frustrationsphase, sollten Sie besser persönliche Gespräche mit diesen Teilnehmern suchen. Jede Konfliktlösung beansprucht Zeit, und wenn der Rest der Gruppe gar nicht weiß, worum es eigentlich geht, empfindet er die Konfliktbearbeitung nur als Zeitverschwendung — und damit wird ein neuer Konflikt heraufbeschworen.

Wie lösen Sie Konflikte?

Je länger Sie den Konflikt übersehen haben, desto schwieriger wird naturgemäß die Lösung. Es ist immer problematisch zu beurteilen, ob ein sich anbahnender Konflikt sich von selbst wieder löst oder ob er wächst.

Wenn der Konflikt zwischen den Teilnehmern besteht, können und sollen Sie in einer neutralen Position bleiben. In diesem Fall sind Sie der ideale Moderator, und zwar in dem Sinn, wie wir die Rolle des Moderators schon besprochen haben.

Sind Sie selbst Beteiligter, vielleicht sogar Konfliktanlaß, sollten Sie versuchen, zur Konfliktlösung einen anderen Moderator zu finden, der sich aber professionell verhalten muß, also dazu ausgebildet sein muß.

Wenn Sie — etwa bei einem Seminar — den Konflikt allein lösen müssen, brauchen Sie zur Unterstützung zumindest ein Flip-Chart oder eine Pinwand, um die beschriebenen Karten an die Wand zu heften. Es spricht natürlich nichts dagegen, ersatzweise andere Visualisierungsmittel zu verwenden, die einen Flip-Chart-Effekt haben. Sinn der Angelegenheit ist es, Objektivierungsmöglichkeiten zu schaffen, das heißt das Gesagte aus der Streitsituation herauszulösen und objektiv zu protokollieren. Schaffen Sie sich diese Möglichkeit nicht, haben Sie in einem aufgeheizten Klima praktisch keine Chance, über ein Streitgespräch hinauszukommen, das von Angriffen, gegenseitigen Beschuldigungen und unbefriedigenden Lösungen voll ist.

Ablaufschema der Konfliktbearbeitung

Die Konfliktbearbeitung, ein Teilgebiet jener Arbeitsmethode, die im wirtschaftlichen Bereich „Organisationsentwicklung" (abgekürzt: OE) heißt, erfolgt in Teilschritten. Der Ablauf sollte, bis auf kleinere Varianten, so sein, wie wir ihn hier darstellen:

— Den Konflikt ansprechen
(Besteht ein Konflikt? Woraus besteht der Konflikt? Was sind die Konfliktursachen?)
— Ein sachorientiertes Klima schaffen
— Den Konflikt in allen seinen Dimensionen erfassen
— Die genannten Problemkreise bewerten lassen
— Lösungswege suchen
— Lösungsansätze diskutieren
— Maßnahmen formulieren

Den Konflikt ansprechen

Bei offenen Konflikten ist die Situation klar, man kann unmittelbar „den Stier an den Hörnern packen". Keiner von den Zuhörern wird Ihnen vorwerfen, daß Sie ein Problem erfinden. Zugegeben, diese Aussage gilt nur dann, wenn noch eine Gesprächsbasis besteht. Es gibt auch Fälle, wo die Atmosphäre so vergiftet ist, daß jedes Wort gegen Sie verwendet wird, ganz gleich, was Sie sagen. Wenn Sie in solchen Fällen den Konflikt ansprechen, kann Ihnen entgegengeschleudert werden, daß niemand außer Ihnen Probleme habe.
Bei einem verdeckten Konflikt haben Sie es wesentlich schwerer. Es gibt zwar permanent Sticheleien und Störungen irgendwelcher Art (Unaufmerksamkeit, ironische Kommentare, verständnisloses Kopfschütteln zu dem, was Sie — oder ein anderer Konfliktgegner — sagen), niemand kommt aber mit dem Problem hervor.
In diesem Fall wäre ein Ansatz, wie bereits erwähnt, das „Blitzlicht".
Kommt auch beim Blitzlicht nichts zutage, können Sie praktisch nur weiter

beobachten. In die Problemlösung einzusteigen, wenn niemand etwas von einem Problem wissen will, wäre rhetorischer Selbstmord.

Eine andere Möglichkeit ist, eine Ich-Botschaft zu senden: „Ich bitte Sie, mir jetzt zu helfen. Ich habe das Gefühl, daß irgend etwas nicht stimmt. Ich kann nicht sagen, was das ist, aber ich fühle mich momentan nicht wohl. Wie sehen Sie das?"

Wollen Sie Kommentare von allen, sind wir wieder beim Blitzlicht. Sie können die Frage aber auch offen an das Publikum stellen.

Kommen keine Antworten, das heißt, reagiert überhaupt niemand auf Ihre Frage, ohne direkt angesprochen zu werden, wird es für Sie ausgesprochen brenzlig. Sie können dann nur mit ausweichenden Formulierungen weitermachen: „Offensichtlich bin ich heute nicht gerade in bester Verfassung" oder: „Ich finde die Luft im Raum stickig" (wenn das zutrifft) oder: „Dieser Raum wirkt auf mich bedrückend, aber wenn Sie es nicht so empfinden, ist alles in Ordnung. Dann machen wir einfach weiter."

Der Normalfall ist, daß zumindest einige der Teilnehmer auf Ihre Frage reagieren und Ihre Vermutung bestätigen oder entkräften. Oder es werden irgendwelche ausweichenden Phrasen gebraucht, die Ihnen signalisieren: „Da ist etwas, aber du solltest dich derzeit nicht darum kümmern. Mach weiter."

Wurde Ihnen „ein Konflikt" bestätigt und erhalten Sie die Zustimmung zur Konfliktbearbeitung, so müssen Sie im nächsten Schritt:

Ein sachorientiertes Klima schaffen

Konflikte sind selbstverständlich sehr stark mit Emotionen verbunden. Emotionen akzeptieren aber keine Argumente, das heißt, sie sind in ihrer Struktur unlogisch. Nachdem jede der Konfliktparteien emotional aufgeheizt ist und am Gegner zunächst nichts Gutes sehen kann, ist eine Konfliktlösung auf dieser Ebene unmöglich. Und wir wollen ja den Konflikt mit Reden lösen, nicht nach der Wildwest-Art, indem man sich verprügelt. Es muß Ihnen gelingen, die Konfliktgegner „ins Boot zu holen", sie „von der Palme herunterzubringen". Eine Aufgabe für einen Spitzenkönner, falls Sie selbst in den Konflikt eingebunden sind, und auch sonst nicht leicht.

Den Konflikt in allen seinen Dimensionen erfassen

Ein Problem, das lediglich halb erkannt ist, kann nicht ganz gelöst werden. Um den Konflikt zu bewältigen, müssen Sie seine Wurzeln erkennen. Und das ist nur möglich, wenn Sie sehr genau über alle Konfliktbereiche Bescheid wissen. Je nach Intensität des Konflikts gehen Sie als Moderator folgendermaßen vor:

Bei Konflikten, in denen noch relativ gut miteinander geredet werden kann:

— Problemerfassung durch mündliche Abfrage,
— Erfassung der Probleme auf Flip-Chart.

Ist der Konflikt schon weiter fortgeschritten, werden die Ursachen mit Hilfe von Moderationskärtchen abgefragt.
Mögliche Fragestellungen sind:
„Ich fühle mich jetzt nicht wohl, weil…" „Ich habe Probleme mit…, weil…"
„Ich wünschte mir, das wäre anders…"
Der Moderator (das heißt Sie) stellt die Frage(n), jeder Teilnehmer schreibt seine Punkte auf Moderationskärtchen (je Problem eine Karte), die Kärtchen werden vermischt eingesammelt, dann vorgelesen und nach Problembereichen gegliedert auf einer Pinwand befestigt.
Im nächsten Schritt werden die Probleme auf einem Flip-Chart oder einer Moderationswand als „Problemspeicher" — bzw. in unserem Fall als „Konfliktspeicher" — gemeinsam mit der Gruppe ausformuliert.

Gewichten der Problembereiche

Die Bewertung kann auf unterschiedliche Art erfolgen, beispielsweise:

— durch paarweisen Vergleich
Jedes Problem wird mit jedem anderen verglichen: „Was ist wesentlicher, Problem 1 oder Problem 2, 3, 4…?" Das jeweils wichtigere Problem erhält einen Bewertungspunkt. Man gewinnt dadurch eine gute Problemstrukturierung. Nachteil: Das Verfahren ist bei zahlreichen Problemen sehr langwierig, es gibt auch relativ großen Diskussionsaufwand bei den einzelnen Problemgewichtungen.

— durch Vergabe von Bewertungspunkten durch jeden Teilnehmer
Bei dieser Methode werden jedem Teilnehmer Bewertungspunkte übergeben (n/2 + 1, das heißt bei zehn Problemen: 10/2 + 1 — 6 Bewertungspunkte für jeden). Nun kann der Moderator variieren: Er kann die maximale Anzahl der Punkte je Problem begrenzen oder nicht; er kann die maximale Anzahl der bewertbaren Probleme begrenzen oder nicht

(z. B.: Punkten Sie Ihre drei wichtigsten Probleme, aber maximal ... Punkte je Problem).

— durch generelle Gewichtung
Zur Durchführung dieser Methode werden jedem Teilnehmer für alle Probleme Bewertungspunkte in drei Farben gegeben:
Farbe 1: Das Problem ist sehr wichtig, muß unbedingt gelöst werden.
Farbe 2: Das Problem ist wichtig, aber nicht vorrangig.
Farbe 3: Auf die Lösung dieses Problems kann auch verzichtet werden.
Der Vorteil dieser Methode: Sie ist rasch zu realisieren und zeigt der Gruppe die unterschiedlichen Sichtweisen der einzelnen Gruppenmitglieder.

Sie haben damit eine fertige Problemlandschaft, Ihre Krisensituation ist dargestellt. Fragen Sie vorsichtshalber, ob die Gruppe der Ansicht ist, daß alle wesentlichen Probleme vollständig und richtig erfaßt sind; hüten Sie sich aber besonders in dieser Phase davor, mit eigenen Ansätzen dreinzupfuschen. Das Ändern, Ergänzen und Verschieben von Prioritäten wird nur mit allgemeiner Zustimmung unternommen.

Lösungswege suchen

Die Lösungswege zu den einzelnen Problembereichen werden nach den erarbeiteten Prioritäten gesucht. Dazu gibt es die Möglichkeit, wiederum die Kreativität der Gruppe zu nutzen, etwa indem eine der folgenden Fragestellungen ausgegeben wird:
„Wie können wir erreichen, daß...?“
„Was würden Sie anstelle von ... tun?“
„Was muß geschehen, damit unser Problem gelöst wird?“
„Wodurch behindert uns das Problem, und wie können wir das Hindernis beseitigen?“
Je nach Ihrem Status bei der Gruppe und Ihrer Vorliebe für schärfere Formulierungen können Sie auch andere Fragestellungen wählen — der Kreativität sind hier keine Grenzen gesetzt:
„Wenn das / der / die fort ist, gibt es kein Problem mehr...“
„So lösen wir das Problem sicher nicht...“ (bewußt negativ denken lassen).
Es muß von Ihnen situativ beurteilt werden, ob Sie die Methoden im Plenum anwenden wollen oder ob Sie den Teilnehmern Kleingruppenarbeit vorschlagen. Sie können eine Fülle von Lösungsalternativen erwarten, die dann im nächsten Schritt zu diskutieren sind.

Lösungsansätze diskutieren

Ihr Konflikt in der Gruppenarbeit müßte jetzt auf einer Ebene sein, wo nahezu ausschließlich sachliche Konflikte bestehen — allerdings nur dann, wenn nicht die Konfliktlösung selbst das Seminarthema war.
Gelingt es Ihnen, eine sachliche Diskussion über die Lösungsansätze zu erreichen, sind Sie beinahe am Ziel: bei der Formulierung von Maßnahmen.

Maßnahmen formulieren

Beispiele für Fragestellungen sind:
„Was müssen wir tun, um den Konflikt zu lösen?"
„Was können wir tun, um den Konflikt bei unserer Arbeit auszuschalten?"
(wenn z. B. unlösbare weltanschauliche Konflikte bestehen)
„Wie vermeiden wir, daß neue Konflikte entstehen?"
Statt „wir" können auch bestimmte Personen oder Sie selbst als Vortragender stehen.

Wenn Sie ein geübter Konfliktlöser sind, können Sie kleinere Konflikte in Gruppen in sehr kurzer Zeit lösen oder zumindest unter Kontrolle bringen. Sehr kurze Zeit heißt für mich: in einem Seminar etwa eine Stunde, bei einer nur zur Konfliktlösung einberufenen Sitzung zwischen einem halben Tag und zwei Tagen (nicht unmittelbar aufeinanderfolgend).
Verlieren Sie dabei aber nie das Ziel aus den Augen! Das Ziel ist lediglich, die Störung zu beseitigen, nicht, sie nach allen Regeln der Kunst auszubreiten. Leider gibt es auch Konfliktlöser, die ihr Handwerk so sehr lieben, daß sie begeistert nach allen Konflikten greifen, die noch irgendwo verborgen sein könnten — da löscht die Feuerwehr den Brand mit Benzin.
Weil wir gerade beim Vergleich mit Feuer sind: Es gibt Brände, die gelöscht scheinen, aber noch weiterschwelen. Solche Schwelbrände gibt es auch bei Krisen, also bleiben Sie auf „Feuerwache"!

Der ungelöste Konflikt

Es wäre vermessen zu behaupten, man könne alle Konflikte lösen, die in einer Gruppe bestehen. Durch entsprechende psychologische, kommunikationstheoretische, rhetorische und dialektische Ausbildung — verbunden mit entsprechendem Training und einer menschlichen Reife, die Ihnen Autorität sichert — sind Sie zwar mit hoher Wahrscheinlichkeit in der Lage,

Konflikte zu beseitigen; es gibt aber doch Gründe, die Ihre Bemühungen scheitern lassen.

Ich habe die Voraussetzungen des erfolgreichen Konfliktlösers ziemlich anspruchsvoll geschildert; meine bisherigen Erfahrungen haben mir aber nicht erlaubt, einen dieser Punkte für verzichtbar zu halten. Zurück zum Scheitern — ungern, aber doch. Vielleicht tröstet es Sie, eine Ausrede angeboten zu bekommen. Die will ich Ihnen aber gar nicht liefern; versuchen Sie lieber, nicht zu versagen. Damit meine ich: Versuchen Sie allen Ernstes und mit allen Kräften, Konflikte zu lösen. Wir sind wieder bei der Ethik. Wenn Sie Gruppen leiten, ausbilden, in welcher Form immer führen, haben alle Gruppenmitglieder Anspruch auf Ihre Hilfe. Konflikte bestehen aufgrund von Frustrationen oder führen zu solchen. Es muß Ihnen ein vorrangiges Anliegen sein, die Bedürfnisse Ihrer Schutzbefohlenen zu befriedigen — und Konflikte zu lösen. Für jeden modernen Redner muß eine Schulung im Bereich Konfliktlösung zur Grundausbildung gehören. Wenn es Ihnen nicht gelingt, den Konflikt zu lösen, ist das eine Niederlage. Und manchmal müssen wir mit Niederlagen leben.

Sie werden dann Konflikte kaum lösen, wenn Sie:

— bei einem heftigen Konflikt in schlechter Verfassung sind (übermüdet, überarbeitet, nervös, krank, von Alkohol beeinträchtigt),
— sich als Angegriffener persönlich betroffen fühlen, das heißt emotional reagieren (nach den Mustern: Flucht, Angriff, Aktivitätsverweigerung).

Daneben gibt es noch zahlreiche Faktoren, die eine Konfliktlösung verhindern, an denen Sie keine Schuld tragen:

— nicht zu bewältigende Gegensätze zwischen einzelnen Teilnehmern,
— nur vordergründige Problemnennungen,
— Argumentationen verbleiben im Bereich der Killerphrasen,
— beleidigte Teilnehmer.

Nicht zu bewältigende Gegensätze zwischen einzelnen Teilnehmern

Derartige Gegensätze können aus der beruflichen und/ oder privaten Sphäre kommen oder auch aus Konfliktsituationen, die sich während der Veranstaltung ergeben haben. Sie können hier nur versuchen, ein Ausbrechen des Konflikts zu verhindern. Nötigenfalls müssen Sie dafür sorgen, daß zumindest eine der Konfliktparteien die Veranstaltung verläßt.

Nur vordergründige Problemnennungen

Normalerweise werden Sie dies als Zeichen mangelnden Vertrauens werten müssen — entweder zu Ihnen oder zu den anderen Mitgliedern der Gruppe, eventuell zu beiden. Sie sollten diese Meinung in Form einer Ich-Botschaft deponieren. So erhalten die Teilnehmer nicht den Eindruck, Sie hätten sich irreführen lassen und seien so naiv, an die Gemeinplätze zu glauben, die man Ihnen präsentiert hat.

Argumentationen verbleiben im Bereich der „Killerphrasen"

Killerphrasen sind so formuliert, daß sie nicht logisch widerlegt werden können. Wer Killerphrasen verwendet, möchte unter allen Umständen recht behalten. Typische Killerphrasen sind: „Das haben wir jetzt seit zwanzig Jahren erfolgreich angewandt, warum sollten wir es ändern?"
„Wer das sagt, versteht nichts von der Sache."
Mit Killerphrasen soll dem anderen der Mut genommen werden, weiter zu argumentieren. Sie werden gebraucht, um zu blockieren, nicht zu kommunizieren — und verhindern damit jede Konfliktlösung.

Beleidigte Teilnehmer

Fühlen sich Teilnehmer persönlich verletzt, sei es von Ihnen, sei es von anderen Zuhörern, so kann es passieren, daß sie sich in ihr „Schneckenhaus" zurückziehen. Derartige Rückzugsstrategien sind für den geschulten Konfliktlöser zwar zu erkennen, aber schwer zu durchbrechen, wenn der Beleidigte nicht zu einem Gespräch bereit ist.
Als besonders schwerwiegend werden Beleidigungen empfunden, die den Selbstwert treffen, also „unter der Gürtellinie" plaziert sind. Schwer verziehen werden auch Statusverletzungen, wenn jemand meint, in seinem sozialen Status verletzt worden zu sein (in seiner fachlichen Kompetenz, in seinem Rang etc.). Beide Arten von Beleidigungen können in Seminaren oder Vorträgen relativ leicht passieren, ohne daß sich der „Beleidiger" viel dabei denkt. In erster Linie sind es unsichere, labile Menschen, die bei jeder Gelegenheit „eingeschnappt" reagieren. Solche Gelegenheiten können sein: sarkastische Bemerkungen oder Witze über bestimmte Gruppen, Bewohner einer bestimmten Region, Berufe, auch Methoden, soweit es um Fachthemen geht.
Gerade wenn in der Gruppe gute Stimmung herrscht, neigt man als Vortragender dazu, die Zügel schießen zu lassen — und übertreibt dann manch-

mal. Das Ergebnis kann ein beleidigter Zuhörer sein. Wenn Sie das erkennen, gibt es nur eine richtige Reaktion: sich aufrichtig zu entschuldigen. Ist Ihnen jedoch nach einem Vernichtungsfeldzug zumute, können Sie auch sagen: „Wie kaputt muß man sein, wenn einen das beleidigt!" oder ähnliches. Haben Sie Pech, könnte das allerdings ein Schuß nach hinten werden — und Sie bleiben auf der Strecke.

Anleitung zur Gruppenarbeit

Tips, Tricks, Rezepte und Warnungen

Erfolgsrezepte der Gruppenarbeit

● Arbeiten Sie nur dann in Gruppen, wenn das Arbeitsergebnis in Einzelarbeiten schlechter wäre, wenn durch die Gruppenarbeit die Fähigkeiten mehrerer Personen entwickelt werden sollen oder wenn gleicher Informationsstand entstehen soll.

● Sorgen Sie dafür, daß die Gruppen alle Informationen und Fähigkeiten haben, die sie für eine erfolgreiche Lösung der Arbeitsaufgaben brauchen.

● Die Gruppen sollten so zusammengesetzt sein, daß das Thema aus möglichst unterschiedlichen Blickwinkeln bearbeitet wird und die Fähigkeiten der Gruppenteilnehmer einander ergänzen.

● Vor Beginn der eigentlichen Gruppenarbeit ist sicherzustellen, daß jedem in der Gruppe das Arbeitsthema, die Ziele und die erwarteten Ergebnisse klar sind.

● Erfolgreiche Gruppenarbeit bedingt eine interne Organisation, eine Arbeitsteilung innerhalb der Gruppe. Die Gruppe muß geführt oder moderiert werden; es muß vereinbart werden, wer welche Arbeiten durchführt, wer protokolliert, wer in welcher Form präsentiert etc.

● Die Gruppe muß arbeitsfähig sein. Arbeitsfähig wird sie durch ihre interne Organisation, vor allem jedoch durch die Art der Kommunikation zwischen den Gruppenmitgliedern.

● Stellen Sie sicher, daß die Gruppenmitglieder die wichtigsten kommunikationsfördernden Methoden kennen (z. B. aktives Zuhören, Vier-Ohren-Methode, Transaktionsanalyse) und die kommunikationshemmenden Aussagen vermeiden (z. B. Moralisieren, Belehren, Loben etc.).

207

● Die Gruppe muß ihre Arbeitsergebnisse gut präsentieren können. Sorgen Sie dafür, daß die wichtigsten Regeln der Präsentation eingehalten werden, und zwar in Form und Inhalt.

Das sollten Sie vermeiden

Bei der Gruppenarbeit...

● keine klare Aufgabenstellung an die Gruppe

● keine klare Definition der erwarteten Ergebnisse in Art und Umfang

● keine Problemlösungsfähigkeit in der Gruppe

● Gruppen, zwischen deren Mitgliedern es ungelöste Konflikte gibt

● Gruppen, die nicht imstande sind, sich selbst zu organisieren

● Gruppen, bei denen kein Mitglied die wichtigsten Regeln erfolgreicher Kommunikation beherrscht

● Gruppen, bei denen mehrere Mitglieder gerne lang reden

● Gruppen, bei denen Mitglieder eine überragende Autorität haben oder zu haben glauben, weil damit nur deren Meinung durchdringt — mit dem Ergebnis, daß entweder die Gruppenarbeit überflüssig war oder daß bei den anderen Gruppenmitgliedern Frustrationen auftreten

● Gruppen, bei denen kein Mitglied die wichtigsten Präsentationsmethoden beherrscht

● Gruppenarbeit, wenn das Gesamtziel noch nicht widerspruchsfrei feststeht

● Gruppenarbeit, wenn ein anwesender Experte bessere Ergebnisse präsentieren könnte (Ausnahme: es geht um die Ausbildung der Gruppe)

● Gruppenarbeit ohne ausreichende Moderationsmittel für die Gruppe (im Minimum: Overhead-Projektor, Flip-Chart oder Pinwand)

So testen Sie die Stimmung Ihrer Gruppe

● Beobachten Sie die Körpersprache: wie ist die Mimik, die Gestik, die Körperhaltung?

● Lassen Sie „Testballons" los: Versuchen Sie zu amüsieren — wie sind die Reaktionen? Versuchen Sie zu provozieren — wie ändert sich die Haltung? Versuchen Sie zu aktivieren — kommen Antworten, und wie kommen die Antworten, von wem?

● Beobachten Sie das Verhalten der Gruppenmitglieder in den Pausen, und zwar sowohl Ihnen gegenüber als auch gegeneinander. Welche Verbindungen zeigen sich, welche Abwehrhaltungen?

● Stellen Sie der Gruppe Fragen in unterschiedlichem Strukturierungsgrad, mit unterschiedlich präziser Anrede, von wem Sie die Antwort haben möchten (frei in den Raum, auf einen Sitzbereich bezogen, auf sonstige Unterscheidungskriterien bezogen), und beobachten Sie die unterschiedlichen Ergebnisse.

● Überfordern Sie die Gruppe in einem Punkt ganz bewußt. Wenn keine Reaktionen in Form von Fragen oder Protesten kommen, seien Sie vorsichtig. Übergehen Sie diesen Punkt keinesfalls.

● Machen Sie mit der Gruppe ein „Blitzlicht", das heißt, lassen Sie jedes Gruppenmitglied schildern, wie es sich fühlt.

● Beobachten Sie, wie aufmerksam die Gruppe ist, wenn Sie sprechen; beobachten Sie Nebenunterhaltungen, Nebenlektüre, sonstige der Zerstreuung dienende Tätigkeiten etc. Greifen Sie unbedingt ein, entweder durch ein Blitzlicht oder durch eine Ich-Botschaft, z. B.: „Ich habe den Eindruck, daß derzeit in unserer Gruppe etwas nicht stimmt", und weisen Sie vorsichtig darauf hin, weshalb Sie diesen Eindruck haben.

So verbessern Sie die Stimmung Ihrer Gruppe

● Versuchen Sie Energie und Optimismus auszustrahlen. Das schaffen Sie auf Dauer nur, wenn Sie es auch fühlen — zumindest in der jeweiligen Situation.

● Versuchen Sie Ihre Gruppe zu unterhalten. Kein Thema verliert an Wert, wenn es aufgelockert und humorvoll gebracht wird.

● Geben Sie Ihrer Gruppe die Chance zu Erfolgen. Bereiten Sie diese Erfolge vor.

● Suchen Sie Kontakt zu jedem Gruppenmitglied. Jeder muß sich von Ihnen persönlich angesprochen fühlen. Zumindest bei kleineren Gruppen müssen Sie innerhalb kürzester Zeit jeden Namen kennen. Bei größeren Gruppen gelingt Ihnen das nur, wenn Tischkarten aufgestellt sind, die Sie vom Rednertisch aus sehen können.

● Sorgen Sie für Ihre Gruppe, kümmern Sie sich um Wohlbefinden und Stimmung jedes einzelnen.

● Versuchen Sie jedem Gruppenmitglied die Wünsche und Widerstände gewissermaßen „von den Augen abzulesen", das heißt, kümmern Sie sich aufmerksam um alle verbalen und nonverbalen Reaktionen der Gruppenmitglieder.

● Suchen Sie nach Chancen für positive Rückmeldungen. Sind negative Rückmeldungen erforderlich, muß die positiv gedachte Korrektur im Raum stehenbleiben — nicht die Kritik.

● Lockern Sie von Zeit zu Zeit durch humorvolle Einlagen auf — Anekdoten, Witze, lustige Ereignisse, die Sie selbst erlebt haben, Karikaturen auf Overhead-Folie etc.

● Vergessen Sie nicht, das Verhältnis zwischen Rauchern und Nichtrauchern zu entschärfen. Geben Sie ausreichend Rauchpausen, wenn beim Seminar selbst nicht geraucht werden darf.

So verbessern Sie die Arbeitsergebnisse

● Sie schaffen ein gutes Gruppenklima. Das beginnt damit, daß jeder den Namen des anderen kennt, was Sie unter anderem durch Tischkarten oder Ansteckkarten erreichen. Es setzt sich fort in Motivationsmaßnahmen mit den obersten Prioritäten: Sinn geben, Ziele zeigen, Wege weisen.

- Sie bilden Untergruppen nach sorgfältig durchdachten Kriterien: durchdacht in Hinblick auf das Thema, das Arbeitsziel, die Persönlichkeit der Teilnehmer und die jeweilige Situation.

- Sie sorgen dafür, daß der Gruppe gute Moderationsmöglichkeiten zur Verfügung stehen, das heißt entsprechende räumliche Voraussetzungen (kommunikationsfördernde Tischordnung, gute Luft, gute Lichtverhältnisse etc.) sowie entsprechende Geräte und Material, wie Flip-Charts, Pinwände, Moderationskarten, Bewertungspunkte, mehrfarbige Filzschreiber in unterschiedlichen Stärken, evtl. Overhead-Projektor mit genügend Folien.

- Sie kümmern sich darum, daß die Gruppe sich rasch selbst organisiert: daß ein Moderator gewählt wird, daß die Arbeitsziele strukturiert werden, daß der Arbeitsablauf und die wesentlichen Arbeitsmethoden geplant werden.

- Sie setzen keine zu langen Arbeitszeiten für die Gruppe fest und lassen Zwischenpräsentationen durchführen.

- Sie sorgen für Synergie-Effekte in den Untergruppen und in der Kleingruppe, das heißt, die Arbeitsmethoden und Ergebnisse müssen aufeinander abgestimmt sein und ineinander übergehen.

- Sie greifen bei aufkeimenden Konflikten in der Gruppe frühzeitig ein und helfen bei der Schlichtung, ohne sich in den Konflikt hineinziehen zu lassen.

- Sie sorgen für positiv-kritische Rückkoppelungen an die Gruppe.

So moderieren Sie richtig

- Als Moderator müssen Sie absolut neutral sein, nicht nur in Ihren verbalen Äußerungen, sondern auch in Ihrer Mimik, Gestik und sonstigen körpersprachlichen Ausdrucksformen.

- Sie sind nicht neutral, wenn Sie auf bestimmte Gruppenmitglieder mehr achten als auf andere. Jeder hat seine Lieblinge, als Moderator dürfen Sie das aber nicht erkennen lassen.

- Notieren Sie das, was gesagt wird, auf Flip-Chart, Pinwand, Tafel oder Overhead-Folie — nicht das, was Sie interpretieren. Vergewissern Sie sich bei jenem Gruppenmitglied, das die Meldung gebracht hat, ob Sie diese richtig notiert haben.

- Notieren Sie in irgendeiner Form auch Wiederholungen. Wenn das gleiche Thema in unterschiedlichen Formulierungen genannt wird, erfassen Sie alle Aussagen.

- Als Moderator geben Sie lediglich die Methode und den Ablauf vor und stellen die entsprechenden Fragen. Hüten Sie sich bei den Fragen vor nicht-neutralen Formulierungen. Nicht neutral sind suggestive Formulierungen, Wertungen, Einschränkungen und ähnliches mehr.

- Schreiben Sie leserlich, das heißt so, daß jedes Mitglied der Gruppe ohne Schwierigkeiten das Geschriebene von seinem Platz aus erkennen kann.

- Bringen Sie alle vollbeschriebenen Charts an der Wand an (oder auf Pinwänden), solange das Thema nicht abgeschlossen ist.

- Sorgen Sie dafür, daß weder Probleme noch Wortmeldungen unter den Tisch fallen. Akzeptieren Sie keinesfalls, daß Meinungen unterdrückt werden.

- Hüten Sie sich vor eigenen Interpretationen der Inhalte.

So machen Sie wirkungsvolle Rückkoppelungsrunden

- Stellen Sie möglichst konkrete Fragen an die Gruppe.

- Bestimmen Sie nicht die Reihenfolge der Antworten; lassen Sie die Teilnehmer so sprechen, wie sie wollen.

- Wählen Sie den geeigneten Zeitpunkt für eine Rückkoppelungsrunde. Geeignet ist der Zeitpunkt dann, wenn ausreichend Zeit vorhanden ist, die Erschöpfung in der Gruppe nicht zu groß ist und ein Themenbereich abgeschlossen wurde.

● Geben Sie während der Rückkoppelungsrunde keine Kommentare ab, auch wenn es Sie noch so sehr danach verlangt. Es ist schwierig, schweigend Kritik zu ertragen — lernen Sie es.

● Sorgen Sie dafür, daß jeder ungestört zu Wort kommt.

● Jeder soll für sich sprechen, nicht für einen anderen oder im „man"-Ton. Trainieren Sie mit Ihrer Gruppe diesen Rückkoppelungsstil.

● Vermeiden Sie nach Abschluß der Rückkoppelungsrunden Verteidigungsreden. Wenn Sie glauben, es sei unbedingt erforderlich, geben Sie eine Erklärung aus Ihrer Sicht der Dinge — aber Vorsicht, auch derartige Erklärungen werden häufig als Verteidigung verstanden.

● Fassen Sie die für Sie wesentlichen Inhalte der Rückkoppelungsrunde zusammen und erläutern Sie die Folgerungen, die Sie daraus ziehen wollen.

● Nicht jeder hat recht. Es hat aber jeder in der Rückkoppelungsrunde das Recht, seine subjektive Sicht der Dinge darzustellen. Und auch Sie sind nicht so, wie Sie gesehen werden — aber nehmen Sie das an, was Ihnen an Fremdbetrachtung übermittelt wird; nehmen Sie es ohne negative Gefühle an — man kann das lernen.

So verbessern Sie die Kreativität Ihrer Gruppe

● Sie lassen die Arbeit von der Gruppe vorstrukturieren und zwar :

1. in Bereiche, die durch Fachwissen oder rein analytisch zu lösen sind

2. in Bereiche, die Grundeinstellungen abbilden und die damit logisch nicht mehr lösbar sind, das heißt bei denen Übereinstimmung gesucht oder Nichtübereinstimmung präzisiert werden muß

3. weiters in Bereiche, bei denen Kreativität erforderlich ist.

● Sie schulen die Gruppe(n) in Kreativitätstechniken oder wiederholen diese, wobei Sie vor allem auf die richtigen Anwendungsbereiche und den Zeitbedarf für diese Techniken hinweisen.

● Sie stellen Formulare für die jeweiligen Kreativitätstechniken zur Verfügung (einige davon sind im Abschnitt „Arbeitsformulare" wiedergegeben).

● Sie sorgen für eine gelockerte Stimmung in der Gruppe. Heiterkeit und Humor verbessern die Kreativität.

● Sie sorgen dafür, daß die Kreativität nicht durch vorzeitige Analysen und Kritik gehemmt wird, daß abwertende Äußerungen zu Vorschlägen überhaupt unterbleiben und daß jede Idee mit gleichem Ernst behandelt wird.

● Sie sorgen für eine sorgfältige und umfassende Auswertung aller über die Kreativitätstechniken erarbeiteten Ideen sowie für das Erarbeiten einer darauf aufbauenden Maßnahmenliste.

● Sie sorgen für einen entsprechenden räumlichen und zeitlichen Rahmen zur Abwicklung aller Phasen der Kreativarbeit und der darauf aufbauenden Auswertung.

● Sie fördern das spielerische Element, durch das die Kreativität der Gruppen erhöht wird, sorgen jedoch durch entsprechende Organisation dafür, daß die Gruppenarbeit nicht zum reinen, unstrukturierten Spiel wird.

So lösen Sie Konflikte

● Versuchen Sie den Konflikt in einem möglichst frühen Stadium zu erkennen.

● Sind Sie selbst Konfliktbeteiligter, versuchen Sie den Konflikt durch einen anderen Moderator oder Ihren Seminarbetreuer lösen zu lassen, falls diese dazu ausgebildet sind.

● Können Sie nicht vermeiden, als Beteiligter den Konflikt selbst zu lösen, versuchen Sie möglichst ruhig zu bleiben. Erfassen Sie alle Kritikpunkte bzw. den Konfliktstoff in allen seinen Aspekten auf Flip-Chart oder Pinwand. Wenn Sie Stellung nehmen, versuchen Sie unter allen Umständen, die Ebene des Erwachsenen-Ich nicht zu verlassen, das heißt:
— jammern Sie nicht (leidendes Kindheits-Ich),

— werden Sie nicht aggressiv (rebellisches Kindheits-Ich),
— nehmen Sie es nicht zu sehr auf die leichte Schulter (verspieltes Kindheits-Ich),
— belehren oder moralisieren Sie nicht (fürsorgliches Eltern-Ich),
— schimpfen Sie nicht (strafendes Eltern-Ich),
— sondern nehmen Sie die Äußerungen sachlich und korrekt auf.

● Sind Sie am Konflikt nicht beteiligt, ermitteln Sie zunächst, ob Sie von allen Konfliktparteien als Konfliktschlichter akzeptiert werden und ob Zeitpunkt und Raum für die Konfliktbearbeitung als geeignet angesehen werden.

● Versuchen Sie als akzeptierter Konfliktschlichter eine möglichst neutrale Atmosphäre zu schaffen.

● Machen Sie die gegenseitigen Standpunkte ruhig und sachlich bewußt und arbeiten Sie sorgfältig den Konfliktstoff heraus.

● Versuchen Sie nicht Konflikte unter den Tisch zu kehren, etwa indem Sie an irgendwelche moralischen Werte appellieren. Räumen Sie den Konflikt grundlegend aus, das heißt: beseitigen Sie das Potential, aus dem er entstanden ist.

● Sind sich die Konfliktgegner darin einig, daß ein gemeinsames Weiterarbeiten nicht möglich ist, besprechen Sie die Art der Trennung.

● Hüten Sie sich davor, selbst Lösungsvorschläge einzubringen. Lassen Sie die Lösung durch die Konfliktgegner erarbeiten. Im äußersten Fall können Sie versuchen, die Konfliktparteien auf eine Spur zu bringen, die Sie für konfliktlösend halten.

● Lassen Sie nicht zu, daß eine der Konfliktparteien Sie auf ihre Seite zieht.

● Versuchen Sie den Konfliktbereich konsequent einzuengen, das heißt: suchen Sie zunächst nach Teillösungen, um sich dann auf die Wurzel des Konflikts konzentrieren zu können.

So vermeiden Sie Konflikte

● Schaffen Sie eine offene, vertrauensvolle Gruppenatmosphäre.

● Reagieren Sie frühzeitig auf Zeichen von Spannungen.

● Sprechen Sie Konfliktpotentiale bereits im Entstehen an.

● Vermeiden Sie Reizwörter (z. B. wertbehaftete Begriffe).

● Arbeiten Sie besonders konzentriert in Gruppen, die aufgrund ihrer Zusammensetzung von vornherein zu Konflikten neigen.

● Bleiben Sie bei kritischen Gruppen betont sachlich.

● Versichern Sie sich bei kritischen Gruppen in besonderem Ausmaß, daß die Arbeitsaufgaben klar, verständlich und bewältigbar erscheinen.

● Sorgen Sie für einen reibungslosen Ablauf der Gruppenarbeit und der Präsentation.

● Schaffen Sie gute Umfeldbedingungen: beim Raum, bei den Hilfsmitteln zur Moderation, bei den Unterlagen, bei den Erfrischungsgetränken, bei den Rauchpausen etc.

● Hüten Sie sich in kritischen Gruppen vor Witzen, die von irgendeinem Teilnehmer falsch aufgefaßt werden könnten.

● Formulieren Sie in kritischen Gruppen Ihre Kritik mit doppelter Vorsicht.

● Machen Sie bei kritischen Gruppen häufiger als sonst Blitzlichter bzw. Rückkoppelungsrunden.

● Bleiben Sie unter allen Umständen ruhig und sachlich.

Arbeitsblatt Brainwriting-Methode 635

Problemformulierung:			
Namen der Teilnehmer:			
Name des Moderators:			
Ort und Datum der Durchführung:			
Ablauf-Nr.	Lösungsweg Nr. 1	Lösungsweg Nr. 2	Lösungsweg Nr. 3
1			
2			
3			
4			
5			
6			

Formular für Morphologisches Tableau

Problemformulierung:

Analyse durchgeführt durch: am:

Lösungswege / Problembereiche	A	B	C	D	E	F	G	H	I	J	K
I											
II											
III											
IV											
V											
VI											
VII											
VIII											
IX											

Formular für Attribute-Listing

Analyse durchgeführt durch:	am:

Ausgangs-ebene	
1. Gliederung	
2. Gliederung	
3. Gliederung	
4. Gliederung	
5. Gliederung	

(Falls eine Gliederung den vorgesehenen Rahmen sprengt, beginnen Sie auf einem neuen Formular mit der Ausgangsebene)

Beurteilungsblatt

beurteilt wird:				
Moderator / Vortragender:			Datum:	
	Meine Beurteilung			
	sehr positiv	positiv	eher negativ	negativ
meine grundsätzliche Einstellung zum Arbeitsthema:				
mir schien die Themenaufbereitung:				
der Vortragsstil des Referenten:				
die Beispiele im Vortrag:				
die Beispiele in der Gruppenarbeit:				
die Organisation der Gruppenarbeit:				
die Gruppenarbeitsräume:				
die Moderationsmittel für die Gruppenarbeit:				
der Zeitraum der Veranstaltung war für mich:				
der gebrachte Stoffumfang scheint mir:				
die Unterbringung und Verpflegung im Hotel:				
...und das möchte ich noch dazu ergänzen:				

Beispiele

Gruppensteuerung

In unserem Beispiel nehmen wir an, Sie seien im Rahmen Ihres Studiums oder in einem Seminar (nicht als Seminarleiter, sondern in einer Arbeitsgruppe) mit der Aufgabe betraut, als Moderator der Gruppe deren Problemlösungsprozeß zu steuern. Ihre Gruppe umfaßt insgesamt fünf Personen, Ihnen steht zur Verfügung:
— ein Gruppenarbeitsraum mit einem runden Tisch und ausreichenden Sitzgelegenheiten,
— ein Flip-Chart,
— eine Pinwand,
— ein Moderationskoffer,
— Overhead-Folien,
— genügend Schreibstifte für alle Visualisierungsmedien.

Mögliche Ziele der Gruppenmitglieder: Aufgabe lösen, Zeugnis bekommen, sich unterhalten, sich ausruhen, andere arbeiten lassen.
Ihre Ziele: die Aufgabe möglichst störungsfrei lösen, keine Blamage, je nach Ehrgeiz: Erfolgskriterien erfüllen.
Gruppenorganisation: dadurch geklärt, daß Sie bereits als Moderator eingesetzt sind.
Mögliche Störungen / Konfliktpotentiale, denen von Ihrer Seite vorzubeugen ist: unterschiedliche Arbeitseinstellung der Gruppenmitglieder, zu unterschiedliches Niveau der Gruppenmitglieder, fehlende Gruppendisziplin, Zeitdruck bei der Lösung, unterschiedlicher Informationsstand der Gruppenmitglieder, unterschiedliches Anspruchsniveau für die Ausarbeitung, Gruppenmitglieder verlassen die Gruppe (z. B. um sich einer Freizeitbeschäftigung zu widmen).

Vorgehensweise

1. Sie sorgen dafür, daß die Gruppe arbeitsfähig wird. Arbeitsfähig ist sie dann, wenn die Gruppenmitglieder miteinander arbeiten, nicht aneinander vorbei, keine Einzeldarstellungen und Einzelvorstellungen geben, sondern ihre Kräfte vereinigen.
Um das zu erreichen, müssen die einzelnen Gruppenmitglieder einander

zuhören, sich mit den Argumenten der anderen beschäftigen und konstruktiv darauf aufbauen; sie sollen nicht erklären, wie etwas nicht geht, sondern sich in jedem Fall um eine Lösung bemühen.

Als Moderator müssen Sie der Gruppe diese Grundsätze vermitteln; weiters müssen Sie Spielregeln für die Gruppenarbeit vorschlagen und in irgendeiner Form durchsetzen, z. B.: „Es kann immer nur einer reden." „Keiner darf Monologe halten." „Alle Ideen werden ernsthaft geprüft." Erforderlichenfalls müssen Sie auch klären, zu welchen Selbstdisziplinierungsmaßnahmen die Gruppenmitglieder bereit sind, wenn sie gegen eine der Spielregeln verstoßen.

Ein Punkt, der bei Gruppenarbeiten immer wieder zu klären ist, ist das Rauchen. Versuchen Sie diesbezüglich einen von allen akzeptierten Kompromiß zu erzielen.

2. Sie klären das Thema genau ab: „Unser Thema lautet... Wir haben die Aufgabe, folgende Fragen zu beantworten / folgende Punkte auszuarbeiten..."

3. Sie erarbeiten in der Gruppe die Themenstrukturierung (und notieren die einzelnen Punkte, beispielsweise auf Flip-Chart): „Welche Aspekte müssen wir bei der Bearbeitung des Themas berücksichtigen?" Die Gruppe antwortet entweder
— mündlich oder
— über Moderationskarten.

4. Sie erarbeiten eine „Problemlandschaft" aus den einzelnen Nennungen, das heißt eine Ausformulierung der genannten Punkte zu Arbeitstiteln.

5. Diese Arbeitstitel werden im nächsten Schritt durch alle Gruppenmitglieder bewertet, womit sich Prioritäten für die Bearbeitung ergeben. Die Bewertung erfolgt durch Punktevergabe, paarweisen Vergleich oder ähnliches (siehe Kapitel „Grundsätze der Gruppenarbeit").

Was haben Sie nach diesem Schritt erreicht? Zum einen eine klare Strukturierung des Themas aus der Sicht der Gruppe, zum anderen eine Reihenfolge für die Bearbeitung. Mit der Gruppe schätzen Sie den Zeitbedarf für die Lösung der einzelnen Arbeitsbereiche und entscheiden, ob Sie in der zur Verfügung stehenden Zeit tatsächlich alle Themen lösen wollen und realistischerweise auch lösen können oder ob Sie sich auf einige Themenbereiche konzentrieren wollen.

6. Sie müssen sich aufgrund der genannten Vorentscheidung entschließen: Bearbeiten Sie jedes Unterthema mit der gesamten Gruppe oder können Sie die Aufgaben aufteilen?

Nehmen wir an, Sie entscheiden sich dafür, weiter mit der ganzen Gruppe zu arbeiten. Dann bringen Sie das Unterthema als Aufgabenstellung ein: „Wir bearbeiten jetzt folgendes Thema..."

Üblicherweise werden Sie damit beginnen, das Thema zur freien Diskussion zu stellen. Ihre Aufgabe als Moderator ist, diese Diskussion zu strukturieren, das heißt die Aussagen zu sammeln und in einen Gesamtzusammenhang zu bringen, zu hinterfragen, was noch nicht klar ist, Widersprüche aufzuzeigen, gemeinsame Ansichten und Grundsätze herauszuarbeiten, dabei aber nie den Boden der Neutralität zu verlassen.

Unterscheiden Sie bei den Diskussionsbeiträgen:

— Meinungen,
— Ideen / Geistesblitze,
— Ansätze für analytische Bearbeitung,
— erkennbare / erkannte Probleme,
— Problemlösungen,
und erfassen Sie diese auf unterschiedliche Art und Weise.
Wenn Sie Bereiche erkennen, die mit Kreativtechniken gelöst werden können oder sollen, berücksichtigen Sie immer den Zeitbedarf und stimmen Sie diesen mit dem verfügbaren Zeitrahmen ab.

7. Wenn die Diskussion weit genug fortgeschritten ist — und das ist sie dann, wenn alle Problembereiche erfaßt und ausreichend diskutiert wurden —, versuchen Sie zum Abschluß zu kommen. Der Abschluß einer Gruppenarbeit, das heißt das gemeinsame Arbeitsergebnis, ist ein kurzer Bericht (in Form einer Präsentation) mit folgendem Inhalt:

— Ziel(e) der Gruppenarbeit,
— Problemstrukturierung,
— Diskussionspunkte in der Gruppe,
— Lösungswege,
— vorgeschlagene Lösungen,
— ungeklärte Punkte,
— Folgerungen / Maßnahmen.

Ist es Ziel der Gruppenarbeit, einen gemeinsamen Bericht zu verfassen, wird dies meist am besten erreicht, wenn die Gruppe lediglich Struktur, Inhalt und Aufbau gemeinsam diskutiert, die Formulierung aber durch ein Gruppenmitglied übernommen wird. Die Gruppe korrigiert bzw. ergänzt dann nur diesen ausformulierten Text.

Konfliktbewältigung

Situation: Sie sind Leiter eines Fortbildungsseminars mit zehn Gruppenmitgliedern. Nach einem halben Seminartag merken Sie, daß etwas am Gruppenklima nicht stimmt. Sie warten noch die nächste Pause ab, müssen aber feststellen, daß es kaum mehr Kommunikation zwischen den Gruppenmitgliedern gibt. Man spricht auch nicht mit Ihnen, Ihre Kommunikationsversuche werden mit fadenscheinigen Methoden zurückgewiesen (einsilbige Antworten, kein Eingehen auf das vorgeschlagene Kommunikationsthema). Noch sind Sie sich darüber im unklaren, was eigentlich los ist, da sagt einer der Seminarteilnehmer nach einem Beispiel zu Ihnen: „Könnten Sie das nicht etwas weniger theoretisch bringen? Wir können alle miteinander nicht sehen, was wir von dem haben, was Sie vortragen."
Wie können Sie sich nun verhalten?

Ihre Gefühle: Nach der Falldarstellung müßten Sie eigentlich auf den Konflikt vorbereitet sein, das heißt, der Angriff dürfte Sie nicht aus dem Gleichgewicht bringen. Kommt er dennoch für Sie unerwartet, kann Ihre natürliche Reaktion — je nach Training — ein professionelles Sichzurückziehen aus der Situation sein (Sie gehen innerlich sofort in die Position des Außenstehenden) oder eine innere Erschütterung, die sich in allen Zeichen von Streß äußert (schwitzen, schlucken müssen, erröten, trockener Gaumen, unangenehmes Gefühl im Magen, weiche Knie).
Befinden Sie sich in einer solchen Gefühlslage, müssen Sie vorsichtig sein, wenn Sie etwas sagen: Ihre Stimme wird zittrig und unsicher klingen, die Körperhaltung könnte sich in Verliererhaltung wandeln (Kopf einziehen, Schultern hochziehen, Hände vor der Brust verschränken). Wenn Ihnen das passiert, sind Sie den Angriffen ziemlich schutzlos preisgegeben. Versuchen Sie daher unbedingt, sich zuerst etwas in den Griff zu bekommen, ehe Sie auf den Angriff antworten. Wenn Sie nicht anders können, sprechen Sie zumindest Ihre innere Situation an: „Ich bin von Ihrem Angriff so überrascht, daß ich momentan völlig aus dem Gleis bin." Damit haben Sie zumindest schon pariert und reagiert.

Die Gefühle der anderen Gruppenmitglieder: Nach diesem Angriff zeigt sich die Bandbreite der menschlichen Natur, vom Mitläufer über den Mit-Beißer bis zum Konfliktschlichter. Ist die Stimmung der Gruppe eindeutig gegen Sie, werden Sie es sehr schwer haben. Ist dies aber nicht so und liegt der Konflikt nicht auf der persönlichen Ebene, sind die Gruppenmitglieder rasch zu einer sachlichen Lösung bereit.

Konfliktursachen: Um den Konflikt lösen zu können, müssen Sie zu seinen Wurzeln vorstoßen. Hüten Sie sich davor, bei der vordergründigen Aussage zu bleiben; versuchen Sie aber auch nicht, unter allen Umständen etwas anderes hinter dem Konflikt zu vermuten, als Ihnen gesagt wurde.

Mögliche Konfliktursachen sind:
— das genannte Sachproblem (im Bereich des Themas, der Darstellung, der von Ihnen vorausgesetzten Grundlagen etc.),
— ein persönliches Problem zwischen Ihnen und dem Gruppenmitglied / den Gruppenmitgliedern,
— ein persönliches Problem des Gruppenmitglieds (nicht freiwillig beim Seminar, Sorgen etc.),
— Konflikte mit dem Veranstalter des Seminars,
— Konflikte mit dem Auftraggeber für die Teilnahme,
— aufgestaute Konflikte von vorangegangenen Seminarabschnitten.

So lösen Sie den Konflikt sicher nicht:

1. Sie gehen zur Tagesordnung über. („Es tut mir leid, wenn Ihnen das Thema nicht gefällt, aber so ist das nun einmal. Ich kann Ihnen die Dinge nicht anders bringen, als man sie zu verstehen hat.")

2. Sie attackieren das Gruppenmitglied, das sich gemeldet hat. („Wenn Sie aufgepaßt hätten, würden Sie die Zusammenhänge begreifen.")

3. Sie drohen. („Ob Ihnen das paßt oder nicht: Ich werde diesen Stoff in dieser Form prüfen / das wird so geprüft." „Ihr Chef will, daß Sie das in dieser Form lernen, ob es Ihnen paßt oder nicht.")

4. Sie setzen die Gruppe herab. („Jetzt habe ich das Thema schon mindestens zwanzigmal vorgetragen. Bisher haben noch alle begriffen, worum es geht.")

5. Sie arbeiten mit Killerphrasen. („Glauben Sie wirklich, das besser zu wissen als anerkannte Wissenschaftler?")

6. Sie versuchen abzulenken. („Das war vielleicht kein besonders interessanter Teil, aber wir sind damit bereits zu Ende.")

7. Sie loben vordergründig. („Bisher war noch niemand so kritisch wie Sie. Offensichtlich sind Sie Experte auf diesem Gebiet. Aber wir kommen dann ohnehin zu einer Gruppenarbeit, da brauchen wir dringend kritische Geister.")

Alle diese Ansätze haben eines gemeinsam: Der Konflikt wird nicht angenommen, er wird in irgendeiner Form unterdrückt. Je nach Ausmaß des Unwillens, der Aggressivität der Teilnehmer und der bis zum Ende des Seminars verbleibenden Zeit haben Sie die Chance, daß sich der Konflikt abschieben läßt, oder das Risiko, daß er in verstärktem Ausmaß wiederkommt.

So können Sie bei der Konfliktlösung vorgehen:

1. Sie sondieren die Stimmung der Gruppe, am besten durch ein „Blitzlicht".

2. Sie stellen gezielte Fragen, um die Art des Konflikts zu erkennen. („Ich bin mir nicht ganz im klaren, worum es eigentlich geht. Deshalb möchte ich zunächst Ihre Wortmeldung als Frage interpretieren und beantworten." „Ich weiß nicht genau, worauf Sie hinauswollen. Verstehe ich Ihre Wortmeldung richtig als Angriff auf meinen Vortragsstil, oder geht es um etwas anderes?")

3. Sie grenzen die Konfliktbereiche ein. („In welchen Punkten sind wir einig, und wo stimmen Sie mir nicht zu?" „Was konkret hat Sie gestört/ verwirrt/ verunsichert/ gelangweilt...?")

4. Haben die Gruppenmitglieder ihre Sicht der Dinge dargelegt, so stellen Sie die Ihre dar. Achten Sie darauf, daß Ihre Begründung nicht wie eine Entschuldigung klingt und auch keine Entschuldigung ist. („Nach Ihren Rückmeldungen darf nun ich meine Darstellung der Situation geben. Ich sehe die Dinge so...")

5. Suchen Sie gemeinsam mit der Gruppe nach Lösungen. Wenn die Gruppe Ihnen gegenüber nicht feindselig eingestellt ist, scheuen Sie nicht davor

zurück, um Rat zu fragen. Hören Sie dabei aber niemals auf, die Gruppe zu führen, das heißt: machen Sie der Gruppe in jedem Augenblick klar, daß Sie sich nicht treiben lassen, sondern noch immer ganz genau wissen, welche Ziele Sie haben und welchen Weg Sie gehen wollen. („Das weitere Programm habe ich folgendermaßen geplant... Wir werden dafür etwa ... Stunden benötigen. Gibt es im Programm Themenschwerpunkte, die Sie intensiver bearbeitet haben möchten oder solche, die Sie streichen möchten?" „Ich habe für meinen weiteren Vortrag ... vorbereitet. Würden Sie eine andere Präsentationsmethode bevorzugen? Ich könnte Ihnen dazu ... vorschlagen.")

6. Hat die Gruppe Ihnen gegenüber eine feindselige Haltung und gibt sie diese nicht auf, versuchen Sie keinesfalls, einfach mit dem Thema fortzufahren. Es bleibt Ihnen dann nichts anderes übrig, als „den Stier an den Hörnern zu packen". Wenn die Gruppe oder ein Großteil der Gruppe zur Ansicht kommt, sie könne mit Ihnen nicht mehr zusammenarbeiten, müssen Sie das notgedrungen zur Kenntnis nehmen und versuchen, zumindest eine vernünftige organisatorische Lösung zu finden.

7. Gibt es in der Gruppe ein Mitglied, das sich neutral verhält, entsprechende Autorität ausstrahlt, von der Gruppe und Ihnen akzeptiert wird und Fähigkeiten zur Konfliktlösung besitzt, so können Sie versuchen, den Konflikt über dieses Gruppenmitglied zu lösen: Sie ersuchen diesen Teilnehmer, die Moderatorrolle zu übernehmen.

8. Setzen Sie die Sacharbeit erst nach einer Pause fort.

Blitzlicht

Das Blitzlicht ist eine Form der Rückkoppelung, in der vorwiegend die Gefühlslage abgefragt werden soll. Achten Sie beim Blitzlicht auf eine möglichst klare, subjektiv orientierte Fragestellung. Ist eine Gruppe nicht über die Regeln des Blitzlichts informiert, stellen Sie diese kurz dar.
Setzen wir unser Konfliktbeispiel fort, indem wir den oben nur erwähnten Lösungsteil „Blitzlicht" einblenden:

„Sie haben gehört, was der Kollege meint. Ich bitte Sie nun, mir in Form eines sogenannten Blitzlichts zu sagen, was Sie selbst momentan empfinden. Beim Blitzlicht gelten folgende Regeln (Anmerkung: die Sie eventuell auf

Overhead-Folie schreiben oder in Ihren Unterlagen mitführen und an die Wand projizieren):
— Jeder spricht nur für sich.
— Jeder berichtet über seinen subjektiven Eindruck.
— Keiner unterbricht.
— Die Reihenfolge der Wortmeldungen ist beliebig.
— Jeder gibt seinen Kommentar ab.
— Jeder spricht möglichst in Form einer Ich-Botschaft, das heißt, es gibt kein ‚man‘, es gibt kein absolutes Urteil, sondern die Darstellung des höchstpersönlichen Gefühls.
— Keiner gibt einen Kommentar zu dem ab, was ein anderer sagt / gesagt hat, bis das Blitzlicht zu Ende ist.
Ich darf nun nochmals die Frage an Sie wiederholen: Wie stehen Sie zu dem, was Ihr Kollege gesagt hat? Wie fühlen Sie sich derzeit im Seminar?"

Es könnten nun folgende Antworten kommen (Anmerkung: bewußt nicht alle „idealtypisch" im Sinn der obigen Regeln):
Teilnehmer 1: „Ich denke, daß … zwar in gewisser Hinsicht recht hat, aber ich empfinde das nicht so stark. Vielleicht kommt das daher, daß ich mich schon mehr mit diesem Thema beschäftigt habe. Wenn Sie mehr Praxisbeispiele bringen könnten, hätte ich allerdings nichts dagegen."
Teilnehmer 2: „Meiner Ansicht nach ist das ganze Thema uninteressant, aber man muß es eben hinter sich bringen. Den Vortrag finde ich gar nicht so schlecht."
Teilnehmer 3: „Es ist in jedem dieser modernen Seminare das gleiche Theater mit diesen ewigen Rückkoppelungen. Tragen Sie doch einfach weiter vor. Wir halten uns mit dieser Diskussion nur sinnlos auf."
Teilnehmer 4: „Ich bin mit dem Gesagten bisher recht zufrieden."
Teilnehmer 5: „Mir ist zwar auch etwas langweilig, und vom Inhalt verstehe ich ohnehin zuwenig, aber ganz so schlimm finde ich es nicht."
Teilnehmer 6: „Ich finde auch, wir sollten weitermachen."
Teilnehmer 7: „Da muß ich doch heftig widersprechen. Ich finde wie der Kollege, daß wir bisher nichts Brauchbares gehört haben. Da muß man schon einiges ändern am Seminar."
Teilnehmer 8: „Es wird immer welche geben, die kritisieren wollen. In den Unterlagen ist doch ohnehin alles erläutert, man müßte sie nur lesen." (Anmerkung: Glauben Sie, daß sich in der Praxis noch alle an das Redeverbot halten, wenn ein anderer spricht? Vorsicht beim Eingreifen! Nicht moralisieren! Und schon gar nicht selbst der Versuchung nachgeben, endlich einen Kommentar anzubringen.)

Teilnehmer 9: „Mir gefällt es bisher ganz gut. Nur das Rauchverbot finde ich überflüssig."
Teilnehmer 10: „Ich glaube, Sie sehen ganz gut, daß ein Großteil nicht zufrieden ist."

So bitter es für einen Seminarleiter manchmal ist: nicht emotional werden, ruhig und sachlich bleiben, Angriffe nicht persönlich nehmen, aber auch auf Beschwichtiger nicht hereinfallen! Ansonsten bekommen Sie die Rechnung nicht zuletzt bei den Beurteilungen präsentiert. Was Sie sagen können, ist: „Vielen Dank, meine Damen und Herren. Wenn ich jetzt in mich hineinhöre, bin ich mit meiner Wirkung bei Ihnen nicht zufrieden. Ich bitte Sie daher um eine Pause. Danach werde ich Ihnen einen Vorschlag für den weiteren Ablauf des Seminars machen."

Beurteilungsformen

Bei Gruppenarbeiten wird beurteilt:
— der Veranstalter,
— der organisatorische Rahmen,
— das Thema und die Themenaufbereitung,
— der Moderator / Seminarleiter,
— die Unterbringung und Verpflegung.

Dem Wesen der Gruppenarbeit entsprechend läuft die Beurteilung üblicherweise auf zwei Ebenen ab:
— in irgendeiner schriftlichen Form,
— in Form einer Rückkoppelungsrunde.

Die schriftliche Form kann sein:
— ein Beurteilungsblatt / -bogen (siehe das entsprechende Arbeitsformular),
— das Punkten auf einem Flip-Chart bzw. auf einer Pinwand.

Was die Vorbereitung einer derartigen Vorlage auf Flip-Chart bzw. Pinwand angeht, sind der Phantasie keine Grenzen gesetzt. Die nachstehenden Beispiele sind eher übliche Verfahren. Man kann dabei jedoch mit den Farben von Punkten variieren, etwa den verschiedenen Beurteilungselementen unterschiedliche Punktefarben geben (z. B. Veranstalterbeurteilung: blauer Punkt, organisatorischer Rahmen: gelber Punkt etc.).

Das Seminar war für mich:

Seminar-Stimmungsbarometer

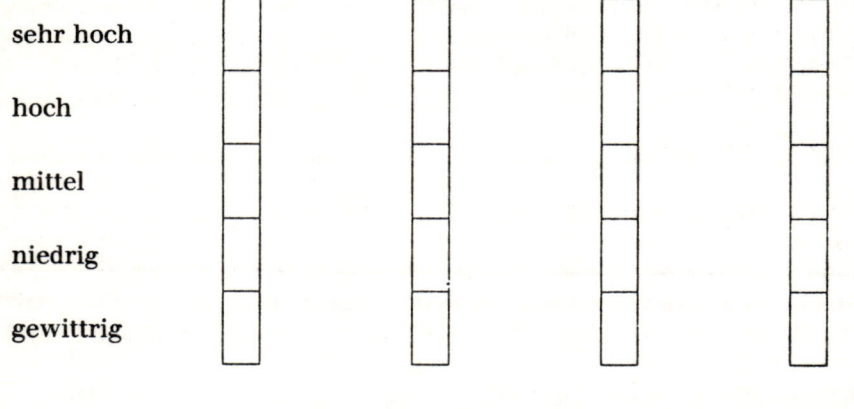

sehr hoch

hoch

mittel

niedrig

gewittrig

Inhalt Vortrag Unterlagen Organisation

Übungen

1. Sie planen mit fünf Kollegen die Gründung eines Vereins mit dem Ziel, eine Erfahrungsaustauschgruppe in Ihrem Fachgebiet zu schaffen.
Wie gehen Sie vor?
Welche Arbeitsmethoden wenden Sie an?
Welche Rollen verteilen Sie?
Welche Fragen werden gestellt / bearbeitet?

2. Sie sind als Gruppenmitglied in einem Fortbildungsseminar mit der Vorgehensweise und dem Arbeitsstil des Seminarleiters nicht einverstanden, fühlen sich gelangweilt, frustriert und merken, wie Ihr Widerstand wächst. Aus beruflichen Gründen können Sie das Seminar kaum verlassen, privat würden Sie es als Niederlage empfinden.
Wie gehen Sie vor, um den latenten Konflikt zum Ausbruch zu bringen?
Wie stellen Sie sich die Konfliktlösung vor?
Wer müßte was tun?

3. Sie haben in der Kleingruppe eine Aufgabe gelöst und sollen nun präsentieren.
Wie gehen Sie vor?
Welche Mittel setzen Sie ein?
(Wir nehmen an, alle Ihre Wünsche können aufgrund der vorhandenen Materialien erfüllt werden.)

Lösungsvorschläge

zu 1) Vereinsgründung

Soll die Vereinsgründung professionell und methodisch betrieben werden, müssen zunächst in einer Gruppenarbeit der Gründungsmitglieder die wesentlichen strategischen Fragen des Vereins ausgearbeitet werden:
— Welche Ziele soll der Verein verfolgen?
— Welche Ziele wollen die Gründungsmitglieder selbst durch den Verein erreichen?
— Wer soll angesprochen werden?
— Wer soll nicht in den Verein kommen?

— Welche Konkurrenzvereine gibt es, die für die Zielgruppe (das heißt die-
  jenigen, die angesprochen werden sollen) interessant sind? und vieles
  andere mehr.

Wie Sie sowohl aus dem Grundlagenteil (Kapitel „Die Arbeit in Gruppen")
wie auch aus den „Tips" bereits wissen, braucht eine Gruppe einige Voraussetzungen, um arbeitsfähig zu sein: z. B. eine Gruppenorganisation, Moderationsmittel, klare Aufgabenstellungen etc.
Die Gruppe braucht einen Moderator. Bei einer Gruppe in der angenommenen Größe (sechs Personen, Sie und fünf Kollegen) wird eine weitere
Rollenverteilung kaum erforderlich sein. Versuchen Sie aber nie, ohne Moderator eine Gruppenarbeit durchzuführen, auch dann nicht, wenn Sie
glauben, gut miteinander reden zu können. Es muß daher einer aus Ihrer
Gruppe die Moderatorrolle übernehmen, mit Zustimmung aller anderen,
denn der Moderator muß außer Streit stehen. Er hat die Aufgabe, den Prozeß zu steuern, das bedeutet: er gestaltet den Ablauf, greift jedoch inhaltlich nicht ein. Nötigenfalls kann er bei der Anwendung einer Kreativmethode (z. B. Brainwriting 635) die Rolle eines Gruppenmitglieds übernehmen, um auch seine Ideen einbringen zu können. Der Moderator darf aber
keinesfalls zu dominierend werden, weil die Sitzung sonst von vornherein
zu einer Führungsbesprechung des dominierenden Mitglieds wird und es
nicht zu einer gemeinsamen Ausarbeitung des Themas kommt. Das könnte
zu Spannungen in der Art führen, daß sich die übrigen Gruppenmitglieder
mit den Ergebnissen nicht oder nur teilweise identifizieren; in weiterer
Folge macht sich das etwa dadurch bemerkbar, daß geplante Maßnahmen
nicht konsequent durchgeführt werden.
Methodisch könnte die Arbeit so strukturiert werden, wie dies im anschließenden Arbeitsformular vorgeschlagen wird. Diese Arbeitsstruktur muß
alle Bereiche umfassen, die für das Vereinskonzept und seine Verwirkli-
chung erforderlich sind. Zur Vereinsgründung können Ihnen Check-Lists
helfen, wie Sie sie in diversen Publikationen bekommen, oder auch Muster-
Statuten, die rechtlichen Bestimmungen zur Vereinsgründung und -füh-
rung, steuerliche Bestimmungen für Vereine und anderes mehr.

zu 2) Gruppenmitglied in einem Fortbildungsseminar

Sie haben mehrere Lösungsmöglichkeiten:

1. Sie klären die Situation in der Pause, indem Sie den Seminarleiter darauf
   ansprechen.

2. Sie klären mit den anderen Gruppenmitgliedern, ob diese die Lage ebenso sehen wie Sie.

3. Sie verlangen im Seminar ein „Blitzlicht". Dabei müssen Sie nicht unbedingt gleich erklären, warum Sie diese Form der Rückkoppelung der gesamten Gruppe gerne hätten. Sie sollten sich beim Blitzlicht auch nicht als erster zu Wort melden, weil ansonsten die Gefahr besteht, daß Sie Ihre Stimmung auf die ganze Gruppe übertragen und damit lediglich ein Spiegelbild Ihres Empfindens hervorrufen. Mit anderen Worten: Je mehr Sie von vornherein aus sich herausgehen, also Ihren Unwillen zeigen, desto mehr exponieren Sie sich — gegebenenfalls müssen Sie in eine Verteidigungsposition gehen, was Ihr Problem ja in keiner Weise löst. Wenn Sie aber sehen, daß Sie mit Ihrer Meinung allein sind, können Sie diese durchaus im Rahmen eines Blitzlichts äußern und damit „Dampf ablassen".

4. Zeigt sich im Blitzlicht, daß mehrere oder gar alle Gruppenmitglieder Ihrer Meinung sind, und ist dies für den Seminarleiter eine Überraschung, so baut sich nun von seiner Seite her eine Spannung zur Gruppe auf. Diese Spannung ist mit jenen Methoden zu lösen, wie sie im Kapitel „Konflikte und Konfliktlösungen" besprochen wurden.

zu 3) Präsentation der Arbeitsergebnisse einer Kleingruppe

1. Sie entscheiden in der Gruppe, ob einer allein präsentiert oder ob mehrere Gruppenmitglieder präsentieren. Üblicherweise ist die Wirkung der Präsentation besser, wenn von mehreren Personen mit mehreren Medien präsentiert wird.

2. Sie gestalten auf möglichst professionelle Weise visuelle Präsentationshilfen:
   — Overhead-Folien: wenig Text, übersichtlich dargestellt, in mehreren Farben, gut lesbare Schrift,
   — Flip-Chart-Blätter: wie oben, unterschiedliche Schriftstärken,
   — Pinwände: mit Moderationshilfen (z. B. Kärtchen unterschiedlicher Form).

3. Sie setzen die Präsentationshilfen ein:
   — zur Begleitung des gesprochenen Textes,
   — zur Verstärkung von Textpassagen,

— zur zusätzlichen Erläuterung von Textpassagen (z. B. durch Graphiken),
— zur Verstärkung der Erinnerungswirkung,
— für Rückgriffe auf vorangegangene Textpassagen.

Arbeitsformular für Vorbereitungsfragen von Gruppenarbeiten

Thema der Gruppenarbeit: Vereinsgründung
Vorbereitungsfragen formuliert durch: Vereinsvorstand

Detail-thema	Frageformulierung	Erfassungsmethode	nächster Arbeitsschritt

Die Verhandlung

Der wohl wichtigste Teil der Rhetorik im Alltag ist die Verhandlung. Während es bei der Rede oder der Diskussion im Normalfall kaum zu Konsequenzen kommt, die nicht korrigierbar sind, zielt die Verhandlung von vornherein auf ein Ergebnis ab, das sehr weitreichend sein kann.
Reden, Seminare, Gruppenarbeiten, Diskussionen — alle diese Bereiche der angewandten Rhetorik werden üblicherweise bestenfalls zum Auslöser von Prozessen. Ein „Absturz" bei einer dieser Formen wird relativ rasch vergessen, überwunden und verziehen. Selbst professionellen Rednern gelingt es dann und wann nicht, ihre Zuhörer zu überzeugen. Manche sehr profilierte Leute sind bei öffentlichen Diskussionen jämmerlich gescheitert, was ihrer Karriere — außer im politischen Bereich — kaum geschadet hat. Selbst Seminarveranstalter verzeihen ihren (guten) Vortragenden von Zeit zu Zeit unzufriedene Zuhörer.
Anders bei der Verhandlung. Verhandlungen sind eben auch im Normalfall mit Folgen verbunden; ein schlechtes Verhandlungsergebnis bei einer Abschlußverhandlung besteht und wirkt.
So, ich hoffe, Sie sind genügend motiviert, mit mir in unser Thema einzusteigen.

Was kann verhandelt werden?

Grundsätzlich kann nur verhandelt werden, was Handlungsspielraum bietet. Es hat keinen Sinn, Verhandlungen einzuleiten in Bereichen, in denen
— sachliche,
— rechtliche oder
— Kompetenzgrenzen bestehen.
Der Handlungsspielraum muß von beiden Verhandlungspartnern in gleichem Ausmaß erkannt werden.

Die (ver-)handelnden Personen

Verhandlungen werden üblicherweise geführt:
— durch die Verhandlungsgegner oder -partner, Gegner oder Partner je nachdem, was das Thema der Verhandlung ist (aus Gründen der Vereinfachung wollen wir sie bis auf weiteres Verhandlungsgegner nennen),

237

das sind jene Personen, die das Verhandlungsergebnis betrifft (mithin auch handelnde Organe sogenannter juristischer Personen, wie Gesellschaften, Organisationen, Institutionen etc.);
— durch Vertreter dieser Parteien, zur Vorbereitung der eigentlichen Abschlußverhandlung;
— durch Berater der Kontrahenten (Rechtsanwalt, Notar, Unternehmensberater, Wirtschaftstreuhänder).

Wie viele Personen am Verhandlungstisch sitzen, hängt von der Art und vom Umfang der Verhandlungen ab. Im allgemeinen werden es nur wenige Personen sein:
— die Verhandlungsgegner, je mit einem bis drei Verhandlern,
— je nach Thema ein Fachberater jedes Kontrahenten,
— gegebenenfalls ein professioneller Verhandler zur Unterstützung einer der Parteien / beider Parteien.

Wenn die Verhandlung vereinbart wird, ist dafür zu sorgen, daß alle Verhandler ausreichende Kompetenzen besitzen. Nur so kann die Verhandlung wirkungsvoll abgeschlossen werden — zumindest bis zum vorgesehenen Zwischenziel.

Vorbereitung der Verhandlung

Jede Verhandlung verlangt eine sorgfältige Vorbereitung. Dies ist aber nur dann möglich, wenn das Verhandlungsziel von vornherein klar definiert ist. Die Vorbereitung besteht aus:

● Sammeln der Unterlagen

Es sind durch alle Verhandlungsparteien alle Unterlagen vorzubereiten, die im Lauf der Verhandlung für eine Entscheidung benötigt werden.

● Realistische Feststellung der Ausgangslage

Von welchem Stand aus wird verhandelt? Was ist bereits geschehen, was davon ist noch Verhandlungsgegenstand, was ist bereits erledigt? Mit wem haben wir bei der Verhandlung zu tun? Welche Entscheidungsgrenzen hat unser Verhandlungsgegner, das heißt, was ist Verhandlungsspielraum? Was ist von ihm zu erwarten?

● Formulieren der eigenen Ziele

Die eigenen Ziele bei der Verhandlung müssen realistisch formuliert werden, das heißt aufbauend auf einer
— richtigen Einschätzung der eigenen Position,
— richtigen Einschätzung der Position und der Möglichkeiten des Verhandlungsgegners.

Es ist sinnvoll, die Ziele zu gliedern in:
— Ziele, die unbedingt erreicht werden müssen,
— Ziele, die erreicht werden sollten,
— Ziele, die reiner Verhandlungsspielraum sind.

Wenn Sie Ziele haben, die Sie unbedingt erreichen müssen, kann das für Sie bedeuten:
— Ziele, deren Nichterreichen Sie existentiell bedroht, oder
— Ziele, bei deren Nichterreichen kein Verhandlungsergebnis zustande kommt, das heißt, deren Scheitern einen Abbruch der Gespräche bewirkt.

Wenn Sie durch eine Nichterfüllung von Verhandlungszielen durch den Verhandlungsgegner existentielle Probleme bekommen, ist das selbstverständlich für Ihre Verhandlungsposition eine wesentliche Schwäche, die Sie soweit wie möglich verbergen sollten. Um nicht aufgrund dieser Tatsache nervös und falsch zu verhandeln, sollten Sie sich ausmalen, was Sie tun wollen, wenn diese Ziele nicht erhandelt werden können. Es stärkt Ihre innere Position mit Sicherheit, wenn Sie wissen, was Sie trotz eines Scheiterns der für Sie so wichtigen Verhandlung tun.

● Einschätzen der möglichen Ziele des Verhandlungsgegners

Wie Ihre eigenen Ziele müssen Sie auch die Ziele Ihres Verhandlungsgegners einzuschätzen versuchen, wiederum mit der Gliederung, die wir besprochen haben.

Können oder wollen Sie Verhandlungsziele nicht akzeptieren, die Sie als für Ihren Verhandlungsgegner existentiell wichtig einschätzen, sollten Sie die

Verhandlung entweder nicht führen oder von vornherein klären, wie Ihr Verhandlungsgegner seine Ziele sieht, ob Ihre eigene Einschätzung richtig ist.

● Analyse der Konfliktpotentiale

Wo glauben Sie, werden die Meinungen aufeinanderprallen? Wo besteht die Gefahr unüberbrückbarer Gegensätze? Und, wenn Sie die Verhandler der Gegenseite schon kennen, wer ist schwierig zu behandeln? Wer neigt zu starren Positionen? Wer ist Ihnen unsympathisch? Wer verwendet gerne Killerphrasen? Und wie wollen Sie diesen Verhandlungsschwierigkeiten begegnen?

● Definition des eigenen Handlungsspielraums

Wir haben schon bei der Formulierung der Ziele kurz über diesen Punkt gesprochen. Überlegen Sie, wo Sie nachgeben wollen — und wo Sie gegebenenfalls nachgeben können. Überlegen Sie weiter, welche Alternativen es gibt. Professionelle Verhandler beschäftigen sich intensiv mit dem Spektrum der Möglichkeiten vor der Verhandlung, reagieren dann aber auch in der Verhandlung.

Bei mehreren Verhandlern hat eine spontan auftauchende Idee den großen Nachteil, daß sie mit den anderen nicht abgesprochen ist; auch berücksichtigt sie möglicherweise wichtige Aspekte nicht, die dagegensprechen. In diesem Fall kann man nur während einer Verhandlungspause den Gedanken diskutieren — keine elegante Lösung, aber besser, als allein in eine Sackgasse zu gehen und damit möglicherweise die eigene Position zu gefährden.

● Abschätzen des Handlungsspielraums des Verhandlungsgegners

Nehmen wir an, Sie sind Lehrer und wollen mit dem Elternverein über die Anschaffung eines technischen Geräts verhandeln. Sie stellen sich einen modernen Personal-Computer vor, dessen Monitorbild Sie über Overhead-Projektor auf die Leinwand projizieren können. Sie wissen, daß die Sache für den Elternverein wohl zu teuer wird, weil noch andere Finanzierungsprojekte anstehen. Schätzen Sie also ein, wie groß der Handlungsspielraum des Elternvereins sein wird, und beschäftigen Sie sich dann mit Lösungsvorschlägen, wie Sie die Differenz aufbringen könnten. Diese Lösungsvorschläge nehmen Sie (im Aktenkoffer) in die Verhandlung mit.

● Erarbeiten eigener Stärken und Schwächen

Um gut zu verhandeln, müssen Sie sich selbst richtig einschätzen, und zwar bezogen auf das Verhandlungsziel. Halten Sie sich für zu schwach, verzichten Sie auf Vorteile; halten Sie sich für zu stark, kann es Ihnen passieren, daß Sie in die Schranken gewiesen werden.
Sie können dabei so vorgehen:
— Suchen Sie möglichst viele Kriterien, die bezogen auf das Verhandlungsziel zählen.
— Bewerten Sie sich selbst bei jedem Kriterium, z. B. mit Schulnoten.
— Addieren Sie Ihre Eigenbenotungen und bilden Sie den Durchschnitt.

Sie können das System dadurch verfeinern, daß Sie sagen, nicht jedes Kriterium ist gleich bedeutend, und die Kriterien gewichten. Aber das sind schon Feinvarianten.
Nehmen wir wiederum unser Beispiel Lehrer — Elternverein. Was sind die Kriterien, bezogen auf das Verhandlungsziel und im Vergleich zu den anderen anstehenden Finanzierungsanträgen, z. B. Ausbildungsverbesserung, Praxisorientierung, Motivation der Schüler, vielfältige Einsetzbarkeit etc.?

● Einschätzen der Stärken und Schwächen des Verhandlungsgegners

Wie steht der Gegner? Welche Druckmittel hat er? Wo ist er verletzlich? Wo ist er unbesiegbar? Wo kann ich nur an sein Entgegenkommen appellieren? Wo habe ich andere Möglichkeiten, das heißt, wo gibt es für mich Ansatzpunkte einer „Gegenmacht"? Wen fürchtet der Verhandlungsgegner? Wie kann ich ihm helfen, seine Position gegen den „Angstgegner" zu verstärken, und ihn damit mir gewogen machen? Auch das ist eine eigene Stärke — und eine Schwäche des Verhandlungsgegners.

● Konzeption der Verhandlungsstrategie

Elemente der Verhandlungsstrategie sind:
— die Rollenverteilung der Verhandler,
— die Hauptargumente, die man anwenden will,
— die Verhandlungstaktik.

Zur Rollenverteilung wird besprochen:
— die Sitzordnung,
— Art und Grad der Aktivitäten der Verhandler.

Es wird z. B. vereinbart, wer das Gespräch beginnt, wer sich an welcher Stelle bzw. zu welchen Themen einschaltet, wie erkannte Gefahren bei der Verhandlung signalisiert werden, wann also der eigene Sprecher sich zurückziehen soll, wer sich aggressiv gibt, wer einlenkend agiert, wer die neutrale, moderierende Rolle übernimmt usw.

Ein Hauptteil muß die Ausarbeitung der Argumente sein: Was sagen wir, wenn...? Was sagen wir zu...? Wo sind die faulen Stellen unserer Argumentation? Wie können wir diese faulen Stellen ausmerzen? Was kann der Verhandlungsgegner darauf sagen?

Zur Verhandlungstaktik wird die Art des Vorgehens in der Verhandlung besprochen: Verhält man sich von Anfang an eher ruhig, läßt man den Verhandlungsgegner „kommen" oder greift man an, fordert den Gegner heraus, reizt man ihn oder geht man von vornherein auf Übereinstimmung etc.

● Vorbereiten der Unterlagenpräsentation

Viele Verhandlungen verlangen, daß alle Verhandlungsparteien bereits vorher über alle erforderlichen Unterlagen verfügen, um sich vorbereiten zu können. Ist dies nicht notwendig, muß zumindest die Präsentation der Unterlagen vorbereitet werden, z. B.:
— in Form von Arbeitsmappen mit den Unterlagen,
— über Flip-Charts,
— über Overhead-Folien,
— über Video-Filme.

Unterlagen, die im Sinn der erforderlichen Entscheidungen nicht rasch erfaßt werden können und Vorbereitungszeit brauchen, müssen unbedingt vor der Verhandlung eingesehen werden können. Ist dies aus technischen Gründen nicht möglich und kann die Verhandlung ohne diese Inhalte nicht sinnvoll geführt werden, empfiehlt sich eine detaillierte Präsentation. Danach wird dem Vertragsgegner Zeit gegeben, sich mit den Unterlagen zu beschäftigen und diese im Kreis der eigenen Verhandler zu diskutieren.

● Vorbereiten der Hilfsmittel, die bei der Verhandlung erforderlich sind / sein könnten

Je nach Verhandlungsthema können derartige Hilfsmittel sein:
— Fachliteratur
— Lexika

242

— Wörterbücher
— Verträge
— Korrespondenz
— Angebote
— Rechenmaschinen
— Monitore usw.

● Sicherstellen des geordneten Ablaufs der Verhandlung

In diesen Themenbereich gehören alle technischen Fragen zur Verhandlung:
— geeigneter Raum für die Verhandlung (ungestört, mit allen erforderlichen technischen Hilfsmitteln versehen),
— Hinzuziehen eines Dolmetschers, der mit dem Fachvokabular vertraut ist, falls Übersetzungen aus / in fremde(n) Sprachen erforderlich sind,
— Sicherstellen der Möglichkeit, Unterlagen rasch zu vervielfältigen und Protokolle schreiben zu lassen usw.

● Erproben verschiedener wichtiger vorherzusehender Verhandlungssituationen

Mit dieser Erprobung wird einerseits Verhandlungssicherheit geschaffen, andererseits werden nochmals die wichtigsten Argumente überprüft.

● Überlegen, welche Zugeständnisse gemacht werden, damit „zwei Sieger" vom Verhandlungstisch aufstehen

Verlierer sind nicht auf Ihrer Seite, Gewinner schon! Ross Reck und Brian G. Long haben in ihrem Buch „Unschlagbar verhandeln" unter anderem folgende Rezepte für die „beiderseitige Gewinnstrategie" bei Verhandlungen gegeben:

Das Aufstellen eines beiderseitigen Gewinnplans ist einfach. Man muß nur:
— mit den eigenen Zielen einverstanden sein,
— die möglichen Ziele der anderen Partei bestimmen,
— die Bereiche abstecken, in denen möglicherweise Übereinstimmung gegeben ist,
— beiderseitige Gewinnlösungen für die Bereiche entwickeln, in denen wahrscheinlich Meinungsverschiedenheiten bestehen.

Eine beiderseitige Gewinnbeziehung aufzubauen, ist einfach. Man muß nur:
— Dinge planen, die eine positive persönliche Beziehung aufbauen,
— gegenseitiges Vertrauen bilden,
— der Beziehung die Möglichkeit geben, sich voll zu entfalten, ehe man zum Geschäftlichen übergeht.

Das Erzielen von beiderseitigen Gewinnvereinbarungen ist einfach. Man muß nur:
— die Ziele der anderen Seite bestätigen,
— die übereinstimmenden Punkte verifizieren,
— beiderseitige Gewinnlösungen vorschlagen und erwägen, um Meinungsverschiedenheiten zu beseitigen,
— gemeinsam alle noch bestehenden Differenzen überwinden.

Beiderseitige Fairneß ist einfach. Man muß nur:
1. die Verpflichtung aufrechterhalten, indem man
— für ein angemessenes und zweckgebundenes Feedback sorgt,
— seinem Teil der Vereinbarung nachkommt;
2. die Beziehung aufrechterhalten, indem man
— weiterhin in Kontakt bleibt,
— das Vertrauen festigt.

Mit diesen Strategien, den beiderseitigen Gewinnplänen, Gewinnbeziehungen, Gewinnvereinbarungen und Fairneß, sehen Sie den Weg zur unschlagbaren Verhandlungsführung offen — versuchen Sie ihn zu gehen, es funktioniert tatsächlich verblüffend.

● Auswahl des geeigneten Verhandlungsortes

Der Verhandlungsort ist mehr als der Ort, an dem man sich trifft, um die Verhandlung zu führen. Er ist auch eine symbolische Geste oder kann zumindest eine sein. Daher ist die Entscheidung, welcher Verhandlungsort gewählt wird, je nach Art der Verhandlung nicht nur nach praktischen Gesichtspunkten zu treffen, sondern auch nach dem Symbolgehalt des Verhandlungsortes. Damit gibt es folgende Möglichkeiten:
— am eigenen Standort,
— am Standort eines eigenen Beraters,

— am fremden Standort,
— am Standort eines fremden Beraters,
— an einem neutralen Ort (z. B. in einem Seminarhotel).

Eine Verhandlung am Standort eines der Kontrahenten hat üblicherweise den Vorteil, daß alle benötigten Mittel vorhanden sind. Hingegen hat ein neutraler Standort — abgesehen davon, daß er auch vom Symbolgehalt (eher) neutral ist — den Vorteil der größeren Abgeschlossenheit.

● Planen der Protokollführung

Die Protokollführung kann auch erst im Rahmen der Verhandlung vereinbart werden. Wird das Protokoll nicht gleich nach Ende der Verhandlung ins reine geschrieben und gemeinsam unterfertigt, empfiehlt sich in jedem Fall, eigene Aufzeichnungen zu machen und sie mit dem später übersandten Protokoll zu vergleichen.
Es gibt also einiges zu tun, ehe man in eine Verhandlung einsteigen kann.

Der Ablauf einer erfolgreichen Verhandlung

Die Chancen für eine erfolgreiche Verhandlung steigen wesentlich durch eine sorgfältige Vorbereitung, wie wir sie nun intensiv besprochen haben.

Begrüßung

Alle Verhandlungspartner werden einander vorgestellt. Kennt keiner der Anwesenden alle Partner, stellt üblicherweise der jeweilige Verhandlungsleiter sein Team vor, wobei er die Funktion jedes einzelnen Mitglieds erläutert. Ansonsten übernimmt derjenige, der alle Verhandlungspartner kennt, die Vorstellung. Wurden Vorgespräche durch rangniedere Verhandlungspartner vorbereitet, stellt der Leiter dieser Gruppe seinen Chef und sonstige neu hinzukommende Verhandlungsteilnehmer vor. Der Austausch von Visitenkarten ist üblich.

Tischordnung

Die Tischordnung sollte durch denjenigen vorbereitet werden, an dessen

Standort die Verhandlung stattfindet. Ist die Verhandlung an einem neutralen Ort anberaumt, sollte sie durch denjenigen vorbereitet werden, der die Organisation übernommen hat.

Für die Tischordnung gibt es einige Regeln, aber auch unterschiedliche Strategien. Als Regeln können gelten:

Die Verhandlungsführer sitzen einander gegenüber, und zwar jeweils an der Kopfseite des Tisches oder auch an der Breitseite, falls der Tisch zu lang ist oder es aus anderen Gründen zweckmäßiger ist (weil z. B. jeder der Verhandlungsführer durch seine Mitarbeiter beraten wird, die an seiner Seite sitzen).

Üblicherweise sitzen die Verhandlungsparteien einander gegenüber. Eine interessante Verhandlungskonstellation kann sich aber ergeben, wenn bewußt die Teams gemischt werden, indem z. B. die Fachleute der jeweiligen Parteien nebeneinander sitzen. Sitzt nur einer aus dem eigenen Team auf der „gegnerischen" Seite, hat er einen psychologischen „Heimvorteil" beim Gegner. Bewußt angewandt, kann diese Strategie also durchaus erfolgreich sein.

Gesprächsführung

Das Gespräch wird durch den Leiter jenes Verhandlungsteams begonnen, an dessen Standort die Verhandlung geführt wird. Befindet man sich an neutralem Ort, spricht derjenige, der den Raum organisiert hat, oder auch derjenige, der die Verhandlung eingeleitet hat.

Die Leiter der Verhandlungsteams dirigieren jeweils ihr Team. Je nach Absprache melden sich die Teammitglieder zu einzelnen Themen auch selbst zu Wort; ein geschickter Verhandlungsleiter wird sich aber die Führung nicht aus der Hand nehmen lassen. Jeder selbständige Eingriff eines Teammitglieds in die Verhandlung kann bewirken, daß das Konzept des Leiters gestört wird, auch wenn der Eingriff noch so positiv gemeint war.

Eine straffe Leitung des Gesprächs kommt sowohl dem Ablauf als auch der Wirkung der Verhandlung zugute. In gutgeführten Verhandlungsteams müssen sich dann letztlich nur zwei Personen abstimmen, nämlich die beiden Verhandlungsleiter.

Vorgehensweise bei der erfolgreichen Verhandlung

Die erfolgreiche Verhandlung beginnt damit, daß jeder der Beteiligten für die Verhandlung genügend Zeit reserviert hat. Gerade bei neuen Verhandlungssituationen ist es häufig schwierig, den Zeitbedarf richtig einzuschätzen. Da gilt als Regel: lieber etwas unvorhergesehene Freizeit als eine Verhandlung unter Zeitdruck.

Im ersten Schritt sind die Verhandlungsthemen und -ziele zu klären. Dann sollte über den sachlichen Ablauf und den zeitlichen Rahmen Einigung erzielt werden. Diese Strukturierung der Verhandlung wird durch ein Präzisieren der Ergebnisse abgeschlossen, mit denen man die Verhandlung beenden möchte.

Sind Themen, Ziele und Ablauf der Verhandlung geklärt, beginnt das Bearbeiten der einzelnen Verhandlungspunkte. Dabei gelten folgende Grundsätze:

1. Zu jedem Punkt werden besprochen:
— der Ist-Zustand,
— die vorhandenen Unterlagen,
— die Punkte, über die man bereits Einigung erlangt hat,
— die strittigen Punkte,
— soweit möglich: der Verhandlungsspielraum.

2. Alle Argumente des Verhandlungsgegners werden aufmerksam angehört, grundsätzlich ernsthaft aufgenommen und diskutiert. Die Diskussion sollte auf der Ebene des „Erwachsenen-Ich" erfolgen, das heißt: nicht wertend, ruhig, objektiv.

3. Es wird nach gemeinsamen Lösungen gesucht, etwa nach der Methode der gegenseitigen Gewinnstrategie. Dazu kann die eigene Argumentesammlung wertvolle Hilfen bieten — wenn die Vorbereitung sorgfältig genug und die Einschätzung des gegnerischen Standpunktes richtig war.

4. Wo die eigene Meinung von der des Verhandlungsgegners abweicht, wird diese sachlich und ruhig dargestellt, möglichst indem die Konfliktbereiche genau herausgearbeitet werden. Mögliche Formulierungen: „Ich habe Ihre Aussage folgendermaßen verstanden... Habe ich Ihre Ansicht damit richtig aufgefaßt? Dann darf ich dazu kurz unseren Standpunkt präsentieren: Wir sind uns einig, daß... Beim Punkt ... sind wir auf ein anderes Ergebnis gekommen. Wir haben uns bei unseren Überlegungen auf... gestützt, und danach wäre die Situation folgendermaßen zu sehen... Um weiterzukommen, müssen wir uns jetzt über diesen Punkt einigen."

5. Gemeinsam erarbeitete Zwischenergebnisse werden formuliert und dokumentiert, um Teilbereiche vollständig abzuschließen.

6. Es gibt keine Unterbrechungen, weder durch Telefonate oder Mitarbeiter, die Unterschriften brauchen, noch während der Darlegungen eines der Verhandlungspartner.

7. Das Gesprächsklima bleibt positiv neutral und wird immer freundlicher, je mehr man sich einer gemeinsamen Lösung nähert.

8. Die Reaktion auf Angriffe erfolgt gelassen, der Angreifende wird höflich in die Schranken gewiesen. Formulierung z. B.: „Ich verstehe, daß dieser Aspekt für Sie unangenehm ist, und es tut mir leid, daß wir ihn nicht auslassen können. Aber wir wollen uns doch um eine gemeinsame Lösung bemühen. Unsere Vorschläge dazu sind..."

9. Es wird ein gemeinsames Abschlußprotokoll erstellt, das im Minimum folgende Punkte enthalten muß:

— Verhandlungsort, Verhandlungsthema und Beteiligte,
— Datum und Zeit,
— Verhandlungspunkte,
— getroffene Vereinbarungen,
— zu vollziehende Maßnahmen,
— für die Durchführung der jeweiligen Maßnahmen Verantwortlicher,
— Zeitplan.

Soweit möglich sollte das Protokoll noch am Verhandlungstisch durch die Verhandlungsleiter unterschrieben werden.

Sich menschlich näherkommen

Zu jeder erfolgreichen Verhandlung gehört das gemeinsame Essen. In zwanglosem Rahmen kommen meist wichtige Ergänzungen zustande. Dauert die Verhandlung den ganzen Tag, kann ein gutgeführtes Gespräch beim Mittagessen viel Zeit ersparen; man begibt sich sozusagen hinter die Kulissen des Verhandlungsgegners und befragt ihn „privat" zu einzelnen Punkten.
Derartige Gespräche werden normalerweise durchaus geschätzt.
Aus Anekdoten und Anmerkungen zu historischen Ereignissen gibt es zahlreiche Beispiele dafür, daß der Durchbruch vor allen bei politischen Verhandlungen nicht im offiziellen Rahmen erfolgt ist, sondern im inoffiziellen, beim Essen und Trinken.

Überblick über Verhandlungsstrategien

Wir haben unter dem Titel „erfolgreiche Verhandlung" eine Verhandlungsstrategie besprochen, die sehr partnerorientiert war, im Sinne der „gegenseitigen Gewinnstrategie", jedenfalls mit weitestgehender Konfliktvermeidung. Erfolgreiche Verhandler unter Ihnen werden jetzt vielleicht empört sein und mir unterstellen, ich hätte es auf einen Heiligenschein abgesehen. Es liegt mir fern zu behaupten, es gäbe nur eine erfolgreiche Verhandlungsstrategie. Ich gehe aber von folgenden Voraussetzungen aus: Ein ruhiges Gesprächsklima fördert das Denken; es läßt Argumente besser gelten; die Bereitschaft, sich mit den Überlegungen des anderen zu beschäftigen, ist wesentlich größer als in einem aufgeheizten Verhandlungsklima.
Verhält sich allerdings der Verhandlungspartner unfair, ist mit der ruhigen Verhandlung Schluß. Dann wird (mit Worten) gekämpft — mit einem großen Vorteil gegenüber einem selbst vom Zaun gebrochenen Streit: Sie sind in der moralisch überlegenen Position, das heißt, was immer geschieht, Sie können den Verhandlungsgegner darauf hinweisen, daß Sie ja eigentlich ganz andere Lösungswege gehen wollten.

Wir haben schon kurz über Strategien gesprochen. Wie werden Strategien in einer Verhandlungssituation eingesetzt? Werfen wir einen kurzen Blick auf die Grundlagen der Strategieentwicklung. Robert Durö und Björn Sandström („Marketing-Kampfstrategien") nennen folgende strategische Grundregeln:
— Ein Ziel setzen und daran festhalten
— Eine gute Einstellung mitbringen
— Offensiv handeln
— Das Überraschungsmoment nutzen
— Den Kräfteaufbau anstreben
— Die Sicherheit der eigenen Einsatzkräfte wahren
— Wirtschaftliche Nutzung der Einsatzkräfte
— Koordination anstreben
— Anpassungsfähigkeit anstreben
— Einfachheit anstreben

Die Alternativen werden nach folgendem Ablaufschema ausgewählt:
— Zielanalyse (was und warum?)
— Ressourcen- und Kräftevergleich (Stärken und Schwächen)
— Umweltfaktoren

- Handlungsmöglichkeiten des Gegners (am gefährlichsten, frühesten, wahrscheinlichsten)
- Unsere Handlungsalternative
- Vergleich der Alternativen
- Wahl der Alternative
- Detailformgebung (wie soll das alles realisiert werden?)

So, nun sind wir mitten in der Konfliktvorbereitung. Wir wollen den Gegner angreifen oder werden von ihm angegriffen, müssen also Verteidigungsstrategien entwerfen. Wie können wir vorgehen?

Erarbeiten von Verhandlungsstrategien

Wenn Sie unversehens in eine Situation geraten, für die Sie keine Strategie vorbereitet haben, sind Ihre Chancen, sich durchzusetzen, gleich Null. Kaum einen der genannten strategischen Grundsätze können Sie verwirklichen. Völlig anders ist es, wenn Sie im Rahmen Ihrer Verhandlungsvorbereitung schon alternative Strategien ausgearbeitet haben. Sehen wir einmal die einzelnen Punkte näher an! Was heißt das für uns?

● Ein Ziel setzen und daran festhalten

Die Bedeutung von Zielen für die Verhandlungsführung haben wir schon mehrmals besprochen, deshalb nur noch ein letztes Wort dazu: Es muß jedem einzelnen Mitglied des Verhandlungsteams klar sein, welche Ziele erreicht werden sollen, und zwar welche Art von Zielen, in welchem Ausmaß, bis wann und unter welchen Bedingungen.

● Gute Einstellung mitbringen

Motivation ist die Grundlage jedes Erfolges. Sorgen Sie für eine gute Stimmung in Ihrem Verhandlungsteam, auf daß der Geist „Funken sprüht". Sie merken das in Ihrer Strategievorbereitung, wenn die Mitglieder des Teams kreativ und vielschichtig denken. Setzen Sie dabei alle geeigneten Kreativtechniken ein, vom Brainstorming über die Brainwriting-Methoden bis zu den Morphologie-Methoden. Lassen Sie nichts unversucht, möglichst alle denkbaren Alternativen zumindest zu erfassen. In der Vorauswahl können Sie dann noch immer jene fallenlassen, die Ihnen nicht geeignet erscheinen.

250

● Offensiv handeln

Wenn Sie merken, daß Ihnen der Gegner eine Gelegenheit läßt, seine Verhandlungsposition aufzubrechen, nutzen Sie diese Gelegenheit! Sie müssen in der Vorbereitung klären, wer diese Chance zur Offensive wahrnimmt. Wie wir bereits besprochen haben, sollte sich der Leiter des Verhandlungsteams die Führung nicht aus der Hand nehmen lassen. Es kann aber Situationen geben, die er nicht richtig erkennt, in denen Chancen verlorengehen. Daher muß vorbereitet werden, wie sich die Teammitglieder in einem solchen Fall verhalten:
— Wird dem Verhandlungsleiter ein Zeichen gegeben, und wenn ja, welches?
— Wird dem Verhandlungsleiter ein Zettel zugeschoben?
— Bringt das Teammitglied, das die Chance erkannt hat, den Verhandlungsleiter durch eine Frage auf die Spur? usw.

● Überraschungsmoment nutzen

Das Überraschungsmoment nutzen heißt: dann angreifen, wenn es der Gegner nicht erwartet. In der Verhandlung kann das etwa bedeuten: zunächst scheinbar nachgeben, sich zurückziehen, den Gegner unvorsichtig machen und dann an der richtigen Stelle einhaken. Die Möglichkeiten für die Nutzung des Überraschungsmoments sind vielfältig. Wir haben schon die Täuschung durch bewußt falsche Körpersprache erwähnt. Weiters kann man versuchen, den Gegner müde zu machen; man kann ihn mit allen seinen Argumenten ins Leere laufen lassen; man kann ihn dazu bringen, alle seine dialektischen Waffen zu verbrauchen, und dann angreifen.

● Kräfteaufbau anstreben

Kräfteaufbau heißt natürlich nicht nur Aufbau rhetorischer und dialektischer Kräfte. Bei aller Hochschätzung geistiger Waffen — das allein ist nur dort erfolgreich, wo ausschließlich mit diesen Mitteln gearbeitet wird. Kräfteaufbau heißt: eigene Ressourcen stärken, Verbündete suchen, die Basis verbreitern, Alternativen finden; es heißt aber auch: besser argumentieren, bessere Lösungen finden, den Gegner verwirren und ähnliches.

● Sicherheit der eigenen Einsatzkräfte wahren

Sie dürfen nicht zulassen, daß die eigenen Kräfte durch Isolierung in Gefahr kommen. Es gilt: Eine Kette ist so stark wie ihr schwächstes Glied — aber das Kettenglied kann verstärkt werden. Jeder Angriff ist gemeinsam abzuwehren. In der Verhandlungssituation kann das bedeuten: Ein Teammitglied wird vom Verhandlungsgegner in seinem Fachbereich in die Falle gelockt und angegriffen; es ist nun Ihre Aufgabe als Teamleiter, den Kollegen aus den Schwierigkeiten zu befreien.

● Wirtschaftliche Nutzung der Einsatzkräfte

Jeder gute General hat Reserven. Setzen Sie bei den Verhandlungen nur jene Kräfte ein, die Sie gerade brauchen, und halten Sie immer Reserven in der Hinterhand.

● Koordination anstreben

Da wir schon so eingehend im militärischen Jargon reden: Koordination heißt Zusammenwirken aller Waffengattungen. In der Verhandlungssituation heißt das: Teamarbeit aller Fachbereiche. Jeder muß in seinem Fachgebiet ein Spitzenkönner sein, und Sie als Verhandlungsleiter müssen diese Ressourcen koordiniert einsetzen können.

● Anpassungsfähigkeit anstreben

Jedes Teammitglied muß darin geschult werden, sich den anderen Teammitgliedern und neuen Situationen anzupassen. Dadurch ist die Flexibilität in der Verhandlung gewährleistet. Nehmen Sie keinen in Ihr Verhandlungsteam, der nicht in der Lage ist, von seinen vorgefaßten Meinungen und Einstellungen abzugehen.

● Einfachheit anstreben

Je komplizierter eine Strategie ausgedacht ist, desto weniger funktioniert sie im Verhandlungseinsatz. Die beste Strategie ist jene, die sich so harmonisch in Ihr Normalverhalten einfügt, daß die Strategieanwendung fast routinemäßig abläuft.

Solche Strategien sollten Sie wählen

Wir haben bislang die Einzelelemente der Strategie besprochen. Wie geht man nun praktisch vor, um zu Wirkungen zu kommen? Aufgrund der Ziele, der gegebenen Situation (Umwelt), der Art und des Verhaltens des Verhandlungsgegners sowie der Abschätzung des Kräfteverhältnisses zwischen dem Verhandlungsgegner und Ihrer Gruppe prüfen Sie nun Ihre Handlungsalternativen:

— Wählen Sie die konstruktive, kooperative Strategie, die wir so eingehend besprochen haben?
— Wählen Sie eine Angriffsstrategie?
— Wählen Sie eine Verteidigungsstrategie?

Wie sieht eine Angriffsstrategie in der Verhandlung aus? Beginnen wir mit dem Frontalangriff: „Wir haben Ihre Unterlagen geprüft und mußten leider feststellen, daß Sie mit den Vorbereitungen noch nicht weit gekommen sind. Wir hätten einen Partner erwartet, an den wir Aufgaben weitergeben können, statt eines Partners, den wir noch betreuen müssen."

Der Gegner kommt damit automatisch in die Verteidigungsposition — die er natürlich je nach seinen Vorbereitungen anwenden kann. Hat er mit dem Angriff nicht gerechnet, so kann er reagieren:

— mit Flucht (er beginnt mit Entschuldigungen),
— mit einem Gegenangriff („Sie haben offensichtlich wenig Erfahrung mit diesen Dingen"),
— mit einer Aktivitätsverweigerung (er sitzt wie gelähmt da und antwortet nicht).

Derartige Angriffsstrategien sind sinnvoll, wenn Sie den Verhandlungsgegner kleinmachen wollen — soweit er es sich gefallen läßt.
Eine Flankenstrategie könnte folgendermaßen angelegt sein: „In den Punkten A und B sind wir mit Ihnen durchaus einverstanden" (der Angriff des Gegners geht vorbei), „aber in den wichtigsten Punkten hatten Sie offensichtlich Probleme" (Angriff von der Seite).
Eine Umgehungsstrategie greift den Gegner von hinten an. Der gegnerische Angriff geht ungehindert durch; der Gegner wird von einer Seite angegriffen, auf der er nicht aktiv ist. In der Verhandlung könnte das so ablaufen, daß man etwa auf einen Themenbereich nicht oder positiv reagiert, dann aber unerwartet einen anderen Bereich angreift.

Verteidigungsstrategien sind beispielsweise:
— Festungsstrategien,
— hinhaltender Kampf,
— Ausweichen / Rückzug.

Bei den Festungsstrategien wird alles getan, um die eigene Position unangreifbar zu machen. Beispiele dafür sind: die Berufung auf anerkannte Autoritäten und nicht widerlegbare Untersuchungen, die Berufung auf (angebliche) frühere Vereinbarungen und ähnliches.

Beim hinhaltenden Kampf gibt man teilweise nach, um dann von einer besseren Position aus wieder anzugreifen. In der Verhandlung könnte das folgendermaßen klingen: „Sie haben da einen schwachen Punkt entdeckt, wie wir zugeben müssen. Aber auch wir sind nicht ganz zufrieden mit dem, was Sie in diesem Bereich vorgeschlagen haben…"

Ausweichen bzw. Rückzug bedeutet, daß Sie einen Themenbereich völlig aufgeben, das heißt, daß Sie in einem Bereich Ihre Niederlage zugeben oder zumindest selbst zur Kenntnis nehmen.

So, genug Krieg gespielt. Für den aggressiven Teil meiner Gesprächspartner will ich noch ein paar Worte über Strategie verlieren, allerdings schon leicht mit dem moralischen Zeigefinger, denn:

Solche Strategien sollten Sie meiden

Es gibt Strategien, die auf der eigenen Machtposition aufgebaut sind und den Gegner ganz deutlich in die Schranken weisen. Daß derartige Strategien auch erfolgreich sein können, steht außer Zweifel; sie schaffen jedoch keine Partnerschaften, sondern nur Zwangsgemeinschaften. Es kommt zur Zusammenarbeit, weil einer der Partner nicht anders kann oder, wie die Dinge liegen, einen Vorteil darin sieht.

● „Der kann gar nicht anders"-Strategie

Diese Strategie baut auf der totalen Schwäche des Gegners auf, setzt an bei seiner Abhängigkeit. Das Ziel der Verhandlung ist bei dieser Strategie nicht, zu gemeinsamen Lösungen zu kommen, sondern dem Verhandlungsgegner die eigenen Bedingungen zu diktieren. Zugeständnisse werden nur in einem Ausmaß gemacht, das von vornherein einkalkuliert war, um den Anschein einer Verhandlung zu erwecken.

Diese Art von Verhandlungen führt zwar zu einer Klärung, schafft aber in der Tendenz eher Feinde als Freunde. Der Verhandlungsgegner wird sich so lange an die Verhandlungsergebnisse halten, wie er muß — aus vertraglichen, wirtschaftlichen und sonstigen Gründen.

254

● „Den kauf ich mir"-Strategie

Diese Strategie ist auf Konfrontation ausgerichtet. Der Verhandlungsgegner wird im eigentlichen Sinn als Gegner oder gar Feind gesehen. Derartige Strategien laufen vorwiegend dann ab, wenn zwischen den Verhandlungsgegnern eine Zwangssituation besteht, das heißt, wenn die Verhandlung eingeleitet wird, ohne daß man wirklich verhandeln will. Beispiele hierfür sind: Vergleichsverhandlungen vor Scheidungen, Verhandlungen über Schuldennachlässe, Verhandlungen über vorzeitige Vertragsauflösungen etc.

● „Alles nur Bluff"-Strategie

Die Verhandlungsgegner — oder einer der beiden — verhandeln nur zu dem Zweck, durch die Verhandlung Zeit zu gewinnen, um irgendwelche sonstigen Ziele zu erreichen. Ein Beispiel aus der Geschichte: Verhandlungen des Dritten Reiches in der Zwischenkriegszeit.

● „Das hole ich mir woanders"-Strategie

Die Verhandlung wird nur als „Nebenkriegsschauplatz" angesehen. Die eigentlichen Ziele werden andernorts verwirklicht, wo der Verhandlungsgegner keine Möglichkeit hat, es zu verhindern, oder wo er es nicht bemerkt. Beispiele hierfür sind etwa Konditionenverhandlungen (bei Lieferanten, Banken etc.), Gehaltsverhandlungen und ähnliches.

Alle genannten Strategien, und es gibt noch mehrere davon, sind das genaue Gegenteil erfolgreicher Verhandlungen — wenn man unter erfolgreicher Verhandlung einen Prozeß versteht, der Menschen zusammenführen und gemeinsame Lösungen erbringen soll. Und in diesem Sinn wollte ich das Wort „Verhandlung" verstehen.

Rhetorische und dialektische Formen in der Verhandlung

In diesem Abschnitt besprechen wir, wie Verhandlungen klingen, welche Redefiguren und Argumente eingesetzt werden. Die erfolgreiche Verhandlung wollen wir als Mittel verstehen, Menschen zu verbinden. In diesem Sinne suchen wir jene Formen, die öffnen, die aufgeschlossen machen für die Argumente des Verhandlungsgegners; wir suchen Formen, die aus dem Verhandlungsgegner einen Verhandlungspartner machen.

Die Frage

Die Frage kann ein wichtiges Instrument der Kommunikation sein, aber auch ein Instrument der Manipulation und der Unterdrückung. Rupert Lay („Führen durch das Wort") schreibt: „Sie fragen nur gut, wenn der Befragte Ihre Frage gern beantwortet."

Arten von Fragen

Klärende Fragen: Der Fragende ist über einen Sachverhalt nicht informiert und möchte tatsächlich Antwort (Sie fragen beispielsweise in der Verhandlung, ob bestimmte Unterlagen schon eingetroffen sind).

Prüfende Fragen können gestellt werden, um sich einer Sache zu versichern (im Sinne einer Eigenprüfung), aber auch, um das Wissen des anderen zu testen. Eine Form der prüfenden Frage in der Verhandlung ist jene, die feststellen will, ob der Verhandlungspartner ehrlich ist. In diesem Fall weiß der Fragende die Antwort, und er weiß auch, daß der Befragte die richtige Antwort kennt. Die Frage muß in einer Form gestellt werden, die dem Befragten nicht das Gefühl gibt bzw. ihn nicht erkennen läßt, daß ihm eine Falle gestellt wird.
Ein Beispiel dafür: Sie wissen, daß Ihr Verhandlungspartner schon mit anderen Kontakt aufgenommen hat, ohne daß dieser von Ihrem Wissen Kenntnis hat. Nun stellen Sie die Frage, ob diese Verhandlung die einzige ist, die zu diesem Thema geführt wird. Oder ein anderes Beispiel: Jemand beantragt bei der Bank einen Kredit. Die Bank ist durch Kreditevidenzstellen informiert, daß der Antragsteller bei anderen Banken Kredite laufen hat. Es

wird ihm aber dennoch die Frage gestellt, ob bei einer anderen Bank noch Kredite laufen.

Werden Sie als Verhandler mit einer prüfenden Frage der Lüge überführt, ist Ihre Position von vornherein stark beeinträchtigt. Also sollten Sie, wenn Sie die Frage nicht richtig beantworten wollen, auszuweichen versuchen, z. B.: „Ich bitte Sie, auf diese Frage zu verzichten" oder: „Ich darf Ihnen dazu nichts sagen" oder: „Was hat das mit unserer Verhandlung zu tun?" Bei den ersten beiden Formulierungen haben Sie quasi eine Antwort gegeben. Die letztgenannte Aussage jedoch bringt zum einen den Fragenden in Argumentationsdruck, zum anderen bringt sie einen aggressiven Ton in die Verhandlung.

Sokratische Fragen: Rupert Lay bezeichnet als sokratische Fragen solche, bei denen der Fragende etwas weiß und sicher ist, daß der Befragte es nicht weiß. Derartige „sokratische Fragen" müssen sehr vorsichtig eingesetzt werden. Sie können dazu dienen, eigene Ansichten in das Gespräch einzubringen, vorher aber die Meinung des Verhandlungspartners zu erkunden. Beispielsweise die Frage: „Wie sehen Sie die Lage in Osteuropa?", gestellt durch einen, der sich selbst — im Gegensatz zum Befragten — als Osteuropa-Experten einschätzt und seine Ansicht einbringen will. Wer Plato gelesen hat, weiß, daß auf die eigentlichen sokratischen Fragen kaum Antworten bereitgehalten werden. Meist werden die von den Gesprächspartnern gegebenen Antworten als Scheinantworten entlarvt. Die tiefsinnigsten Antworten kennt der weise Sokrates, doch auch er muß feststellen: „Ich weiß, daß ich nichts weiß, aber damit weiß ich mehr als andere."

Fangfragen: Der Fragende kennt keine Antwort und vermutet, daß auch der Befragte keine kennt.

Suggestivfragen: Bei Suggestivfragen wird dem Befragten die Antwort „in den Mund gelegt", das heißt, es wird ihm schon in der Frage beigebracht, wie er antworten soll. In Diskussionen wird häufig mit dieser Methode gearbeitet. Formulierungsbeispiele dafür sind: „Sie sind doch auch der Meinung, daß Ausländer Arbeitsbewilligungen bekommen sollten?" „Sie stimmen doch sicher zu, daß man etwas zur Verbesserung der Luft unternehmen sollte?"
Es geht überhaupt nicht um die Sache, wenn wir feststellen, daß Suggestivfragen für ein offenes Gespräch einfach unzulässig sind. Suggestivfragen appellieren an die Bequemlichkeit. Stimmt der Befragte zu, hat er Ruhe; widerspricht er, weiß er von vornherein, daß er sich den Unwillen des Fra-

genden zuzieht. Nach Suggestivfragen könnte statt des Fragezeichens ohne weiteres ein Rufzeichen stehen.

Suggestivfragen in offener oder versteckter Form dienen unter anderem dazu, Meinungserhebungen zu manipulieren. Versteckte Suggestivfragen sind etwa jene, die ein sozial erwünschtes Verhalten vorgeben. Beispiel: „Der Bundeskanzler und alle Parteien vertreten die Ansicht, daß... Stimmen Sie dieser Ansicht zu?" In dieser Frage wird zweifach Druck ausgeübt: zum einen durch die Berufung auf Autoritäten, zum anderen durch die Vorgabe nur einer Antwort. Eine neutrale Formulierung müßte lauten: „Es geht um folgenden Sachverhalt... Wie ist Ihre Meinung dazu?" Oder: „Sind Sie der Ansicht, daß Lösung A, B, C oder D die beste ist, oder schlagen Sie überhaupt eine andere Lösung vor? Wenn ja, würden Sie diese Lösung kurz formulieren?"

Rhetorische Fragen sind keine Fragen im eigentlichen Sinn, sondern rhetorische Figuren, die lediglich der stilistischen Auflockerung des Gesprächs dienen. Der rhetorischen Frage nähern sich beispielsweise die üblichen Kommunikationsfloskeln, etwa: „Wie geht's?" „Hatten Sie einen schönen Urlaub?" „Besuchen Sie mich einmal, wenn Sie in der Gegend sind?" Sie würden den Fragenden — und vermutlich auch sich selbst — in Verlegenheit bringen, wenn Sie auf rhetorische Fragen eine Antwort geben oder wenn Sie auf eine der genannten Floskeln anders reagieren, als dies im üblichen Ritual vorgesehen ist. Ein Ausbruch aus derartigen Konventionen hat bereits Symbolgehalt; er gilt entweder als zulässige oder als unzulässige Vertraulichkeit, oder er leitet zu einem ernsthaften Gespräch über.

In einer Verhandlung sollten Sie rhetorische Fragen eher vermeiden, sie könnten zur Verwirrung beitragen.

Offene Fragen lassen freie Antworten zu, das heißt, die Formulierung der Antwort liegt im freien Ermessen des Befragten. Beispiel: „Wie sehen Sie den Vertragspunkt Zahlungsbedingungen?" Die offene Frage ist in der Verhandlung die übliche Frageform.

Geschlossene Fragen: Hier sind nur bestimmte Antwortmöglichkeiten zugelassen, ein Ja, ein Nein oder genau definierte Varianten. Die geschlossene Fragestellung wird in der Verhandlung dann eingesetzt, wenn zu einzelnen Bereichen lediglich ein bestimmtes Spektrum von Möglichkeiten angeboten wird. Beispiel: „Sie haben die Wahl: 3 Prozent Skonto bei Barzahlung, 5 Prozent Skonto bei Vorauszahlung, 60 Tage Zahlungsfrist ohne Abzug." Der Antwortende kann nur eine der Möglichkeiten wählen.

Entscheidungsfragen sind Fragen, die mit einem Aussagesatz oder mit Ja oder Nein beantwortet werden.

Ergänzungsfragen sind Fragen, die nach Personen, Sachen oder Umständen fragen und mit einem Fragewort (wer, was, wo...) eingeleitet werden.

Richtiges und falsches Fragen

Richtiges Fragen schafft Kontakt, falsches Fragen bricht den Kontakt ab. Rupert Lay („Führen durch das Wort") nennt als Regel für richtiges Fragen: „Fragen Sie nur, wenn Sie eine optimale Disposition für die Beantwortung Ihrer Frage geschaffen haben."
Mit „optimaler Disposition" ist unter anderem gemeint:

— Sinn und Tragweite der Frage müssen vom Befragten verstanden werden.
— Sie müssen ein Klima schaffen, in dem die gute Beantwortung der Frage zum Bedürfnis des Befragten wird.
— Sie müssen einen Fragestil wählen, der deutlich macht, daß Sie an der Beantwortung der Frage wie auch am Antwortenden tatsächlich interessiert sind.
— Sie dürfen nie aus der Position des Besserwissers heraus fragen.

Demgegenüber fragen Sie falsch, wenn Sie:
— eine Frage stellen, die eine Antwort provoziert, mit der Sie nicht einverstanden sind (es sei denn, Ihr Ziel ist es, einen Konflikt zu schaffen),
— eine Frage stellen, die offensichtlich den Zweck hat, andere hereinzulegen oder ihnen zu beweisen, daß sie dumm oder eingebildet oder was auch immer Negatives sind,
— eine Frage stellen, die den Zweck hat, etwas auszuforschen, wenn damit der Intimbereich des Befragten verletzt wird oder er sich wie in einem Verhör vorkommt.

Gesprächsstil

Der Gesprächsstil kann grundsätzlich ichbezogen oder partnerbezogen sein.
Der ichbezogene Gesprächsstil ist etwa durch folgende Formulierungen zu charakterisieren: „Wir haben dieses Produkt schon seit Jahren getestet, Sie

können sich dazu gratulieren, daß wir ein Gespräch darüber führen." Oder: „Wir haben uns das folgendermaßen vorgestellt…"

Diese Art der Gesprächsführung ist sehr direkt, geht strikt auf das Ziel los, legt auf eindeutige Art und Weise die eigene Position dar; sie läßt den Verhandlungspartner nicht im unklaren darüber, daß man sehr konkrete Vorstellungen davon hat, was man erreichen möchte.

Der partnerbezogene Gesprächsstil, auch indirekte Gesprächsführung genannt, baut auf dem auf, was der Partner sagt. Es wird zunächst sichergestellt, daß der Partner verstanden wurde, z. B. durch die Formulierung: „Ich habe Ihre Aussage folgendermaßen verstanden…" oder: „Sie sind der Ansicht, daß…" Vorrangiges Ziel ist es, eine partnerschaftliche, kommunikative Atmosphäre zu schaffen, in der sich der Verhandlungspartner wohl und angenommen fühlt.

Die indirekte Gesprächsführung setzt als Elemente ein:
— aktives Zuhören,
— Ich-Botschaften,
— Antworten, die unmittelbar dort ansetzen, wo der Partner geendet hat.

Aktives Zuhören bedeutet: aufmerksam sein, alle Elemente der übermittelten Botschaft erfassen (Vier-Ohren-Prinzip), Aufmerksamkeit signalisieren, Zustimmung, Skepsis, Reserviertheit oder Ablehnung auf verständliche Art über die Körpersprache zeigen.

Ich-Botschaften sind Kommunikationsformen, in denen der Sprechende den Angesprochenen erkennen läßt, daß er eine subjektiv richtige Darstellung gibt. Im Gegensatz zur Du- (oder Sie-)Botschaft legt sich der Sprecher damit nicht auf eine schwer zu verrückende Position fest. Beispiele für Ich-Botschaften:

„Ich sehe die Angelegenheit so…"
„Ich habe den Punkt folgendermaßen interpretiert…"
„Ich könnte mir vorstellen, daß…"

In der Du- (Sie-)Botschaft sähe das folgendermaßen aus:
„Die Angelegenheit ist so, daß…"
„Der Punkt ist folgendermaßen zu interpretieren…"
„Die Sachlage ist so, daß…"

Merken Sie den Unterschied? Die Ich-Botschaft will Antworten hervorrufen, die Du-Botschaft will Zustimmung. Hat der Verhandlungspartner, wie dies üblich ist, auch seine klaren Standpunkte, führt die Du-Botschaft möglicherweise zum Konflikt, die Ich-Botschaft nahezu sicher zum Gespräch.

Argumentationen in der Verhandlung

Im Kapitel „Die Diskussion im beruflichen Umfeld" werden wir die verschiedenen Formen der Argumentation beleuchten. Wir wollen hier nur jene Formen betrachten, die in Verhandlungen üblich sind:

Vorteilsargumentation

Bei der Vorteilsargumentation wird herausgearbeitet, welche Vorteile ein positives Verhandlungsergebnis für beide Verhandlungspartner hat. Kann man sich auf eine gemeinsame Bewertung der Vorteile einigen, ist der Verhandlungserfolg gesichert.
Beispiel: Ein Lieferant soll zu einem Preisnachlaß bewogen werden. Negative Techniken sind in diesem Fall die Drohung, die bis zur wirtschaftlichen Erpressung führen kann, oder auch Jammern („Ich kann meine Preise nicht mehr durchsetzen") — was den Lieferanten vielleicht denken oder sagen läßt: „Das ist doch für mich kein Grund, ebenso falsch zu handeln." Wird mit Drohung gearbeitet („Wenn Sie das nicht erfüllen, suchen wir einen anderen Lieferanten"), führt das letztlich nur zu einer Vergiftung des Verhältnisses, und auch der Lieferant wird beginnen, sich nach anderen Möglichkeiten umzusehen.

Bei der Vorteilsargumentation ist beispielhaft folgendermaßen vorzugehen:

1. Es muß eine eindeutige, gemeinsame Grundlage geschaffen werden oder bestehen; das heißt, der Lieferant muß wissen, worum es geht, über welches Ausmaß von Preisnachlaß verhandelt wird und weshalb der Preis zum Thema geworden ist.

2. Sie arbeiten heraus, welchen Nutzen beide Verhandlungspartner aus der Verbindung ziehen und weshalb gerade bei diesem Lieferanten der Preisnachlaß angestrebt wird bzw. ob es auch entsprechende Verhandlungen mit anderen Lieferanten gibt. Gründe können sein:
— allgemein sinkendes Preisniveau,
— deutlich günstigere Konkurrenzangebote (die so günstig sind, daß sie

auch unter dem Aspekt einer langjährigen Partnerschaft mit dem Lieferanten nicht abgelehnt werden können),
— Druck vom Absatzmarkt.

3. Sie stellen die Vorteile dar, die der Lieferant hat, wenn er der Preissenkung zustimmt, z. B.:
— größere Absatzmengen,
— Erleichterungen, mit denen Sie helfen, Kosten zu sparen.

4. Der Lieferant muß nun in einer fairen Verhandlung ebenso Vorteilsargumente bringen, das heißt, er muß sich mit dem Problem ernsthaft auseinandersetzen, Ihre Argumente positiv aufnehmen und beantworten.

Das wesentliche Element bei der Vorteilsargumentation ist: Sie denken partnerbezogen, Sie beschäftigen sich mit den Problemen der anderen Verhandlungsseite und sind damit auch bereit, Verständnis für den Standpunkt des anderen aufzubringen — ohne die eigenen Ziele aus den Augen zu verlieren.

Vorstellungen schaffen

Bei dieser Art der Argumentation lassen Sie in der Verhandlung Bilder entstehen, welche Entwicklungen beim einen oder anderen Verhandlungsergebnis zu erwarten sind.
Nehmen wir hier das unangenehme Beispiel einer Vergleichsverhandlung vor einer Scheidung. Ihr Ehepartner und sein Vertreter stellen Forderungen, die Sie nicht erfüllen können oder wollen. Negative Methoden wären nun, diese Forderungen kategorisch abzulehnen, zu drohen („Dann lasse ich mich eben nicht scheiden", „Dann verkaufe und verschleudere ich eben alles"), zu resignieren („Dann bin ich eben kaputt"), zu streiten („Das bekommst du nur über ein Gerichtsurteil") oder ähnliches — Lösungen, an denen nur unterbeschäftigte Rechtsanwälte ihre Freude haben.
Wenn Sie hier die Methode der Vorstellung anwenden, muß das Gesprächsklima schon sehr vergiftet sein, um Sie der Chancen zu berauben, zu einem vernünftigen Verhandlungsergebnis zu kommen — vorausgesetzt, Sie entwickeln realistische Vorstellungen, die auch von der Gegenseite akzeptiert werden. Die Formulierungen könnten lauten: „Nehmen wir an, ich stimme dem zu. Dann sehe ich meine Situation folgendermaßen... Deine dürfte so sein..." „Überlegen wir uns doch, wie unser künftiges Le-

ben aussehen soll. Meine Vorstellung davon ist... Dafür brauche ich... Und jetzt sollten wir über deine Vorstellung sprechen."

Folgen darstellen

Diese Argumentationsmethode ähnelt der Vorstellungsmethode, nur daß hier logisch abgeleitet argumentiert wird, das heißt, die Überprüfung erfolgt nicht auf kreative Weise, auf der Ebene der schöpferischen Phantasie, sondern auf logische Art.
Wir wissen bereits, daß logisch richtig abgeleitete Folgerungen nichts über die inhaltliche Wahrheit aussagen, da diese auf der Richtigkeit der Prämissen beruht. Die Argumentationsformulierung heißt: „Wenn..., dann...", mit allen Variationen („Immer wenn..., dann...", „Wenn..., dann immer...", „Nur wenn..., dann meist..." etc.).

Eine Unterart der Folgendarstellung ist die Argumentation über beabsichtigte eigene Maßnahmen, wenn ein bestimmter Tatbestand geschaffen wird. Beispiel aus dem Gerichtssaal: „Ich beantrage Freispruch. Die Beweise für die Schuld sind vom Ankläger nicht erbracht worden. Sollte mein Mandant verurteilt werden, werden wir in die Berufung gehen — und ich bin überzeugt, das Urteil wird aufgehoben." Oder ein Beispiel aus der Schule: „Wenn du diese Aufgabe lösen kannst, hast du bei der Schularbeit keine Schwierigkeiten."

„Was ist, wenn nicht..."-Argumentation

Eine weitere Unterart der Argumentation über Vorstellungen ist die „Was ist, wenn nicht..."-Argumentation. Hier wird dargestellt, was passiert, wenn ein Tatbestand nicht geschaffen wird.

Kommen wir auf unser Lieferantenbeispiel zurück. Im ersten Fall haben wir mit seinem Vorteil argumentiert; nun argumentieren Sie, was passiert, wenn er nicht nachgibt:
— welche Folgen das für Sie hätte,
— welche Folgen das für ihn hätte.

„Wenn Sie mir den Nachlaß nicht gewähren, verliere ich den Großauftrag bei der Firma... Damit kann ich die geplante Investition im Bereich... nicht durchführen, und das brächte für Sie..." (Vorteilsargumentation).
„Angenommen, ich verzichte auf Ihren Preisabschlag. Mein Konkurrent

bezieht vom billigeren Anbieter ..., der gleiche Qualität liefert, und seine Produktion ist gleich gut wie meine. Also, was glauben Sie, wie das für uns beide ausgeht?"

Verhandlungsabschluß

Jede Verhandlung, wenn sie nicht ergebnislos abgebrochen wurde, schließt mit einem Maßnahmenprotokoll oder einem Vertrag. Daneben gibt es üblicherweise noch Hilfsaufzeichnungen, die je nach Bedeutung aufbewahrt oder vernichtet werden, sobald der Vertrag steht bzw. sobald die aufgrund der Verhandlungen zu treffenden Maßnahmen erledigt sind.
Ein guter Vertrag ist eine Vereinbarung, die einmal geschlossen wird und die so ausgereift ist, daß der Vertrag nie wieder angesehen werden muß. Derartige Verträge erreicht man nur durch eine Form der Einigung, die nicht oberflächlich ist, sondern die tatsächlich den Willen aller Vertragsparteien abbildet.
Um zu derartigen Einigungen zu gelangen, müssen:
— die Ziele aller Verhandlungsparteien klar sein oder im Lauf der Verhandlung geklärt werden,
— positive Verhandlungsstrategien eingesetzt werden,
— positive Formen der Gesprächsführung und Argumentation gewählt werden.

Der vielleicht wesentlichste Unterschied zwischen einem Verhandlungsergebnis und einem Diktat ist: Ein Verhandlungsergebnis wird durch Übereinstimmung getragen, ein Diktat ausschließlich durch Macht. Und mit dem Kapitel „Macht" wollen wir den Teil „Verhandlungen" abschließen.

Machtmittel durch Rhetorik und Dialektik

Sie ahnen schon, worum es jetzt geht? Ja, um Manipulation, um das gefährlichste Mittel der Rhetorik und Dialektik. Um Manipulation durch die Sprache.
Wie manipulieren wir über die Sprache, wie manipulieren wir richtig, und

wie werden wir manipuliert? Aber zunächst, was ist Manipulation? Rupert Lay („Manipulation durch die Sprache") definiert kurz und prägnant: Manipulation ist Verhaltensbeeinflussung zu fremdem Nutzen.
Manipuliert wird, indem der Hörer Informationen bekommt, die in Form oder Inhalt so gestaltet sind, daß sie ihn zum gewünschten Verhalten führen. Das geschieht vor allem:
— durch die Gestaltung der Information selbst,
— durch Erzeugen eines sozialen Drucks,
— durch manipulative Fragestellung,
— durch Reizwörter,
— durch Verallgemeinerungen und anderes mehr.

Gestaltung der Information

Manipulierende Informationen sind in irgendeiner Form verfälscht, das heißt von vornherein so gestaltet, daß sich der Informationsempfänger kein klares Bild vom tatsächlichen Sachverhalt machen kann. Manipulationen sind möglich über:
— aus dem Zusammenhang gerissene Informationen,
— unvollständige Informationen,
— bewußt falsche Informationen,
— Akzentverschiebungen bei Informationen (der Information eine andere Bedeutung geben, die Information umwerten),
— einseitige Interpretation von Informationen.

Während bei einer bewußt falschen Information vielleicht noch eine Korrektur der Manipulation durch die Wahrheit möglich ist — ich sage „vielleicht", denken Sie nur an die verheerende Wirkung von Gerüchten! —, sind bei den anderen Manipulationsformen Widerlegungen kaum möglich, es sei denn, sie sind sehr plump gemacht.
Jeder Journalist kann Ihnen erzählen, welche Möglichkeiten es gibt, ein und dieselbe Nachricht ganz anders wirken zu lassen. Suchen wir ein Beispiel! Nehmen wir an, Sie erzählen folgendes Ereignis: Am Sonntag haben Sie einen Familienausflug gemacht. Plötzlich begann es zu regnen. Die Reifen Ihres Autos waren nicht mehr ganz neu, Ihre Geschwindigkeit zu hoch, außerdem waren Sie unaufmerksam. Dadurch übersahen Sie eine stehende Kolonne, stiegen unkontrolliert auf die Bremse und rutschten weiter: Aquaplaning. An dieser Stelle war die Straße sanierungsbedürftig, Sie hätten aber bei einer angepaßten Fahrweise keine Probleme gehabt.
Wenn Sie halbwegs objektiv berichten, müßte der Text so sein wie oben.

Der gleiche Inhalt könnte aber auch zu folgenden Schlagzeilen führen: Abgefahrene Reifen verursachen Verkehrsunfall. Oder aber: Nachlässigkeit der Straßenbauer verursacht Verkehrsunfall. Oder aber: Raserei im Regen führt zu Verkehrsunfall. Oder aber: Auf unseren Straßen ist niemand mehr sicher. Und so weiter.

Besonders tückisch wird über das Gerücht manipuliert, manchmal unter dem Schein der Freundschaft: „Ich weiß es zwar nicht genau, aber ich habe gehört, daß..." Und der Stachel sitzt schon.

Da diese Art von Argumenten unmittelbar das Gefühl anspricht, die verwundbarsten Stellen der eigenen Psyche, kann man sich der Wirkung nur schwer entziehen. Angenommen, jemand erzählt Ihnen von einem Freund: „Der ist aber ganz schön über dich hergezogen." Fragt man nach, bekommt man vielleicht eine aus dem Zusammenhang gerissene Bemerkung des Freundes oder auch eine Bemerkung, deren Bedeutung bewußt anders interpretiert wurde.

Sie werden nun fragen: Wie kann man sich einer derartigen Manipulation entziehen? Ich glaube, zunächst ist eigene seelische Stabilität erforderlich — und Vertrauen. Die erste, instinktive Reaktion darf nicht zu Fehlverhalten führen. Durch kühles, ruhiges Überlegen oder auch durch eine offene Aussprache muß die Lage geklärt werden. Offenheit ist der Tod der Intrige und Manipulation.

Reagieren Sie falsch, beispielsweise auf die Aussage über den Freund mit einer aggressiven Bemerkung über diesen, haben Sie schon Stoff geliefert, mit dem der Manipulator nun — ohne zu lügen — den Freund gegen Sie aufbringen kann.

Sozialer Druck

Beim sozialen Druck wird über den Mitläufereffekt manipuliert. Der Manipulator schafft Gruppendruck. Erschütternde Beispiele zu dieser Form gibt es in der Geschichte wie in der Literatur, hier unter anderem in dem Hörspiel „Zeit der Schuldlosen" von Siegfried Lenz: Eine Gruppe Schuldloser wird vom Machthaber des Staates eingesperrt, um eine Aufgabe zu erfüllen: aus einem Schuldigen, einem, der ein Attentat verübt hat, die Namen seiner Mitverschwörer herauszupressen — oder ihn zu töten. Zunächst lehnen alle empört ab. Als sie aber sehen, daß es kein anderes Mittel gibt freizukommen, erfüllt doch einer von ihnen den Auftrag. Am Morgen ist der Attentäter tot.

Sozialer Druck herrscht nicht zuletzt auf Fußballplätzen. Versuchen Sie einmal, in einer aufgehetzten Stimmung für die gegnerische Mannschaft einzutreten — oder nein, versuchen Sie es lieber nicht, es könnte lebensgefährlich werden.

Bei Verhandlungen entsteht sozialer Druck beispielsweise auf seiten eines Verhandlungsteams. Wer eine bestimmte Linie vertreten muß, kann Argumenten des Verhandlungsgegners nicht zustimmen, auch wenn er deren Schlüssigkeit einsieht. Er ist manipuliert und muß manipulieren, das heißt, er verhält sich zum Nutzen anderer gegen seine eigene Überzeugung.

Manipulative Fragestellung

Wir haben schon die Wirkung einer Suggestivfrage besprochen. Manipulative Fragestellungen können aber noch ganz anders entstehen. Vermutlich kennt jeder von Ihnen diese furchtbare Frage von Joseph Goebbels: „Wollt ihr den totalen Krieg?" und wie eine aufgeputschte Menge „Ja" geschrien hat.

Was war geschehen? Einerseits wurde ein Massenphänomen ausgenutzt, andererseits sozialer Druck, und darüber hinaus ist die Frage durch die vorangehende Rede so vorbereitet worden, daß sie emotional durch ein „Ja" beantwortet werden mußte.

Elias Canetti schreibt in „Masse und Macht" im Abschnitt „Elemente der Macht": „Alles Fragen ist ein Eindringen... Denn die Wirkung der Fragen auf den Fragenden ist eine Hebung seines Machtgefühls; sie geben ihm Lust, noch mehr und mehr zu stellen. Der Antwortende unterwirft sich um so mehr, je häufiger er den Fragen nachgibt. Die Freiheit der Person liegt zum guten Teil in einem Schutz vor Fragen. Die stärkste Tyrannei ist es, die sich die stärkste Frage erlaubt... Wo kurze, knappe Antworten gefordert werden, da ist die Situation am gefährlichsten."

Eine heimtückische Form der manipulativen Frage ist auch die versteckte Behauptung, wie sie im schlechten Journalismus Tag für Tag zu beobachten ist: „Bankdirektor unterschlägt Millionen?" Damit ist nichts behauptet und doch behauptet. Und der Ruf des Betroffenen ist schwer beeinträchtigt.

Manipulation durch Reizwörter

Reizwörter sind Wörter, Begriffe, sprachliche Kurzformeln und ähnliches, die für den Betroffenen Symbolgehalt haben, die ihn ins Mark treffen. Im politischen Bereich wird permanent mit derartigen Reizwörtern gearbeitet: Vaterland, Nation, linke Gefahr, Faschismus und vieles andere mehr. Der Sinn ist eine Kategorisierung des Gegners und eine Uniformierung der Meinung.

Beobachten Sie selbst, auf welche Reizwörter Sie reagieren. Was läßt Sie innerlich wachsen? Was bringt Sie schlagartig in eine Abwehrposition? Dort sind Sie manipulierbar.

Verallgemeinerungen

Verallgemeinerungen sind eine Form der Manipulation, die häufig in Verbindung mit Reizwörtern abläuft, jedoch auch als eigenständige Manipulationsmöglichkeit nicht zu unterschätzen ist.

Die Bemerkung „Jetzt haben wir immer Ihre Rechnungen pünktlich bezahlt, warum brauchen Sie nach wie vor Garantien?" kann ein unverfängliches Argument in der Verhandlung sein, könnte aber auch manipulativ gemeint sein.

Anleitung zu Verhandlungen

Tips, Tricks, Rezepte und Warnungen

Erfolgsrezepte für die Verhandlung

● Sie wissen genau, was Sie wollen.

● Sie können abschätzen, was Ihr Verhandlungspartner will.

● Sie haben Ihren Verhandlungsspielraum definiert.

● Sie gehen gelöst und ruhig in die Verhandlung und haben die richtigen Verhandlungsbegleiter.

● Sie hören aufmerksam zu, wenn Ihr Verhandlungspartner spricht.

● Sie unterbrechen Ihren Verhandlungspartner nicht. Redet er längere Zeit, notieren Sie die wesentlichen Punkte.

● Sie versuchen das Problem aus der Sicht des Verhandlungspartners zu lösen, nicht aus Ihrer eigenen Sicht.

● Sie vermitteln ausschließlich positive Gefühle. Ärger äußern Sie nur beherrscht und, wenn Ihnen das angebracht erscheint, in Form von „Theaterdonner".

● Sie schlagen nie frontal zurück, wenn Sie angegriffen werden, sondern gehen zurück und versuchen auf anderem Weg wieder durchzukommen.

● Sie suchen in jeder Konfrontation das Gemeinsame, arbeiten die Punkte heraus, in denen Einigkeit besteht, und konzentrieren sich dann auf die strittigen Bereiche.

● Sie fassen die Verhandlungsergebnisse in einem von beiden Seiten akzeptierten Protokoll zusammen.

Das sollten Sie vermeiden

Bei der Verhandlung...

● mit dem falschen Partner reden:

- zuwenig Kompetenz
- zuwenig Fachwissen

● den Partner falsch einschätzen

● den Partner brüskieren

● am falschen Ort verhandeln:

- symbolisch falsch
- ungeeignete Räume
- Störungen

● mit dem eigenen Verhandlungsteam nicht abgestimmt sein

● unpünktlich erscheinen

● falsch gekleidet sein

● keine oder nur mangelhafte Unterlagen zur Verhandlung mitbringen

● unfair argumentieren

● etwas unter allen Umständen durchdrücken wollen

● Vorurteile pflegen

● zu lange reden, zuwenig zuhören

● auf Einwände des Partners nicht reagieren

● Zusagen machen, die nicht eingehalten werden können

● Ergebnisse nicht protokollieren

So bereiten Sie eine Verhandlung vor

● Unterlagen sammeln

● die Ausgangslage realistisch feststellen und analysieren

● eigene Ziele formulieren

● mögliche Ziele des Verhandlungspartners einschätzen

● Konfliktpotentiale herausfiltern

● den eigenen Handlungsspielraum definieren

● den Handlungsspielraum des Partners abschätzen

● eigene Stärken und Schwächen erarbeiten — was weiß der Verhandlungspartner (vermutlich) davon?

● Stärken und Schwächen des Verhandlungspartners einschätzen

● Verhandlungsstrategien entwerfen:

— Rollenverteilung
— Hauptargumente
— Verhandlungstaktik

● Präsentation von Unterlagen vorbereiten

● für die Verhandlung erforderliche Hilfsmittel vorbereiten

● sicherstellen, daß die Verhandlung ablaufen kann (bei fremdsprachigen Verhandlungen: Dolmetscher engagieren und überprüfen, ob dieser im Fachvokabular des Verhandlungsteams sattelfest ist)

● verschiedene wichtige, zu erwartende Verhandlungssituationen proben (was tun wir, wenn...)

● Argumentationen erproben (was sagen wir, wenn...; wie gut kommt das Argument ... an?)

● Welche Zugeständnisse können gemacht werden, damit „zwei Sieger" vom Verhandlungstisch aufstehen?

● geeigneten Verhandlungsort auswählen

● Sitzordnung planen

● Protokollführung planen

● die richtige Zusammensetzung des Verhandlungsteams planen

So schätzen Sie Ihren Verhandlungspartner richtig ein

● Versuchen Sie vor der Verhandlung, möglichst viel über Ihren Verhandlungspartner zu erfahren:
— seine hierarchische Stellung,
— seine Ausbildung,
— seine gesellschaftliche Zugehörigkeit,
— seine Grundeinstellungen,
— seinen Verhandlungsstil.

● Beobachten Sie sorgfältig die Argumentation Ihres Verhandlungspartners:
— Neigt er zu emotionalen Argumenten?
— Neigt er dazu, sich rasch festzulegen?
— Reagiert er flexibel?
— Welche Strategie scheint er zu verfolgen?

● Überprüfen Sie, ob seine Körpersprache mit dem gesprochenen Wort in Einklang steht oder ob auffällige Unterschiede hervortreten.

● Versuchen Sie zunächst bei Nebensächlichkeiten Entscheidungen von Ihrem Verhandlungspartner zu bekommen. Beobachten Sie dabei, ob er sich noch berät oder ob er selbst entscheidet.

● Setzen Sie Ihren Verhandlungspartner zumindest bei einigen Verhandlungspassagen unter Druck — zeitlich, überfordernd, wie auch immer. Beobachten Sie seine Reaktionen:
— Bleibt er ruhig? Dann ist er ein gefährlicher Gegner.

— Wird er nervös?
— Wird er aggressiv?

● Suchen Sie die Lieblingsthemen Ihres Verhandlungspartners, nicht zuletzt um zu erfahren, womit er „zu haben" ist.

● Testen Sie Ihre Vermutungen durch gezielte Aktionen, das heißt durch gezielte Formulierungen, Argumente, Forderungen etc. – aber Vorsicht: Stolpern Sie nicht in Ihre eigene Falle!

Ihr Verhandlungsteam

● Sorgen Sie dafür, daß alle von der Verhandlung unmittelbar Betroffenen der Verhandlung beiwohnen, soweit dies von deren Anzahl her möglich ist. Das sind bei betrieblichen Verhandlungen alle betroffenen Führungskräfte, bei privaten Verhandlungen alle Verhandlungspartner oder -gegner, bei sonstigen Verhandlungen alle für die Durchführung Verantwortlichen.

● Verschaffen Sie sich je nach Verhandlungsgegenstand die entsprechende Unterstützung, beispielsweise:
— Rechtsanwälte, sofern es um Vertragsthemen oder sonstige juristische Inhalte geht,
— Wirtschaftstreuhänder bzw. Steuerberater, sofern bei der Verhandlung steuerliche Auswirkungen abzuschätzen sind,
— Unternehmensberater als generelle Verhandlungshelfer oder in ihrem jeweiligen Fachgebiet,
— Meinungsforscher, sofern demoskopische Themen zur Sprache kommen,
— Mathematiker und Statistiker, soweit es um spezielle Fachthemen in dieser Richtung geht.

● Sorgen Sie dafür, daß Ihr Verhandlungsteam aufeinander abgestimmt ist. Spannungen im Team dürfen Sie nicht dulden.

● Erarbeiten Sie mit Ihrem Verhandlungsteam die Spielregeln und Strategien für die Verhandlung.

● Bricht ein Teammitglied während der Verhandlung aus dem vereinbarten Rahmen, lösen Sie vorher vereinbarte „Stoppschilder" aus. Ignoriert das Teammitglied diese Stopper, werden Sie direkt: „Ich möchte jetzt ganz kurz unterbrechen. Ich muß mit Herrn/Frau ... ein paar Worte unter vier Augen sprechen."

● Verhandeln Sie möglichst immer im Team, um jemanden an Ihrer Seite zu haben, der Ihnen Beobachtungen rückmelden kann.

So argumentieren Sie richtig

● Argumente sind in ihrer Struktur logisch, sprechen aber auch die Gefühlsebene an. Vernachlässigen Sie diesen Aspekt nicht.

● Werden Sie sich über Ihre Prämissen klar: deren Stärken, deren Schwächen und worauf sie aufbauen. Sie argumentieren dann gut oder gar unangreifbar, wenn Ihre Prämissen halten und die daraus abgeleiteten Folgerungen logisch richtig sind.

● Werden Sie sich über die Prämissen des Verhandlungspartners klar: Welche Werthaltungen stehen dahinter? Was hält er für selbstverständlich?

● Bauen Sie immer auf den Aussagen des Verhandlungspartners auf, das heißt, nehmen Sie ihn immer ernst, beschäftigen Sie sich mit seinen Aussagen sorgfältig — auch oder gerade dann, wenn Sie sie widerlegen wollen.

● Variieren Sie Ihre rhetorischen und dialektischen Figuren. Immer der gleiche Ansatz wird langweilig.

● Hüten Sie sich davor, zu früh zu folgern. Prüfen Sie Ihre Wahrnehmungen sorgfältig, überlegen Sie unterschiedliche Interpretationsmöglichkeiten, überprüfen Sie Ihre Interpretation durch Fragen, aber folgern Sie nicht zu früh.

● Wenn Sie zu übereilten Folgerungen neigen, vermeiden Sie zumindest, diese Folgerungen zu Prämissen zu machen, zum Ausgangspunkt für Ihre logischen Schlüsse. Durch diesen Fehler könnten Sie sich bei der Verhandlung in eine fatale Lage bringen.

● Argumentieren Sie glaubwürdig. Die Glaubwürdigkeit beginnt bei Ihrer eigenen Überzeugung.

So erkennen Sie Täuschungsmanöver

● Beobachten Sie genau die Strategie der Verhandlungsgegner, das heißt das Zusammenspiel des gegnerischen Verhandlungsteams: Wer spielt welche Rolle? Wer greift an, wer scheint zu beschwichtigen, wer spielt die Rolle des Neutralen etc.?

● Beobachten Sie, welche Verhandlungspunkte stets von neuem aufgegriffen werden. Entweder sind dies Punkte, die dem Verhandlungsgegner tatsächlich wichtig sind, oder aber Dinge, die der Ablenkung dienen sollen.

● Mißtrauen Sie „Geschenken". Sie kennen alle die Geschichte vom Trojanischen Pferd — ein scheinbares Geschenk, das Verderben brachte. Seien Sie daher vorsichtig bei allzu verlockenden Angeboten. Suchen Sie in solchen Angeboten den Nutzen Ihres Verhandlungsgegners.

● Beobachten Sie auch jene Teilnehmer des gegnerischen Verhandlungsteams, die gerade nicht sprechen. Was sagt ihr Körper? Was sagt ihre Mimik?

● Gehen Sie nicht in Ihre eigene Falle. Zuviel Mißtrauen kann die Verhandlung ebenso scheitern lassen.

● Achten Sie auf „Versprecher", sogenannte „Freudsche Fehlleistungen". Sie können zwar harmlos sein, aber auch hintergründige Gedanken anzeigen.

● Verlangen Sie für Behauptungen Beweise. Fragen Sie danach, wie Sie diese überprüfen können oder welche Absicherungen vom Verhandlungsgegner für die Wahrheit seiner Behauptung gegeben werden.

● Protokollieren Sie die Zusagen des Verhandlungsgegners und bauen Sie diese in Verträge ein.

So finden Sie gemeinsame Lösungen

● Klären Sie bereits zu Beginn der Verhandlung, was Sie voneinander wollen, was Ihre gemeinsamen Ziele sind.

● Klären Sie, in welchem Ausmaß am jeweiligen Verhandlungstag die Ziele erreicht werden sollen, das heißt, wie weit Sie kommen wollen.

● Vereinbaren Sie einen organisatorischen Rahmen für die Verhandlung: Zeit, Verhandlungsteilnehmer, Protokollführung.

● Legen Sie die eigene Ausgangsposition dar. In gleicher Weise soll auch der Verhandlungspartner seine Ausgangsposition klarmachen. Stimmen Sie diese Aussagen aufeinander ab und sorgen Sie damit für eine gemeinsame Arbeitsbasis. Es hat keinen Sinn, die Verhandlung fortzuführen, ehe nicht eine gemeinsame Sicht der Ist-Situation erreicht ist.

● Präsentieren Sie einander Ihre Verhandlungsunterlagen, wiederum mit dem Ziel, Informationsgleichstand und eine übereinstimmende Sichtweise der Ausgangslage zu erreichen.

● Erstellen Sie ein Verhandlungsprogramm: Welche Punkte wollen Sie in welchem Ablauf besprechen? Bei einer Vertragsverhandlung sollte ein Vertragsentwurf vorhanden sein; beide Verhandlungspartner müssen hierzu angemerkt haben, über welche Punkte sie verhandeln wollen und welche Punkte in der vorliegenden Form akzeptiert werden.

● Wenn Sie sich nicht einig sind: arbeiten Sie an gemeinsamen Lösungen, schließen Sie keine faulen Kompromisse. Bei gemeinsamen Lösungen muß zwar jeder Verhandlungspartner Abstriche machen, erreicht aber dennoch die für ihn wichtigen Ziele. Der Unterschied zum faulen Kompromiß ist, daß bei der gemeinsamen Lösung zwei Sieger vom Verhandlungstisch aufstehen, andernfalls zwei Verlierer.

So bringen Sie den Verhandlungserfolg heim

● Setzen Sie sich realistische Verhandlungsziele: Was wollen Sie inhaltlich erreichen? In welcher Zeit soll das Verhandlungsziel erreicht werden? Wie rasch sollen die vereinbarten Maßnahmen realisiert werden?

● Drängen Sie nicht zu früh auf einen Abschluß der Verhandlung. Erst wenn alle zu klärenden Punkte tatsächlich geklärt sind, können Sie darangehen, die Verhandlung abzuschließen.

● Voraussetzung für eine Klärung ist selbstverständlich ein vollständiges Erfassen der Probleme, das heißt, Sie müssen alle offenen Fragen und alle wichtigen Aspekte des Problems in die Verhandlung eingebracht haben.

● Wenn Sie bei Vorverhandlungen gezwungen sind, mit nicht entscheidungsbefugten Partnern zu verhandeln, versuchen Sie rechtzeitig an die Entscheidungsträger heranzukommen.

● Sie erreichen nur dann einen Verhandlungserfolg, wenn Sie den tatsächlichen Entscheidungsträger richtig einschätzen. Es gibt informelle Entscheidungsträger, die häufig gar nicht genannt werden (z. B. bei Verkaufsverhandlungen ein nicht genannter Geldgeber, im privaten Bereich der Ehepartner, ein persönlicher Berater). Es wird Ihnen nur schwer gelingen, zu einem Verhandlungsabschluß zu kommen, wenn Sie den tatsächlichen Entscheidungsträger nicht am Tisch haben. Sie müssen sich in diesem Fall mit einer Entscheidung abfinden, die in Ihrer Abwesenheit getroffen wird und die Sie daher nicht unmittelbar durch Ihr Verhandlungsgeschick beeinflussen können. In diesem Fall kann Ihre Strategie nur sein, den Überbringer Ihrer Verhandlungsziele (das ist der Verhandlungspartner, der mit Ihnen am Tisch sitzt) zu überzeugen und ihm möglichst gute, griffige, leicht zu merkende Argumente mitzugeben.

Arbeitsformulare

Vorbereitung der Verhandlung

Verhandlungsgegenstand	
Verhandlungsort	
Verhandlungszeit	
Verhandlungspartner und deren Position	
a) eigene Seite	
b) Verhandlungskontrahent	
Berater (Name und Art des Beraters — z. B. Rechtsanwalt, Notar, Unternehmensberater, Wirtschaftstreuhänder)	
vermutlich anwesende Berater des Verhandlungskontrahenten	
Verhandlungsziele	
a) unbedingt zu erreichen	
b) möglichst zu erreichen	
c) Verhandlungsspielraum	

Vorbereitung der Verhandlung

Seite 2

unsere Stärken in der Verhandlung	
unsere Schwächen in der Verhandlung	
die gegnerischen Stärken in der Verhandlung	
die gegnerischen Schwächen in der Verhandlung	
erforderliche Unterlagen	
Verhandlungsstrategien a) Rollenverteilung für alle eigenen Verhandlungsteilnehmer	
b) geplanter Ablauf der Verhandlung	
Protokollführung	
Dolmetscherleistungen	

Vorbereitung der Verhandlung

Seite 3

Hauptargumente	
vermutliche Hauptargumente der Gegenpartei	
gemeinsame Interessen und Standpunkte	
widersprechende Interessen und Standpunkte	
erwartete Verhandlungsergebnisse / ewarteter Verhandlungsfortschritt	

Argumentationssammlung für Verhandlungen und Diskussionen

Teilaspekt der Verhandlung / Diskussion	Argument	rhetorische und dialektische Formulierungsvarianten	Schwächen des Arguments	mögliche Reaktionen des Gegners der Verhandlung / Diskussion

Maßnahmeliste für Verhandlungen

lfd. Nr.	was soll getan werden?	von wem?	mit wem?	bis wann?	mit welchem Ergebnis?	Erledigungsvermerk

Beispiele

Verhandeln in einer Bank

Ausgangssituation: Die Bank hat einem Kreditnehmer geschrieben, er möge die ausstehenden Raten unverzüglich einzahlen. Dieser Kredit ist für die Bank ausreichend abgesichert, der Kreditnehmer zahlt aber immer wieder seine Raten verspätet ein. Es gibt also von seiten der Bank nicht unbedingt Handlungszwang.

Einschätzung des Kreditnehmers, seiner inneren Haltung zum Thema und zur Bank und seiner Außenwirkung:
Im allgemeinen wird die innere Haltung durch zum Teil widersprüchliche, wechselnde Gefühle gekennzeichnet sein:
— negative Gefühle: Verärgerung, schlechtes Gewissen, Mutlosigkeit, Aggressivität, Versuch der Rechtfertigung vor sich selbst, Angst und / oder
— positive Gefühle: Überzeugung, es zu schaffen, Selbstvertrauen, Optimismus.

Aus den Gefühlen ergibt sich eine Außenwirkung, die den Verhandlungserfolg wahrscheinlich macht, wenn der positive Teil der Gefühle überwiegt; andernfalls bietet sie kaum Chancen dazu, wenn der negative Teil der Gefühle überwiegt.
Kann der Kreditnehmer die negativen Gefühle nicht überwinden, sollte er die Verhandlung mit der Bank möglichst nicht selbst führen. Besser ist es dann, für die Verhandlungen einen Berater einzusetzen oder, wenn sich die Angelegenheit im privaten Bereich abspielt, einen verhandlungssicheren Bekannten.

Einschätzung der Haltung der Bank bzw. deren Mitarbeiter, vermutete Gefühle und Einstellungen:
Wenn nicht aus irgendeinem Grund das persönliche Verhältnis zwischen Bankmitarbeiter und Kreditnehmer belastet ist, sind kaum emotionale Hintergründe zu vermuten. Durch die anwachsenden Rückstände gibt es vielleicht Vorurteile über den Kreditnehmer. Im wesentlichen wird man aber davon ausgehen müssen, daß die Bankmitarbeiter lediglich im Rahmen ihrer üblichen Vorschriften gehandelt und die Mahnung abgeschickt haben.

Anlaß der Verhandlung: ergibt sich aus der Ausgangssituation.

Ziele der Verhandlung: Da es in unserem Beispiel zu einer Verhandlung kommt, soll das Ausgangsziel der Bank nicht erreicht werden, das heißt, der Rückstand soll nicht oder zumindest nicht im vollen Ausmaß beglichen werden. Ziele des Kreditnehmers können sein: Stundung oder gar Schuldennachlaß, evtl. auch Herabsetzung der Zinssätze.

Gestaltung der Umfeldfaktoren: Unternehmen können versuchen, durch Wahl eines neutralen Gesprächsortes oder durch Einladung zum Betriebsbesuch die Umfeldfaktoren, speziell den Raum, selbst zu bestimmen. Zweifellos können sich hieraus große Vorteile ergeben, da einerseits den Bankmitarbeitern die Leistungen des Unternehmens vor Augen geführt werden, andererseits durch Bewirtung eine positive Gesprächsatmosphäre bewirkt werden kann.

Privatkunden werden sich im allgemeinen damit abfinden müssen, Ort und Atmosphäre des Gesprächs nicht wählen zu können. Es kann ihnen passieren, daß sie an einem Schreibtisch sitzen, hinter dem der Bankmitarbeiter in Überlegenheitsposition „thront" und damit die Unterlegenheitsgefühle des Kreditnehmers noch verstärkt.

Das *Verhandlungsbeispiel* soll in folgenden Varianten ablaufen (jeweils gegenüber einer tatsächlichen Situation gestrafft; gute Verhandlungen dauern meist länger):

A — negativ verlaufend, Kunde verärgert, argumentiert schlecht
B — positiv verlaufend, Kunde verängstigt, argumentiert gut
C — negativ verlaufend, Kunde optimistisch, argumentiert schlecht

Zunächst *Variante A,* ein Beispiel mit einem negativ verlaufenden Gespräch: Der Kreditnehmer ist wütend und niedergeschlagen zugleich, will eine längere Rückzahlungsfrist erreichen und stürmt unangemeldet zur Bank. Wir bezeichnen im nachstehenden Gespräch den Kreditnehmer mit „K.", die Bankmitarbeiter mit „B.".

K. (am Schalter): Ich möchte Ihren Chef sprechen.
B.: Haben Sie einen Termin bei ihm?
K.: Nein, aber er wird schon Zeit finden müssen für mich.
B.: Einen Augenblick bitte, ich frage nach. (Er telefoniert.) Der Herr Direktor erwartet Sie.
K. (beim Direktor): Guten Tag. Ich habe von Ihnen da einen Brief bekommen.

B.: Ja?

K.: Sie haben mich gemahnt wegen lächerlicher zwei Raten.

B.: Darf ich den Brief sehen? (Nimmt den Brief, telefoniert: Frau Müller, bringen Sie mir bitte den Akt Walter, Kredit Nr. 12387. Frau Müller bringt den Akt.) Sie haben leider schon öfter die Raten nicht pünktlich bezahlt.

K.: Was wollen Sie denn? Sie bekommen ohnehin genügend Zinsen für das Geld. Dazu haben Sie mir noch Überziehungszinsen angelastet. Hätten Sie meine Rückzahlungen für das Kapital angerechnet, hätte ich schon einen viel besseren Kontostand.

B.: Wir halten uns lediglich an unsere Vereinbarungen. Und die haben Sie schließlich unterschrieben.

K.: Sie haben ja genügend Sicherheiten für den Kredit.

B.: Nun, die beste Sicherheit ist noch immer ein zahlungsfähiger Kunde.

K.: Glauben Sie vielleicht, ich könnte nicht zahlen?

B.: Das habe ich nicht gesagt. Wir haben Sie lediglich gebeten, die Rückstände abzudecken.

K.: Ich werde Ihnen schon zeigen, wie ich zahlen kann.

B.: Gut. Dann darf ich Sie an den Termin erinnern. Können Sie diesen Termin halten?

K.: So schwer es mir fällt, von Ihnen möchte ich keinen Gefallen haben. Irgendwie werde ich das Geld schon zusammenkratzen. Sie können sich darauf verlassen, daß ich allen von Ihrer Bank abraten werde.

B.: Das tut mir leid, aber ich kann es nicht verhindern. Kann ich sonst noch etwas für Sie tun?

K.: Nein, Sie haben schon genug für mich getan. Mir reicht's. Auf Wiedersehen.

Vielleicht waren einige der Fehler zu plakativ, aber glauben Sie mir: Viele Menschen versuchen wirklich, ihre Ziele über Vorwürfe zu erreichen.

Versuchen wir nun, das Gespräch positiv zu führen. In dieser *Variante B* ist der Kreditnehmer noch immer in einer negativen Gefühlswelt, allerdings einer weniger aggressiven als im ersten Fall. An der Ausgangssituation selbst können wir nichts mehr ändern, wohl aber an den Rahmenbedingungen: Wir haben einen Termin mit dem richtigen Gesprächspartner vereinbart und haben uns überlegt, welche Vorschläge

— für den Partner noch akzeptabel und welche

— für uns verkraftbar sind.

Gesprächsort: in diesem Fall üblicherweise die Bank, in einem Besprechungszimmer oder zumindest einem schallgeschützten Bereich (einen Gesprächsort, bei dem Dritte zuhören können, sollten Sie strikt ablehnen). *Vorbereitung der Bank:* Aufgrund der telefonischen Terminvereinbarung müßte der Akt griffbereit liegen.

K.: Guten Tag. Ich komme wegen meines Darlehensrückstandes. Sie haben mir geschrieben.

B.: Guten Tag. Ja, nachdem wir nichts von Ihnen gehört haben, mußten wir Ihnen schreiben.

K.: Es tut mir leid, ich habe das einfach zu lange aufgeschoben. Ich hätte schon längst zu Ihnen kommen sollen.

B.: Nun, Sie sind ja gekommen. Haben Sie einen Vorschlag, wie Sie die Angelegenheit regeln möchten?

K.: Ja. Ich habe mir etwas überlegt. Sie können sich denken, daß es mir derzeit finanziell nicht sehr gut geht.

B.: Ja. Was ist eigentlich der Grund dafür?

Der Kunde sollte jetzt möglichst wahrheitsgetreu die Gründe schildern. Es muß für die Bank klar werden, daß für sie kein Handlungsbedarf besteht, daß sie also nicht die Eintreibung forcieren muß, um zu ihrem Geld zu kommen. Sollte allerdings akute Insolvenzgefahr bestehen, muß die Verhandlung ganz anders geführt werden, und zwar unter dem Aspekt des bereits existierenden und gegebenenfalls vermeidbaren Risikos der Bank.

B.: Und wie könnten Sie den Rückstand abdecken?

K.: Ich muß Sie noch zwei Monate (immer konkreten Zeitraum nennen!) um Geduld bitten. Am ... kann ich ... zahlen, bis zum ... müßte ich den Rückstand aufgeholt haben.

B.: Gut. Ich habe das notiert.

K.: Muß ich weiterhin Überziehungszinsen zahlen?

B.: Nun, eigentlich schon. Aber wir könnten folgendes vereinbaren: Wenn Sie sich an die Termine halten, stornieren wir die Überziehungszinsen, rückwirkend ab dem heutigen Tag.

K.: Das ist ein faires Angebot. Vielen Dank.

Überlegen Sie nun: Was war an dieser Verhandlung gut? Erscheint sie Ihnen realistisch? Was war besser als beim ersten Gespräch?
Ich sehe folgendes positiv am zweiten Gespräch:
— die realistische Einschätzung der eigenen Situation durch den Kunden,
— Vertrauensaufbau,

— kein Moralisieren, weder vom Bankmitarbeiter noch vom Kunden,
— keine Vorwürfe,
— weitgehend objektive Sachverhaltsdarstellung,
— klare Ziele und Vorschläge,
— Anwendung der beiderseitigen Gewinnstrategie (Verzicht auf Überziehungszinsen, wenn die Vereinbarungen eingehalten werden).

Variante C: Der Kunde ist optimistisch, verhandelt aber schlecht. Die Rahmenbedingungen nehmen wir wie bei Variante B.

K. (kommt lächelnd und wohlgelaunt herein): Guten Tag. Ich komme wegen Ihres Briefes. (Anmerkung: nicht wegen des Rückstands, die Schuld wird auf die Bank geschoben!)
B.: Guten Tag. Ja, Sie haben Ihre Raten wieder einmal nicht bezahlt.
K.: Na, so viel ist es auch wieder nicht.
B.: Immerhin zwei Raten. Und das nicht zum erstenmal.
K.: Haben Sie etwa Angst um Ihr Geld? Sie leben doch davon, Geld zu verleihen. (Killerphrase!)
B.: Ja, zu verleihen, aber nicht zu verschenken. Wir sind für das Geld unserer Sparer verantwortlich. (Ebenso Killerphrasen, signalisiert wird: So kommst du überhaupt nicht weiter.)
K.: Ich will ja mit Ihnen nicht streiten. Banken haben ohnehin immer recht. In zwei Monaten werde ich zahlen, jetzt habe ich kein Geld.
B.: So lange können wir nicht warten. (Signalisiert wird: Ich glaube dir nicht, du willst nur Zeit gewinnen.)
K.: Ich kann aber jetzt nicht zahlen.
B.: Dann müssen wir leider die Angelegenheit dem Rechtsanwalt übergeben.
K.: Das kostet doch nur Geld. Ich kann derzeit nicht zahlen.
B.: Dann hätten Sie eben besser planen müssen, als Sie den Kredit aufgenommen haben.
K.: Warum sollte ich? Ihr habt mir den Kredit ja fast nachgeworfen. Wie heißt es immer in der Bankenwerbung: Bei uns haben Sie Kredit. Da sieht man wieder, was davon zu halten ist. Aber gut, gehe ich eben zu einer anderen Bank.
B.: Ich gebe Ihnen noch bis zur nächsten Woche Zeit. Wenn wir bis Dienstag das Geld nicht haben, übergeben wir die Sache dem Anwalt.

Was ist passiert? Warum ist es dem Kunden in unserem Gespräch nicht gelungen, zu überzeugen?

Ich sehe folgende Fehler:
— Er sandte ausschließlich Du- (Sie-)Botschaften.
— Er griff den Verhandlungspartner permanent an.
— Er arbeitete mit Killerphrasen.
— Er akzeptierte den Standpunkt des Partners nicht.
— Er bat nicht um Hilfe, das heißt, er schätzte seine Lage falsch ein.

Verhandeln mit einem Lieferanten

Möglicher Anlaß: Lieferkonditionen, Zahlungskonditionen, Garantieleistung, Qualität, Preise, Termine, Alleinvertriebsrechte, Belieferung, Beteiligung, Schuldennachlaß (in Form eines Vergleichs).
Umgebung der Verhandlung: möglicherweise Signal für die Verhandlungsstärke bzw. die Stärkepositionen zu Beginn der Verhandlung (Geschäftssitz des Lieferanten, Geschäftssitz des Kunden, neutraler Ort).
Verhandlungspartner: üblicherweise Ein- bzw. Verkäufer und entscheidungsbefugte Vorgesetzte beider.
Einschätzung der Haltung des Lieferanten wie des Kunden: je nach Art und Dauer der Geschäftsbeziehung und dem Größenverhältnis zwischen beiden.
Ziele der Verhandlung: je nach Anlaß, darüber hinaus beim Lieferanten üblicherweise Kundenerhaltung, beim Kunden Weiterführung der Partnerschaft oder Umwandlung des Partnerschaftsverhältnisses.

In unserem *Fallbeispiel* will der Kunde einen Preisnachlaß um 5 Prozent durchsetzen, während der Lieferant an eine Preiserhöhung gedacht hat. Kunde und Lieferant sind etwa gleich stark. Der Kunde ist einerseits für den Lieferanten durch seine Abnahmemenge so wichtig, daß er ihn auf jeden Fall erhalten möchte; andererseits erlaubt ihm seine Kalkulation kaum mehr einen weiteren Preisnachlaß. Die Verhandlung findet am Geschäftssitz des Kunden statt, den der Lieferant im Rahmen einer Geschäftsreise besucht. Auf Kundenseite verhandeln der Geschäftsführer und der Einkaufsleiter, auf Lieferantenseite der Geschäftsführer und der örtliche Verkaufsrepräsentant.
Die handelnden Personen: „GK" = Geschäftsführer Kunde, „GL" = Geschäftsführer Lieferant, „E" = Einkäufer, „V" = Verkäufer.

Wir wollen uns die üblichen Einleitungsfloskeln (Begrüßung, Getränke anbieten etc.) ersparen und gleich zum Thema kommen:

288

GL: Waren Sie mit unserer Lieferung zufrieden?

GK: Ja, vielen Dank. Die Qualität war in Ordnung, und die Ware ist auch pünktlich eingetroffen. Diesbezüglich haben Sie in Ihrem Betrieb wirklich viel erreicht.

GL: Das haben wir durch unseren neuen Arbeitsvorbereiter und den neuen Versandleiter geschafft. Dabei sind uns zwar nicht unerhebliche Fixkosten zusätzlich entstanden, aber die Zufriedenheit der Kunden ist uns das wert.

GK: Sosehr ich Ihre Leistungen schätze, müßten wir nun doch über das Thema Preis sprechen.

GL (hakt bewußt ein und dreht das Gespräch in eine andere Richtung, als er den GK verstanden hat, wobei dieser auch annehmen kann, richtig verstanden worden zu sein): Ja, darüber müßten wir sprechen. Wie ich Ihnen schon gesagt habe, haben wir unser Führungspersonal zum Nutzen unserer Kunden wesentlich aufgestockt, und das verursacht nun erhebliche Kosten. Wir wollten mit Ihnen über eine Preiserhöhung sprechen.

GK: Und wir mit Ihnen über eine Preissenkung.

GL: Das ist mir schon bewußt. Wir sind auch nicht unvorbereitet hergekommen. Herr ... (der örtliche Verkaufsrepräsentant) hat mir schon etwas ähnliches angedeutet.

GK: Damit stehen wir jetzt in genau entgegengesetzten Positionen.

GL: ... die wir in irgendeiner Form sicher auf einen Nenner bringen werden, wie wir das in der Vergangenheit immer geschafft haben.

GK: Nun, diesmal sehe ich die Lösung nicht ganz so deutlich. Wir müssen ganz einfach bei den Einkaufskosten bremsen.

Weiterer Verlauf negativ:

GL: Sie können nicht alle Ihre Probleme auf den Lieferanten abwälzen. Wir müssen auch disponieren.

GK: Davon kann keine Rede sein. Wir haben noch andere Maßnahmen eingeleitet, aber wir müssen eben auch auf dieser Ebene sparen.

GL: Ich habe Ihnen schon gesagt, daß wir investiert haben, und zwar nicht zuletzt wegen Ihrer Reklamationen. Nun wollen Sie auch noch vom Preis etwas abziehen.

GK: Ich will nicht, ich muß.

GL: Und ich muß bei meinem Preis bleiben.

GK: Es tut mir leid, ich will Ihnen nicht drohen, aber Ihre Konkurrenz hat mir ein Angebot unterbreitet, das nicht nur um 5 Prozent unter dem Ihren liegt, sondern sogar um 10 Prozent. Ich kann es meinen Gesellschaftern gegenüber nicht mehr verantworten, zum überhöhten Preis von Ihnen zu kaufen.

E: Wenn wir ins Ausland gehen, bekommen wir sogar einen Preis, der um 15 Prozent unter Ihren Preisen liegt.

V: Da wissen Sie aber nicht, wie die Qualität ist und wie Sie vor Ort betreut werden.

E: Das kann schon sein, aber für 15 Prozent kann man einige Schwierigkeiten ertragen. Das sind bei unserem Einkaufsvolumen immerhin...

V: Und für diesen Betrag gefährden Sie eine langjährige, zuverlässige Geschäftsbeziehung.

Lassen wir nun die Verhandlungspartner allein, nachdem sie zu Gegnern geworden sind, die nur noch miteinander streiten. Auch wenn sie sich zu guter Letzt einigen sollten, wird bei beiden ein flaues Gefühl zurückbleiben. Wem von beiden würden Sie recht geben? Vermutlich können Sie das ebensowenig entscheiden wie ich. Und ebensowenig könnten Sie es in der konkreten Situation entscheiden, denn beide Seiten haben von ihrem Standpunkt aus recht. Beide haben Druck von anderer Seite und müssen auf irgendeine Art ausweichen.

Es wäre also völlig irreal, die Verhandlungssituation im Beispiel so aufzubauen, daß nun einer der Verhandlungspartner sich freudigen Herzens auf etwas anderes einläßt, als sein Ziel zu erreichen. Nur: Was ist sein Ziel? 5 Prozent? 10 Prozent? 15 Prozent? Oder etwas anderes?

Wenn Sie in der Verhandlung auf den Prozentsatz des Nachlasses bzw. der Erhöhung fixiert sind, werden Sie kaum eine Lösung finden. Die Lösung kann nur mit einer Frage beginnen: Was wollen oder müssen beide Geschäftsführer für ihre Firma erreichen? Beide brauchen Faktoren, die ihre Gewinne verbessern oder Verluste vermeiden. Eine gemeinsame Lösung finden sie dann, wenn sie das erreichen. Sicherlich, das ist nicht so einfach wie vom anderen etwas zusätzlich zu verlangen; es erfordert Nachdenken, man muß sich in den anderen hineindenken. Aber es fördert dauerhafte Kontakte.

Setzen wir an jener Stelle fort, wo wir die „negative Weiche" gestellt haben, doch nun — weiterer Verlauf positiv:

GL: Nein, wir werden es nicht einfach haben, aber wir wollen es doch wie immer gemeinsam versuchen.

GK: Wie stellen Sie sich das vor?

GL: Nun, gehen wir von dem aus, worüber wir uns einig sind. Darf ich da-

von ausgehen, daß Sie nach wie vor mit uns zusammenarbeiten wollen?
GK: Ja, davon können Sie ausgehen. Wir sind sogar daran interessiert, die
Geschäftsbeziehung mit Ihnen noch etwas auszuweiten, wenn Qualität
und Liefertermine weiterhin so bleiben.
E: Wir haben auch aufgrund dieses Faktors unsere Vorstellungen zur Preissenkung auf das absolute Mindestmaß heruntergeschraubt. Ihre Konkur-
renz bietet einen Preis, der um 10 Prozent unter Ihrem Preis ist, aber die gute Verbindung mit Ihnen ist uns 5 Prozent wert, nachdem wir wissen, daß
wir uns auf Sie verlassen können und uns Herr ... sehr gut betreut.
V: Vielen Dank, daß Sie das sagen. Ich habe mich wirklich immer sehr um
Sie bemüht.
GK: Das schätzen wir auch sehr. Darum glauben Sie uns bitte: Wir wären
nicht an Sie herangetreten, wenn wir uns nicht dazu gezwungen sähen.
GL: Lassen Sie mich überlegen: Sie sagten, wir könnten mit einer Intensi-
vierung der Geschäftsbeziehung rechnen. An welche Ausweitung haben
Sie gedacht?
E: Bezogen auf das Volumen des letzten Jahres etwa 30 Prozent.
GL: Kann ich das als sichere Zusage werten?
GK: Wenn Sie uns die Preisreduktion gewähren können, ja.
GL: Kann ich auch eine rechtzeitige Bestellung haben, das heißt ... Wochen
vor Produktionsbeginn und halbwegs regelmäßig verteilt über das Jahr?
GK: Herr ... (E), können wir das zusagen?
E: Ja, das müßte sich machen lassen.
GL: Sind Sie damit einverstanden, wenn wir den Vertrag so abfassen, daß
die Reduktion in Form einer jährlichen Rückvergütung ausbezahlt wird?
Sie wird jeweils fällig, wenn Sie die vereinbarten Mengen in der vereinbar-
ten Form der Abwicklung bezogen haben.
GK: Ja, ich glaube, soweit können wir Ihnen entgegenkommen.
GL: Dann kann ich zusagen. Der Nachlaß von 5 Prozent gilt für alle Bestel-
lungen ab...

Scheint Ihnen diese Lösung zu einfach? Vielleicht. Aber suchen Sie andere!
Suchen Sie auch Lösungen für Ihren Partner. Immer dann, wenn Ihr Verhandlungspartner sich angenommen fühlt mit seinen Problemen, wenn er
das ehrliche Bemühen merkt, seine Interessen zu berücksichtigen, wird im
allgemeinen auch er Ihnen zu helfen versuchen. Verhält er sich aber unfair,
gibt es nur eine Möglichkeit: Wenn Sie es sich leisten können, bleiben Sie
hart. Wenn Sie in der gegenwärtigen Situation nicht anders können und zu
Lösungen gezwungen werden, die Sie knebeln: Bleiben Sie vorsichtig und
suchen Sie andere Partner!

Verhandlungen mit dem Betriebsrat / mit Gewerkschaftsvertretern

Möglicher Anlaß: arbeitsrechtliche bzw. soziale Anliegen im Betrieb.
Verhandlungsort: Betrieb, neutraler Ort, Räume der Gewerkschaft, im Extremfall: Arbeitsgericht.
Verhandlungspartner / -gegner: Firmeninhaber / Geschäftsführer, Führungskräfte des Betriebes und Unternehmensberater auf der Arbeitgeberseite, Betriebsrat und Gewerkschafter bzw. Mitarbeiter der Arbeiterkammer (in Österreich) auf der Arbeitnehmerseite.
Erwartungen / Einstellungen: eher auf Konfrontation ausgerichtet.

Mögliche Basisstrategien:
— Sozialpartnerschaft (beiderseitige Gewinnstrategie),
— Gegenmachtkonzept (Wie du mir, so ich dir),
— Diktat (Friß, Vogel, oder stirb),
— Barrikade (Nur über meine Leiche).

Sehen wir uns diese vier Basisstrategien an einem *Fallbeispiel* an: Nehmen wir an, es ginge um die Kündigung einer freiwilligen Sozialleistung durch den Unternehmer. Nehmen wir weiters an, daß juristisch gegen diese Kündigung nichts einzuwenden ist. Die Verhandlung wurde vom Betriebsrat angestrebt. Verhandlungsteilnehmer sind im Beispiel der Betriebsratsvorsitzende („B") und der Firmeninhaber („F").

Basisstrategie: Sozialpartnerschaft

Gesprächsort: Besprechungszimmer im Betrieb

B: Vielen Dank für den Gesprächstermin. Ich weiß, wie voll Ihr Terminkalender ist, und weiß es zu schätzen, daß Sie sich für mich Zeit nehmen.
F: Das ist doch selbstverständlich. (Achtung: Der Nachsatz „Ich habe doch immer Zeit für Sie, wenn Sie mich brauchen" könnte gönnerhaft oder auf andere Weise unangenehm wirken. Die offenste und auch für den Partner angenehmste Art ist sicherlich eine freundliche, höfliche, natürliche Gesprächsform. Auch der zweite Satz des Betriebsrates könnte schon zuviel gewesen sein.)
B: Es geht mir um die Kündigung unserer freiwilligen Sozialleistung... (Er läßt den Firmeninhaber nicht vorher fragen, das heißt, er geht zielstrebig an sein Thema heran. Je nach dem persönlichen Verhältnis zwischen Fir-

meninhaber und Betriebsrat wird es vorher mehr oder minder persönliches Geplänkel geben.)

F: Sie wissen, ich mache mir derartige Entscheidungen nicht leicht, aber die letzte Bilanz hat mir Sorgen bereitet.

B: Das kann ich schon verstehen. Aber gerade diese Sozialleistung hat bei den Leuten eine gewisse Signalwirkung.

F: Warum das?

B: Wir haben uns doch vor kurzem auf Überstundenleistungen, einen Betriebsurlaub und die Einarbeitung von Tagen zwischen zwei Feiertagen geeinigt. Das hat einigen meiner Kollegen nicht gefallen, die sind nicht zufrieden mit mir.

F: Aber davon profitieren letztlich doch alle.

B: Das stimmt nicht ganz. Viele wollen gar nicht mehr Überstunden machen, andere möchten den Urlaub selbst bestimmen, so wie eben ihre Frauen Urlaub bekommen.

F: Sie wissen doch selbst, daß es aus organisatorischen Gründen bei uns gar nicht anders möglich war.

B: Ja, das habe ich auch so gesehen, und darum haben wir schließlich zugestimmt. Sie können damit rechnen, daß auch wir vom Betriebsrat es uns nicht einfach machen und nicht nur an unsere Rechte denken.

F: Das weiß ich, und ich schätze die Zusammenarbeit mit Ihnen sehr.

B: Dann helfen Sie auch mir. Wenn ich mich in dieser Angelegenheit nicht durchsetzen kann, schadet das Ihnen letztlich mehr als mir. Ich weiß, daß wir juristisch keine Chance haben, aber Sie würden mir durch eine Absage eine Niederlage bereiten, die mich in meiner Position als Betriebsrat gefährdet. (Anmerkung: Ich-Botschaft, „Ich — als Betriebsrat — habe das Problem.")

F: Sehen Sie es wirklich so dramatisch?

B: In diesem Fall ja.

F: Dann überlegen wir, was wir tun können. Die Sozialleistung kostet mich/ den Betrieb... Wie könnten wir diesen Betrag auf andere Art und Weise erwirtschaften? Haben Sie Vorschläge?

B: Was kostet es, wenn die Mitarbeiter pro Tag im Durchschnitt um fünf Minuten mehr tratschen oder auf andere Weise zeigen, daß sie demotiviert sind?

F: Sicherlich mehr, aber jetzt muß ich Sie bitten, konstruktiv mit mir nach Lösungen zu suchen. Auch ich kann nicht ohne Gesichtsverlust meine Maßnahme zurücknehmen.

B: Ich könnte mir vorstellen, daß wir die Art der Arbeitszeiterfassung ändern. Sie planen doch die Erfassung der Arbeitszeit pro Auftrag direkt an

der Maschine. Wir könnten vereinbaren, daß der erste Arbeitsgang als Arbeitsbeginn gilt. Damit gewinnen Sie wesentlich mehr, als die Sozialleistung ausmacht. Im Gegenzug möchte ich für die Mitarbeiter etwas haben.
F: Das ist ein guter Gedanke, so könnte ich zustimmen. Aber was haben Sie sich für die Mitarbeiter vorgestellt?
B: Geben Sie eine Prämie in Höhe von…, wenn das Unternehmen einen Gewinn von … hat.
F: Einverstanden. Darüber können wir eine Betriebsvereinbarung abschließen.

Warum ist die Verhandlung in unserem Beispiel gut gelaufen?

— Keiner provozierte.
— Keiner nützte Schwächen des anderen aus.
— Jeder dachte auch im Sinn des anderen.
— Jeder suchte konstruktive Lösungen.
— Jeder war für Vorschläge des anderen aufgeschlossen.
— Jeder hat den anderen in seiner Rolle und in seinen Verdiensten anerkannt.

Basisstrategie: Gegenmachtkonzept

Gesprächsort: Besprechungszimmer im Betrieb

Beim Gegenmachtkonzept protzt jeder mit seinen „Truppen" und „Waffen", um den Gegner einzuschüchtern oder in die Knie zu zwingen. In unserem Beispiel liefe das Gegenmachtkonzept so, daß jeder dem anderen zeigt, was passiert, wenn er sich den Forderungen nicht beugt. Beispielsweise:

B: Ich brauche diese Sozialleistung, um mich wiederum bei meinen Kollegen durchsetzen zu können.
F: Das kann schon sein, aber Sie wissen, Sie haben überhaupt kein Recht darauf.
B: Es gibt auch Dinge, auf die Sie kein Recht haben. Wäre Ihnen der Rechtsstandpunkt angenehm gewesen, als es um Überstunden, Einarbeitungszeit und Betriebsurlaub gegangen ist?
F: Die Regelung ist doch für Sie nicht schlecht.
B: Aber auch nicht gut. Letztlich haben nur Sie davon profitiert. Sie zwingen mich zu einer absolut gegnerischen Haltung, wenn Sie jetzt nicht nachgeben, und ich glaube nicht, daß das auf Dauer zu Ihrem Vorteil ist.

Das Prinzip ist also: mit dem Säbel rasseln, gegebenenfalls auch sich mit (Gegen-)Macht durchsetzen.

Basisstrategie: Diktat

Gesprächsort: Schreibtisch des Firmeninhabers

Beim Diktat zeigt der Machthaber — in unserem Beispiel der Firmeninhaber — aufgrund seiner Position und seiner juristisch guten Ausgangslage, wer Herr im Haus ist. Es wird hier schon durch den Verhandlungsort demonstriert: Der Machthaber thront hinter seinem Schreibtisch, der Betriebsrat sitzt davor oder in einer unbequemen Sitzhaltung auf der Seite. Diese Situation ist auf reine Konfrontation und Durchsetzung ausgerichtet, Kompromisse sind nicht vorgesehen; die Mission des Betriebsrates bleibt erfolglos, welche Argumente immer er vorbringt.

Typische Formulierungen:

„Ich erfülle meine Verpflichtungen, die Belegschaft soll das gleiche tun."
„Ich verlange nur, was mir zusteht."
„Ich verlange nichts Unübliches."
„Ich wüßte nicht, warum ich nachgeben sollte."
„Wenn Sie mehr Sozialleistungen haben wollen, müssen sie verdient werden."

Basisstrategie: Barrikade

Eine Barrikadenstrategie kann an jedem Gesprächsort und in jeder Gesprächssituation eingesetzt werden. Wesentlich bei dieser Strategie ist: Es wird zwar Verständnis gezeigt, aber in keinem Punkt nachgegeben. Letzten Endes läuft der Verhandlungspartner an eine Gummiwand. Er bleibt im eigentlichen Sinn wie beim Diktat Bittsteller und wird nie zum Verhandlungspartner, nicht einmal zum Verhandlungsgegner.

Typische Formulierungen:

„Wenn ich könnte, würde ich ja gerne…"
„Ich verstehe Sie so gut, aber ich kann einfach nicht."
„Ich würde Ihnen gerne helfen, wenn nicht…"

Als in der Tendenz erfolgreich ist in positiver Hinsicht die Sozialpartnerstrategie zu sehen, in neutraler bis negativer Hinsicht die Gegenmachtstrategie. Alle anderen Strategien schreien im Normalfall nach Revanche und sind im eigentlichen Sinn keine Verhandlungsstrategien.

Verhandlungen mit dem politischen Gegner

Anlaß: Koalitionen, Gesetzesentwürfe, soziale oder außenpolitische Anliegen, Vergabe von Positionen etc.
Rahmen: Parteizentrale, Interessenverband, Vertretung von Gebietskörperschaften etc.
Ort: bevorzugt neutral.
Verhandlungspartner: Parteiensprecher, je nach Bedeutung auch Parteiführung.
Gesprächsklima und Einschätzung: je nach der persönlichen Bekanntschaft und Wertschätzung unterschiedlich, allenfalls von Vorsicht geprägt; grundsätzlich die Erwartung, nichts geschenkt zu bekommen.

Nehmen wir als *Fallbeispiel* eine Verhandlung in einer Gemeinde. Es geht um den Bürgermeistersessel, um den sich Kandidaten aus drei Parteien bewerben. Keine der Parteien hat die erforderliche Mehrheit, um unangefochten den Sitz behaupten zu können, so daß eine Koalition geschlossen werden muß.
Reine Konfrontationsstrategien kommen wegen ihrer Aussichtslosigkeit praktisch nicht in Frage. Der potentielle Koalitionspartner muß hofiert werden. Es muß eine Koalition mit jenem Partner geschlossen werden, der die eigenen Ziele am ehesten erreichen läßt. Das bedeutet, in der Vorbereitung der Verhandlung muß jeder der potentiellen Partner seine Wunschziele definieren, weiters seine realistischen Ziele und seine Mindestziele.

Mögliche Ausgangsvarianten:
Stärkste Partei: Uns steht der Bürgermeistersessel von der Stimmenanzahl her zu.
Zweitstärkste Partei: Wenn wir uns mit der kleineren Partei verbünden, haben wir eine Chance auf den Bürgermeistersessel.
Drittstärkste Partei: Wenn wir uns mit der zweitstärksten Partei verbünden, haben wir theoretisch eine Chance auf den Bürgermeistersessel. Wir können das Amt während der Periode teilen und einen Wechsel herbeiführen. Der Vizebürgermeistersitz ist uns bei jeder Art der Koalition sicher.

Mögliche Strategievarianten für die Verhandlungen sehen damit folgendermaßen aus:
Stärkste Partei: Wenn Koalition, dann unbedingt Bürgermeistersitz, Vizebürgermeister an den Koalitionspartner, falls nötig zweiten Vizebürgermeistersitz oder weitere Sitze im Gemeindevorstand. Zu klärende Frage:

Sind wir unter Umständen bereit, auf den Bürgermeistersitz zu verzichten? Wenn ja, welche Bedingungen müssen erfüllt werden? Oder bevorzugen wir die Oppositionsrolle, wenn wir den Bürgermeistersitz nicht erlangen können?
Zweitstärkste Partei: Welcher Sitz ist uns sicher? Welche Position können wir eventuell noch erreichen? Was sind uns die einzelnen Positionen an Zugeständnissen wert?
Drittstärkste Partei: Durch welche Koalitionsvariante setzen wir unseren Willen am besten durch / erhalten wir die attraktivsten Ämter?
Es muß für die Verhandlungsteams eine klare Primärzielsetzung geben, in deren Richtung verhandelt wird. Dabei müssen aber die Verhandlungsermächtigungen so weit gefaßt sein, daß flexibel auf alternative Strategien umgeschwenkt werden kann, wenn Verhärtungen zu merken sind.
Begleiten wir unser Verhandlungsteam zu einer ersten Gesprächsrunde. Die Verhandler stammen aus der stärksten Partei (1) und der drittstärksten Partei (2). Das übliche Vorgeplänkel („Small talk") wollen wir uns wieder ersparen:

1: Gehen wir gleich auf die wesentlichen Ziele los. Wir sind der Ansicht, daß uns der Bürgermeistersessel zusteht, weil uns die überwiegende Mehrheit der Wähler das Vertrauen geschenkt hat.
2: Nun, die überwiegende Mehrheit der Wähler hat Ihnen das Vertrauen nicht geschenkt. Die überwiegende Mehrheit hat aufgeteilt, und wir können aufgrund der Konstellation, die sich ergeben hat, auch den Auftrag unserer Wähler erfüllen.
1: Soll das heißen, Sie denken ernsthaft an den Bürgermeistersessel?
2: Grundsätzlich ja, aber wir sind Realisten genug, davon Abstand zu nehmen, wenn wir unsere politischen Ziele dadurch erreichen. (Anmerkung: Sie können sich den Spaß machen und diese Floskeln, die zumindest in der Außendiktion immer wieder verwendet werden, in „Klartext" übersetzen.)
1: Was heißt das konkret?
2: Das heißt konkret die Aufnahme folgender Punkte in Ihr Programm…
Weiters wollen wir folgende Ämter mit unseren Leuten besetzen…

Ähnlich läuft es dann mit den anderen Gesprächspartnern. Wenn alle Runden absolviert sind, gibt es durch alle Parteien eine Bewertung der Vorschläge und einen Beschluß, in welcher Art die Verhandlungen fortgeführt werden sollen.
Es wäre naiv anzunehmen, daß alle wichtigen Verhandlungsergebnisse am Verhandlungstisch erzielt werden. Selbstverständlich laufen informelle

Kontakte über persönliche Beziehungen und ähnliches im Hintergrund. Im Endeffekt geht es darum, dem Verhandlungspartner seinen Nutzen plausibel zu machen und darauf aufbauend minimale Zugeständnisse einzuräumen.

Dialektische Tricks nutzen vorwiegend dann, wenn Entscheidungen unmittelbar fallen. Überall dort, wo Verhandlungsergebnisse vor einer endgültigen Unterzeichnung durch kühle Analytiker im Hintergrund überprüft werden, verliert rhetorisches und dialektisches Feuerwerk seine Wirkung.

Vertragsverhandlungen

Ziel: klare Ausformulierung von Vertragspunkten.

Grundsätze einer erfolgreichen Vertragsverhandlung:
— klare Fixierung der Zielsetzungen jedes Verhandlungspartners (welche Sachverhalte sollen durch den Vertrag abgebildet werden),
— flexible Suche nach Wegen, diese Zielsetzungen zu erreichen.

Verhandlungsumfeld: häufig mit einem Fachmann (Rechtsanwalt, Unternehmensberater, Steuerberater) als Verhandlungsbeistand.

Vorbereitung: bei beginnenden Vertragsverhandlungen zunächst nur Vorbereitung eigener Ziele und Argumente, in fortgeschrittenem Stadium Vertragsentwurf.

Mögliche Strategien:

Faire Strategien:
— optimale Abstimmung der gegenseitigen Interessen
— faire Angebote
— faire Formulierungen
— kontrollierbare Regelungen
— Eingehen auf Standpunkte des Verhandlungspartners
— kein Ausnutzen von Fehlern und Versprechern

Unfaire Strategien:
— Überrumpelungstaktik
— heuchlerisches Rollenspiel unterschiedlicher Verhandler
— Zusagen, die man nicht einhalten kann oder will
— Umformulieren ausgehandelter Passagen im Vertragsentwurf
— Bluff

Der Einsatz fairer Strategien bedeutet selbstverständlich keine Garantie auf Erfolg, auch keine Garantie auf eine gute Beziehung während der Vertragslaufzeit. Ebensowenig bedeutet der Einsatz unfairer Strategien, daß nicht doch eine gute Einigung erzielt werden kann — es sei denn, die unfairen Strategien werden so plump eingesetzt, daß sie zur Verärgerung des Verhandlungspartners führen.

Um unterschiedliche Techniken beim Aushandeln eines Vertrages zu veranschaulichen, nehmen wir einen Ehevertrag als *Fallbeispiel*. Damit haben wir einen Vertrag, der das Verhandlungsbeispiel „Unterhaltsverhandlung" (bei der es wesentlich unangenehmer zugeht) überflüssig machen kann.

Verhandlungspartner in der Vorverhandlung sind die Ehegatten, am besten die zukünftigen Ehegatten. Ausgehandelt werden alle Regelungen für den Fall der Scheidung, einer Trennung ohne Scheidung, für den Fall, daß eigene Kinder (eheliche oder uneheliche) da sind oder nicht, und anderes mehr. Gemeinsam mit einem Fachmann auf diesem Gebiet oder mit Hilfe entsprechender Literatur sollte eine Check-List mit jenen Punkten erarbeitet werden, die in einem derartigen Vertrag berücksichtigt werden müssen. Zur abschließenden Verhandlung sollte ein Rechtsanwalt beigezogen werden, der den Vertragsentwurf unterbreitet.

Im wesentlichen geht es bei einem Ehevertrag um das Vermögen, das in die Ehe eingebracht wird, und um jenes Vermögen, das gemeinsam während der Ehe erworben wird; weiters um Unterhaltsansprüche im Fall der Scheidung; sofern ein Betrieb vorhanden ist, um die Berücksichtigung des betrieblichen Vermögens, die Bereitschaft zu Bürgschaftsübernahmen bzw. die Verweigerung derartiger Bürgschaften und anderes mehr.

Der heikelste Punkt dieser Verhandlung dürfte bereits die Tatsache sein, daß ein Ehevertrag geschlossen werden soll — wenn nicht beide Partner von vornherein der Ansicht sind, daß diese Angelegenheit vor der Ehe oder zu Beginn der Ehe geregelt werden muß.

Sind sich die Partner einig, daß ein Ehevertrag geschlossen werden soll, gibt es im allgemeinen zum Zeitpunkt kurz vor bzw. kurz nach der Eheschließung die wenigsten Konfliktstoffe und die größte Bereitschaft, auf den Rat von Fachleuten zu hören (Rechtsanwalt, Notar, Steuerberater, Unternehmensberater). Etwaige größere Konfliktbereiche oder grundsätzliche Meinungsverschiedenheiten auf diesem Gebiet beweisen lediglich die Bedeutung eines derartigen Vertrages.

Befassen wir uns in unseren Formulierungsbeispielen daher nur mit jener kritischen Phase, in der ein (zukünftiger) Ehepartner dem anderen beibringen will, daß er / sie gerne einen Ehevertrag abschließen würde.

Sie: So, jetzt sind wir mit den Ehevorbereitungen fast fertig. Allerdings nur fast.

Er: Was fehlt denn noch?

Sie: Meinst du nicht auch, wir sollten einen Ehevertrag schließen? (Suggestivfrage, signalisiert ein unangenehmes Gefühl)

Er: Was ist denn das?

Sie: Das ist ein Vertrag, in dem wir regeln, was mit unserem Geld und unserem sonstigen Vermögen geschieht, wenn wir auseinandergehen.

Er: Du willst ja die Ehe schon gut anfangen. In einigen Wochen stehen wir vor dem Altar und geloben, daß wir beieinander bleiben, bis daß der Tod uns scheidet.

Sie: Vielleicht schaffen wir das auch.

Er: Wenn ich das nicht glaube, brauche ich gar nicht zu heiraten. Dann können wir auch so zusammenleben.

Die Verhandlung geht unfehlbar in die falsche Richtung. Was ist schiefgelaufen? Offensichtlich war der Verhandlungspartner nicht vorbereitet. Das Thema „Ehevertrag" wurde hintenherum eingeschoben, verbrämt mit einer Suggestivfrage.

Wie könnte es besser gehen? Zum Beispiel dadurch, daß ein Außenstehender bei der Ehevorbereitung das Thema zur Sprache bringt. Oder indem in die Check-List für die Ehevorbereitung auch das Thema „Ehevertrag" aufgenommen wird. Oder indem man Bekannte von ihren eigenen Erfahrungen sprechen läßt. Ist das alles nicht geschehen, muß man offen an die Angelegenheit herangehen. Versuchen wir es noch einmal:

Sie: Ich habe in den letzten Tagen über etwas nachgedacht, was ich mit dir besprechen möchte.

Er: Ja?

Sie: In den Büchern und Broschüren, die wir zur Ehevorbereitung bekommen haben, ist immer wieder von einem Ehevertrag die Rede.

Er: Worum geht es dabei?

Sie: Der Ehevertrag soll wie jeder Vertrag helfen, eventuelle Auseinandersetzungen zu regeln.

Er: Besonders begeistert bin ich davon nicht. Für mich werden Ehen noch immer im Himmel geschlossen und nicht unter dem Schutz von Paragraphenreitern.

Sie: Das stimmt schon; aber wir sollten doch auch bedenken, daß wir mit der Ehe automatisch eine ganze Menge von Rechtsfolgen haben, ob wir das wollen oder nicht. Und ein Vertrag wäre auch zu deinem Schutz.

Er: Da hast du auch wieder recht. Wie stellst du dir den Vertrag vor?
Sie: Ich glaube, wir sollten uns da beraten lassen. Eigentlich möchte ich gar nichts Besonderes. Vielleicht gibt es Vertragsmuster; dann können wir über die einzelnen Punkte sprechen, wie wir die haben wollen.
Wie bei jeder Verhandlung gilt auch hier: Verhandelt kann nur werden, wenn grundsätzlich Verhandlungsbereitschaft besteht. Mit einem Partner, der zur Verhandlung nicht bereit ist, kann kein konstruktives Gespräch in dieser Richtung geführt werden. Will man die Verhandlung dennoch führen bzw. den Vertrag schließen, ohne daß der Partner ganz verlorengeht, muß die Angelegenheit entsprechend vorbereitet werden.

Verkaufsverhandlungen

Anlaß: Verkaufs- oder Kaufabsicht.
Eingeleitet durch: Verkäufer oder Käufer.
Umfeldbedingungen: Eine sinnvolle Verhandlung setzt voraus, daß der Verkäufer grundsätzlich verkaufen will und der Käufer bereit ist zu kaufen. Ein Produkt oder eine Leistung anzubieten, an dem der Käufer in keiner Weise interessiert ist oder das er niemals vom konkreten Anbieter kaufen würde, ist in unserem Sinn nicht als Verkaufsverhandlung zu sehen. Es ist vielmehr der Versuch eines Verkaufsgesprächs, also Werbung.
Ort: Firmensitz / Wohnsitz des Käufers, des Verkäufers, neutraler Ort, Verkaufsmesse.
Zur Vorbereitung der Verhandlung finden Sie Ratschläge im Kapitel „Tips, Tricks, Rezepte und Warnungen". Hier wollen wir die Verhandlungsstrategien beleuchten:
— „Hard-Selling", „Hineinverkaufen", und
— kundenorientierter Verkauf.

In unserem *Fallbeispiel* will ein Elektrohändler einem Kunden eine Stereoanlage verkaufen. Das Verkaufsgespräch wurde durch den Kunden eingeleitet und findet im Geschäft des Händlers statt („K" — Kunde, „V" — Verkäufer).

Hard-Selling-Methode

K: Guten Tag. Ich interessiere mich für eine Stereoanlage.
V: Guten Tag. Da haben wir eine große Auswahl bester Geräte hier. Haben Sie schon bestimmte Vorstellungen?

K: Nein, ich wollte mich von Ihnen beraten lassen.

V: Ja, das ist sicher der beste Weg für Sie. Eigentlich kann ich Ihnen nur eine Anlage mit gutem Gewissen empfehlen.

(Anmerkung: bei der die besten Ertragsaussichten sind oder die man loswerden möchte?)

Das ist diese hier. Sie besteht aus..., hat erstklassige Qualität, ein echtes Meisterstück.

K: Ich weiß nicht recht. Besonders gefällt sie mir nicht. Aber was kostet sie?

V: Der Listenpreis ist... Ich gebe sie Ihnen für...

K: Das ist aber wesentlich mehr, als ich für die Anlage ausgeben wollte.

V: Sie wollten doch eine gute Anlage?

K: Ja.

V: Und Sie wollten sich gut beraten lassen?

K: Ja, das auch.

V: Und Sie sind zu mir gekommen, weil Sie wissen, daß ich Sie gut berate?

K: Ja.

V: Dann glauben Sie mir doch: Das ist die beste Anlage, die Sie derzeit am Markt zu einem vergleichbaren Preis bekommen können. Ich habe ohnehin nur mehr ein Stück davon. Die Anlagen sind weggegangen wie die warmen Semmeln.

K: Ich weiß nicht, eigentlich ist sie mir zu teuer und gefällt mir nicht so recht.

V: Kaufen Sie die Anlage zum Ansehen oder zum Hören? Hören Sie doch einmal diesen Klang — ist das nicht phänomenal?

K: Ja, das schon.

V: Stereoanlagen kauft man wirklich nicht jeden Tag. Wenn Sie eine schlechtere Qualität kaufen, ärgern Sie sich nur.

K: Ich möchte es mir noch überlegen.

V: Dann kann die Anlage schon verkauft sein. Ich kann keine Reservierung übernehmen. Aber wahrscheinlich haben Sie Probleme, den Kaufpreis aufzubringen.

K: Daran liegt es nicht.

V: Dann verstehe ich überhaupt nicht, warum Sie nicht zugreifen. Wissen Sie was, ich stelle Ihnen die Anlage einmal in Ihrer Wohnung auf, dann wollen Sie sicher nicht mehr darauf verzichten.

Und so weiter. Der Verkäufer will dem Kunden unbedingt die Anlage aufschwatzen und wendet dabei alle psychologischen Tricks an. Ist der Kunde unsicher, hat er damit vielleicht sogar Erfolg. Einen selbstbewußten Kunden verärgert er hingegen.

Ist Ihnen übrigens bei diesem (sicher überzeichneten) Gespräch aufgefallen, daß der Verkäufer die Wünsche des Kunden kaum hinterfragt hat? Daß er ihn lediglich „bearbeitet" hat, daß kein wirkliches Gespräch zustande gekommen ist?

Kundenorientierter Verkauf

Versuchen wir es nun besser, indem wir dem Kunden das verkaufen, was er will. Das setzt voraus, daß der Verkäufer sich nach den Wünschen des Kunden erkundigt und daß er so lange nachfragt, bis er den Bedarf und die Vorstellungen des Kunden genau kennt. Das könnte etwa folgendermaßen angelegt werden:

K: Guten Tag. Ich interessiere mich für eine Stereoanlage.
V: Guten Tag. Haben Sie schon bestimmte Vorstellungen, oder möchten Sie sich zunächst allgemein informieren lassen?
K: Nein, ich weiß eigentlich noch nicht recht viel.
V: Möchten Sie Ihre Anlage in Möbel einbauen oder separat aufstellen?
K: Nein, einbauen möchte ich nicht.
V: Dann darf ich Ihnen zunächst unsere Stereotürme zeigen. Es gibt hier zwei Varianten: Kombigeräte, alles aus einem Stück, lediglich Boxen separat, und Einzelgeräte, die zusammengeschlossen werden. Der Vorteil bei den Einzelgeräten ist der, daß Sie im Fall einer Reparatur die übrige Anlage weiterverwenden können. Der Nachteil liegt eigentlich nur bei der Aufstellung und erstmaligen Verkabelung, die etwas komplizierter ist.
K: Wie ist die Qualität?
V: Das hängt unter anderem vom Preis ab. In welcher Preisklasse möchten Sie auswählen?
K: Nun, ich habe mir vorgestellt, etwa…
V: In dieser Preisklasse kann ich Ihnen diese Geräte hier anbieten. Was hören Sie vorwiegend: Kassette, Schallplatte, Radio oder Compact-Disc?
K: Bisher vorwiegend Schallplatte, aber ich möchte in Zukunft mehr auf CD übergehen.
V: Und wollen Sie eventuell auf Band überspielen?
K: Ja, das sicher, fürs Auto.
V: Möchten Sie Bänder auch selbst besprechen?
K: Nein, eher nicht.
V: Und darf ich Sie noch fragen: Hören Sie vorwiegend moderne Musik oder Klassik? Denn auch das bestimmt die Auswahl des für Sie richtigen Gerätes.
K: Eigentlich beides.

V: Dann kann ich Ihnen diese drei Geräte empfehlen. Dieses hier hat eine Leistung von...
K: Gibt es einen Qualitätsunterschied zwischen den Geräten?
V: Der Unterschied ist nicht sehr groß. Das hier hat allerdings die beste Qualität.
K: Und auch den höchsten Preis.
V: Das ist schon richtig. Aber ich schlage vor, Sie hören sich zunächst alle drei Geräte an. Vielleicht erleichtert das Ihre Entscheidung.

In diesem Gespräch hat sich der Kunde sicher wohl gefühlt. Er fand sich vom Verkäufer angenommen und beraten, wurde in keiner Phase bedrängt, aber auch nirgends mit unzureichenden Entscheidungsgrundlagen allein gelassen. Einem erfolgreichen Verkaufsabschluß steht nichts mehr im Wege.
Wesentlich schwieriger wird die Angelegenheit allerdings dann, wenn der Kunde nach dem Nennen des Preises mit Floskeln kommt wie „Ich muß mir das noch überlegen" und das Geschäft verlassen will. Jetzt muß der Verkäufer den nächsten Punkt der Verhandlung einleiten. Er muß zum Abschluß kommen, sonst hat er das Geschäft mit hoher Wahrscheinlichkeit trotz des guten Verkaufsgespräches verloren. Wir könnte das funktionieren?

K: Vielen Dank für Ihre Beratung. Geben Sie mir bitte zu dieser Anlage einen Prospekt mit. Ich möchte mir das noch mit meiner Frau ansehen und sage Ihnen dann Bescheid.
V: Gefällt Ihnen das Gerät?
K: Ja, sehr gut.
V: Ich habe Ihnen auch einen guten Preis vorgeschlagen.
K: Ja, ich glaube doch.
V: Ich habe das Gefühl, Sie hätten die Anlage schon gerne zu Hause.
K: Da können Sie durchaus recht haben.
V: Dann mache ich Ihnen einen Vorschlag: Testen Sie das Gerät übers Wochenende zu Hause. Wenn Sie nicht zufrieden sind, holen wir es am Montag wieder ab. Ansonsten machen wir das Geschäft perfekt.
K: Soll ich wirklich?
V: Am wichtigsten ist doch, daß man die Anlage hört. Ihre Frau kann sich eigentlich nur dann ein richtiges Bild machen, wenn Sie ihr die Anlage vorführen.
K: Da haben Sie auch wieder recht.
V: Wann dürfen wir bei Ihnen vorbeikommen?
K: Würden Sie mir die Anlage etwa liefern?

V: Selbstverständlich. Wir stellen Ihnen die Stereoanlage auf und verkabeln gleich alles.
K: Und das ist im Preis inbegriffen?
V: Ja. Und wenn Sie nicht zufrieden sind, nehmen wir die Anlage zurück, ohne weitere Kosten zu verrechnen.

Damit hätten wir den Verkauf unter Dach und Fach. Oberster Grundsatz: Wenn irgend möglich den Kunden nicht ohne Abschluß gehen lassen. Denn sonst ist Ihre Verkaufsanstrengung fast sicher vergeblich, und Sie müssen selbst dann, wenn der Kunde wiederkommt, von vorn beginnen. Aber bedrängen Sie niemals einen Kunden. Der Kunde muß stets das Gefühl haben, völlig frei zu entscheiden.

Beteiligungsverhandlung

Anlaß: Beteiligung an einem Unternehmen / an einem Projekt.
Kontakt: durch Vermittler, persönliche Bekanntschaft, auf Messen, durch Banken oder Geschäftsbeziehungen.
Verhandler: potentielle Beteiligungspartner.

Verhandlungsgegenstand:
— Tatsache der Beteiligung
— Form der Beteiligung
— Kosten der Beteiligung
— Geschäftsführung
— Nutzen der Beteiligung für jeden der Interessenten
— Finanzierung der Beteiligung
— Gewinnabführung
— Verlustabdeckung

Verhandlungsstufen:
1. Kommt eine Beteiligung grundsätzlich in Frage?
2. Gestaltungsformen der Beteiligung
3. Vertragsverhandlungen
4. Durchführungsverhandlungen

Wir wollen in unserem *Fallbeispiel* die erste Verhandlungsstufe darstellen. Nehmen wir an, ein Unternehmen verhandelt mit einem anderen über eine Beteiligung. Die Unternehmer kennen einander, stehen bisher in eher loser Geschäftsbeziehung und haben erfahren, daß der eine Beteiligungspartner sucht und der andere Beteiligungen.

Gesprächsort: üblicherweise Firmensitz des Beteiligungsanbieters, da die Verhandlungen mit einem Betriebsbesuch verbunden werden; gegebenenfalls auch an einem neutralen Ort, wenn man sich noch überhaupt nicht festlegen will.

In unserem Fall findet die Verhandlung am Firmensitz des Beteiligungsanbieters statt, die Betriebsbesichtigung ist schon vorbei, die Verhandlungspartner sitzen am Tisch.

Folgende Personen sind beteiligt:

UV — Unternehmer, der eine Beteiligung anbietet
UK — Unternehmer, der sich für die Beteiligung interessiert
BV — Berater des Verkäufers
BK — Berater des Käufers

UK: Vielen Dank für die Betriebsbesichtigung. Wenn es Ihnen recht ist, möchten wir nun die Verhandlung fortführen.

UV: Ja, gerne. Wie fangen wir es an?

BK: Ich schlage vor, wir präsentieren Ihnen zuerst, welche Art von Beteiligung wir uns vorstellen. Dann können Sie gleich sehen, ob das grundsätzlich für Sie interessant ist.

UV: Das ist ein fairer Vorschlag.

UK (zu seinem Berater): Machen Sie das gleich.

BK: Gut, gerne. Unser Unternehmen hat in den letzten Jahren sehr gut verdient, und wir sind daran interessiert, unsere Leistungspalette zu erweitern. Das bedeutet, wir suchen keine reine Kapitalbeteiligung, sondern eine Beteiligung, die unsere Unternehmensstruktur stärkt, die also in unser strategisches Konzept paßt. Dabei denken wir an eine Beteiligungshöhe, die uns doch wesentliches Mitspracherecht garantiert.

UV: Verstehen Sie darunter mehr als 50 Prozent der Anteile?

UK: Nein, nicht unbedingt, aber sicher mehr als 25 Prozent.

UV: Das wäre für mich durchaus denkbar.

UK: Warum wollen Sie eine Beteiligung hereinnehmen?

UV: Das kann Ihnen Herr ... besser erläutern. Er hat mir nämlich diese Empfehlung gegeben.

BV: Der Betrieb ist in den letzten Jahren stark gewachsen, die Eigenkapitalentwicklung hat aber nicht damit Schritt gehalten. Nun sind größere Investitionen fällig, die nur knapp finanziert werden können. Außerdem suchen wir eine breitere Basis im Verkauf und Know-how in der Produktionssteuerung.

BK: Das könnten wir bieten.

BV: Ja, das haben wir vermutet. Deshalb haben wir auch den Kontakt mit Ihnen sehr begrüßt.

BK: Ich schlage vor, wir sprechen jetzt über die gegenseitigen Erwartungen und darüber, in welchem Ausmaß der andere Partner diese Erwartungen erfüllen kann, ehe wir über Zahlen reden.

Die Grundlagen sind gelegt. Nun werden die gegenseitigen Interessen abgewogen. Das Ergebnis ist entweder die Erkenntnis, daß man doch nicht zusammenpaßt, oder die Planung weiterer Verhandlungsrunden.

Unangenehm wird die Sache, falls einer der Partner dem anderen aufgezwungen werden soll (beispielsweise durch eine Bank) oder sich aufzwingen will, oder wenn ein unangemessener Preis verlangt bzw. geboten wird. Die Verhandlung endet negativ, wenn einer der Partner für ihn existentielle Ergebnisse nicht aushandeln kann, das heißt wenn die Beteiligung seine grundsätzlichen Probleme nicht löst.

Für eine erfolgreiche Verhandlungsführung bedeutet das: Es müssen zu einem frühen Zeitpunkt der Verhandlung die angestrebten Ziele bzw. jene Ziele definiert werden, die einer der Partner unbedingt erreichen will oder muß — Ziele also, die im eigentlichen Sinn nicht Verhandlungsgegenstand sind, sondern Rahmenbedingungen der Verhandlung.

Unterhaltsverhandlung vor einer Scheidung

Verhandler: Ehegatten, eventuell mit Eheberater, Anwalt, allenfalls der Richter.

Rahmen: in einem Anwaltsbüro, in der (noch) gemeinsamen Wohnung, an einem neutralen Ort, im schlechtesten Fall bereits vor Gericht.

Gefühle der Verhandlungspartner: Ehegatten üblicherweise stark emotionalisiert, gegenseitige Einstellung häufig von Haß geprägt; bei den Beratern / beim Richter: gespannte, aufmerksame Neutralität; bei den Anwälten: parteiisch für ihren Mandanten / Ihre Mandantin.

Zu erwartende Kommunikationsstörungen: groß, durch Kommunikationsverweigerung, Killerphrasen, Standpunkte, von denen keiner abrücken möchte, und anderes mehr.

Grundlagen der Verhandlung: Rechtslage, aufbauend auf der Familiensituation (Kinder), dem Einkommen beider Partner sowie auf dem Vermögen und den Schulden.

Verhandlungsgegenstand: durch Gesetz nicht geregelter Spielraum, freiwilliger Verhandlungsspielraum, Gestaltungsform im Rahmen der gesetzlichen Bestimmungen.

Verhandlungsabschluß: schriftliche Vereinbarung, die von beiden Partnern und dem zugezogenen Berater unterzeichnet werden sollte.

Um derart emotionsgeladene Verhandlungen erfolgreich zu führen (erfolgreich heißt: mit einem Ergebnis, das beide Teile als tragbar empfinden und das beiden Teilen gute Zukunftsaspekte sichert), muß üblicherweise externe Unterstützung beigezogen werden. Falls Sie als Beteiligter nicht in der glücklichen Lage sind, mit Ihrem Partner noch vernünftig reden zu können oder gar einen Ehevertrag abgeschlossen zu haben, sollten Sie derartige Verhandlungen nur mit einem Berater (Familienberater oder Anwalt) führen.

Es sei nochmals wiederholt: Ganz gleichgültig, in welcher seelischen Verfassung Sie sich befinden — wenn Sie beginnen, unsachlich oder emotional zu argumentieren, führt die Verhandlung zu nichts.

Bringen wir zwei kurze *Fallbeispiele,* eines, das nicht zum Ziel führt, und eines, das zumindest Chancen dazu hat.

In unserem Fall hat jeder der beiden Partner seinen Rechtsanwalt mitgebracht. Wir haben damit folgende Verhandlungspartner: „M" — Mann, „RM" — Rechtsanwalt des Mannes, „F" — Frau, „RF" — Rechtsanwalt der Frau.

RM (an die Frau gerichtet): Wir wollen gleich zu den wesentlichen Punkten kommen. Mein Mandant bietet Ihnen folgendes an…

RF: Herr Kollege, Sie kennen die Gesetzeslage so gut wie ich. Nach der aktuellen Rechtslage steht uns wesentlich mehr zu.

RM: Das kann sein, obwohl ich nicht unbedingt Ihrer Meinung bin. Aber mein Mandant muß einen neuen Haushalt gründen…

F: … und seine Freundin erhalten.

M: Du hast ja ohnehin schon lange kein Interesse mehr an mir. Was kümmerst du dich dann um meine Freundin?

RF: Wie Sie hören, Herr Kollege, wird der Ehebruch von Ihrem Mandanten nicht einmal bestritten.

RM: Die Ehe war schon seit längerer Zeit zerrüttet und geht nun eben auseinander. Mein Mandant hat ein Angebot gemacht, das seiner finanziellen Leistungsfähigkeit entspricht.

F: Ich will alles haben, was mir zusteht.

M: Das sieht dir ähnlich. So habe ich mir das vorgestellt.

RM: Versuchen wir doch zu einer Einigung zu kommen. Ein Prozeß, gnädi-

ge Frau, würde so viel kosten, daß Sie letztlich nicht mehr bekommen als wir Ihnen vorschlagen.
RF: Herr Kollege, das grenzt jetzt schon an Bauernfängerei. So kommen wir sicher nicht weiter.
RM: Sind Sie vielleicht anderer Ansicht?
RF: Das bin ich. Ich bin überzeugt, wir erhalten sehr rasch recht, und damit sind auch die Kosten des Verfahrens gering.
RM: Ich sehe es nicht so. Aber was stellen Sie sich vor?
RF: Unser Rechtsstandpunkt ist folgender...
M: Das ist viel zuviel, da kann ich nicht zustimmen.
F: Dann werden wir eben prozessieren.

Lauter grundsätzliche Standpunkte und damit keine Chance, die Verhandlung erfolgreich abzuschließen. Anders sähe es aus, wenn echte Verhandlungsbereitschaft bestünde. Setzen wir dort ein, wo der Rechtsanwalt des Mannes auf die Kosten des Prozesses hinweist:
RF: Ich gebe zu, es gibt ein bestimmtes Prozeßrisiko, allerdings setze ich die Kosten bei weitem nicht in jener Höhe an wie Sie.
F: Ich möchte mich kurz unter vier Augen mit meinem Anwalt besprechen. (Zieht sich mit diesem zur Beratung zurück.)
RF: Wir haben folgendes Angebot...
RM: Nun möchte ich ganz kurz mit meinem Mandanten sprechen. (Zieht sich mit diesem zurück.)
RM: Wir sind grundsätzlich einverstanden, mit folgender Variation...

Damit sind die Fronten in Bewegung geraten, man spricht miteinander, nicht nur gegeneinander, so daß zumindest die Chance einer Einigung besteht. Sind beide Anwälte bestrebt, die Kosten für ihre Mandanten so niedrig wie möglich zu halten und für beide tatsächlich eine optimale Lösung zu finden, kann die Verhandlung nur bei sehr großen Auffassungsunterschieden scheitern.

Übungen

1. Sie wollen ein angebotenes Grundstück um 20 Prozent unter dem Preis erwerben, der Ihnen vom Verkäufer genannt wurde.
Welche Argumente verwenden Sie?

Wie könnte eine beiderseitige Gewinnstrategie aussehen?

2. Sie erkennen, daß Ihr Verhandlungspartner unfair zu argumentieren beginnt.
Wie reagieren Sie?

3. Sie merken, daß Sie mit einem nicht kompetenten Verhandlungspartner reden, den Sie aber aufgrund seiner Funktion akzeptieren müssen.
Wie gehen Sie vor?

4. Sie merken, daß Ihnen bei einer wichtigen Verhandlung notwendiges Fachwissen fehlt.
Welche Möglichkeiten haben Sie?

Lösungsvorschläge

zu 1) Grundstückspreis

Die Lösung muß bei den Absichten des Verkäufers ansetzen: Braucht er dringend das Geld oder will er einen möglichst hohen Ertrag erwirtschaften?
Falls er dringend das Geld benötigt, könnte die gegenseitige Gewinnstrategie so aussehen, daß Sie ihm anbieten, gegen entsprechende Absicherung den Betrag sofort auszubezahlen. Als psychologisches Druckmittel bewährt sich dabei entweder mitgeführtes Bargeld oder ein ausgefüllter Scheck für eine Anzahlung (die Sie sich allerdings absichern lassen müssen, wenn nicht Ruf oder Status des Verkäufers so eindeutig sind, daß Ihr Geld sicher angelegt ist).
Will der Verkäufer hingegen einen möglichst hohen Preis herausholen, liegt der Ansatz im Zeitfaktor und in den Kosten, die ihm der Grundstücksverkauf verursacht (Inserate etc.). Hat der Verkäufer einige ernsthafte Interessenten, werden Sie mit diesem Argument kaum durchdringen. Die Argumentation über den Zeitfaktor bezieht sich auf die Zinsen: Wenn der Verkäufer heute das Geld bekommt, erreicht er in ... Jahren (je nach dem jeweiligen Zinsniveau) seinen angestrebten Verkaufspreis. Dazu können Sie noch die Kosten für zusätzliche Werbung in die Argumentation einbeziehen.
Nicht im Sinne einer beiderseitigen Gewinnstrategie wäre eine Einigung auf 10 Prozent Preisminderung. Diese Einigung ist lediglich ein Kompromiß und hinterläßt nur dann „zwei Sieger", wenn beide Verhandlungsteile in Wirklichkeit dieses Ziel angestrebt haben. Davon sind wir aber in unse-

rem Beispiel nicht ausgegangen. Wir haben angenommen, daß der Verkäufer 100 Prozent erhalten und Sie nur 80 Prozent bezahlen möchten. Weitere Argumente im Sinne einer beiderseitigen Gewinnstrategie:
— ein zusätzlicher Kauf,
— wenn der Verkäufer beispielsweise Handwerker ist: die Vereinbarung eines zusätzlichen Auftrags, etwa beim Hausbau / bei der Wohnungseinrichtung etc.,
— die Vereinbarung von Bedingungen, die für den Verkäufer günstiger sind als die von ihm angestrebten (z. B. hinsichtlich Zahlung),
— die Vereinbarung von Leistungen, die Sie für den Verkäufer ohne Kostenverrechnung oder zu einem günstigeren Preis erbringen.

Die beiderseitige Gewinnstrategie erfordert eine intensive Beschäftigung mit dem Verhandlungspartner, seiner Situation und seinen Zielen — wobei Sie kreativ sein müssen. Und es sei nochmals wiederholt: Ein Kompromiß verringert lediglich die beiderseitige Verstimmung, die Gewinnstrategie will zwei Sieger hervorgehen lassen. Wenn Sie die Argumentationen üben, bedenken Sie immer eines: Hätten Sie als derjenige, der sein ursprüngliches Ziel nicht erreicht, durch die Lösung tatsächlich das Gefühl, dennoch ans Ziel gelangt zu sein?

zu 2) Unfaire Argumentation des Gegners

Versuchen Sie zunächst unter allen Umständen herauszufinden, warum der Verhandlungspartner unfair argumentiert, besonders dann, wenn seine Argumente ursprünglich im fairen Bereich gelegen haben. Überlegen Sie, ob Sie etwa selbst Anlaß zu einer unfairen Argumentation gegeben haben.
Wenn sich die Gelegenheit dazu ergibt und Sie sich mit dem Verhandlungspartner auf einer Ebene bewegen, die das erlaubt, sprechen Sie die Situation an: Machen Sie dem Verhandlungspartner klar, daß Sie seine Argumentation als unfair empfinden. Tun Sie das, indem Sie
— eine Ich-Botschaft senden und
— nicht ein definitives Urteil abgeben („Sie argumentieren unfair"), es sei denn, daß dieses Verhalten offensichtlich ist. Sagen Sie es „durch die Blume" oder in Form einer Rückkoppelung Ihrer eigenen Empfindungen: „Ich könnte mir vorstellen, daß Sie mit Ihrem letzten Argument gemeint haben, daß..." „Ich habe den Eindruck, daß Sie unfair argumentieren." „Sie wollen mich mit Ihren letzten Argumenten anscheinend überreden, nicht überzeugen."

Eine weitere Möglichkeit ist, den „Kampf" aufzunehmen und bewußte Abwehr- oder auch Angriffsstrategien einzuleiten. Das setzt voraus, daß Sie dialektisch sehr gut geschult sind und die Situation beherrschen. Dabei sollten Sie das Verhandlungsziel nie aus den Augen verlieren. Geht der Kampf nur noch auf Vernichtung des Gegners, das heißt, können Sie das Verhandlungsziel beim gegebenen Verhandlungsklima keinesfalls mehr erreichen, sollten Sie die Verhandlung abbrechen.

zu 3) Inkompetenter Verhandlungspartner

Ob Sie es sich leisten können oder nicht: Wenn Sie merken, daß Ihr Verhandlungspartner nicht kompetent ist, müssen Sie diplomatisch den Rückzug einleiten. Der Rückzug muß in einer Form erfolgen, die keinerlei Verstimmung aufkommen läßt, sonst schaffen Sie sich einen Feind. Beispielsweise: „Für heute wollte ich eigentlich nur bis hierher mit Ihnen sprechen. Folgende Themen sind noch nicht geklärt... Sind Sie einverstanden, wenn wir diese Themen am ... verhandeln? Ich möchte dazu Herrn ... mitnehmen, der dafür in unserem Haus zuständig ist. Wer wird von Ihrer Seite zusätzlich beigezogen werden?"

Hat Ihr Verhandlungspartner nach diesen Worten noch nicht begriffen, daß Sie die Beiziehung anderer Verhandlungspartner wünschen, müssen Sie notgedrungen deutlicher werden: „Ich glaube, wir kommen nur dann zu einem tragfähigen Verhandlungsergebnis, wenn von Ihrer Seite auch Herr / Frau ... an der Verhandlung teilnimmt."

Ist der Verhandlungspartner für die Entscheidung zuständig, aber dennoch nicht kompetent, versuchen Sie vorsichtig, den kompetenten Verhandlungspartner in die Verhandlung einbinden zu lassen: „Wir haben hier ein spezielles Fachthema, das ich gerne mit Ihrem zuständigen Experten diskutieren möchte. Könnten wir diesen Herrn / diese Dame zur Verhandlung beiziehen?"

zu 4) Fachwissen fehlt

Wie Sie sich verhalten, hängt von der Situation ab. Können Sie ohne Probleme die Verhandlung unterbrechen und zu einem anderen Termin fortsetzen, sollten Sie die erstbeste Gelegenheit dazu nutzen. Ist ein Unterbrechen der Verhandlung nicht möglich oder bringt Ihnen dies zu große Schwierigkeiten, sollten Sie einen Ihrer Experten beiziehen oder zumindest telefonisch befragen. Sie können sich ergänzende Informationen eventuell über Telefax übermitteln lassen. Bestehen diese Möglichkeiten nicht, können

Sie versuchen, sich durch einen Experten des Verhandlungspartners (mit entsprechender Vorsicht) beraten zu lassen.

Können oder wollen Sie keinen dieser Wege beschreiten, bleibt Ihnen nur eine letzte Wahl: Sie klammern aus der Entscheidung jenen Bereich aus, den Sie fachlich nicht ausreichend beurteilen können. Alles andere wäre in der Verhandlung schlichtweg fahrlässig.

Die Diskussion im beruflichen Umfeld

Unter Diskussion verstehen wir alle Auseinandersetzungen zwischen Menschen, die durch das Medium Sprache und mit ausschließlich rhetorischen und dialektischen Mitteln ausgetragen werden.
Die dabei verwendeten Waffen sind:
— die Stimme mit allen ihren Möglichkeiten,
— logische und faire Argumentationen,
— logische und unfaire Argumentationen,
— unlogische Argumente,
— sonstige dialektische Waffen,
— Körpersprache,
— Psychologie,
— Statistiken und sonstige Unterlagen,
— eigener und geborgter Status.

Alle diese Waffen werden im Rahmen der rhetorischen und dialektischen Auseinandersetzung verwendet und sind erlaubt. Denken wir vorwiegend an folgende Diskussionen:

— Podiumsdiskussionen,
— Diskussionen am Arbeitsplatz,
— Diskussionen im Kollegenkreis,
— öffentliche Diskussionen (z. B. Talk-Shows).

Diskussionen werden strukturiert durch:
— Art und Anzahl der Teilnehmer,
— mit oder ohne Moderator,
— Art und Brisanz des Themas.

Voraussetzungen für eine sinnvolle Diskussion

Sie werden das kennen: Sie sind an Ihrem Arbeitsplatz, aus irgendeinem Grund ergibt sich eine Diskussion. Sie lassen sich vielleicht nur ungern darauf ein, weil Sie einerseits vom Thema nicht allzuviel verstehen, andererseits auch wenig Lust haben, sich überhaupt damit zu beschäftigen. Und plötzlich fällt irgendeine Bemerkung, die Sie derart provokant finden oder dumm oder interessant oder was immer, und Sie steigen ein. Dann redet man, bis die Luft ausgeht — und am Schluß ist nur Zeit vergeudet worden. Was dann bleibt, ist vielleicht das Gefühl, sich gut unterhalten zu haben, oder auch ein etwas flaues Gefühl: Habe ich zuviel Unsinn geredet? Habe ich zuviel von mir selbst gesagt? Eigentlich wäre es mir unangenehm, wenn er/ sie das weitererzählt...

Daher die erste Voraussetzung für eine sinnvolle Diskussion: Diskutieren Sie nur über ein Thema, das Sie wirklich interessiert, mit dem Sie sich gedanklich intensiv auseinandersetzen wollen.

Voraussetzungen für eine sinnvolle Diskussion sind:

— ein klares Thema (worum soll es überhaupt gehen?),
— ein begrenzter Kreis von Diskutanten (wer diskutiert mit?),
— entsprechende räumliche Voraussetzungen für einen geordneten Ablauf der Diskussion,
— bei öffentlichen Diskussionen: ein Moderator,
— die Bereitschaft der Diskussionsteilnehmer, auch andere Meinungen gelten zu lassen.

Grundsätzliche Diskussionsziele können sein:

— Klärung eines Themenbereiches, indem aus verschiedenen Meinungen ein Gesamtbild erarbeitet wird,
— Meinungsbildung, indem versucht wird, den Teilnehmern der Diskussion oder (speziell bei Podiumsdiskussionen) dem Publikum bestimmte Überzeugungen zu vermitteln,
— Meinungssammlung (das Thema wird von allen Seiten beleuchtet, es soll/ muß aber keine gemeinsame Schlußmeinung geben).

Die erste Voraussetzung ist: ein klares, von allen Diskussionsteilnehmern akzeptiertes Thema. Ist das nicht gegeben, sagt jeder lediglich, was irgendwie zum Gespräch zu passen scheint. Wird ein Moderator hinzugezogen, hat er unter anderem die Aufgabe, für themenkonzentrierte Aussagen zu sorgen.

Im Verlauf einer Diskussion ergeben sich immer wieder neue Themen, Teil-Themen zum Haupt-Thema, und auch für diese Unterpunkte gilt die genannte Voraussetzung: ein Thema haben, beim Thema bleiben.

Die zweite Voraussetzung, ein abgegrenzter Kreis von Diskutanten, ist insbesondere dann sicherzustellen, wenn die Diskussion an einem Ort stattfindet, an dem mit neu Hinzukommenden zu rechnen ist. Jeder Neuankömmling kann aufgrund seiner Uninformiertheit und seiner dem Gruppenklima noch nicht angepaßten Gefühlswelt das Diskussionsklima empfindlich stören.

Entsprechende räumliche Voraussetzung bedeutet im Minimum: ausreichend Platz, Sitzgelegenheiten für alle; jeder kann jeden sehen; räumliche Nähe in einem Ausmaß, das eine dichte Atmosphäre gewährleistet.

Die vielleicht schwierigste Voraussetzung ist die Bereitschaft, auch andere Meinungen zu akzeptieren, sich von anderen Meinungen und besseren Argumenten überzeugen zu lassen. Nach wie vor scheint es als Niederlage zu gelten, wenn die eigene Meinung nicht durchgesetzt werden kann. Doch wenn jeder in der Diskussion nur das Ziel verfolgt, die eigenen Ansichten durchzusetzen, ist das Ergebnis von vornherein offenkundig: Man redet aufeinander ein — und aneinander vorbei.

Wenn Sie Diskussionen verfolgen, und die Möglichkeit dazu gibt es beispielsweise im Fernsehen Tag für Tag, ist immer wieder das gleiche zu erkennen: Jeder will nur sich selbst und seine Meinung darstellen; kaum einer geht wirklich auf den anderen ein, und wenn, dann bestenfalls rhetorisch — das allerdings doch, weil man ja die Regeln kennt und schließlich weiß, was ein höflicher, gebildeter Mensch zu tun hat.

Ich erinnere mich an die Werbung einer Computerfirma, die vor einigen Jahren vor allem in Printmedien gelaufen ist. Zu sehen war eine attraktive Dame mit einem überaus attraktiven Dekolleté, und darunter stand der Satz: „Sie hören mir ja überhaupt nicht zu." Für mich war diese Annonce ein „Schlüsselbild" für die Mängel des Sprechens mit anderen: Wir sehen und hören irgend etwas, worauf es eigentlich (zumindest in dieser Situation) nicht ankommen dürfte. Spöttisch drückt es der Spruch aus: „Jeder denkt an sich — nur ich denke an mich."

Vermutlich würde es Sie in den meisten Diskussionen überraschen und vielleicht sogar verwirren, sich intensiv mit den Gedanken der anderen auseinanderzusetzen und auch offen und aufrichtig zuzustimmen, wenn Sie die Meinung des anderen teilen. Um so wirkungsvoller ist dann Ihr Widerspruch: Sie widersprechen nur, wenn es aus Ihrer Sicht notwendig ist.

Fassen wir zusammen: Sinnvoll diskutieren setzt voraus, den anderen und seine Meinung zu akzeptieren, sich damit auseinanderzusetzen, tolerant zu sein, sich dem besseren Argument zu beugen und nicht einem rhetorischen und dialektischen „Feuerwerk", das nur auf Wirkung berechnet ist, nicht auf Inhalt.

So vermeiden Sie eine gute Diskussion

Reizt es Sie nicht, einmal so richtig negativ zu denken? Auch Ihren Mephisto zu seinem Recht kommen zu lassen, den „Geist, der stets verneint"? Soeben haben wir darüber gesprochen, was man tun kann, um eine Diskussion sinnvoll werden zu lassen. Wir haben auf die üblichen Fehler hingewiesen und vor ihnen gewarnt. Aber jetzt sollen die Fehler einmal ins Scheinwerferlicht kommen. Die Bühne frei — wir diskutieren schlecht!

● Wir unterbrechen

Weshalb soll man andere ausreden lassen? Erstens ist es doch völlig uninteressant, was die sagen. Zweitens wird die Diskussion sowieso schon zu lang. Drittens wird es Zeit, daß jemand sagt, wie es geht — und das sind selbstverständlich wir. Viertens soll dieser Langweiler endlich aus dem Bild.

● Wir reden lange

Was heißt schon Diskussion? Wichtig ist, daß jemand klar und eindringlich sagt, worum es geht. Danach gibt es ohnehin nichts mehr zu sagen. Die anderen sollen brav den Mund halten und zuhören, damit ihnen ja kein Wort entgeht. Dann dürfen sie zu guter Letzt noch zustimmen und applaudieren — und damit Schluß. Wir reden zu lange? Doch nicht für das, was wir zu sagen haben! Wir haben noch eine ganze Menge zu sagen. Sieh an, da fangen die ersten schon zu schlafen an. Eine solche Unverschämtheit. Na, die werden wir mit einem rhetorischen Paukenschlag aus ihrer Ruhe reißen. Wo bleibt denn der Beifall? Mit den paar Worten will mich mein Nachredner entkräften? Und die Leute applaudieren sogar noch?

● Wir gehen nicht auf den Vorredner ein

Endlich hat dieser Mensch aufgehört zu reden. Es war zwar nicht sehr lang, aber für diesen Unsinn auf jeden Fall zu lang. Außerdem hat er das Thema völlig falsch verstanden. So, jetzt zu meinem Text, endlich kann ich sagen, worum es geht...

● Wir sprechen unstrukturiert

Struktur in der Rede — das ist etwas für Rhetorikbücher. Wir bewegen uns im freien Raum der Phantasie, nichts hemmt die Kreativität. Da fällt mir nur dazu ein: ... Jetzt habe ich zwar den Faden verloren, aber was kümmert's mich, die Leute sollen sehen, wie sie zurechtkommen. Bei meinem Rang halten mich ohnehin alle für bewundernswert, ganz egal was ich sage. Die sollen doch froh sein, daß ich überhaupt den Mund aufmache und noch dazu so viel erzähle. Zusammenhang? Ist doch völlig klar, habe ich doch alles schon gesagt!

● Wir behaupten zuviel und beweisen zuwenig

Was immer ich sage, stimmt. Wozu beweisen? Die Logiker wissen doch ganz genau, daß man ohnehin immer von einer Prämisse ausgehen muß, einer Voraussetzung, die als sicher gilt. Alle meine Aussagen sind ohnehin Prämissen, das ist doch alles so klar, was soll man da noch beweisen?

● Wir lassen uns in die Falle locken

Jetzt hat mich dieser Mensch doch tatsächlich aufs Kreuz gelegt. Eine so harmlose Frage, dabei so hinterhältig. Und ich gebe dem auch noch Antwort. Ja, da stimmt eben wieder das alte römische Sprichwort: „Wenn du geschwiegen hättest, wärst du ein Philosoph geblieben." Momentan bin ich zwar mit meinem Latein am Ende — aber das zahle ich dem Kerl heim.

● Nervös werden

Der wird doch immer präpotenter. Eine Frage nach der anderen, der will überhaupt alles von mir wissen — aber eigentlich fühle ich mich nicht mehr wohl. Was soll ich nur tun? Die Hände schwitzen schon, ich fürchte, man sieht es mir an, daß ich nervös werde.

● Überhastet reagieren

Endlich hat er einen Fehler gemacht, jetzt aber rasch reagiert. Der Schlag hätte gesessen — aber was macht der daraus? Er sagt, ich habe ihn vorher nicht ausreden lassen. Wieder verloren...

● Auf jede Frage antworten

Diese letzte Frage, die hatte es in sich. Eigentlich hätte man darauf gar keine Antwort geben dürfen — aber ich bin ja ein höflicher Mensch. Moment, so geht das nicht. Jetzt dreht der meine Antwort gegen mich. Soll das eine faire Diskussion sein?

● Immer auf das gleiche zurückkommen

Jetzt habe ich ohnehin schon dreimal erklärt, daß es ausschließlich um diesen Punkt geht, und die reden immer wieder von etwas anderem. Was? Ich soll endlich damit aufhören, immer das gleiche zu wiederholen? Aber darum geht es doch, nur darum!

So, damit schicken wir Mephisto wieder dorthin, wo er hingehört. Wenn Ihnen die eine oder andere Situation bekannt vorgekommen ist — Ähnlichkeiten waren durchaus beabsichtigt.

Rollen in der Diskussion

Es geht um ein interessantes Denkmodell. Die Rollenverteilung, die wir hier behandeln wollen, kann sich in jeder Art von Konfliktgespräch ergeben. Die Rollen können sich im Verlauf des Gesprächs verschieben — und das geschieht im allgemeinen auch. In den seltensten Fällen werden die Positionen so klar umrissen sein, wie sie vom Begriff her formuliert sind. Was Sie aus den Überlegungen lernen sollten, ist die unterschiedliche Positionierung und das persönliche Verhalten bzw. die Verhaltenserwartungen, die sich aus einer bestimmten Rolle ergeben.
Unterscheiden wir folgende Rollen:
— den Angreifer („Verfolger"),
— den Angegriffenen („Opfer"),
— den Verteidiger („Helfer").

Aus dem Verständnis der Transaktionsanalyse heraus nimmt der Angreifer eine Position im Eltern-Ich ein (das strafende Eltern-Ich), will den Angegriffenen in eine Position des Kindheits-Ich bringen (klein, niedergemacht), der Verteidiger schlichtet entweder aus der Ebene des fürsorglichen Eltern-Ich oder aus der Ebene des Erwachsenen-Ich.
Zu diesem Rollenspiel, das wir ausschließlich aus dem Blickwinkel einer ablaufenden Diskussion sehen, wollen wir drei Fragen stellen:
1. Wann und wie erreicht der Angreifer sein Ziel?
2. Wann und wie kann der Angegriffene den Angriff abwehren?
3. Was sind die Ziele des Verteidigers, und wie kann er diese erreichen?

1. Wann und wie erreicht der Angreifer sein Ziel?

Der rhetorische und dialektische Angriff kann erfolgen:

— als Frontalangriff,
— als Flankenangriff oder
— als Überraschungsschlag.

Klingt sehr kriegerisch, nicht wahr? Nun, letztlich geht es darum, etwas gegen einen anderen zu erreichen. Lehnen Sie das grundsätzlich ab, das heißt, gibt es für Sie nur den gemeinsamen Nutzen, dann passen diese Diskussionsfiguren des Angriffs für Sie überhaupt nicht. Sie sind dann ein typischer Verteidiger — oder auch ein typisches Opfer.
Unter Frontalangriff verstehen wir die offene Herausforderung „auf breiter Front". Typische Formulierungen sind: „Ich stelle mich in jedem Punkt gegen Sie" oder: „Von Ihren Argumenten kann ich keines annehmen."
Der Flankenangriff zielt auf Schwachstellen. Typische Formulierungen sind: „Mir scheint Ihre Beweisführung in folgendem Punkt nicht stichhaltig..." „Könnten Sie den Bereich ... näher erläutern?"
Der Überraschungsschlag ist eine heimtückische Form der Dialektik. Er wird z. B. durch eine irreführende Körpersprache vorbereitet: Sie nicken scheinbar zustimmend, wenn Ihr Diskussionsgegner spricht, notieren eifrig seine Argumente und greifen nach Abschluß seines Statements Punkt für Punkt an.
Eine andere Form des Überraschungsangriffs wäre, zunächst interessiert nachzufragen, positives Interesse zu signalisieren und dann plötzlich Argument für Argument zu widerlegen und Gegenpositionen aufzubauen.
Unfair? Vielleicht. Den Jesuiten wird der Spruch nachgesagt: „Der Zweck heiligt die Mittel." Wir sind wieder bei der Ethik, und für mich ist Ethik nicht unbedingt eine Frage der Strategie. Auch wenn Sie persönlich eher zu offenen Auseinandersetzungen neigen, sofern Auseinandersetzungen unumgänglich sind, sollten Sie doch nicht bewußt auf dialektische Stärken verzichten. Dies insbesondere dann nicht, wenn Sie in einer unterlegenen Position sind — aus welchen Gründen immer. Der Überraschungsangriff ist eine Durchsetzungsform der Schwachen. Wer stark genug ist, kann darauf verzichten.
Wann erreicht der Angreifer sein Ziel? Zunächst, so banal es klingen mag: wenn er überhaupt ein Ziel hat. Anzugreifen nur aus Lust am Angriff und am Niederringen des Gegners, ist bestenfalls für Spielsituationen, das heißt beispielsweise für ein Dialektiktraining, geeignet.

Sein Ziel in einer Diskussion zu erreichen, bedingt weiters die Bereitschaft des Diskussionsgegners, eine Niederlage einzugestehen. Das wird erleichtert, wenn die Diskussion Zuhörer hat, die dann als „Schiedsrichter" fungieren.

Ohne es auszusprechen, ist eine Niederlage dann eingestanden, wenn Verhaltensweisen aus dem Bereich des Kindheits-Ich zum Zug kommen: Trotz, Ärger, Aggression, Demutsgesten.

2. Wann und wie kann der Angegriffene den Angriff abwehren?

Anders formuliert: Wie schützen Sie sich davor, als Angegriffener zum Opfer zu werden? Sie müssen zunächst erkennen, aus welcher Ecke der Angriff kommt, welche Angriffsstrategien verwendet werden, welche Angriffswaffen (z. B. die eigene imposante Körpergröße, die tiefe Stimme etc.) der Angreifer vorwiegend einsetzt und welches Angriffsziel er verfolgt. Erkennen Sie, daß der Angreifer kein Ziel hat, haben Sie schon gewonnen. Sie brauchen dann lediglich zu fragen: „Worauf wollen Sie eigentlich hinaus?" Ihre Abwehrstrategie müssen Sie darauf abstimmen, ob sie ausschließlich auf den Angreifer gerichtet ist, auf den Angreifer und das Publikum oder nur auf das Publikum. Im letzten Fall wählen Sie Ihre Argumente ausschließlich so, daß Sie die Zuhörer überzeugen können — den Angreifer lassen Sie ins Leere stoßen.

Auch bei den Abwehrstrategien gibt es einige typische Figuren:
— Absicherung (Blockieren)
— Gegenangriff
— Zurückweichen

Im ersten Fall, bei der Absicherung, blockieren Sie einfach die Zugänge, das heißt, Sie machen sich unangreifbar. Das können Sie, indem Sie etwa auf Ihnen unangenehme Argumente nicht eingehen, dialektische „Untergriffe" ignorieren, die Eltern-Ich-Position des Angreifers zurückweisen und bewußt auf der Ebene des Erwachsenen-Ich bleiben, sich hinter Autoritäten zurückziehen („Ich verweise da auf die Untersuchung der Universität...") oder ähnliches.

Für den erfolgreichen Gegenangriff müssen Sie die Schwachstellen des Angreifers erkennen (und schwache Punkte hat jeder, der sich mitten in der „Angriffsbewegung" befindet) und unter Einsatz der richtigen rhetorischen und dialektischen Waffen den Angriff stoppen. Haben Sie es mit einem starken Gegner vor Publikum zu tun, können Sie den David-und-Goliath-Effekt nutzen, um die Sympathie des Publikums zu gewinnen: „Ich kann zu einer derart massiven und beeindruckenden Argumentation fast nichts sagen, noch dazu, wo sie von einer so überzeugenden Persönlichkeit kommt. Aber eines möchte ich doch anmerken…" Und dann ziehen Sie kräftig und selbstsicher los.

Einer der Grundsätze für erfolgreiche Gegenangriffe lautet:
Greifen Sie nie dort an, wo der andere stark ist, und nie mit den Waffen, in denen er Ihnen überlegen ist!

Stark ist der Angreifer dort, wo er Ihre Schwachpunkte erkannt hat, was immer diese sein mögen, und wo er sich schon auf deren Bekämpfung eingestellt hat. Einzig und allein dann, wenn diese Schwachpunkte nur scheinbare Schwachpunkte sind, wenn Sie sich gerade dort stark fühlen, können Sie den Stier an den Hörnern packen. Dann weisen Sie den Angriff unmittelbar ab und gehen zugleich zum Gegenangriff über: „Ich stelle fest, Sie haben meine Argumente nicht verstanden, daher wiederhole ich nochmals mit anderen Worten… Und nun zu Ihren Ansichten…"

Zurückweichen schafft Ihnen Zeit für Überlegungen. Außerdem macht es den Angreifer unvorsichtig. Sie können ihm Fallen stellen, indem Sie etwa eine Haltung vorspielen, die Sie innerlich schon abgelegt haben. Sie können beispielsweise nach Art des Kindheits-Ich reagieren (beleidigt, schmollend…), während Ihr Erwachsenen-Ich bereits die Schwachstellen der gegnerischen Argumentation abtastet.

Hat der Angreifer nur begrenzte Angriffsziele, will er also nichts weiter als in einem bestimmten Punkt recht behalten, kann Ihr Zurückweichen zu einer Beruhigung der Diskussion beitragen und wiederum in eine konstruktive Phase führen.

3. Was sind die Ziele des Verteidigers, und wie kann er diese erreichen?

Ziele des Verteidigers können sein:
— den Angegriffenen zu schützen,
— die Diskussion weiterzubringen,
— dem Angreifer zu widerstehen.

Er kann sich zu diesem Zweck eindeutig auf die Seite des Angegriffenen schlagen oder auch die Rolle des Neutralen spielen. Je mehr er sich aus dem Konflikt heraushält, desto stärker bleibt seine eigene Position. Geht er unmittelbar an die Seite des Angegriffenen, verstärkt er lediglich dessen Position und wird selbst mit zum Angegriffenen.

Der Verteidiger, dem es um ein konstruktives Diskussionsklima geht, sollte daher die Rolle des Neutralen, also des Erwachsenen-Ich, nicht verlassen.

Es muß ihm gelingen, von beiden Konfliktparteien als Mittler anerkannt zu werden. Schafft er das, schlüpft er damit in die Rolle eines Moderators.

Argumentationstechniken in der Diskussion

Argumentationstechniken sind Möglichkeiten der Formulierung, rhetorische und dialektische Figuren, die flexibel eingesetzt werden, um in der Diskussion oder sonstigen geistigen Auseinandersetzungen zu überzeugen. In seiner „Schule der Debatte" gibt Heinz Lemmermann einen Überblick:

● Fundamental-Technik (Bestreite-Technik)
Angegriffen wird das Fundament des Gegners, seine „Tatsachen".

● iderspruchs-Technik
Es werden Widersprüche in der Argumentation des Gegners gesucht und genutzt.

● Folgerungs-Technik
Überprüfen Sie, ob die Folgerungen in der Argumentation richtig sind oder ob sogenannte „Scheinkausalitäten" bestehen, das heißt, ob nicht-bestehende Zusammenhänge hergestellt werden. (Dazu ein amüsantes Beispiel: Überall, wo es brennt, steht die Feuerwehr. Also ist die Feuerwehr an Bränden schuld.)

● Beispiel-Technik
Beispiele veranschaulichen und erleichtern damit das Verständnis. Wichtig ist aber, die richtigen Beispiele zu bringen, Beispiele, die tatsächlich zur Aussage passen, die Argumentation verstärken und nicht „an den Haaren herbeigezogen" sind.

● Vergleichs-Technik
„Das ist so, wie wenn..." „Ein Stoß Papier, der so hoch ist wie das Matterhorn."

● Kehrseiten-Technik („Ja aber"-Technik)
„Das mag schon richtig sein, bringt aber folgende Nebenwirkungen..."

● Einschränkungs-Technik (Zergliederungs-Technik, Differenzierungs-Technik)
Ziel der Einschränkungs-Technik ist, halbrichtige Argumentationen zurechtzurücken. Sie zeigen damit, daß Sie sich mit den Argumenten des Gegners beschäftigt haben, dem Zustimmenswerten zustimmen, das Falsche aber zurückweisen.

● Bumerang-Technik
Bei der Bumerang-Technik wird eine Aussage des Diskussionsgegners gegen diesen verwendet, das heißt, der „Bumerang" kommt auf den „Werfenden" zurück. In der Primitivform wird diese Technik etwa so angewandt: „Sie denken so, wie Sie sind." Vielleicht richtig, aber nicht sehr geistreich, letztlich eine Killerphrase.
Heinz Lemmermann bringt folgendes Beispiel einer gekonnten Anwendung der Bumerang-Technik zwischen dem griechischen Staatsmann Demosthenes und seinem politischen Gegner, dem Feldherrn Phokion:
Demosthenes: Die Athener bringen dich noch um, wenn sie rasend werden.
Phokion: Gewiß, und dich, wenn sie wieder bei Verstand sind.

● Abwertungs-Technik
Unbestreitbare Tatsachen werden abgewertet.

● Aufwertungs-Technik
Tatsachen, die die eigene Argumentation stützen, werden aufgewertet.

● Umwertungs-Technik
Umwertung ist eine gänzliche Neubewertung eines Sachverhalts. Es gibt da einige amüsant klingende Beispiele aus dem „Geschlechterkampf" — ob sie wirklich amüsant sind, müssen Sie selbst entscheiden: „Ein Mann diskutiert — eine Frau tratscht." „Ein Mann informiert sich — eine Frau ist neugierig." „Ein Mann ist großzügig — eine Frau verschwenderisch." Merken Sie, worauf diese Umwertungs-Technik hinausläuft? Darauf, mundtot zu machen. Trainieren Sie also, wie Sie mit derartigen Aussagen und Techniken als Angegriffene(r) fertig werden können — elegant, treffsicher, überzeugend.

● Vorgriffs-Technik (Prolepsis = Einwandvorausnahme)
Die Vorgriffs-Technik versucht Argumente des Diskussionsgegners vorwegzunehmen, ihm praktisch seine eigenen Waffen aus der Hand zu nehmen.

● Vorfrage-Technik
Vorfragen sind Fragen, die auf das eigentliche Thema hinführen sollen, die also ein Diskussionsthema vorbereiten.

● Scheinstützen-Technik
Bei dieser Technik helfen Sie dem Diskussionsgegner scheinbar in seiner Argumentation — um dann sein ganzes Argumentationsgebäude ins Wanken zu bringen.

● Übertreibungs-Technik (Verallgemeinerungs-Technik)
Das Wesen der Übertreibungs-Technik ist, vom Einzelfall auf die Gesamtheit zu schließen. Dazu ein betrübliches Beispiel, wie es immer wieder vorkommt: Ein Einwanderer begeht ein Verbrechen, also wird argumentiert, alle Einwanderer seien kriminell.

● Witz-Technik
„Eine geistreiche oder witzige Bemerkung kann eine Argumentation völlig aus den Angeln heben. Wenn man die Sache dann nach dem Gelächter nüchtern betrachtet, so ist der Witz meistens höchst unsachlich. Er war nur brillant und hatte dadurch die blendende Wirkung." (Lemmermann)

● Autoritäts-Technik
Bei der Autoritäts-Technik beruft sich der Argumentierende auf anerkannte Autoritäten: Personen, Institutionen etc. Es ist dies eine Abwandlung der Methode „großer Bruder": „Laß mich in Ruhe, sonst verhaut dich mein großer Bruder."

● Ad-personam-Technik
Ist die Sachargumentation unangreifbar, geht man auf die Person los und unterstellt ihr was immer.

● Isolier-Technik
Argumente des Diskussionsgegners werden so aus dem Zusammenhang gerissen, daß sie falsch und unverständlich werden.

● Ausweich-Technik
Der Diskussionsgegner weicht auf ein Gebiet aus, das gar nicht Thema war — ein sogenanntes „Ablenkungsmanöver".

● Verdrängungs-Technik
Hier weicht der Diskussionsgegner auf einen nebensächlichen Aspekt der eigenen Aussage aus.

● Verwirrungs-Technik (Überrumpelungs-Technik)
Um recht zu behalten, wird alles zerredet, z. B. indem man es zergliedert, vermischt, einen Wortschwall auf den Diskussionsgegner losläßt etc.

● Hinhalte-Technik
Ziel der Hinhalte-Technik ist es, Zeit zu gewinnen, z. B. um heikle Bereiche der Diskussion zu vermeiden, die noch auf dem Programm stehen.

● Gefühlsappell-Technik
Diese Technik, die von Sachargumenten weg rein auf die Gefühlsebene geht, ist immer wieder in der juristischen Argumentation der Verteidiger zu finden (selbstverständlich nicht nur dort). Und ich kann mir nicht helfen: Alles verstehen und alles verzeihen, nur weil der arme Schläger / Mörder / was auch immer traurig ist und eine schlechte Kindheit hatte, erscheint mir doch etwas fragwürdig. (Frage an Sie: Welche Art von Argumentation habe ich jetzt angewandt? Aus meiner Sicht: die Einschränkungs-Technik.)

● Entstellungs-Technik
Sie kennen die Entstellungs-Technik unter dem Aspekt „Der dreht mir das Wort im Mund um".

● Fangfragen-Technik
Die Fangfragen-Technik wird in drei Varianten angewandt:
— Wiederholung (einer Frage oder einer Behauptung),
— Suggestivfrage,
— Alternativfrage.

Diese Form der Argumentation kann fair und unfair eingesetzt werden:
Wiederholung — fair: Sie argumentieren und schließen immer wieder mit der gleichen Frage, z. B.: „Der Wald stirbt — tun wir genug dagegen? Die Flüsse sind verschmutzt — tun wir genug dagegen? Unsere Jugend hat Zukunftsängste — tun wir wirklich genug dagegen? Tun wir genug dafür?"
Wiederholung — unfair: „Sie glauben, etwas bewiesen zu haben — glauben Sie das wirklich? Und Ihre Meinung soll uns überzeugen — glauben Sie das alles wirklich?"

Suggestivfrage: „Wir sind uns doch einig, daß die Angelegenheit so zu sehen ist?" „Sie wählen doch auch die richtige Partei, also unsere?"
Alternativfrage — fair: echte Alternativen („Bevorzugen Sie zur Fortbildung den universitären Rahmen oder nehmen Sie lieber Angebote kommerzieller Institute in Anspruch? Was beeinflußt Ihre Entscheidung?")
Alternativfrage — unfair: Scheinalternativen („Sind Ihnen Atomkraftwerke lieber oder Licht von Kerzen?")

Unterlagen in der Diskussion

Winston Churchill wird der Satz nachgesagt: „Ich glaube nur an die Statistiken, die ich selbst gefälscht habe." Ich interpretiere diese Aussage so: Unterlagen sind Waffen, die eingesetzt werden, um ein bestimmtes Ziel zu erreichen. Wenn es die eigene Argumentation stützt, werden Zahlen vorgebracht — Zahlen scheinen objektiv, vorurteilsfrei, unangreifbar.
Wer von Ihnen sich einmal mit mathematischer Statistik befaßt hat, weiß, wie einfach man die Wirkung einer Statistik ändern kann: indem man die Skala vergrößert oder verkleinert, indem man die Bezugsbasis ändert und anderes mehr. Leser und Hörer, also auch Diskussionsgegner, kann man durch geschickte Darstellung zur Konzentration auf das Unwesentliche bringen.
Nachdem wir über Diskussionen im beruflichen Umfeld sprechen, nehmen wir ein Beispiel aus dem Berufsleben: Gewerkschaften und Unternehmer verhandeln über Lohnnebenkosten. Die Gewerkschaften wollen den Lohnnebenkostensatz möglichst unbedeutend erscheinen lassen, die Unternehmervertreter möglichst hoch. Was kann man tun, ohne durch falsche Zahlen unglaubwürdig zu werden? Man nimmt jene Basis, die am besten zu nutzen ist. Die Gewerkschaften gehen z. B. aus von den Bruttobezügen, einem Vergleich im internationalen Bereich und ähnlichem, die Unternehmerseite spricht von Nettobezügen, Anwesenheitslöhnen, den Steigerungsraten ab 19... usw. Jeder hat recht — aber: was bringt's?
Sie sehen inzwischen deutlich, warum viele Diskussionen so ins Leere gehen: Wenn man unbedingt recht behalten will, kann man das als geschulter Diskutierer ohne größere Schwierigkeiten. Man muß nur entsprechend mit Unterlagen und Argumenten gewappnet sein, auf Fallen des Gegners achten, wissen, wie man welche Angriffe pariert — und schon kann kaum etwas passieren. Daß letztlich bei allen nichts anderes bleibt als ein flaues Gefühl, stört den Diskutierer nicht, der lediglich als (vermeintlicher) Sieger recht behalten wollte.

Private Diskussionen

Diskussionen im privaten Bereich beeinflussen nicht unwesentlich unser persönliches Wohlbefinden. Und damit mag es seine Berechtigung haben, auch diesem Bereich der Rhetorik unsere Aufmerksamkeit zu schenken und einige Überlegungen dazu anzustellen.

Sie wissen jetzt schon eine ganze Menge über Rhetorik, Dialektik, Psychologie, Argumente usw. — und sollen das nun auch in Ihrem engsten Kreis anwenden:

— bei Ihrer Familie,
— bei Ihren Freunden,
— bei Ihren Kollegen,
— in Ihrem Freizeitverein.

Jetzt müssen wir aber doch unterscheiden: Es geht nicht um das übliche Gespräch. Selbstverständlich kann Ihnen auch dabei die eine oder andere Technik helfen, vielleicht vermeiden Sie Fehler, mit denen Sie Ihre Freunde schon längst aufgeregt haben. Es geht um Diskussion, und Diskussion heißt: Auseinandersetzung. Bei diesen Auseinandersetzungen gibt es im Normalfall keinen Moderator, und Sie können auch keines der professionellen Hilfsmittel für die Problemlösung einsetzen. Sie sind einzig und allein auf Ihre Worte und Ihre Argumente angewiesen — und das in einer Situation, in der Sie in höchstem Maß Beteiligter sind, bei Menschen, die Ihnen mehr bedeuten als alle anderen.

Sie haben noch einen weiteren Nachteil: Man kennt Sie schon lange, und es gibt eine ganze Menge von Vorurteilen für und gegen Sie. Vieles von dem, was Sie bei sich selbst an Verhaltensänderungen erkennen — und was vielleicht auch Fremde an Ihnen erkennen würden —, wird ganz einfach nicht bemerkt. Sie werden gesehen, aber vielleicht gar nicht mehr wahrgenommen, wie Sie sind.

Wann haben Sie das letzte Mal bemerkt, daß Ihre Frau beim Friseur war? Wann haben Sie unaufgefordert ihr neues Kleid bewundert? Sehen Sie bei Ihrem Freund noch, wenn er sich bemüht hat, die richtige Krawatte auszusuchen? Merken Sie es, wenn er / sie besonders fröhlich oder auch traurig ist? Was wissen Sie von Ihren Kindern? Was wissen Ihre Kinder von Ihnen? Und in dieser Situation, die geprägt ist von Gewohnheit und gewohnheitsmäßiger Unachtsamkeit, kommt es nun zu einer Diskussion, was immer das Thema sein mag: die Schulnoten der Kinder, Urlaubspläne, private Investitionen, Fernsehen — Sie sehen zuviel fern, Sie fühlen sich durch das Fernsehen gestört, Rauschgift, religiöse Fragen, Sekten oder auch so grundlegende Probleme wie Scheidungsgedanken.

Welche Chancen haben Sie, diese zweifellos für Sie wichtigen Diskussionen erfolgreich zu bestehen? Erfolgreich ist nicht, abschließend zu sagen: „Ich habe ja immer gewußt, mit euch kann man nicht reden" oder: „Und das wird so gemacht, wie ich sage. Darüber gibt es keine Diskussion mehr." Sind Sie ein wenig skeptisch? Vielleicht nicht zu Unrecht. Auch Sie werden da Ihre Erfahrungen haben — und ist nicht das Scheitern vieler Ehen auch ein Zeichen, daß wir kaum (mehr) erfolgreich miteinander diskutieren können? Daß wir nicht in der Lage sind, Probleme in einem Streitgespräch für beide Teile zufriedenstellend zu lösen?

Bedingungen für eine erfolgversprechende private Diskussion

Ohne entsprechende Rahmenbedingungen haben Sie sicher keine Chance, die Diskussion zu einem erfolgreichen Abschluß zu bringen. Die genannten Rahmenbedingungen halte ich für unbedingt erforderlich, das heißt, es kann auf keine verzichtet werden.

● Echte Bereitschaft aller Diskussionspartner, miteinander zu reden

Die Frage nach diesem Punkt muß vor der Diskussion ganz offen gestellt werden. Wird sie negativ oder ausweichend beantwortet, muß geklärt werden, ob diese Ablehnung bis auf weiteres gilt oder ob sie nur für den aktuellen Zeitpunkt gemeint ist. Erzwingen Sie niemals eine Diskussion, schon gar nicht im privaten Bereich!

● Einigkeit über das Diskussionsthema, das zu lösende Problem

Dabei ist auch die Sicht aller Beteiligten zum Thema zu erfassen: Wie ist die Ausgangsposition der Diskussionspartner? Was halten sie (zumindest zunächst) für unverrückbare eigene Positionen, von denen sie nicht abweichen können oder gegenwärtig wollen? Wo sind sie grundsätzlich gesprächsbereit?

● Der feste Wille aller Beteiligten, beim Thema zu bleiben

Private Diskussionen tendieren noch mehr als andere Diskussionen dazu auszuufern. Durch den hohen Grad der gefühlsmäßigen Beteiligung und die mangelnde objektive Struktur ist es besonders schwierig, den Themenbereich nicht zu verlassen.

● Bewußter Verzicht aller Beteiligten auf manipulatorische Techniken

Wir haben schon intensiv über die unterschiedlichen Formen von Manipulation gesprochen. Im privaten Kreis kommen noch andere Formen hinzu bzw. werden verstärkt angewendet, die besonders wirkungsvoll sind: (Drohung mit) Liebesentzug, Verweigerung von Anerkennung, persönliche Herabsetzungen etc.

● Kein Einsatz von Machtmitteln in der Diskussion, das heißt, jeder Diskussionspartner hat in der Diskussion den gleichen Status

Dieser Verzicht ist vor allem bei Diskussionen zwischen Eltern und Kindern von Bedeutung. Nur dann, wenn die Kinder als vollwertige Diskussionspartner anerkannt werden, kann von ihnen selbst verlangt werden, daß sie auf ihre eigenen Machtmittel verzichten (Tränen, Trotz, Verweigerung etc.).

● Keine persönlichen Angriffe

In eine ohnehin stark emotionalisierte Atmosphäre noch persönliche Angriffe zu bringen („Du bist doch blöd", „Typisch du"), heißt Benzin ins Feuer gießen. Da eben auch Gewohnheiten ablaufen, sind viele dieser Punkte nur äußerst schwer zu vermeiden. Es führt aber unweigerlich zum Scheitern der Diskussion, wenn sie nicht unterbunden werden können.

● Keine Killerphrasen

Typische Killerphrasen bei privaten Diskussionen sind: „Du redest ja leicht. Arbeite erst soviel wie ich." Oder: „Werde erst einmal so alt wie ich." Oder: „Jeder fährt ans Meer... Alle aus meiner Klasse machen im Ausland Urlaub." Und Sie wissen ja bereits, was Killerphrasen bewirken.

● Ausreichend Zeit

Diskussionen im privaten Kreis, wenn einer noch seine Freunde treffen will, ein anderer nach Hause muß, ein Dritter Hunger hat, werden wenig positive Wirkungen bringen. „Keine Zeit" zu haben, kann allerdings auch eine generell auf das Thema der Diskussion zielende Killerphrase sein.

● Absicherung gegen Störungen von außen

Beginnen Sie Diskussionen nur dann, wenn Sie ungestört bleiben, also nicht, wenn Sie noch Besuch erwarten oder wenn andere dazukommen können, die mit der Diskussion nichts zu tun haben.

● Vereinbarung von „Spielregeln" für den Diskussionsablauf

Haben Sie alle Hürden überwunden, geht es um die Spielregeln für den Diskussionsablauf:
— Wer sorgt für den geordneten Ablauf? (Wenn Sie im Familienkreis diskutieren: möglichst nicht der Ranghöhere, also nicht die Eltern!)
— Wie garantieren Sie sich untereinander, daß Sie die Regeln einhalten?
— Wie wird ein Regelverstoß festgestellt?
— Wie wird ein Regelverstoß sanktioniert?
— Welchen Zeitrahmen sehen Sie vor?

Sanktionen sollen die ernsthafte Absicht dokumentieren, die Regeln einzuhalten. Also müssen Sanktionen vorgesehen werden, die für den Betroffenen tatsächlich nicht angenehm sind. Aber sie werden unbedingt von jedem selbst vorgeschlagen, und zwar für sich! Die übrigen Diskussionspartner müssen entscheiden, ob ihnen die Sanktionen ausreichend erscheinen. Wenn nicht, werden neue Vorschläge gemacht.

● Welche Ziele möchten Sie erreichen (eventuell mit Zwischenzielen), das heißt, wann war die Diskussion für alle zufriedenstellend?

Argumentationstechnik in der privaten Diskussion

Bei der privaten Diskussion sind alle Argumentationstechniken zu vermeiden, die Kommunikationssperren auslösen. Thomas Gordon („Familienkonferenz in der Praxis") nennt folgende Typen von Sperren:

befehlen, anordnen, auffordern
warnen, drohen

moralisieren, predigen, beraten, Lösungen geben
Vorträge halten, belehren, Fakten liefern
urteilen, kritisieren, Vorwürfe machen
loben, zustimmen
beschimpfen, lächerlich machen
interpretieren, analysieren
trösten, einfühlen
forschen, fragen, verhören
zurückziehen, ablenken, ausweichen

Bei einigen dieser Kategorien wird Ihnen klar sein, daß sie nicht gerade kommunikationsfördernd sind, aber warum z. B. auch Lob und Zustimmung? Erinnern Sie sich, was wir im Verlauf unseres Gesprächs über das Lob gesagt haben? Lob ist eine Form des Urteils.
Die Wirkung von Kommunikationssperren (hier zwischen Eltern und Kindern dargestellt, von demselben Autor aber in „Managerkonferenz" auch auf das Verhalten zwischen Führungskräften und Mitarbeitern ausgedehnt) stellt Gordon so dar:

„Sie verschließen ihnen den Mund.
Sie drängen sie in die Defensive.
Sie geben ihnen das Gefühl von Unzulänglichkeit und Inferiorität.
Sie machen sie empört und zornig.
Sie geben ihnen das Gefühl, schuldig oder schlecht zu sein.
Sie geben ihnen das Gefühl, sie würden so, wie sie sind, nicht akzeptiert.
Sie geben ihnen das Gefühl, man traue ihnen nicht zu, daß sie ihre Probleme selbst lösen könnten.
Sie geben ihnen das Gefühl, nicht verstanden zu werden.
Sie geben ihnen das Gefühl, ihre Empfindungen seien nicht gerechtfertigt.
Sie geben ihnen das Gefühl, man schnitte ihnen das Wort ab.
Sie geben ihnen das Gefühl der Frustration.
Sie geben ihnen das Gefühl, sie würden in den Zeugenstand gerufen und ins Kreuzverhör genommen.
Sie verleihen ihnen das Gefühl, die Eltern seien uninteressiert."

Es gibt nach Gordon zwei Möglichkeiten, Kommunikationssperren zu lösen:
1. durch eine Problembearbeitung, die bei jenem ansetzt, der das Problem hat („Problemeigentümer" ist), unter Vermeidung der genannten Kommunikationssperren;

2. durch Zuhören:
— schweigend,
— aufmerksam (unter Einsatz körpersprachlicher Signale der Aufmerksamkeit),
— über sogenannte „Türöffner" oder Einladungen („willst du darüber
sprechen"),
— durch aktives Zuhören (worunter Gordon nicht nur den von uns schon
gebrauchten Begriff versteht, sondern auch bestätigende Äußerungen
zum Gesagten).

Zurück zu unserer Privatdiskussion. Wir müssen also Kommunikationssperren vermeiden, und Sie haben gehört, wie viele derartiger Sperren es
gibt. Vermutlich fragen Sie sich, wie man denn überhaupt noch sprechen
kann, ohne eine dieser Sperren auszulösen.
In unserer alltäglichen Sprechweise sind Argumentationen, die als Kommunikationssperren erkannt wurden, wohl der Regelfall. Demnach müssen wir uns intensiv auf die Argumente und Redeformen vorbereiten, die
wir in der Privatdiskussion anwenden können.
Eine der Methoden ist die indirekte Gesprächsführung, das heißt eine stark
partnerbezogene Gesprächsführung. Typische Formulierungen sind: „Du
meinst also, daß... Habe ich das richtig verstanden?"
Um nicht gekünstelt zu wirken, bedarf die indirekte Gesprächsführung der
Übung.
Bei einem robusteren Gesprächsklima könnte man auch vereinbaren, daß
jeder einfach rückkoppelt, wenn ihn an der Gesprächsführung des anderen
etwas stört. Verbunden mit einer aufmerksamen Beobachtung der Gesamt-
situation können Kommunikationssperren damit weitgehend vermieden
werden.

Der Ablauf einer privaten Diskussion

Wie jede Diskussion beginnt auch die private mit einer ersten Runde zum
Thema: Jeder stellt dar, was er zum Thema weiß oder meint. Dann nimmt
jeder zum Gesagten Stellung:

— Wo stimmt er zu?
— Wo gibt es Differenzen?
— Wo bahnen sich (aus seiner Sicht) Konflikte an?
— Wo sieht jeder die Hauptprobleme?

Nehmen wir zum Beispiel den Urlaub. Eltern und zwei halbwüchsige Kinder diskutieren über das Urlaubsziel. Erfassen wir die einzelnen Elemente des Problems:
— Wann soll Urlaub gemacht werden?
— Wie lange?
— Wo?
— Mit wem gemeinsam?
— Welche Unterkünfte?
— Welches Verkehrsmittel zur Anreise?
— Wie wird die Mobilität am Urlaubsort gesichert?
— Was geschieht mit den Haustieren?
— Wieviel Gepäck kann / soll mitgenommen werden?
— Was will man am Urlaubsort unternehmen (welche Sportarten, welche Besichtigungen, welche sonstigen Unterhaltungen)?
— Wie hoch ist das Urlaubsbudget?
— Welche Vorbereitungen macht wer? Wieviel Zeit wird dafür geopfert?
Und vermutlich wird Ihnen noch einiges dazu einfallen.

Wie wird die Frage üblicherweise angesetzt werden? Vermutlich nur: Wohin fahren wir auf Urlaub? Dann kommen die Antworten: Meer, Gebirge, egal wo, und schon sind Sie im Stau — auch bei Ihrer Diskussion. Sie können das Problem beispielsweise so anpacken, daß Sie sich zunächst über jene Punkte einigen, bei denen der Konfliktstoff noch eher gering ist oder bei denen (für alle einsichtig) einfach sachliche Grenzen gesetzt sind, z. B. beim Urlaubsbudget. Damit haben Sie den Vorteil, ins Gespräch zu kommen, ohne von vornherein steckenzubleiben.
Sie können dann jene Bereiche herausarbeiten, in denen Sie Konflikte erkennen. Ehe Sie aber mit diesen Bereichen beginnen, vereinbaren Sie die Spielregeln für die Konfliktlösung. Bei Grundsatzentscheidungen, die nicht ausdiskutierbar sind (Meer oder Gebirge), können Sie beispielsweise das Los entscheiden lassen. Oder Sie stellen fest, welche sonstigen Möglichkeiten noch annehmbar wären (z. B. getrennter Urlaub).
Wenn Sie eine Diskussion in derart strukturierter Form durchführen, müßten Sie es auch im Familienverband schaffen, ein „Arbeitsklima" zu erreichen. Eine andere Möglichkeit ist, gleich in die Probleme zu gehen; die bereits besprochenen grundsätzlichen Voraussetzungen gelten selbstverständlich auch hier.

Nun soll es im Beispiel darum gehen, wie zukünftige Ehepartner ihre Freizeit verbringen wollen:

— Was soll gemeinsam unternommen werden?
— Welche Freundschaften will jeder allein weiterführen?
— Welchen Freiraum stellt sich jeder vor?
— Wie soll der Urlaub gestaltet werden?
— Welche kulturellen Interessen bestehen?
— Welche sportlichen Interessen haben beide gemeinsam?
— Wie werden Freizeitgestaltung und Urlaub aussehen, wenn Kinder kommen?

Glauben Sie, daß solche Diskussionen nicht geführt werden? Ich fürchte, daß sie tatsächlich viel zu selten ablaufen. Man könnte sich im privaten Bereich viele Sorgen und Leid ersparen, wenn rechtzeitig über die wesentlichen Lebensbereiche und Lebenseinstellungen diskutiert würde, wenn nicht zum Teil sogar bewußt verdrängt würde, was trennend ist — und im Lauf der Zeit sicher wird.

Aber zurück zum Ablauf unserer Beispielsdiskussion. Es könnte nun jeder zu jedem Bereich sagen:
— Das will ich.
— Das will ich sicher nicht.
— Das muß ich mir noch überlegen.

Nun dürfen die Diskussionspartner aber keinesfalls so reagieren, daß alle „Das will ich sicher nicht", die den eigenen „Das will ich" widersprechen, einfach verschoben werden („Wir werden schon sehen, wie das wird"). Die strittigen Punkte müssen ausdiskutiert werden, um künftige Konfliktstoffe zu vermeiden.

Je selbständiger Partner denken — aufgrund des generell steigenden Bildungsniveaus, des wachsenden Selbstbewußtseins speziell der Frauen und der persönlichen wirtschaftlichen Unabhängigkeit vom Partner —, desto weniger funktionieren Traditionen und autoritäres Verhalten. Durch diese Faktoren wurden Konflikte zwar nicht gelöst, aber überdeckt. Die moderne Partnerschaft, gleichgültig in welchem Bereich, verlangt Konfliktlösung.

Die gescheiterte Diskussion

Welche Gründe können dazu führen, daß private Diskussionen scheitern? Es können Gründe sein, die in der mangelnden Vorbereitung bzw. an den schlechten äußeren Bedingungen der Diskussion liegen; es können sonstige situationsbedingte Gründe sein (Müdigkeit, Erschöpfung, keine Lust mehr), Gründe, die aus der Art der Gesprächsführung kommen, oder Gründe, die strukturelle Spannungen in der Beziehung andeuten.

Gelegentlich wird es auch Ihnen passieren, daß Sie in Diskussionen von Paaren hineingezogen werden, die in einer Intimbeziehung leben (Ehepartner, Liebespaare). Eine derartige Situation ist beispielsweise in Edward Albees Stück „Wer hat Angst vor Virginia Woolf?" dargestellt, wo ein Akademiker-Ehepaar sich in Gegenwart von Gästen psychisch zerfleischt. Wenn Sie sehen, daß ein Gespräch zwischen den Partnern zur Diskussion wird, müssen Sie beurteilen, welche Rolle man Ihnen zuweist. In Albees Schauspiel werden die Gäste zu Leidenden, die in alle Frustrationen des Paares hineingezogen werden. Wenn Sie sehen, daß Sie nur Zuhörer sind — also kein ernsthafter Versuch unternommen wird, Sie in die eigentliche Meinungsbildung bei der Diskussion einzubeziehen —, ist es wohl am besten, das Feld zu räumen.

Wenn private Diskussionen scheitern, sollte zumindest eines geschehen: sie sollten formell und noch positiv abgebrochen werden. Ob man sie später fortsetzen will oder ob das Thema tabu bleiben muß, braucht dabei nicht unbedingt geklärt zu werden.

Anleitung zur Diskussion

Tips, Tricks, Rezepte und Warnungen

Erfolgsrezepte für die Diskussion

- Wer fragt, führt.

- Sprechen Sie jene Position an, aus der heraus der Diskussionsgegner spricht (Erwachsenen-Ich, Eltern-Ich, Kindheits-Ich).

- Hören Sie alle vier Seiten der Nachricht (Sachebene, Beziehungsebene, Selbstoffenbarungsebene, Appellebene).

- Hören Sie aktiv zu.

- Bringen Sie Ihre Beiträge in Form von „Ich-Botschaften".

- Weisen Sie Ansätze unfairer Dialektik zurück, zeigen Sie aber, daß Sie diese erkannt haben.

- Setzen Sie Ihre Gefühle rhetorisch richtig ein. Bleiben Sie innerlich ruhig, äußerlich geben Sie sich so, wie es die Situation erfordert.

- Stimmen Sie Körpersprache und Gesagtes aufeinander ab.

- Bauen Sie immer auf dem auf, was der Diskussionsgegner gesagt hat.

- Versuchen Sie das letzte Wort zu behalten / zu erhalten.

Das sollten Sie vermeiden

Bei der Diskussion...

- sich im Gespräch vordrängen

- den anderen nicht ausreden lassen

- persönlich werden

- laut werden (außer: Theaterdonner, gezielt eingesetzt)

- nervös werden

- dem anderen nicht zuhören

- nicht auf das Gesagte eingehen

- an den vorbereiteten Unterlagen kleben

- die Unterlagen verzerrt wiedergeben

- unfaire dialektische Mittel einsetzen

- vom Thema abweichen

- zu lang reden

- nicht schlüssig argumentieren

- aus dem Kindheits-Ich heraus antworten

- anschuldigen, statt Ich-Botschaften zu senden

- auf Killerphrasen mit Argumenten antworten

- Killerphrasen gebrauchen

- auf nicht beantwortbare Fragen antworten

- Suggestivfragen stellen

- mit Scheinalternativen argumentieren

- Behauptungen im Raum stehenlassen (eigene wie solche des Diskussionsgegners)

- die Einmischung Dritter in die laufende Diskussion dulden

- an ungeeigneten Orten diskutieren

- unter Zeitdruck diskutieren

- mit Leuten diskutieren, die aufgrund ihrer Position Ihnen gegenüber recht behalten müssen

Regeln fairer Diskussion

- Gehen Sie in die Diskussion mit dem Ziel, auch andere Meinungen zu akzeptieren.

- Argumentieren Sie nur mit Methoden der fairen Dialektik.

- Weisen Sie Versuche unfairer Dialektik zurück.

- Bleiben Sie beim Thema.

- Greifen Sie die Sache an, nicht die Person.

- Bauen Sie auf Argumenten des Diskussionsgegners auf und versuchen Sie nicht, diese zu zerstören.

- Versuchen Sie den Diskussionsgegner zum Diskussionspartner zu machen.

- Verwenden Sie Unterlagen so, wie es deren Bedeutung im Gespräch entspricht.

- Wenn Sie merken, daß Ihr Diskussionsgegner nicht wirklich bereit ist, die Regeln fairer Diskussion zu beachten, brechen Sie das Gespräch ab.

- Diskutieren Sie grundsätzlich bezogen auf den Diskussionsgegner und nicht mit der vorrangigen Orientierung auf die Zuhörer.

So diskutieren Sie unfair — aber erfolgreich

● Unterstellen Sie dem Gegner unehrenhafte Motive und bringen Sie ihn damit in eine Verteidigungsposition.

● Locken Sie den Gegner in eine Falle, indem Sie seine Folgerungen auf andere Prämissen zurückführen und diese dann angreifen: „Sie sagen...; das setzt aber voraus, daß..."

● Greifen Sie den Gegner im Bereich Ihrer eigenen Interpretation und über die Unschärfen der Sprache an. Achten Sie darauf, daß die Interpretation für die Mitdiskutanten einsichtig ist.

● Zergliedern Sie die Argumente des Gegners und bauen Sie diese dann aus den gleichen Teilen, aber in anderer Struktur wieder zusammen. Verändern Sie die Argumente möglichst nur um eine unauffällige Nuance: „Sehen wir uns Ihre Aussage näher an... Sie sagen damit letztlich, daß... (nunaciertes Argument), und da können wir sicher nicht zustimmen."

● Argumentieren Sie auf einer anderen Ebene als der Gegner. Spricht dieser die Gefühlsebene an, argumentieren Sie logisch; argumentiert er logisch, arbeiten Sie mit der Gefühlsebene.

● Nutzen Sie den „Jasageeffekt", indem Sie eine Argumentenkette bringen, der der Gegner permanent zustimmt — um ihn dann mit Ihrem letzten Argument in die Falle zu locken.

● Reizen Sie den Gegner, verführen Sie ihn zu unvorsichtigen Äußerungen, die Sie dann gegen ihn verwenden. Dieses Reizen sollte von den Mitdiskutanten möglichst nicht bemerkt werden, das heißt, Sie müssen testen, worauf Ihr Gegner besonders heftig anspricht.

● Lassen Sie Ihren Gegner Ihre Prämissen bestätigen und ziehen Sie dann Schlußfolgerungen aus diesen Prämissen, die von ihm nicht mehr widerlegt werden können.

So entdecken Sie die Unwahrheit

● Notieren Sie genau alle Argumente der einzelnen Diskussionsteilnehmer und beobachten Sie deren Verhalten zueinander: Welche Koalitionen werden geschlossen? Welche Argumente werden gewandelt? Welche Ziele werden angepeilt?

● Stellen Sie Fallen, indem Sie vom Diskussionsgegner Dinge erfragen, die Sie bereits wissen, von denen er aber nicht weiß, daß sie diese wissen.

● Stellen Sie Kontrollfragen, indem Sie mit anderen Formulierungen ein Thema nochmals abtesten.

● Stellen Sie bewußt falsche Behauptungen in den Raum und beobachten Sie die Reaktion des Diskussionsgegners. Die falschen Behauptungen dürfen allerdings nicht so formuliert sein, daß sie als Unterstellungen erkannt werden.

● Interpretieren Sie Diskussionsaussagen des Gegners bewußt falsch und lesen Sie an geeigneter Stelle diese Aussagen von Ihren Notizen vor. Wenn Ihr Gegner sich nicht mehr daran erinnert oder nicht widerspricht, wissen Sie, daß etwas faul ist.

● Beobachten Sie genau Mimik, Gestik und Sprache des Gegners: Passen diese mit den Aussagen zusammen oder nicht? Spricht er beispielsweise ohne entsprechende Zeichen im Gesicht und in der Stimme von etwas, das ihn angeblich erschüttert, freut, betrübt etc.?

● Beobachten Sie den Gegner insbesondere dann, wenn er aufgehört hat zu sprechen: Wie reagiert sein Körper auf Ihre Aussagen oder Aussagen anderer Diskutanten, die ihm zustimmen / widersprechen? Mit Triumph, Wut, echter Freude, wirklicher Betroffenheit?

So können Sie blockieren

● Fragen Sie grundsätzlich zurück: „Wie darf ich das verstehen? Würden Sie mir Ihre Ansicht noch einmal mit anderen Worten wiederholen?"

● Sie sagen: „Entschuldigen Sie, aber ich kann mit Ihrem Argument noch nichts anfangen. Würden Sie es bitte näher erläutern?"

● Wenn Sie angegriffen werden, weisen Sie den Angriff einfach zurück, etwa indem Sie sagen: „Ihren Angriff muß ich ablehnen, in dieser Form kommen wir nicht weiter."

● Sie gehen auf die analytische Ebene: „Ihr Argument verstehe ich folgendermaßen... Wenn Sie dieser Interpretation zustimmen können, habe ich Sie offensichtlich richtig verstanden. Ich nehme diesen Standpunkt zunächst zur Kenntnis, anschließen kann ich mich ihm noch nicht. Vielleicht kommen wir später noch auf andere Aspekte, die Ihre Ansicht stützen."

● Wenn Sie angegriffen werden, gehen Sie auf die Ebene des Erwachsenen-Ich mit einer Ich-Botschaft: „Ich fühle mich von Ihnen derzeit in eine Rolle gedrängt, die mir nicht behagt. Ehe wir weitersprechen, möchte ich mit Ihnen den Stil unseres Gesprächs klären."

● Ihr Gegner möchte Sie aus der Reserve locken und bringt nach und nach andere Diskutanten auf seine Seite. Sie können nun blockieren, indem Sie sagen: „Auch das bringt Sie nicht weiter, denn hier entscheidet das bessere Argument und nicht die Zahl der Verbündeten. Sie müssen schon versuchen, mich mit Argumenten zu überzeugen."

● Sie verwenden (schwer erkennbare) Killerphrasen: „Das haben wir doch schon ergebnislos versucht." „Da sind wir doch schon einmal steckengeblieben." „Das hat doch keine Aussicht auf Erfolg." „Da wird uns doch kein Mensch zustimmen."

So ziehen Sie die Aufmerksamkeit auf sich

● Sie tragen andere Kleidung als die anderen Diskutanten.

● Sie setzen eine bewußt gegenläufige Körpersprache so ein, daß es auffällig ist.

● Sie melden sich grundsätzlich anders zu Wort als die anderen Diskutanten.

● Sie wählen eine Ausdrucksweise, die zu jener der anderen Diskutanten gegenläufig ist (leise — laut, eintönig — stark moduliert, ruhig — aggressiv, sachlich — emotional).

● Sie schweigen bewußt, bis Sie Ihr Stichwort bekommen. Wer schweigt, kann interessanter wirken als wer redet. Allerdings: Wenn Sie dann reden, muß jedes Wort sitzen.

● Verhalten Sie sich beim Sprechen anders als die anderen Diskutanten. Wenn es zur Situation paßt, kann dies unter anderem dadurch verstärkt werden, daß Sie beim Sprechen aufstehen, während die anderen sitzenbleiben, oder umgekehrt.

● Widmen Sie sich bei einer Diskussion vor Publikum intensiv den Zuhörern; suchen bzw. erkennen Sie Ihre „Fans" und Ihre „Gegner" im Publikum. Lesen Sie aus den Reaktionen des Publikums, wann dieses eine gegenläufige Meinung formuliert haben möchte. Präsentieren Sie diese Meinung allerdings nur dann, wenn es Ihrer tatsächlichen Meinung entspricht (es sei denn, Sie wollen unter allen Umständen persönlich als Sieger der Diskussion erscheinen, auch wenn Ihr Anliegen untergeht).

● Wählen Sie andere Präsentationsformen als die übrigen Diskutanten. Wenn möglich setzen Sie Visualisierungsmittel für Ihre Präsentation ein, die Sie vorbereiten, während andere reden.

So sollten Sie sich vorbereiten

1. Sammeln Sie alles Material zum Thema und in seinem Zusammenhang, das Sie bekommen können.

2. Sammeln Sie möglichst viele Argumente pro und kontra.

3. Erkundigen Sie sich genau über Ihre Mitdiskutanten. Falls diese ihre Ansichten publiziert haben, sollten Sie die letzten Veröffentlichungen unter allen Umständen lesen oder zumindest hinsichtlich der wichtigsten Argumente und Schwerpunkte überfliegen.

4. Falls Zuhörer zugegen sind: versuchen Sie deren Herkunft und Standpunkte zu erkunden.

5. Informieren Sie sich möglichst vor der Diskussion über das Umfeld der Veranstaltung (Ort, Anordnung der Tische, technische Hilfsmittel für Präsentationen, Mikrophone).

6. Bereiten Sie Ihre Hilfsmittel so vor, wie es den technischen Möglichkeiten entspricht. Das bedeutet etwa: vorbereitete Overhead-Folien (Texte, Zahlen, Graphiken), Leerfolien und Folienschreiber für Darstellungen, die Sie während der Diskussion ausarbeiten; Unterlagen, die gegebenenfalls über einen Videorecorder auf dem Bildschirm präsentiert werden können, Karikaturen etc.

7. Prüfen Sie Ihre eigenen Argumente (siehe auch Arbeitsformular „Argumentesammlung"):
   — Welche Prämissen stehen dahinter?
   — Wie angreifbar sind diese Prämissen?
   — Sind die Schlüsse logisch haltbar?

8. Spielen Sie den „Advocatus Diaboli", den „Anwalt des Teufels" für Ihre Argumente, das heißt, versuchen Sie mit allen Kräften Ihre eigenen Argumente zu widerlegen. Damit nehmen Sie die Argumente des Gegners vorweg und werden angreifbar.

So entziehen Sie sich der Manipulation

1. Hinterfragen Sie bei jeder Frage, ob nicht Suggestivelemente in ihr enthalten sind. Sollte dies der Fall sein, bringen Sie die Frage in eine neutrale Form — nur für sich selbst oder auch vor dem Diskussionsgegner und dem Publikum.

2. Seien Sie auf der Hut, wenn der Gegner Sie zu loben beginnt. Möglicherweise lockt er Sie damit in eine Falle.

3. Seien Sie vorsichtig, wenn der Gegner Ihre Lieblingsthemen in Ihrem Sinn anspricht.

4. Überprüfen Sie genau, ob der Gegner alle Elemente Ihrer Beweisführung bei seiner Antwort berücksichtigt oder ob er wichtige Aspekte vernachlässigt.

5. Wenn es dem Gegner gelingt, Sie zu emotionalisieren, sei es zu Freude, sei es zu Ärger, Aggression oder was auch immer, begeben Sie sich bewußt zurück auf die Ebene des Erwachsenen-Ich. Wenn noch andere Personen mitdiskutieren, sollten Sie sich aus der Diskussion heraushalten, bis Sie innerlich wieder ruhig geworden sind.

6. Präsentiert der Gegner Sachverhalte, erkundigen Sie sich vorsichtshalber immer nach dem Zusammenhang, aus dem diese entnommen sind.

7. Lernen Sie zu unterscheiden zwischen Wahrnehmungen, Interpretationen und darauf aufbauenden Folgerungen. Führen Sie jede Folgerung auf die tatsächliche Wahrnehmung zurück.

8. Wenn der Gegner versucht, Sie unglaubwürdig zu machen, hüten Sie sich davor, in Verteidigungsstellung zu gehen. Lassen Sie den Gegner ins Leere laufen, indem Sie seine Darstellung einfach in eine Reihe neben andere Interpretationsmöglichkeiten stellen.

Arbeitsformulare

Erfassung der anderen Diskussionsteilnehmer

Kriterien \ Namen / Titel			
Position des Teilnehmers			
meine Einstellung zu ihm / ihr			
seine / ihre Einstellung zu mir			
Argumentationsstil			
sein(e) Hauptgegner			
sein(e) Verbündeten			
offensichtliche Ziele			

Argumentesammlung in der Diskussion

Disku-tant	Themen-bereich	seine Sach-argumente (ihre)	seine emotionalen Argumente (ihre)	seine Prämis-sen (ihre)	seine Schwä-chen (ihre)

Beispiele

Podiumsdiskussion

Umfeld: Bei einer Podiumsdiskussion diskutieren üblicherweise mehrere Diskutanten vom Podium aus miteinander sowie mit dem Publikum.

Veranstalter: Vereine, Universitätsinstitute, Studentenverbände, politische Gruppierungen, soziale Gruppen und andere mehr.

Diskutanten: am Podium üblicherweise prominente Vertreter unterschiedlicher Meinungen zum Thema oder Personen, die eine Meinungsvielfalt garantieren; im Publikum Interessierte, die vom Veranstalter eingeladen wurden.

Rahmenbedingungen: im allgemeinen Sitzbänke oder Stühle für das Publikum, Tisch(e) mit Schreibgelegenheit für die Podiumsdiskutanten, Rednerpult für die Einleitungsreferate, Ausstattung mit Mikrophonen für die Podiumsdiskutanten und das Publikum.

Zu erwartende Kommunikationsstörungen: zu lange Beiträge einzelner Podiumsdiskutanten, konzentrierte Ansprache des „interessantesten" Podiumsdiskutanten durch das Publikum, durch die übliche Sitzanordnung bzw. die räumlichen Gegebenheiten schwer moderierbar, manchmal für das übrige Publikum schwer verständliche Fragen aus dem Publikum (insbesondere dann, wenn keine Mikrophone für die Diskutanten aus dem Publikum vorhanden sind).

Präsentationsmittel: Overhead-Projektor, Tafel, Flip-Chart.

Üblicher Ablauf: Einleitungsreferate aller Podiumsdiskutanten zum Thema; Diskussion mit dem Publikum bzw. auch der Podiumsdiskutanten untereinander.

Ziele einer Podiumsdiskussion: Darstellung eines Themas aus unterschiedlichen Blickwinkeln, Konfrontation.

Bedingung einer erfolgreichen Podiumsdiskussion: keine zu langen Einleitungsreferate.

Nehmen wir an, es gäbe vier Podiumsdiskutanten (für gewöhnlich sind es drei bis sechs). Wenn nun jeder dieser vier Diskutanten ein Einleitungsreferat von 20 Minuten hält, vergehen insgesamt 80 Minuten. Damit ist die Aufmerksamkeit des Publikums mehr als gefordert, und es wäre nach dem letzten Referat eigentlich eine Pause fällig. Daß nach der Pause noch genügend Stimmung aufgebracht wird, um die Diskussion einzuleiten, ist im

Normalfall eine eher gewagte Annahme. Andererseits darf für eine erfolgreiche Podiumsdiskussion das Einleitungsreferat nicht fehlen, um die Position jedes der Podiumsdiskutanten kennenzulernen. Die Folgerung ist:

— Beschränken Sie als Veranstalter die Redezeit auf maximal 15 Minuten und sorgen Sie dafür, daß diese Zeit eingehalten wird. Vereinbaren Sie die Art des Abbruchs bei Zeitüberschreitung vorher mit Ihren Diskutanten, um nicht eine Verärgerung zu provozieren; die Beschränkung der Seitenzahl beim vorzubereitenden Redemanuskript nützt Ihnen bei einem erfahrenen und seines Themas sicheren Redner überhaupt nichts — der spricht über den Inhalt eines sechsseitigen Manuskripts auch mehrere Stunden.

— Laden Sie nicht mehr als vier Podiumsdiskutanten ein.

Von der Podiumsdiskussion ist die Fragestunde bzw. die Diskussion nach einer Rede zu unterscheiden. Bei der Podiumsdiskussion soll diskutiert werden, das heißt, es soll Meinungsauseinandersetzung geben; bei der Fragestunde wird lediglich ein vom Befragten dargestellter Sachverhalt näher erläutert. In der Praxis gibt es immer wieder sogenannte Podiumsdiskussionen, die in Wirklichkeit Fragestunden sind. Je prominenter die Diskutanten am Podium sind, desto eher besteht diese Gefahr.

Eine Podiumsdiskussion stellt große Anforderungen an die Konzentrationsfähigkeit des Publikums. Gute Rahmenbedingungen sind daher unerläßlich. Die Rahmenbedingungen sind dann gut, wenn der Raum gut gelüftet ist, die Sitzgelegenheiten bequem sind, das Podium von jedem Platz gut eingesehen werden kann und es keine akustischen Probleme gibt.

Vor den Podiumsdiskutanten müssen Namensschilder stehen, die auch noch vom letzten Platz aus gelesen werden können, damit jeder der Diskutanten von Zuhörern angesprochen werden kann. Eine Anfrage an „den Herrn in der Mitte" bei vier Diskutanten ist nicht gerade erstrebenswert.

Grundsätzlich braucht jede erfolgreiche Diskussion einen Moderator, das heißt jemanden, der unterschiedliche Standpunkte aufnimmt, der dafür sorgt, daß Themen nicht untergehen, der sich um die Einhaltung der Spielregeln kümmert, der Wortmeldungen entgegennimmt und um eine abgerundete Darstellung bemüht ist.

Bei jeder Diskussion besteht die Gefahr, daß die Podiumsdiskutanten vorwiegend auf Publikumswirkung aus sind. Dies zeigt sich in der Art der Argumentation, in der Art der Effekthascherei, in populistischen Phrasen und anderem mehr. Derartige Phrasen sind beispielsweise: „Wir sind uns doch alle darüber einig, daß..." „Wie Sie schon richtig gesagt haben, verhält es sich so, daß..." „Sie haben das alle völlig richtig erkannt." „Zu Ihrer Ansicht kann ich Ihnen nur gratulieren." In Einzelfällen können derartige Sätze tatsächlich die Ansicht des Podiumsdiskutanten darstellen; systematisch gebraucht liegt aber der Verdacht nahe, daß er auf der Jagd nach Applaus ist.

Es ist Aufgabe des Moderators, hier in die Tiefe vorzudringen und dafür zu sorgen, daß es nicht allein bei der Effekthascherei bleibt, wenn ein Thema wirklich aufgearbeitet werden soll.

Ernsthafte Argumentationen zeigen sich unter anderem daran,
— daß sie Beweise darlegen und Gegenbeweise anerkennen,
— daß sie kritisch hinterfragen, und zwar nicht nur die Ansicht des Gegners, sondern auch die eigene.

Eine weitere Regel für erfolgreiche Podiumsdiskussionen ist die Strukturierung. Entweder wird von vornherein eine Struktur festgelegt und der zeitliche Rahmen für die einzelnen Elemente vereinbart, oder der Moderator faßt die Struktur zusammen.

Eine Podiumsdiskussion, die an irgendeinem Punkt wegen Zeitablaufs einfach abgebrochen wird, hinterläßt bei den Zuhörern und Mitdiskutanten aus dem Publikum sicherlich ein Gefühl der Frustration. Die wesentlichen Strukturen, Ansichten, Argumente, Ergebnisse und Empfehlungen sollten durch den Moderator abschließend zusammengefaßt werden. Der Moderator muß sich daher darauf einstellen, am Ende der Podiumsdiskussion eine kurze Stegreifrede zu halten.

Von vornherein sollte der Veranstalter klarmachen, ob ihm daran liegt, daß die Podiumsdiskutanten ein eher harmonisches Bild abgeben oder ob deren Meinungsdifferenzen offen zutage treten können oder sollen. Liegt dem Veranstalter an einer harmonisch scheinenden Gruppe von Podiumsdiskutanten, muß letztlich jeder jeden vor Angriffen aus dem Publikum schützen bzw. ihn bei Schwierigkeiten unterstützen. Andernfalls kann ein Podiumsdiskutant sogar die Rolle des Publikumssprechers übernehmen oder diesen von seiner überlegenen Sitzposition aus unterstützen.

Bei Podiumsdiskussionen werden häufig relativ brisante Themen behandelt, wodurch es zu recht hitzigen Rededuellen kommen kann. Wer sich auf eine Podiumsdiskussion einläßt, muß daher schlagfertig sein (siehe im Kapitel „Anleitung zur Rede" die Tips: „So trainieren Sie Schlagfertigkeit"). In einer Podiumsdiskussion rettet Sie kaum jemand aus einer verfahrenen Situation, in die Sie sich selbst gebracht haben. Wagen Sie sich daher nur dann in eine solche Diskussion, wenn Sie Ihrer rhetorischen und dialektischen Fähigkeiten und Ihres Themas sehr sicher sind.

Da oft auch die Presse anwesend ist, und zwar immer dann, wenn das Thema und / oder die Diskutanten interessant genug sind, hat eine Podiumsdiskussion eine gewisse Breitenwirkung. Und da Blamagen im allgemeinen lieber kolportiert werden als der ganz gewöhnliche Verlauf der Dinge, kann eine Niederlage bei einer Podiumsdiskussion bedenkenswerte Folgen für Ihren sozialen Status oder Ihre Karriere haben. Andererseits bietet ein solches Forum eine interessante Gelegenheit, die eigenen Ansichten vor breitem Publikum darzulegen und sich vor Publikum zu profilieren, insbesondere dann, wenn Sie durch Schlagfertigkeit glänzen.

Zum Abschluß noch einige Tips:
- Wenn Sie aufgrund Ihrer (zukünftigen) Position damit rechnen müssen oder dürfen, zu Podiumsdiskussionen eingeladen zu werden, beginnen Sie frühzeitig damit, Argumente für Ihre Themen zu sammeln.
- Diskutieren Sie so häufig wie möglich im privaten Kreis über Ihre Ansichten.
- Schärfen Sie Ihre Argumentationswaffen, trainieren Sie Ihre Schlagfertigkeit.
- Verfolgen Sie Podiumsdiskussionen, nehmen Sie als Diskutant aus dem Publikum daran teil.
- Lernen Sie, unbefangen vor Publikum auch kontroversielle Ansichten zu äußern.

So gewappnet, wird Ihnen eine Podiumsdiskussion keine Schwierigkeiten machen.

Diskussion im privaten Kreis

Umfeldbedingungen: meist spontan sich entwickelnde Diskussion.
Persönliche Situation: häufig stark emotionalisiert, hohe persönliche Betroffenheit.
Zu erwartende Kommunikationsstörungen: zahlreich (sowohl von außen kommende Störungen, z. B. durch Telefonate, Besuch, als auch beginnender Fernsehfilm, Kommunikationsabbruch durch Killerphrasen wie „Mit dir kann man nicht reden" etc.).

Nehmen wir an der Diskussion eines Ehepaares in mittleren Jahren teil, vielleicht einer der schwierigsten Ausgangspunkte für erfolgreiche Dis-

kussionen. Wählen wir als Thema „Privater Freundeskreis jedes Partners".
An diesem Diskussionsbeispiel lassen sich zwei Kommunikationstheorien demonstrieren: die Transaktionsanalyse (Eltern-Ich, Erwachsenen-Ich, Kindheits-Ich) und der Vier-Ohren-Ansatz (Sachohr, Appellohr, Beziehungsohr, Selbstoffenbarungsohr).

Er: Ich werde mich heute abend mit Franz treffen.
Sie: Schon wieder. Wann hast du endlich Zeit für deine Familie? (mahnendes Eltern-Ich)
Er (hört mit dem Appellohr: ‚Bleib zu Hause'): Soll ich die ganze Zeit an deinem Rockzipfel hängen? (rebellisches Kindheits-Ich)
Sie (hört mit dem Beziehungsohr): Ich bin dir anscheinend nicht mehr genug.
Er (hört noch immer mit dem Appellohr): Ich weiß nicht, was du eigentlich willst. Wenn ich daheim bleibe, hast du ohnehin immer etwas zu tun. (noch immer rebellisches Kindheits-Ich)
Sie: Irgend jemand muß eben die Arbeit machen. (Erwachsenen-Ich, würde am liebsten dem rebellischen Kind sagen: ‚Du tust, was ich sage, und damit Schluß.')

Sie können sich (vielleicht aus eigener leidvoller Erfahrung) vorstellen, wie diese Diskussion weitergehen würde. Nahezu mit Sicherheit würde sie zur Verärgerung vermutlich beider Partner führen, wahrscheinlich sogar zum Streit.
Lassen wir dieses kurze Gespräch nun auf einer anderen Kommunikationsebene ablaufen:

Er: Ich werde mich heute abend mit Franz treffen.
Sie (hört mit dem Sachohr, das heißt, nimmt die Information als Information auf): Habt ihr etwas Besonderes vor?
Er (hört mit dem Sachohr): Nein. Wir werden auf ein Bier gehen und ein bißchen plaudern.

Vielleicht war dieses Beispiel für die Praxis zu harmlos, da beide Partner der Situation völlig emotionslos oder mit positiver Einstellung gegenüberstanden. Schaukeln wir die Situation wieder etwas auf. Diesmal ist der Mann schief gewickelt:

Er: Ich werde mich heute abend mit Franz treffen.
Sie: Habt ihr etwas Besonderes vor?

Er (hört mit dem Beziehungsohr: ‚Ich weiß schon, was ich von dir zu halten habe; da steckt wieder etwas dahinter'): Seit wann interessiert es dich, was ich mit meinen Freunden unternehme?

Sie (hört mit dem Selbstoffenbarungsohr vom Mann: ‚Ich fühle mich von dir überwacht' und antwortet zunächst als spielerisches Kind): Ich interessiere mich für dich, seit ich dich kennengelernt habe.

Er (hört mit dem Appellohr: „Jetzt sag schon endlich, was du vorhast'): Ich will aber nicht, daß du jeden meiner Schritte überwachst. (rebellisches Kind)

Sie (hört mit dem Beziehungsohr die Antwort des Mannes so: ‚Ich lasse mich von dir nicht bevormunden' und antwortet auf der Ebene des Eltern-Ich): Eigentlich wäre es in einer Ehe normal, wenn jeder dem anderen sagt, wohin er geht.

Wieder ist die Situation krisenschwanger. Versuchen wir nun, dem Gespräch mit der letzten Antwort der Frau eine andere Wendung zu geben. Sie antwortet auf der Ebene des Erwachsenen-Ich auf die Antwort des Mannes („Ich will aber nicht, daß du jeden meiner Schritte überwachst"). Sie: Entschuldige bitte, das wollte ich nicht. Ich habe nur ganz allgemein gefragt. Brauchst du den Wagen?

Es wird nun dem Mann einigermaßen schwerfallen, weiterhin einen Streit vom Zaun zu brechen — außer er will es unbedingt.

Wenn man um jeden Preis streiten will, muß man nur den anderen prinzipiell mißverstehen und auf eine andere Kommunikationsebene gehen als die, auf der sich der Partner bewegt.

Am schwierigsten sind wahrscheinlich die Positionen Sachohr und Erwachsenen-Ich zu knacken. Bleibt ein Partner allerdings immer auf diesen Ebenen, kann das Gespräch auf Dauer kühl und abweisend wirken, gewissermaßen „klinisch nüchtern". Jedenfalls kann ein Erkennen der Kommunikationsebene des Partners und ein Eingehen darauf die Diskussion beleben.

Es gibt allerdings Konstellationen, die geradezu eine Garantie auf Streit geben, beispielsweise das prinzipielle Hören mit dem Appellohr als rebellisches Kind.

Wollen Sie eine private Diskussion konstruktiv führen, müssen Sie erkennen, auf welche Reizwörter Sie selbst reagieren und wo Ihr Partner rasch und heftig wird. Informieren Sie Ihren Partner darüber, um ihm die Chance zu geben, diese Reizwörter zu vermeiden — oder, wenn er in boshafter Stimmung ist, sie gezielt einzusetzen.

Wenn Sie in einer privaten Diskussion merken, daß Sie sich betroffen oder unwohl fühlen, haben Sie kaum mehr die Chance, zu einem für beide Teile zufriedenstellenden Abschluß zu kommen. Sie können dann lediglich einen diplomatischen Rückzug versuchen oder, sofern Sie im allgemeinen mit Ihrem Partner gut kommunizieren, ihn über Ihre Gefühlslage aufklären. Verfallen Sie dabei aber nicht in den Fehler des Psychologisierens, das heißt: vermeiden Sie psychologischen Fachjargon, gehen Sie nicht „auf Psycho-Trip", wenn Sie ernsthaft Probleme lösen wollen. (Beispiele für den „Psycho-Trip": „Ich fühle mich derzeit frustriert und führe das auf ... zurück. Du solltest mein Ego jetzt durch ... wieder aufbauen.")
Bleiben Sie natürlich, zeigen Sie sich menschlich, argumentieren Sie in solchen Situationen logisch, aber nicht psycho-logisch. Und führen Sie keinesfalls quälende Diskussionen unter allen Umständen fort. Wenn es Ihnen möglich ist, klären Sie mit dem Partner die verfahrene Situation. Wenn Sie merken, daß sich Ihr Partner „verlaufen" hat, helfen Sie ihm heraus — aber wiederum: ohne ihn psychologisch „zu behandeln".

Fernsehdiskussion

Unser letztes Diskussionsbeispiel führt in ein Medium, das den meisten von Ihnen nur vom Zusehen her bekannt sein wird. Durch die steigende Attraktivität von Talk-Shows und Publikumsdiskussionen sowie das in vielen Bereichen wachsende persönliche Engagement von Bürgern für soziale Belange kann es aber auch Ihnen passieren, daß Sie eines Tages bei einer Fernsehdiskussion dabei sind.
Umfeldbedingungen: meist Studio.

Publikumswirkung: über unterschiedliche Kameraeinstellung bis zur Großaufnahme; ins Bild kommen auch Diskussionsteilnehmer, die gerade nicht sprechen (daher: permanente Aufmerksamkeit).
Diskussionsform: grundsätzlich mit Moderator; gebräuchliche Variationen: kleine Diskussionsgruppe; ein Ansprechpartner für viele Diskutanten aus dem Publikum; Podium mit Diskutanten und Moderator, der den Mittler zwischen Publikum und Podiumsdiskutanten spielt.
Themen: meist brisante Themen von allgemeinem Interesse.
Zu erwartende Kommunikationsstörungen: Monologe einzelner Diskutanten, Unterbrechen, wenn andere ihre Beiträge bringen, Zwischenrufe, kein Eingehen auf andere Diskussionsbeiträge, nicht beim Thema bleiben, Publizität für sonstige Zwecke mißbrauchen.

Neben der fachlichen und rhetorischen Qualifikation der Teilnehmer hängt die Qualität einer Fernsehdiskussion nicht zuletzt von zwei Faktoren ab:
— von der Qualität des Moderators und
— von der Disziplin der Diskutanten.

Da die Themen kontrovers sein sollen und vorwiegend davon betroffene Diskutanten eingeladen werden, fällt es diesen manchmal recht schwer, Rededisziplin zu halten. Manche versuchen auch, möglichst oft „ins Bild zu kommen", ohne zu wissen, wann sie tatsächlich im Bild sind — und das nicht nur unter dem Aspekt des Fernsehschirms gemeint.
Einfacher ist es für den Moderator sicherlich, eine Studiodiskussion zu leiten, die aufgezeichnet wird und vor der Sendung „fernsehgerecht" bearbeitet werden kann. Hier könnte er Entgleisungen einzelner Diskutanten mit dem Hinweis vorbeugen, daß ihre undisziplinierten Passagen eben herausgeschnitten werden. Bei einer Live-Diskussion ist das wesentlich schwieriger. Hier kann kaum etwas gesteuert werden, weshalb die Auswahl und Vorbereitung der Teilnehmer besonders wichtig ist.
Eine Diskussion beginnt mit der Vorstellung des Themas und der Teilnehmer, ihrer Funktion und warum sie zur Diskussion eingeladen wurden. Die Moderatoren müssen sich auf das Thema von Fernsehdiskussionen besonders gut vorbereiten. Heinz Pürer („Praktischer Journalismus") erzählt aus der Praxis: „Der Diskussionsleiter — in der Regel ein Journalist — ist nicht Diskussionsteilnehmer oder Meinungsträger; er muß die Diskussion steuern und lenken, wichtige Aspekte ansprechen, auf die Beantwortung von Fragen achten und nachhaken, wo ausgewichen wird. Er darf die Diskussion nicht in Fachsimpelei ausarten lassen, sondern muß für Verständlichkeit sorgen. Aufgabe des Diskussionsleiters ist es ferner, Zwischenresümees zu ziehen und — bei begrenzter Zeit — Sorge dafür zu tragen, daß nicht nur die verfügbare (Sende-)Zeit eingehalten wird, sondern daß im Rahmen der verfügbaren Zeit auch alle bedeutenden Themenkreise innerhalb des Generalthemas einer Diskussion angesprochen werden."

Wie können Sie als eingeladener Teilnehmer sich auf eine Fernsehdiskussion vorbereiten?

Kurzfristig:
— „Trocken-Test" vor einer privaten Video-Kamera,
— vor der Diskussion Tips von den Mitarbeitern der Fernsehanstalt bzw. vom Moderator erbitten,

— gute Vorbereitung auf das Thema (unter anderem durch Argumentesammlung).

Mittelfristig / langfristig:
— Teilnahme an entsprechenden Schulungen über Kommunikations-Seminarzentren,
— Teilnahme an Kommunikations-Trainings mit Video-Einsatz.

Übungen

1. Sie diskutieren über Atomenergie. Vertreten Sie überzeugend
— einen Standpunkt dafür,
— einen Standpunkt dagegen.

2. Sie diskutieren über die Umweltschutzorganisation „Greenpeace". Vertreten Sie überzeugend
— einen Standpunkt dafür,
— einen Standpunkt dagegen.

3. Sie diskutieren in der Familie über einen Urlaub am Meer. Vertreten Sie überzeugend
— eine Gegenhaltung,
— eine Haltung dafür.

4. Verwenden Sie bei allen obigen Beispielen
— im ersten Schritt ausschließlich faire Argumente,
— argumentieren Sie im zweiten Schritt schlüssig, aber unfair.

Lösungsvorschläge

zu 1) Diskussion über Atomenergie

Standpunkt dafür:
— Sicherung der Energieversorgung
— moderne Technologie
— keine Abgase

— sauber
— leistungsstark

Standpunkt dagegen:
— gefährlich
— unkontrollierbar
— Entsorgung problematisch
— bei Erdbeben GAU-Gefahr
— weitreichende Folgen für die Menschheit bei einem Unfall
— weltweite Bedrohung
— Möglichkeit zur Nutzung des Basismaterials für militärische Zwecke

zu 2) Diskussion „Greenpeace"

Standpunkt dafür:
— Umweltschutz
— Erhaltung einer lebenswerten Welt
— Idealismus
— positive Ziele
— mutige Vorgangsweise — Zivilcourage
— gegen alle lebensfeindlichen Lobbies

Standpunkt dagegen:
— keine Rechtsgrundlage
— Angriffe gegen jede Ordnung
— Weltfremdheit
— einseitige Betrachtungsweise

zu 3) Urlaub am Meer

Standpunkt dafür:
— frische Meeresluft
— schwimmen
— mit Schiffen fahren
— freier Horizont
— Sonne
— viel Spaß mit anderen
— Sand
— andere Umgebung

Standpunkt dagegen:
— Verkehrsstau bei der Anfahrt
— Drängerei am Strand
— Hitze
— Durst
— Dreck
— Wasserverschmutzung
— Gestank

Wahrscheinlich haben Sie noch andere Argumente gefunden — so sollte es auch sein. Spüren Sie, wie wehrlos man sich angesichts guter Gegenargumente fühlt — Gegenargumente, die auf Prämissen beruhen, die lediglich im Bereich der persönlichen Lebenseinstellung begründet liegen? Zu aussichtslosen Diskussionen kommt es, wenn Weltanschauungen aufeinanderprallen, die die Diskutierenden nicht hinterfragen lassen wollen. Solche Diskussionen werden zu keinem Ergebnis führen. Hier entscheiden andere Faktoren. In unserem Beispiel Atomenergie sind dies etwa: politischer Druck, internationale Interventionen, Entwicklung neuer Techniken, die interessante Alternativen bieten. Beim Beispiel „Greenpeace": die Unterstützung durch eine große Zahl engagierter Förderer, hilfreiche Interventionen von Machtträgern, die Aufmerksamkeit der Medien und anderes mehr. Bei unserem familiären Beispiel werden wiederum keine Grundsätze diskutierbar sein. Wenn sich ein Teil der Familie im Gebirge wohler fühlt und der andere Teil am Meer, wird jeder ausreichend Argumente für oder gegen die eine oder andere Form des Urlaubs haben. Alle Argumente dagegen werden aber letztlich nur eines ausdrücken: Ich will nicht.

Daraus folgert: Unterscheiden Sie diskutierbare und nicht diskutierbare Sachverhalte. Diskutieren heißt nicht zuletzt Überzeugungsarbeit leisten, und Überzeugungsarbeit ist nur möglich, wo die Standpunkte nicht festgefahren sind. Sind sie das, gibt es jedoch Kompromißbereitschaft, so nähert sich die Diskussion der Verhandlung — beispielsweise wenn unsere Familie vereinbart, den ersten Teil des Urlaubs am Meer, den zweiten Teil im Gebirge zu verbringen. Im Sinne der beiderseitigen Gewinnstrategie kann man sich auch darauf einigen, den Urlaub getrennt zu verleben, sofern man einander nicht zu sehr vermißt.

Im letzten Teil der Lösungsvorschläge wollen wir uns mit den Argumenten beschäftigen. Wir gehen von jenen Punkten aus, die wir oben dargestellt haben.

zu 4) Faire und unfaire Argumente

Sicherung der Energieversorgung
Fair: „Die Atomkraft scheint mir in der jetzigen technischen Situation der
Energieversorgung noch der umweltschonendste Energieträger, sofern
nicht ausreichende Möglichkeiten für Wasserkraftwerke gegeben sind.
Aber man sollte nach besseren und ungefährlicheren Alternativen su-
chen."
Unfair: „Wollen Sie ohne Licht und ohne Strom für Ihren Staubsauger
dastehen? Überlegen Sie nur, wie die Umwelt dann durch Ihre Kerzen und
Ihre Petroleumlampe verschmutzt wird!"

Moderne Technologie
Fair: „An der technischen Ausgestaltung und Sicherung von Atomkraftwerken wird seit Jahrzehnten intensiv gearbeitet, und es werden alle denk-
möglichen Risiken berücksichtigt. Es gibt wahrscheinlich kaum einen
technischen Anwendungsbereich, in dem man sich in diesem Ausmaß mit
Sicherheitsfragen beschäftigt."
Unfair: „Wenn sich die besten Wissenschaftler weltweit damit beschäftigen und keine Bedenken haben, da wollen Sie es besser wissen? Wenn Sie
schon so klug sind, warum haben Sie dann keine bessere technische Lösung erfunden?"

Keine Abgase / sauber
Fair: „Kohlekraftwerke schädigen die Umwelt durch Emissionen in einem
extrem starken, unverantwortlichen Ausmaß. Das wird durch Atomkraftwerke vermieden."
Unfair: „Sind Ihnen stinkende Kohlekraftwerke lieber?"

Leistungsstark
Fair: „Atomkraftwerke erbringen Leistungen, für die man Kohlekraftwerke in einer Größenordnung von ... benötigen würde oder aber ... Fluß-
kraftwerke in der Größe von..."
Unfair: „Haben Sie eine Vorstellung davon, wie viele Kohlekraftwerke oder
Wasserkraftwerke man braucht, um die Leistung auch nur eines Atommei-
lers zu erreichen?"

Nach fairen und unfairen Argumenten *für* die Atomenergie wollen wir nun
den Spieß umdrehen. Wir argumentieren fair und unfair *gegen* die Atomenergie:

Gefährlich
Fair: „Auch wenn Atomkraftwerke nach modernsten Sicherheitsbestimmungen errichtet werden, bleibt noch immer ein Restrisiko, das im Extremfall die gesamte Menschheit bedrohen kann."
Unfair: „Sind Sie so blind, daß Sie nur das sehen, was unmittelbar vor Ihrer Nase geschieht? Wer die Gefährlichkeit von Atomkraftwerken unterschätzt, hat das Niveau einer Kuh, die auch verseuchtes Gras frißt."

Unkontrollierbar / Erdbebengefahr / weltweite Bedrohung
Fair: „Es gibt wohl nur wenige Orte auf der Erde, die absolut erdbebensicher sind — wenn es sie überhaupt gibt. Was geschieht nun, wenn ein Erdbeben ein Atomkraftwerk zerstört?"
Unfair: „Sie werden wohl zugeben, daß die Möglichkeit besteht, daß ein Atomkraftwerk durch ein Erdbeben zerstört wird. Und was dann? Außerdem können technische Kontrollen immer ausfallen. Und was nützt es uns allen, wenn die Wahrscheinlichkeit noch so gering ist, aber der Super-GAU doch kommt und wir und unsere Kinder elend zugrunde gehen?"

Entsorgung / Möglichkeit zur militärischen Nutzung
Fair: „Es geht doch nicht zuletzt um die Probleme der Entsorgung und darum, daß mit dem radioaktiven Material nichts Schädliches geschieht. Es kann nicht ausgeschlossen werden, daß sich bislang atomfreie Staaten Basismaterial für Atombomben beschaffen."
Unfair: „Denken Sie eigentlich nur mehr für die nächsten paar Jahre? Und wohin mit dem radioaktiven Abfall?"

Die Lösungsvorschläge zeigen Ihnen schon, welche Form der Diskussion vielleicht Basis für Überzeugungsarbeit sein kann. Sicherlich führt der aggressive, auf Nichtanerkennung des Diskussionsgegners gerichtete unfaire Diskussionsstil nicht zu einer Lösung; er schüchtert allenfalls ein.
Andere Formen der unfairen Argumentation sind: Unterstellung („Sie wollen wahrscheinlich die ganze Menschheit ruinieren, nur um zu verdienen"), persönliche Herabsetzung („Bei Ihrem Intelligenzgrad kein Wunder, daß Sie die Dinge so sehen") oder Drohung („Glauben Sie, daß Sie damit Ihren Arbeitsplatz erhalten können?" „Sie werden die Verantwortung dafür übernehmen!").

Ähnlich sind die Lösungsansätze für die Diskussion über „Greenpeace". Wenn Sie derartige Diskussionen ernsthaft führen wollen, und zwar zwischen Befürwortern und Gegnern dieser Organisation, sorgen Sie für einen

entsprechenden Diskussionsrahmen und trainieren Sie beide Argumenta-
tionsseiten (dafür und dagegen), gleichgültig auf welcher Seite Sie stehen.
Fragen Sie sich aber auch, was herauskommen soll:
— Überzeugung von Zuhörern?
— Ansätze eines Gesinnungswandels beim Diskussionsgegner?
— Dokumentation der gegenseitigen Frustrationen?
— Schärfung der eigenen Diskussionswaffen?

Bei Familiendiskussionen ist die Neigung zu emotionalen Argumenten vermutlich besonders hoch. Häufig wird dann nicht argumentiert, sondern
behauptet: „In Italien ist gute Luft, immer schönes Wetter, freundliche
Leute." „Nein, in Italien stinkt es von den Toiletten, das Wasser ist schmut-
zig..."
Das sind keine Argumente, sondern Behauptungen. Die Diskussion könnte
etwa folgendermaßen positiv anlaufen: „Ich erwarte mir von Italien..."
„Ich freue mich auf das Meer, weil..."

Zusammenfassung

Die angewandte Rhetorik ist vielfältig geworden. In unserer Gesellschaft müssen immer mehr Menschen aufgrund ihrer beruflichen und privaten Position reden, sei es in leitender Funktion in Betrieben und Vereinen, sei es als Verkäufer, Lehrer, Arzt, als Teilnehmer an Fortbildungsseminaren und Gruppenarbeiten, in welcher Rolle immer. Andere mit sprachlichen Mitteln zu überzeugen, ist für viele eine unverzichtbare Voraussetzung für beruflichen und privaten Erfolg.

Zahlreiche Elemente beeinflussen die rhetorische Wirkung:

— die Sprache,
— die Stimme,
— der Körper,
— die Körpersprache,
— die Präsentationstechnik und vieles andere mehr.

Manche dieser Wirkungen werden unbewußt erzielt, nahezu alle aber kann man lernen und trainieren. Viele Techniken verlangen permanente Übung. Die Wirkung wird nur dann in erwünschter Form eintreten, wenn die Techniken verinnerlicht werden, das heißt, wenn die Abläufe unbewußt erfolgen. Sie werden nur dann ein guter Redner werden, wenn Sie über einzelne Wirkungselemente nicht mehr nachdenken müssen. Während der Rede haben Sie ohnehin anderes zu tun, als an einzelne Techniken der Rhetorik zu denken; da muß alles ablaufen, Sie müssen sich ausschließlich auf den Text und seine Präsentation konzentrieren können. Etwas mehr Überlegungsspielraum haben Sie bei Diskussionen und Verhandlungen. Vor zuviel Einzelüberlegungen kann ich Sie nur warnen, denn: Das Ganze ist mehr als die Summe seiner Teile. Ihre Rede ist mehr als die Zusammensetzung der einzelnen Redeelemente. Ihre Rede drückt Ihre gesamte Persönlichkeit aus.

Wenn Sie in Einzelelementen haften bleiben, kann es Ihnen so gehen wie dem Tausendfüßler in der Fabel: Wie ihm denn das Kunststück gelinge, seine tausend Füße aufeinander abzustimmen?, wird er gefragt. Als er sich darüber den Kopf zerbricht, kann er nicht mehr gehen. Deshalb: Beschäftigen Sie sich mit den besprochenen Themen; lesen Sie dort noch weiter, wo Sie Schwächen erkannt haben; üben Sie, beobachten Sie Menschen! Aber wenn Sie reden, konzentrieren Sie sich nur mehr auf den Zuhörer und Ihre

Rede. Wenn Sie sich bei einem Fehler ertappen, korrigieren Sie ihn nur dann, wenn die Korrektur nicht bemerkt wird.

Wir kommen nun zum Ende unseres Gesprächs über Rhetorik. Sie haben mich als Redner erlebt, der versucht hat, sein Thema möglichst vielfältig zu präsentieren — aber eben leider nur mit *einem* Medium. Ich wollte Sie verschiedene Stimmungen empfinden lassen. Also habe ich unterschiedliche Launen beim Schreiben bewußt nicht verborgen und geglättet, habe Sie soweit wie möglich in meine „Werkstätte" hineinschauen lassen.
Sie sollten die modernen Formen des Redens kennenlernen, die Umgebungen, in denen Sie den rhetorischen Alltag erleben und mitgestalten. Mir ist daran gelegen, daß etwas von einem positiven Menschenbild durchgekommen ist, aber auch etwas Zynismus und Sarkasmus, denn ich glaube, daß auch ein positiv denkender Mensch gute und scharfe rhetorische Waffen besitzen sollte.
Viele Bereiche haben wir nur angetippt, bei manchen sind wir sehr tief eingestiegen. Sie sollten eine permanente Gesprächssituation erleben, Rede, nicht Geschriebenes. Ob mir das immer oder auch nur teilweise gelungen ist, können allein Sie entscheiden. Ich weiß es nicht. Vielleicht werde ich es aus Ihren Briefen oder aus Kritiken erfahren. Vielleicht kann ich aus Ihren Rückmeldungen lernen und eine verbesserte nächste Auflage erarbeiten. Vielleicht aber versickern meine Worte in der Fülle der Informationen und Bücher, die es über Rhetorik gibt...

Ich bin zufrieden, wenn Sie mir bis hierher gefolgt sind, sich nicht gelangweilt haben, die eine oder andere Übung mitgemacht haben und der Ansicht sind, Ihre Zeit sinnvoll genutzt zu haben.
Nur am Rande wollte ich mit Ihnen jene Bereiche besprechen, die einerseits sehr gut in der jeweiligen Spezialliteratur abgedeckt sind oder die andererseits, wie ich meine, nur durch praktische Übung erlernt werden können — Bereiche, für die Sie die Theorie nur sensibilisieren kann, das heißt auf ein Problem aufmerksam machen, nicht aber es lösen.
Sie haben viele Anregungen über Zitate erhalten, die Sie vielleicht motivieren, in den entsprechenden Büchern weiterzulesen. Ich habe mich vorwiegend auf das Zitieren jener Bücher beschränkt, die ich für (weiter-)lesenswert halte.
Damit müssen wir uns voneinander verabschieden. Mir tut es ein wenig leid, daß unser Gespräch beendet ist. Ich habe mich in der Zwischenzeit daran gewöhnt, mit Ihnen zu sprechen. Was mir am Anfang Mühe war, ist mir zur Freude geworden. Ich bin motiviert — Sie auch?

Glossar

AIDA-Formel: eine Gedächtnisstütze und Anleitung zum wirkungsvollen Aufbau einer Rede. Die in der Formel abgebildeten Elemente sind: Aufmerksamkeit erregen (A), Interesse schaffen (I), Definition der Grundgedanken (D), Abschluß (A).

Analogie: Ähnlichkeit. Ein Analogismus ist ein Schluß aufgrund der Analogie, das heißt Schluß von einem Gegenstand auf einen anderen ähnlichen Gegenstand. Rhetorische Schlüsse sind in den allermeisten Fällen Wahrscheinlichkeitsschlüsse. Wie der wissenschaftliche Beweis durch Induktion und Deduktion, so wird der rhetorische Beweis durch das rhetorische Schlußverfahren (Enthymem) und Beispiel geführt.

Angst: Fritz Riemann spricht von vier Grundformen menschlicher Angst:
— Angst vor der Selbsthingabe (Ich-Verlust, Abhängigkeit),
— Angst vor der Selbstwerdung (Ungeborgenheit, Isolierung),
— Angst vor der Wandlung (Vergänglichkeit, Unsicherheit),
— Angst vor der Notwendigkeit (Endgültigkeit, Unfreiheit).
Aus diesen Grundstrukturen der Angst entwickeln sich individuelle Erlebnisformen von Situationen.

Atemtechnik: Ausgehend von der Erkenntnis, daß der Atem bedeutende Wirkungen auf das seelische Erleben hat, werden Atemtechniken auch im Bereich der Rhetorik eingesetzt — einerseits um das Stimmvolumen zu verbessern, andererseits um innere Unruhe und Lampenfieber zu bekämpfen. Die angestrebten Wirkungen werden durch unterschiedliche Formen des Atmens (Brust- und Bauchatmung, Atemgeschwindigkeit etc.) erzielt.

Attribute-Listing: eine Kreativtechnik, bei der durch eine systematische Suche nach Variationsmöglichkeiten neue Möglichkeiten der Problemlösung bzw. Inhaltsvarianten gefunden werden.

Brainstorming: Bei dieser Kreativmethode werden im Rahmen einer Arbeitsgruppe durch Zuruf unstrukturiert Ideen gesammelt, die im Anschluß systematisch auf ihre Problemlösungsqualität hin untersucht werden. Grundsätzlich ist jede Idee zugelassen und gewünscht, je unkonventioneller desto besser. Während der Kreativphase ist keine Kritik und keine Analyse erlaubt, analysiert wird erst nach Abschluß dieser Phase.

Brainwriting: Die kreativen Gedanken einer Arbeitsgruppe werden in unstrukturierter oder auch strukturierter Form schriftlich geäußert und im Anschluß analysiert. Die Vorteile dieser Methode gegenüber dem Brainstorming sind einerseits, daß der Moderator weniger technische Probleme hat (Schreibgeschwindigkeit, Präsentation) und daß sich andererseits auch Gruppenteilnehmer äußern müssen/ können, die sonst im Hintergrund bleiben.

Deduktion: Ableitung eines Schlusses bzw. einer Aussage (These) aus anderen Aussagen (Hypothesen) kraft logischer Schlußregeln. Eine Aussage kann aufgrund ihrer Form wahr sein, dann ist sie jedoch immer wahr. Ein Schluß kann aufgrund seiner Form logisch gültig sein, das heißt aber noch nicht, daß er wahr ist. Wenn die zugrundeliegenden Aussagen (Prämissen) nicht wahr sind, kann ein logisch richtiger Schluß auch inhaltlich falsch sein.

Dialektik: die Kunst, gut zu argumentieren. Zur Dialektik (im alten Wortsinn) gehört die Kunst des Problemerkennens, der Argumentfindung und die Kunst der Gedankenführung. Dialektische Formen sind jene Elemente, die überzeugen sollen.

Flip-Chart: Präsentationsgestell zum Halten eines großen Papierblocks, auf dem mit Filzschreibern geschrieben wird. Das Arbeitsmittel Flip-Chart ist zu einer nahezu unentbehrlichen Hilfe bei allen Gruppenarbeiten und Präsentationen geworden.

Gedächtnis: Es gibt drei Formen, in denen das Gehirn eine Information speichert: Im Ultrakurzzeitgedächtnis wird die Information nur Sekunden gespeichert und erlischt sofort durch Überlagerung mit neuen Informationen; im Kurzzeitgedächtnis speichert das Gehirn für Minuten und löscht den Inhalt, wenn Wiederholungen und Sinnverbindungen ausbleiben; im Langzeitgedächtnis wird für Stunden bis Jahre gespeichert, der Inhalt bleibt vorhanden, wird jedoch überdeckt, wenn Wiederholung und Anwendung ausbleiben.

Induktion: logischer Schluß von einer Einzelaussage / einem Einzelereignis zum Allgemeingültigen, zur Hypothese bzw. Theorie.

Kinesik: Lehre von der Körpersprache (Mimik, Gestik). Körpersprache ist ein wesentliches Element jeder Rede, bei der der Redner in irgendeiner

Form gesehen werden kann; dabei ist es für den Redner wichtig, den Blickwinkel des Betrachters zu kennen, um seine körpersprachlichen Mittel richtig einsetzen zu können (z. B. Großaufnahme im Fernsehen, Gesamtbild im Theater, Teil des Körpers verdeckt etc.).

Kreativmethoden: Dazu zählen Morphologischer Kasten, Morphologisches Tableau, Problemlösungsbaum, Attribute-Listing.

Massenphänomene: kollektive Verhaltensweisen einer Mehrzahl von Menschen, die gekennzeichnet sind durch Konformisierung der Gruppe (der einzelne handelt ausschließlich in der Gruppe, macht bzw. sagt Dinge, die ihm ansonsten fremd sein können), schwer berechenbare Reaktionen, Ausschaltung kritischer Reflexionen, Potenzierung des Bedürfnisses des einzelnen Menschen zum Leiden oder zur Gewalt, Anonymität des einzelnen und latente Gegnersuche.

Moderation: eine Form der Gruppenarbeit, bei der unter Anleitung eines sich neutral verhaltenden Moderators, der lediglich den Gruppenprozeß steuert, unter Einsatz von Moderationsmitteln auf effiziente Art und Weise Ergebnisse erzielt werden sollen, die durch das Einbeziehen von Betroffenen als Beteiligten auch umgesetzt werden.

Moderationsmittel: Mittel zur erfolgreichen Gestaltung einer Gruppenarbeit (Pinwand, Moderationskärtchen etc.). Es gibt für die professionelle Moderation sogenannte Moderationskoffer, die alle wichtigen Hilfsmittel für die Moderation enthalten (mit Ausnahme der Präsentationswände, die in gutausgestatteten Seminarräumen ohnehin vorhanden sind oder aber leicht improvisiert werden können).

Morphologische Methoden: Diese Kreativmethoden (Morphologischer Kasten und Morphologisches Tableau) bauen auf Strukturen und Zusammenhängen sowie deren Analyse auf. Die Einzelelemente wie auch die Zusammenhänge werden separat und im Zusammenhang analysiert, um neue Erkenntnisse und Möglichkeiten für die Lösung eines Problems, neue Produkte, neue Ideen etc. zu finden.

Multi-Media-Präsentation: Durch Einsatz mehrerer Präsentationsmedien (z. B. Overhead-Folien, Flip-Chart, Moderationswand etc.) wird ein Sachverhalt anschaulicher, einprägsamer, abwechslungsreicher und damit auch für das Publikum interessanter dargestellt

Multi-Media-Show: Bei dieser Präsentationsform werden zwei oder mehrere audiovisuelle Medien zur Darstellung eines Sachverhalts eingesetzt (z. B. Musik, Videobild oder Videowand mit mehreren Bildern, ergänzt durch gesprochene Texte).

Multivision: Einsatz von zwei oder mehreren visuellen Medien zur Darstellung (z. B. Videowand, Overhead-Projektion, Computerbild, Fotos etc.).

Overhead-Projektor: Lichtwerfer, der ein Bild von einer Plastikfolie auf eine Leinwand bzw. auf eine helle Wand wirft. Die übertragene Grundlage stammt von einer beschriebenen bzw. bedruckten Plastikfolie oder aber über ein Zusatzgerät, das den Bildschirm-Inhalt zeigt, von einem Computer.

Physiognomik: Lehre vom Zusammenhang zwischen körperlichen Eigenschaften und Charakter. Es wird ein statistischer Zusammenhang zwischen körperlichen Erscheinungsformen und dem Charakter eines Menschen angenommen. Statistisch heißt, daß eine größere Häufigkeit von gewissen Charaktereigenschaften bei Menschen eines bestimmten Typus gegeben ist als bei anderen. Da es sich um tiefverwurzelte Empfindungen handelt, prägen sich aus dieser Vermutung teilweise sehr gefährliche Vorurteile.

Pinwand: Präsentationswand, die das Anbringen von Präsentationsmaterialien mittels Stecknadeln erlaubt, entweder in Form einer Wandbeschichtung (z. B. Korkplatten) oder in mobiler Form auf einem Gestell.

Problemlösungsbaum: eine analytische Kreativtechnik, die mit Begriffsverästelungen arbeitet. Ziel ist die umfassende Analyse aller Inhalte, die in einem Begriff enthalten sind.

Raumatmosphäre: Wirkungselemente des Raumes auf Redner und Zuhörer, insbesondere Größe, Form, Raumhöhe, Licht, Luft, Geruch, Temperatur, Lärm, Akustik.

Redefiguren: sprachliche Gestaltungsformen der Rede, um Inhalte in entsprechender Verstärkung zu vermitteln.

Rhetorik: die Kunst, gut zu reden. Ihrem eigentlichen Wesen nach ist Rhetorik Streitrede; „rhetorisch" ist nur die auf praktische Wirkung, das heißt auf Auslösung einer Handlung gerichtete Rede. Rhetorik dient weniger der Information als der Suggestion. Der Hörer soll der vom Redner vertretenen Sache „anhängen".

Transaktionsanalyse: eine von Eric Berne entwickelte psychologische Theorie, die auf drei Kommunikations- bzw. Selbstempfindungsebenen aufbaut: dem Eltern-Ich, dem Kindheits-Ich und dem Erwachsenen-Ich. Das Eltern-Ich verhält sich positiv oder negativ autoritär (fürsorglich, mahnend, strafend), das Kindheits-Ich positiv oder negativ emotional (verspielt, ärgerlich, aggressiv), das Erwachsenen-Ich sachlich und rational.

Vier-Ohren-Theorie: Kommunikationsmodell von Friedemann Schulz von Thun, wonach jede Nachricht vier Seiten hat: die Sachebene, die Selbstoffenbarungsebene, die Beziehungsebene und die Appellebene. Die Kommunikation wird nach dieser Theorie dann verbessert, wenn alle vier Seiten einer Nachricht vom Empfänger gehört werden.

Überblick über unterschiedliche Formen angewandter Rhetorik

Indikator	Rede	Gruppenarbeit	Diskussion	Verhandlung
Ziele	Präsentation Überzeugung Eröffnung einer Veranstaltung etc.	Schulung Konfliktlösung	Überzeugen Thema erörtern	Ergebnis
Übliche Methoden	Vortrag	Vortrag Plenumsarbeit Kleingruppen- arbeit	Kurzvortrag Streit- gespräch	gemeinsames ziel- orientiertes Gespräch
rhetorische und dialektische Elemente	Vortrags- technik rhetorische Figuren Argumentation in der Rede Gestik und Mimik audiovisuelle Hilfsmittel	Gruppen- moderation Kreativ- techniken audiovisuelle Hilfsmittel	dialektische Argumente	vorrangig sach- orientierte Argumentation dialektische Verfahren zur Über- zeugungs- technik
handelnde Personen	Redner Zuhörer evtl. Veranstalter	Moderator / Seminarleiter Gruppenteil- nehmer Seminar- begleiter	Moderator Diskussions- gegner	Verhandlungs- parteien Berater

Namen- und Sachregister